SERVIÇO SOCIAL e PSICOLOGIA no JUDICIÁRIO
perspectiva interdisciplinar

*Associação das/os Assistentes Sociais e Psicólogas/os
do Tribunal de Justiça do Estado de São Paulo*
Rua Barão de Itapetininga, 125 — 2º andar — conj. 21
CEP: 01042-001 — Sé — São Paulo-SP | Telefone: (11) 3256-5011
Site: www.aasptjsp.org.br | E-mail: aasptjsp@aasptjsp.org.br

**Dados Internacionais de Catalogação na Publicação (CIP)
(Câmara Brasileira do Livro, SP, Brasil)**

Serviço social e psicologia no judiciário : perspectiva interdisciplinar /
Adeildo Vila Nova (org.). -- São Paulo : Cortez, 2022.

Vários autores.
ISBN 978-65-5555-239-3

1. Adoção - Aspectos sociais 2. Assistência social 3. Poder judiciário
- São Paulo (Estado) 4. Psicologia forense 5. Serviço social I. Nova,
Adeildo Vila.

22-101061   CDD-361.98161

Índices para catálogo sistemático:

1. Serviço social e psicologia : Trabalho no Poder
Judiciário : São Paulo : Estado 361.98161

Maria Alice Ferreira - Bibliotecária - CRB-8/7964

Adeildo Vila Nova

(Org.)

SERVIÇO SOCIAL e PSICOLOGIA no JUDICIÁRIO

perspectiva interdisciplinar

Apoio

SERVIÇO SOCIAL E PSICOLOGIA NO JUDICIÁRIO: PERSPECTIVA INTERDISCIPLINAR
Adeildo Vila Nova (Org.)

Capa: de Sign Arte Visual
Preparação de originais: Agnaldo Alves
Revisão: Ana Paula Ribeiro e Márcia Rodrigues Nunes
Editora assistente: Priscila F. Augusto
Diagramação: Linea Editora
Coordenação editorial: Danilo A. Q. Morales
Direção editorial: Miriam Cortez

Direitos para esta edição
CORTEZ EDITORA
R. Monte Alegre, 1074 — Perdizes
05014-001 — São Paulo-SP
Tel.: +55 11 3864 0111
cortez@cortezeditora.com.br
www.cortezeditora.com.br

Impresso no Brasil – abril de 2022

SUMÁRIO

Apresentação 9
  Maricler Real

Prefácio 13
  Aurea Fuziwara e Esther Katayama

PARTE I

DIVERSIDADE, RACISMO E PLURALIDADE

CAPÍTULO 1 — De Carlos a Meyre: reflexões a partir da
história de uma criança transgênera e suas relações
com o sistema de garantia de direitos 21
  Luciana Andrade Pantuffi e Thais Peinado Berberian

CAPÍTULO 2 — Invisibilidades e racismo na adoção de crianças
e adolescentes.. 47
  *Carla Alessandra Barbosa Gonçalves Kozesinski, Jéssica Maria Oishi,
  Julia Paula Washington Dias e Simone Trevisan de Góes*

CAPÍTULO 3 — Considerações psicossociais sobre a pluralidade
de perfis na composição da magistratura paulista 79

Germanne Patricia Nogueira Bezerra Rodrigues Matos,
Leila Josefina Rodrigues Vianna, Maria Costantini,
Maria Teresa Gonçalves Rebello e Silvia Maria Crevatin

PARTE II

CRIANÇA E ADOLESCENTE: ACOLHIMENTO INSTITUCIONAL, CONVIVÊNCIA FAMILIAR, ADOÇÃO, APADRINHAMENTO AFETIVO E ENTREGA VOLUNTÁRIA

CAPÍTULO 4 — A interdisciplinaridade no estudo psicológico
e social com adolescentes em conflito com a lei: relato de
experiência 111

Fernanda Vieira Costa e Marcela Lança de Andrade

CAPÍTULO 5 — O Estatuto da Criança e do Adolescente
em movimento: o debate ético-político como ação
profissional — um relato de experiência 140

Alberta Emília Dolores de Góes, Carlos Renato Nakamura e
Cristina Rodrigues Rosa Bento Augusto

CAPÍTULO 6 — Projeto Conte Comigo: relato de uma
experiência interdisciplinar de apadrinhamento afetivo 175

Carlos Ailton dos Santos Júnior, Cristiane Grilanda Pereira,
Cristina Rodrigues Rosa Bento Augusto, Filadelfia Regina Felix Passos,
Heloísa Emy Angerami Ozahata, Leila Zanella, Pâmela Câmara Mantovani,
Rafael Meo Mendes, Roseli Ribeiro de Camargo Santana e Salvador L. Rebelo Jr.

CAPÍTULO 7 — Pobreza e acolhimento institucional de criança
e adolescente: atuação interdisciplinar 204

Emeline Duo Riva e Rosângela Cristina Alves

CAPÍTULO 8 — Judicialização de casos de recém-nascidos: um olhar sobre o uso de substâncias psicoativas e seus impactos no direito à convivência familiar e comunitária 238

Izaura Benigno da Cruz e Jéssica dos Anjos Rodrigues de Jesus

CAPÍTULO 9 — Entrega voluntária em adoção: algumas reflexões 271

Ana Lúcia Oliveira Ramos, Michelle Cavalli e Ana Luísa de Marsillac Melsert

PARTE III

TRABALHO PROFISSIONAL DE ASSISTENTES SOCIAIS E PSICÓLOGAS/OS E SUA INTERFACE COM O JUDICIÁRIO E O DIREITO

CAPÍTULO 10 — A escuta profissional e seus atravessamentos no contexto da perícia em vara de família 295

Carlos Renato Nakamura e Sabrina Renata de Andrade

CAPÍTULO 11 — A casa fala: reflexões interdisciplinares sobre visitas domiciliares 329

Clarissa Medeiros, Martha Regina Albernaz e Rita C. S. Oliveira

CAPÍTULO 12 — Psicologia e Serviço Social na interface com a Justiça: considerações sobre a tentativa de construir uma prática menos mortífera 347

Aline Lima Tavares, Helena Cristina de Souza Figuti e Viviane Souza da Silva

CAPÍTULO 13 — Psicologia, Serviço Social e Direito: sobre (des)articulações 371

Ana Paula Hachich de Souza e Luize Predebon

CAPÍTULO 14 — Psicologia e Serviço Social: o que pode o Setor
Técnico no contexto da pandemia?... 406
Cássia Maria Rosato e Denise Fernandes

CAPÍTULO 15 — Uma memória de histórias: as transformações
do trabalho de assistentes sociais e psicólogos no Centro de
Visitações Assistidas do Tribunal de Justiça de São Paulo..... 424
Rômulo Marcelo dos Santos Correia e Vanessa Aparecida Gonçalves

Sobre as/os autoras/es... 447

APRESENTAÇÃO

A obra que você tem em mãos agora é uma composição de capítulos de assistentes sociais e psicólogas/os que participaram, em 2020, do **IV Prêmio Serviço Social e Psicologia no Judiciário — Perspectiva Interdisciplinar**, da Associação das/os Assistentes Sociais e Psicólogas/os do Tribunal de Justiça do Estado de São Paulo (AASPTJ-SP), por meio do qual as categorias profissionais que compõem as equipes técnicas do Tribunal de Justiça do Estado de São Paulo puderam renovar a proposta de desenvolver sua experiência da e na interdisciplinaridade.

Ela vem a público com um olhar para o futuro, mas sem desconsiderar o passado. De um lado, este trabalho surge com a tarefa de conectar as ideias, as práticas, as inquietações, os saberes e os enfrentamentos contemporâneos das/os assistentes sociais e psicólogas/os judiciárias/os com a trajetória de décadas de um meândrico percurso histórico que, sem dúvidas, levou o Serviço Social e a Psicologia aos espaços da Justiça, tendo como principal contributo a luta pela promoção, pelo atendimento e pela garantia de direitos de todo o conjunto da sociedade. Prestes a completar seus 30 anos, a AASPTJ-SP, mobilizada sempre por sua base, apresenta uma obra sobre os ombros daquelas/es que trilharam um caminho que, mais do que criar um campo sócio-ocupacional, lançou a possibilidade de, de dentro do Judiciário, lutar por um percurso de mudança na sociedade.

Para além disso, apresentamos uma obra cujo espírito se define e se vocaciona interdisciplinar, mas não encontra no cenário em que surge um contexto facilitador para sua proposta dialógica — essência ética e epistemológica da interdisciplinaridade. Entretanto, vemos uma cena marcada tão obviamente pela arbitrariedade, pela crise dos espaços de participação, pela negação da possibilidade de debates, pelos discursos de ódio e pela anulação das diferenças. Diante de uma Justiça em que o depoimento é pretensiosamente sem dano (enquanto produz danos para suas/seus profissionais), e tendo em vista uma instituição que discute produtividade de laudos ignorando que as equipes técnicas trabalham com fenômenos não mensuráveis como violência, injustiça, assédio e violação de direitos, este livro não emerge só como um conjunto de trabalhos que revela a diversidade e a potência do Serviço Social e da Psicologia no Judiciário. Trata-se, especialmente, de algo que emerge como o continente da esperança de que entre os saberes possam emergir sujeitas/os de conhecimento em vez de objetos de tutela, e também como agente de anúncio do trabalho ético e técnico — e que, justamente por isso, pode denunciar as situações em que esse trabalho é desvirtuado.

O livro é composto por quinze capítulos, sempre de autoria de psicólogas/os e assistentes sociais. O material está dividido em três seções, cada qual com um eixo em torno do qual seus tópicos gravitam, nunca de forma óbvia e previsível, mas como matrizes múltiplas que permitem a extensão de seus sentidos, possibilitando que a/o leitora/leitor percorra pelos capítulos de forma linear ou não, sem prejuízos na apreensão de seu conteúdo.

Os três eixos organizativos são: "Diversidade, racismo e pluralidade", "Criança e adolescente: acolhimento institucional, convivência familiar, adoção, apadrinhamento afetivo e entrega voluntária", e "Trabalho profissional de assistentes sociais e psicólogas/os e sua interface com o Judiciário e o Direito".

No primeiro, as produções concitam a reflexões necessárias sobre as formas de subjetividade e de intersubjetividade que são produzidas, reconhecidas ou negadas pelos processos da sociedade, e como as formas de viver e se relacionar são validadas (ou não) pelos mecanismos de atendimento e produção de verdades no Judiciário.

Na sequência, os trabalhos formam percurso panorâmico sobre a atuação de assistentes sociais e psicólogas/os relativamente a grandes questões envolvendo o direito da infância e da juventude, resgatando e atualizando o sentido de que o Estatuto da Criança e do Adolescente é não só um marco legislativo para a sociedade e o sujeito-cidadão criança e adolescente, como também a própria base ético-política das equipes técnicas interprofissionais.

Por fim, revisitam-se as conflitivas e deslizantes relações do trabalho interprofissional de psicólogas/os, assistentes sociais e operadoras/es do direito, com discussões representativas da complexidade e da polissemia que envolvem a compreensão do que é colaborar com a Justiça — e de poder, com isso, perguntar: qual Justiça?

Assim, na certeza de que nossas categorias produzem mais do que laudos e relatórios, que se envolvem com a população atendida para além das formas convencionais de entrevistas, perícias e visitas, e, de que nosso conhecimento não apenas "serve" ou "auxilia" a Justiça, mas a compõe, como a própria realidade que esse mesmo conhecimento apresenta, lançamos a presente obra coletiva como forma de um convite ao diálogo.

E o fazemos na aposta teimosa nos espaços coletivos e participativos. Porque é no encontro que se cria, e, como dizia Guimarães Rosa, "é junto dos bão que a gente fica mió".

São Paulo | Novembro de 2021

Maricler Real

Presidenta da Associação das/os Assistentes Sociais e Psicólogas/os do Tribunal de Justiça do Estado de São Paulo | AASPTJ-SP

PREFÁCIO

Prefaciar uma obra coletiva, a quatro mãos, além de ser uma honra, é um grande desafio. Acessar os capítulos nos faz mergulhar na história das profissões e nas nossas lutas organizativas. O diálogo a partir da leitura deste material é uma rica possibilidade de partilha das trajetórias de experientes profissionais com colegas com menos tempo cronológico no exercício da profissão ou com ingresso recente na área sociojurídica.

O conjunto de capítulos do IV Prêmio "Serviço Social e Psicologia no Judiciário — Perspectiva Interdisciplinar", que compõe esta obra, retrata o acúmulo de construção de referências éticas e técnicas dos profissionais da Psicologia e do Serviço Social no Judiciário paulista. A ampliação da inserção destes profissionais no Tribunal de Justiça do Estado de São Paulo (TJSP) a partir da visão de proteção integral promovida pelo Estatuto da Criança e do Adolescente (1990), diferentemente do Código de Menores (1979), tem permitido o acolhimento e a escuta de crianças, adolescentes e famílias em situações de vulnerabilidade social e emocional, que, até então, eram submetidos às decisões que mudavam sua trajetória de vida, mas sem poderem participar.

A legislação foi provocada pela realidade e pela sistematização de conhecimentos em torno da garantia de direitos desta população: muito se realizou no enfrentamento ao conservadorismo pelos profissionais que sedimentaram os caminhos de mudanças. Mais recentemente tem-se buscado a participação do usuário nas medidas de acolhimento e nas socioeducativas, um dos aspectos desafiadores para uma cultura democrática. Destarte, o trabalho das equipes técnicas do Judiciário tem se mostrado fundamental à medida que permite a visualização e o adensamento desta teia complexa das relações humanas para além dos processos judiciais.

Neles cada indivíduo, cada história de vida, cada universo e contexto social devem ser contemplados e valorizados, sem perder de vista que se faz necessária a análise histórica e crítica do contexto social e o embasamento na legislação, fundamentando os estudos e avaliações, para que a responsabilidade do Estado por meio das políticas públicas seja provocada e, inclusive, a denúncia sobre a não efetivação de direitos tenha visibilidade nos documentos elaborados pelas equipes.

O desenvolvimento do trabalho das equipes técnicas no Judiciário vem se reconfigurando em diferentes especificidades, e os capítulos premiados representam essa dinâmica e diversidade. Os capítulos esquadrinham temas que vão do trabalho cotidiano na Vara da Infância (em especial sobre adoção, apadrinhamento afetivo, a institucionalização de crianças), o adolescente em conflito com a lei, o CEVAT, sempre sob a ótica do conhecimento produzido nas diversas áreas de inserção. Problematizam a relevância do olhar atento para a imposição do poder do Estado sob a lógica do neoliberalismo, numa perspectiva interprofissional e interinstitucional alinhado ético-politicamente para não perder sua identidade nessa desigual e tensionada interface com a área do Direito.

Nessa lida profissional, os autores também contemplaram capítulos que trazem reflexões sobre a realização das suas atribuições e competências a partir de questionamentos éticos e técnicos sobre a escuta profissional, a visita domiciliar, a avaliação interdisciplinar, as expressões da violência estrutural etc., o que denota uma constante inquietude sobre o que fazemos e como fazemos; com quem e para quem. Além disso, o contexto de pandemia provocou novas formas de fazer e pensar a profissão, o que foi contemplado em capítulos que revelam parte da discussão que está em pauta entre os profissionais, os conselhos de fiscalização profissional e a produção científica.

Assim, profissionais expressam nestes capítulos interdisciplinares a busca da formação continuada, aprofundando suas pesquisas, indagando-se diante do cotidiano e as múltiplas atribuições institucionais. Trazem referência na trajetória das áreas do conhecimento e, em especial, da construção das profissões no contexto do Judiciário paulista.

Ao debruçarem suas pesquisas em torno das "demandas judiciais" com as quais atuam, Psicologia e Serviço Social indicam realizar suas atividades profissionais problematizando sua *identidade* neste contexto e o *sentido* de suas contribuições, numa sociedade tensionada por desigualdade social, por negacionismos históricos e científicos. Não se trata de dúvidas de seus fundamentos, mas do enfrentamento sobre o que o mundo em transformação tende a exigir *deformando suas profissões*. Reagem construindo as reflexões ao sentirem atacada a articulação entre suas bases teórico-metodológicas e o trabalho realizado nos diversos espaços sócio-ocupacionais. O posicionamento ético-político é pressionado, e buscar o conhecimento teórico (a teorização a partir do real) é crucial, não para reafirmar seus projetos profissionais como posição dogmática, mas para confrontar as contradições da realidade e o trabalho, à luz da construção coletiva e da produção científica.

Pensar dialeticamente nos faz defender que é fundamental reconhecer o acúmulo das profissões e ter abertura às novas gerações, que produzem novas sínteses pautadas nos valores afirmados ao longo dos percursos do conhecimento crítico.

Esta dinâmica traz ao mesmo tempo a defesa do reconhecimento, da legitimação das atuações profissionais, mas confrontando-se com questionamentos das próprias categorias sobre mudanças, superações e permanências. Entre resistências coletivas e posicionamentos históricos, aparecem novas questões, diálogos com conhecimentos aprimorados e desafios contemporâneos.

Perpassam nas reflexões as indagações e posicionamentos sobre o que parece ser estrutural/estruturante da sociedade brasileira, e o que pode ser conjuntural. Neste viés, é fundamental aprofundar concepções, para análise de cada área de conhecimento, que exigem reconhecer desigualdade de classe social, etnia, gênero e gerações.

O ângulo das análises técnicas pode trazer embutido valores merito-
cráticos, moralistas e capacitistas. Estes debates são antigos tanto nas
nossas profissões quanto na sociedade de modo geral: falta-nos avançar!
Indagamos, perplexos, os retrocessos num momento de pandemia que
explicitou os graus de irracionalismo e negação do pensamento crítico.

Algumas análises vão apresentar elementos sobre a realidade de
atividades técnicas consolidadas que sofrem tensionamentos, para se
atender estritamente ao caráter investigativo, que nem sequer tem
relação com as duas profissões. Para tanto, as reflexões buscam uma
pluralidade de teóricos das ciências humanas e sociais. Plural ou
eclético? Eis uma questão relevante com que a interdisciplinaridade
se depara constantemente.

Desde o início de 2020, com os impactos decorrentes da pandemia
pela disseminação da Sars-Cov-2, a sociedade precisou repensar desde
as rotinas mais básicas do cotidiano até as questões mais complexas.
A conjuntura nacional, por sua vez, impõe ao conjunto heterogêneo
da sociedade a ampliação da desigualdade social, o autoritarismo, o
ataque às instâncias democráticas, das artes e da ciência. Neste contexto, as áreas de conhecimento das ciências humanas e sociais aplicadas precisaram debater as práticas consolidadas e analisar modos
de atender às requisições, considerando as exigências sanitárias para
a proteção de todos — o que exige mexer com a frágil consciência
solidária e relações coletivas.

Os órgãos de fiscalização do exercício profissional, as instituições
de pesquisa, setores responsáveis pelos serviços públicos etc. se viram
exigidos a buscar alternativas. No âmbito dos conselhos de fiscalização profissional, foram realizados debates — e não adentraremos ao
mérito de como se processaram — e normas foram expedidas, com
recomendações e sugestões. Estas são genéricas, possibilitando a atuação com autonomia, ao mesmo tempo não há veto a ações. Este é o
tênue limite entre normas e autonomia técnica: esta pode ser exercida
somente com relações coletivas e democráticas. Autonomia profissional que exige articulação entre fundamentos teórico-metodológicos,
valores e direção ético-política.

O desenvolvimento do Serviço Social e da Psicologia no Judiciá-rio, portanto, trouxe grandes contribuições para estas e outras áreas de conhecimentos científicos. Nos últimos anos tem se valorizado o diálogo com outros serviços e instituições essenciais à garantia de direitos da população atendida.

A visão crítica frente à violência e a autocrítica permanente destas categorias foi um dos motivos da fundação da AASPTJ-SP, que se voltou não somente para a luta por direitos trabalhistas, mas condições efetivas para o melhor desempenho de nossos projetos no TJSP. O contexto pandêmico exacerbou as desigualdades e as violações de direitos. Mas, também, pode de alguma forma fazer ecoar as vozes de quem atua no cotidiano de defesa de direitos. A defesa da ciência, da liberdade de expressão, do serviço e do servidor públicos, do reconhecimento das imensas desigualdades para o seu enfrentamento, tem acompanhado a defesa da vida e de um Estado que efetive seus deveres.

É princípio ético-político dos/as profissionais de Serviço Social e Psicologia contribuir para a visibilidade dos sujeitos privados de direitos fundamentais em suas demandas, sem, contudo, se iludir com as respostas das normas jurídicas que expressam os valores do capitalismo contemporâneo. Esse tensionamento permanente impacta a construção coletiva e cotidiana, nos limites desta realidade, destas categorias profissionais que, porém, seguem comprometidas com a liberdade, a solidariedade e a justiça social.

Aurea Fuziwara
Assistente Social Judiciária

Esther Katayama
Psicóloga Judiciária

PARTE I

DIVERSIDADE, RACISMO E PLURALIDADE

CAPÍTULO 1

De Carlos a Meyre:
reflexões a partir da história de uma
criança transgênera e suas relações
com o sistema de garantia de direitos

Luciana Andrade Pantuffi
Thais Peinado Berberian

Tudo quanto é nome de homem vai aqui, tudo quanto é vida também,
sobretudo se atribulada, principalmente se miserável, já que não podemos
falar-lhes das vidas, por tantas serem, ao menos deixemos os nomes escritos,
é essa a nossa obrigação, só para isso escrevemos, torná-los imortais.

José Saramago ([1982]/2017)

Carlos[1]. Cinco anos de idade. Negro. Magro, muito magro. Dentes malcuidados. Fala com diversas trocas de fonemas, é difícil entender o que diz. Vai entrando em todas as salas de atendimento do fórum, mas se recusa a ficar em qualquer uma delas conosco. Descobre uma geladeira na sala dos técnicos, abre-a afoito e tenta pegar qualquer coisa. Diante de nossa negativa, joga-se no chão, chuta-nos, esmurra-nos, grita, chora...

Meyre. Sete anos. Negra. Magrinha. Chega vestida de cor-de-rosa, dos pés à cabeça. Pergunta se está bem, se gostamos do seu visual. Reluta em entrar na sala à sua frente, onde uma família com quem já trocou alguns vídeos a espera. De mãos dadas conosco, cria coragem. Alguns minutos após a calorosa recepção, a sentença, sussurrada ao pé de nosso ouvido: "Tia, eu quero ela como mãe, sim."

Carlos é Meyre. Desde sempre. E é dessa criança que queremos começar a falar. De sua história. Dos atravessamentos institucionais que nela se deram, incluindo nossa entrada em cena. De desencontros e encontros. De erros e acertos. De violência e cuidado. De direitos.

Dela e de outras(os) tantas(os).

Contextualizando: breve relato do percurso institucional de nosso(a) protagonista e seus irmãos

Carlos foi acolhido institucionalmente pela primeira vez quando tinha 3 anos de idade, juntamente com três irmãos mais velhos: Yasmin (11 anos), Ítalo (8 anos) e Viviane (5 anos).

A motivação para a medida foi uma situação qualificada pelos serviços que acompanhavam a família como grave negligência: as crianças não recebiam cuidados adequados em saúde, não frequentavam a

---

1. Todos os nomes empregados no presente capítulo são fictícios, para preservar a identidade das pessoas envolvidas.

escola com regularidade, ficavam na rua até tarde da noite sem su-pervisão etc. Ademais, a mãe, o avô e o tio materno (um adolescente de 17 anos) apresentavam transtornos mentais e eram constantes os episódios de violência entre eles e contra as crianças. A avó materna mostrava-se uma pessoa frágil, pouco protetora, e era, possivelmente, alvo de agressões por parte do marido.

Quanto aos pais das crianças, praticamente não tinham participa-ção em suas vidas. Ressalte-se que, segundo os serviços da rede, havia uma rejeição explícita do genitor em relação a Carlos, referindo-se ao menino como "louco".

Com o acolhimento, empreenderam-se diversas intervenções da rede, sobretudo no âmbito da assistência social (CREAS — Centro de Referência Especializado de Assistência Social) e saúde mental (CAPS — Centro de Atenção Psicossocial). Considerando uma certa melhora na organização e capacidade protetiva da família, deu-se o retorno das crianças para casa após dez meses, sendo sua guarda entregue à avó materna.

O acompanhamento feito na sequência pelo abrigo e CREAS, con-tudo, identificou retrocessos. Assim, os quatro voltaram a ser acolhidos. Nesse momento, foi solicitado o primeiro estudo psicológico e social à equipe técnica do Judiciário (até então só havíamos participado da construção do PIA — Plano Individual de Atendimento, e vínhamos monitorando o caso mais ou menos a distância).

A menina mais velha regressou para a casa dos avós em poucos meses, após desentendimentos no serviço de acolhimento. Tal situa-ção foi levada ao conhecimento do juiz responsável pelo caso, que permitiu sua permanência junto à família.

O segundo menino fugiu pouco depois da irmã e também retor-nou para os avós, sendo igualmente autorizada sua permanência no local, dado seu visível sofrimento no abrigo e as situações de risco em que vinha se colocando.

A partir de relatórios do serviço de acolhimento indicando a disponibilidade do pai para ficar com Viviane, e da madrinha para ficar com Carlos, ambos foram desacolhidos e passaram a residir em municípios próximos. Cabe dizer que a equipe técnica do Judiciário foi informada *a posteriori* dessa decisão, a qual muito nos preocupou. No caso de Viviane, sabíamos da fragilidade da ligação do pai com a filha e suas condições sociais precárias; quanto a Carlos, nem sequer conhecíamos essa madrinha, na época uma jovem de 20 anos, que, segundo o serviço de acolhimento, era amorosa com a criança, mas denotava resistência em aceitar algumas de suas características.

Depois de um ano e alguns meses, infelizmente ambos foram devolvidos ao serviço de acolhimento.

No caso de Viviane, a entrega se deu por questões econômicas, e pelo fato de o pai ter se separado da companheira, que era, na realidade, quem assumia os cuidados com a menina.

Quanto a Carlos, a madrinha começou a reportar dificuldades para lidar com comportamentos descritos como opositores, bem como sua preferência por brincadeiras tidas como femininas, o que já havia sido observado pelo abrigo desde o seu primeiro acolhimento. O aspecto financeiro também pesou, já que a moça teve uma filha e o marido ficou desempregado.

É importante ressaltar que, no período em que Viviane e Carlos ficaram com o pai e a madrinha, não houve qualquer acompanhamento pelos serviços dos municípios para onde foram levados, mesmo porque a articulação que deveria ter sido feita pelo município de origem não ocorreu a contento.

Neste terceiro acolhimento dos pequenos, a avaliação dos serviços foi de que, não obstante o acompanhamento realizado — ainda que, em nossa opinião, este tenha sido mal articulado e pouco efetivo, particularmente na esfera da saúde mental —, não houve substancial modificação nas condições que ensejaram a medida protetiva. Em outras palavras, concluiu-se que não seria recomendável o retorno das crianças para os avós, posto que voltariam a ficar expostas à situação de grave negligência (como estavam seus irmãos e tio à época). Também não foram localizados outros familiares ou pessoas com vínculo de afinidade/afetividade que pudessem ter interesse e disponibilidade para assumir os cuidados com as crianças. No caso de Carlos, havia ainda questões específicas relacionadas à sua identidade de gênero, para as quais a família e as pessoas próximas não demonstravam qualquer sensibilidade ou continência, podendo impingir-lhe novas vitimizações físicas e/ou psicológicas.

Dessa forma, tendo em vista a posição unânime dos serviços, sugerimos à autoridade judiciária a busca de uma família substituta para Viviane e Carlos, o que foi deferido.

Iniciamos imediatamente a preparação das crianças para a adoção que se vislumbrava.

Realizamos oito encontros semanais com Viviane, no âmbito da Psicologia, com trocas constantes com outros profissionais envolvidos. Ao longo desses encontros, foi possível constatar que a menina não desejava ser adotada, por estar ainda muito vinculada à família de origem.

Em consequência, após intensa discussão do caso, bem como realização de supervisão com profissional externo ao TJSP, concluímos não ser recomendável o encaminhamento de Viviane para família substituta naquele momento, já que tal medida poderia trazer-lhe grande sofrimento e configurar-se até como uma violência psicológica. Avaliamos ser menos danosa sua manutenção no serviço de acolhimento, e sugerimos sua inserção em psicoterapia, espaço no qual poderia elaborar suas questões pessoais. Propusemos proceder a nova avaliação da menina dali a alguns meses, e, caso fosse possível, retomaríamos a ideia de adoção.

Quanto a Carlos, também empreendemos encontros visando à sua preparação para direcionamento à família substituta. Diferentemente da irmã, notamos aí disponibilidade afetiva para conhecer uma nova família, em que pesasse a dor de se ver privado do convívio com a família de origem. Começamos, assim, a busca por pretendentes.

Menino? Menina? Questões de gênero do(a) caçula

Demos agora um passo para trás e coloquemos o foco em Carlos, observando-o desde que passou a ser acompanhado pela rede ligada ao Sistema de Garantia de Direitos.

Logo no primeiro acolhimento da criança, com 3 anos de idade, o abrigo observou sua preferência por brincadeiras e brinquedos culturalmente associados ao universo feminino[2], especialmente bonecas (Frozen era sua personagem favorita). Além disso, em algumas ocasiões o pequeno colocava fraldas na cabeça, a fim de simular cabelos longos.

No serviço de acolhimento, tais comportamentos eram muitas vezes tolerados a depender de quem estava de plantão, porém, as brincadeiras consideradas mais "femininas" eram reprimidas.

Já nos dias de visitas da família, a regra era clara: Carlos deveria se portar "como menino", de modo a não ser repreendido pelos avós, que eram evangélicos e se mostravam bastante rígidos em relação aos papéis tradicionais de gênero.

Como já informado, depois do primeiro acolhimento Carlos e os irmãos voltaram para casa. Houve um segundo acolhimento, durante o qual o abrigo registrou em um relatório enviado ao Judiciário uma forte rejeição da criança ao próprio corpo e tentativas de machucar a genitália. Por esses acontecimentos, a criança foi encaminhada para atendimento em um CAPS infantil.

Deste segundo acolhimento, a criança passou a ficar sob responsabilidade da madrinha, conforme explicado anteriormente. Só soubemos o que se passou nesse período depois que a criança foi devolvida. Ao que consta, Carlos sofreu muita violência física e psicológica, motivada principalmente por seu persistente interesse por coisas "de menina", o que ia de encontro às convicções religiosas da guardiã e sua família.

---

2. A discussão acerca dos papéis de gênero em uma sociedade pautada pelo machismo e pela heteronormatividade revela-se fundamental para o enfrentamento e a desconstrução destes papéis, que, inclusive, atravessam a infância e o brincar. Dados os limites do presente capítulo, esta discussão não será aprofundada, porém ressaltamos a sua relevância.

No terceiro acolhimento, tal interesse pelo universo feminino se manteve, somado a outros comportamentos que demonstravam grande sofrimento, incluindo tentativas de arrancar o pênis e falas em que a criança expressava o desejo de ser menina. Além disso, havia irritabilidade e agressividade constantes.

Enquanto equipe técnica do Judiciário, sempre nos posicionamos no sentido de respeitar o modo de ser e agir da criança, mas admitimos que levou bastante tempo para compreendermos o que realmente se passava com ela, ou seja, sua condição transgênera. Tínhamos dúvidas em função de sua pouca idade; remetíamo-nos àquilo que até então sabíamos acerca do desenvolvimento psicossexual infantil; temíamos enquadrar e rotular a criança etc.

Um melhor entendimento foi propiciado por nossa participação no V Congresso Brasileiro Psicologia: Ciência e Profissão, realizado em São Paulo-SP entre os dias 14 e 18 de novembro de 2018. No referido evento, tivemos a oportunidade de ampliar nossos conhecimentos sobre questões de gênero, a partir de uma mesa-redonda e uma conferência a cargo do AMTIGOS — Ambulatório Transdisciplinar de Identidade de Gênero e Orientação Sexual, ligado ao Instituto de Psiquiatria do Hospital das Clínicas de São Paulo.

Foi após ouvirmos alguns relatos de casos que nos demos conta mais claramente de que era aquilo que vivia Carlos. Pudemos desconstruir algumas concepções acerca do desenvolvimento da identidade de gênero e apurar nosso olhar e nossa escuta. Sim, tratava-se de uma criança trans. E essa nova compreensão nos ajudou a tomar novas atitudes.

Tão logo regressamos do congresso, providenciamos a inscrição da criança para avaliação e possível acompanhamento pelo AMTIGOS[3]

---

3. O trabalho realizado por este ambulatório consiste em avaliação e acompanhamento de crianças e adolescentes com questões de gênero. A equipe é composta por psiquiatras, ginecologistas, psicólogos, assistente social e fonoaudióloga. Nos casos de crianças e adolescentes trans, quando se entende necessário, são feitos encaminhamentos para procedimentos de bloqueio do desenvolvimento de caracteres sexuais secundários na puberdade (o que é

(considerando que a fila de espera demorava cerca de um ano e meio), de modo a ofertar-lhe cuidados por profissionais especializados.

Nossa próxima ação foi uma reunião com a diretoria e a equipe técnica do serviço de acolhimento, bem como a psicóloga do CAPS (com a qual mantínhamos excelente parceria). Na ocasião, comparti-lhamos um pouco do que havíamos aprendido e pensamos estratégias para garantir àquela criança maior respeito à sua identidade feminina. Acordamos que ela começaria a ter autonomia para a escolha de suas roupas, calçados e brinquedos. Isso deveria se dar dentro e fora do abrigo, o que demandaria conversas com a escola, por exemplo.

De fato, a criança imediatamente passou a se apresentar no acolhimento da maneira como desejava, ou seja, como uma menina. Mostrava-se feliz com isso. Poucos dias depois da reunião, finalmente escolheu um nome feminino para si, em uma sessão psicoterapêutica no CAPS: Meyre.

Foi assim que passamos a tratá-la nos atendimentos de prepara-ção para a adoção que começamos a realizar naquele momento, e nos quais testemunhamos sua alegria por finalmente poder usar vestidos e acessórios femininos.

Nos outros espaços que frequentava, entretanto, Meyre continua-va se apresentando como menino. O serviço de acolhimento alegava dificuldades para dialogar com a escola, e temor de que a pequena pudesse ser alvo de chacota lá. Assim, sob o discurso da proteção se mantinha uma situação contraditória, e não se "autorizava" integral-mente a expressão da identidade de gênero da criança.

Cerca de um mês depois de iniciada a transição, houve uma mudança bastante significativa no seu comportamento. A assistente social do acolhimento informou-nos por telefone que, após um feriado em que a equipe técnica não estava na instituição, a criança voltara a se vestir de menino, e dissera ter feito uma promessa para ser Car-los novamente. Além disso, estava triste, amuada. Agendamos um

---

reversível), hormonioterapia a partir dos 18 anos, e cirurgia de readequação sexual a partir da mesma idade, conforme normativas legais em vigor.

atendimento na Seção Técnica do fórum no dia seguinte para tentar entender melhor a situação e convidamos a psicóloga do CAPS.

Na data em questão, o psicólogo do abrigo compareceu com a criança. Conversamos brevemente, e o colega fez um relato semelhante ao da assistente social. Comentou que alguns funcionários da instituição não compreendiam nem aceitavam a condição de transgeneridade da criança, tendo em vista sobretudo seus valores morais e religiosos. Assim, apresentavam resistência a tratá-la pelo nome escolhido (insistindo no nome masculino), recusavam-se a entregar-lhe roupas femininas, e até faziam comentários do tipo: "Você me deixa triste vestido assim" (sic).

Segundo o psicólogo, ele e a colega assistente social estavam com dificuldades para manejar a situação. O profissional deixou claro que os dois não compactuavam com o que estava acontecendo, e buscavam providências para impedir atitudes discriminatórias no serviço de acolhimento.

Após essa conversa com o técnico, atendemos Meyre em conjunto com a psicóloga do CAPS. Diferentemente de nosso último contato com a criança, ela estava cabisbaixa, não fazia contato visual, não nos beijou ou abraçou como de costume. Observamos também que estava com roupas masculinas.

Na sala, nos deparamos com essa mudança. Com muita dificuldade, Meyre acabou falando que havia feito uma promessa para Jesus para voltar a ser menino, e que queria ser tratada como Carlos novamente. Procuramos levantar as origens dessa mudança, mas não conseguimos identificá-las. Ficamos com a impressão de que alguém lhe dissera algo, assustando-a, pressionando-a ou ameaçando-a.

Demo-nos conta, naquele momento, de que enquanto a criança era encarada apenas como um "menino afeminado", havia algumas censuras e tentativas de "corrigir" seus comportamentos no abrigo, mas também uma certa tolerância, graças em grande parte ao trabalho da assistente social e do psicólogo. Contudo, quando o início do processo de transição se fez concreto, ou seja, quando a criança passou a viver como a menina que sempre foi, vestindo-se como desejava, brincando do que queria, e apresentando-se com um nome feminino, a situação ficou realmente crítica, agravando-se a exposição de práticas preconceituosas.

No mesmo dia em que atendemos Meyre, telefonamos para a presidente da entidade. Expusemos a situação e expressamos nossa profunda preocupação com a situação de violência institucional claramente em curso. A presidente nos informou da intenção de capacitar melhor os funcionários relativamente à temática, e disse já ter combinado com a psicóloga do CAPS um encontro num final de semana, de modo a atingir os educadores que trabalhavam aos sábados e domingos. Mencionou haver de fato uma funcionária que demonstrava grande dificuldade para lidar com a menina, e verbalizou a expectativa de que a profissional se adequasse às orientações do serviço. Curiosamente, a dirigente referia-se à criança ora como Carlos, ora como Meyre.

Elogiamos a iniciativa de qualificação da equipe, mas solicitamos da presidente providências concretas no sentido de coibir e/ou punir práticas transfóbicas no serviço. Deixamos ainda claro que informaríamos a autoridade judiciária sobre o ocorrido, que, em nossa avaliação, caracterizava uma grave violação de direitos da criança em tela e pedia urgentemente medidas de proteção.

Foi o que fizemos. Nosso relatório foi enviado para o Ministério Público, que opinou pelo afastamento das funcionárias supostamente envolvidas na situação. O juiz concordou com o pedido e, numa sentença importantíssima, a nosso ver, assim escreveu:

> Determino o afastamento de todos os cuidadores que tiveram contato com Meyre durante o carnaval, que tenham objeção de consciência, por motivos religiosos aos encaminhamentos que estão sendo feitos pela rede. Tais cuidadores devem ser transferidos para outras Unidades.

Não obstante a ordem judicial, nada mudou no serviço de acolhimento, ou seja, ninguém foi afastado. A presidente da instituição apenas se manifestou no processo, refutando as acusações e transferindo à irmã da criança, Viviane, a responsabilidade por falas discriminatórias.

Pouco depois desse episódio, nossas buscas por uma família substituta para Meyre finalmente se mostraram frutíferas. Como não conseguimos localizar nenhum pretendente para o seu perfil em consulta aos cadastros municipal, estadual e nacional, optamos por acionar um grupo de busca ativa[4], com a anuência do juiz. Foi aí que apareceram Mayara e Cláudio, casal habilitado em outro município do estado.

Por meio de mensagens no referido grupo, Mayara se apresentou como uma mulher transgênera. Estava casada com Cláudio. Já tinham três filhos, João (13 anos), Lucas (12 anos) e Antônio (9 anos), e queriam adotar uma menina.

Telefonamos para os técnicos judiciários que haviam avaliado o casal no município em questão, dado se tratar de uma situação muito peculiar. As informações passadas pela psicóloga foram as melhores possíveis. A colega enfatizou a maturidade de Mayara e Cláudio, e os excelentes cuidados ofertados aos filhos.

Em nosso primeiro contato telefônico com Mayara, ela relatou um pouco de sua história pessoal e conjugal, bem como falou sobre os filhos.

---

4. Trata-se de grupos compostos por pretendentes devidamente habilitados para a adoção (após cumprirem todas as exigências legais) e profissionais que trabalham com a temática, como psicólogos e assistentes sociais judiciários, juízes, promotores, grupos de apoio à adoção, dentre outros. A articulação se dá geralmente por aplicativos de celular e redes sociais, e tem como objetivo buscar famílias para crianças e adolescentes que estão disponíveis para a adoção, e para os quais não há interessados nos cadastros municipais, estaduais e nacional (os quais, como se sabe, nem sempre estão devidamente atualizados, dada a frequente escassez de recursos humanos nos Tribunais). Assim, quando há crianças e/ou adolescentes com perfis muito específicos e fora dos padrões mais procurados pelos pretendentes (grupos de irmãos, crianças com problema de saúde, com deficiência, mais velhas etc.), por vezes os profissionais acabam recorrendo a esses grupos de busca ativa na tentativa de localizar algum interessado em adotá-las(os). Cabe dizer que se trata de um recurso polêmico, sobre o qual não há consenso nas categorias profissionais envolvidas. De qualquer forma, no caso em tela, entendemos que era uma boa alternativa para Meyre, até porque nos cadastros não há nenhuma menção à questão da identidade de gênero, ou seja, os pretendentes não se manifestam sobre aceitarem ou não crianças/adolescentes trans, o que se mostrou um fator dificultador para a pesquisa de interessados na menina.

Reconhecemos que ficamos impressionadas com ela. Com sua disponibilidade afetiva, sua sensibilidade, seu preparo e maturidade para lidar com adversidades e o reconhecimento dos próprios limites... E entendemos que era de uma mãe assim que Meyre precisava. E de um pai como Cláudio, ainda que não tivéssemos nos falado até então.

Frente ao interesse do casal, conversamos com a criança. Contamos que eles sabiam que ela era uma menina, e que aceitavam isso, e ela ficou imediatamente empolgada para conhecê-los. Perguntamos se gostaria de mandar-lhes uma mensagem, e ela quis gravar um vídeo. Nele, apareceu vestido de menino (estava justamente naquela fase de "retrocesso"), apresentou-se como Carlos, disse que estava ali para conhecê-los, e arrematou com uma indagação: "Vocês são bonzinhos ou não?"

A resposta veio no dia seguinte. O casal e os filhos também enviaram um vídeo, no qual afirmaram estar ansiosos para conhecê-la. Ao ver Mayara, os olhos de Meyre brilharam. Conversamos sobre o fato de ambas serem parecidas, isto é, de a futura mãe também ter nascido do sexo masculino, o que a surpreendeu e, ao mesmo tempo, aparentemente lhe deu um certo alívio e um sentimento de identidade.

No próximo vídeo, Meyre perguntou ao casal se poderiam levá-la para passear no shopping e cinema, ao que eles responderam afirmativamente.

Agendamos então o primeiro encontro no fórum. Mayara e Cláudio vieram com os filhos. Conversamos com o casal num primeiro momento, e depois agregamos as crianças. Observamos que os meninos haviam sido preparados para a chegada de uma irmã, e lidavam bem com isso, já destinando um lugar subjetivo à criança vindoura. Também observamos uma relação bastante afetiva entre pais e filhos.

Meyre chegou radiante, trazida pela assistente social do serviço de acolhimento. Como já narrado brevemente acima, titubeou para conhecer a família que a aguardava, mas, em nossa companhia, encarou o medo e entrou na sala. Os elogios de Mayara à bolsa cor-de-rosa que a pequena carregava foram o "quebra gelo" de que esta precisava para relaxar e começar a interagir.

Mayara foi conduzindo a conversa de forma muito delicada e cuidadosa, e permeada de carinho físico. Aos poucos, Cláudio também foi se colocando. Embora tímido, tecia por vezes alguns comentários engraçados, que a todos faziam rir.

O resultado foi que, algum tempo depois, Meyre se achegou e sussurrou ao nosso ouvido a frase já mencionada, dando conta de seu desejo de filiação.

Conforme combinado, os seis saíram para passear, devendo retornar no final da tarde. Quando chegaram, parecia que sempre haviam vivido juntos, tamanho o entrosamento, principalmente entre as crianças. Meyre perguntou-nos se já poderia ir embora com eles. Informamos que antes disso acontecer, precisaríamos conversar com o juiz e pedir-lhe autorização. Acordamos que o casal voltaria para levar a menina para passar o final de semana seguinte em sua companhia.

Tendo em vista a situação que Meyre estava vivenciando no abrigo (lembremos que a ordem judicial de afastamento das funcionárias que a vinham supostamente submetendo a falas transfóbicas não havia sido respeitada), bem como o desejo da menina (que todos os dias perguntava aos técnicos da instituição quando iria morar com o casal), decidimos dar um passo além no processo, sugerindo que a criança já passasse a ficar sob responsabilidade de Cláudio e Mayara, com acompanhamento por parte da equipe da cidade onde residiam.

Assim foi feito. No final da semana seguinte, o casal veio com os filhos no intuito de buscar Meyre. Formularam o pedido de guarda, o qual foi deferido no mesmo dia. Atendendo a nossa sugestão, e em observância à legislação estadual referente ao uso do nome social por pessoas transgêneras[5], e à possibilidade de uso do nome escolhido pelos adotantes durante o processo de adoção[6], o termo de guarda foi

---

5. O Decreto Estadual n. 55.588/2010 dispõe sobre o tratamento nominal das pessoas transexuais e travestis nos órgãos públicos do estado de São Paulo e dá providências correlatas.

6. A Lei n. 16.785, de 3 de julho de 2018, trata do uso do nome afetivo nos cadastros das instituições escolares, de saúde ou de cultura e lazer para crianças e adolescentes que estejam sob guarda da família adotiva, no período anterior à destituição do poder familiar.

elaborado com o nome feminino escolhido pela criança. Meyre não se cabia em si de alegria.

Mantivemos o acompanhamento do caso a distância, por meio de contatos telefônicos e mensagens de celular. O acompanhamento do estágio de convivência propriamente dito passou às mãos das colegas do município onde morava a família.

Quando a família se torna morada

Quando recebemos a determinação judicial referente ao acompanhamento do estágio de convivência de Meyre, prontamente tivemos elencadas em nosso pensamento diversas questões: Como estaria a menina? Como tem se dado a sua adaptação na escola? Sente-se integrada ao novo núcleo familiar? Encontra-se protegida, depois de tantas violações sofridas?

A fim de melhor compreender a sua integração neste novo núcleo familiar, optamos por realizar nosso primeiro contato com Meyre em seu espaço, por meio da realização de visita domiciliar previamente agendada com Mayara.

Cláudio nos recebeu à porta, convidando-nos a entrar. Respeitosamente, agradecemos ao convite, e, enquanto entrávamos na residência, perguntamos: "Onde está Meyre? Viemos conhecê-la!"

Suspiros. Alívio. Barreiras quebradas.

Mayara, com um amplo sorriso no rosto, anunciou o seu conforto ao saber que iríamos nos dirigir a Meyre por este nome, e não por Carlos. Informou que a criança estava bastante apreensiva com a nossa visita, tanto por não saber como iríamos chamá-la, como por um receio em ser levada de volta para a sua família de origem. Ao adentrarmos à sala, a encontramos: Meyre, 7 anos, linda. Unhas pintadas, tiara de unicórnio, roupa delicada, com um olhar encantador e um abraço carinhoso.

Durante toda a nossa permanência em sua nova casa, Meyre mostrou-se atenta a tudo, participativa, interagindo com seus pais e irmãos, demonstrando, ainda que percorrido pouco tempo, sentir-se pertencente àquela família. Estava animada para mostrar para nós o seu material escolar etiquetado com seu nome: MEYRE.

Mayara e Cláudio discorreram sobre a inclusão da menina nos espaços institucionais, como a escola, assim como nos círculos de convivência da família, como a igreja, grupo de amigos e família extensa. Mencionaram que a adaptação se revelou muito positiva, já que assim como a criança mostrava-se bastante disponível para inserir-se neste novo contexto, os demais também estavam dispostos a contribuir com a sua inserção.

Uma preocupação do casal em relação à criança eram as constantes falas de medo e preocupação que Meyre apresentava sobre o seu passado e ameaças que ouvira de seus familiares em relação à sua identidade de gênero. Segundo Meyre, ela tinha pesadelos de que seus irmãos mais velhos a encontrariam na rua e tentariam cortar os seus cabelos, que, no seu imaginário, estariam longos.

Durante a visita domiciliar, foi possível perceber o zelo, afeto e preocupação do casal com relação à criança. Ao ofertar escuta e aco-lhida a Meyre diante das suas revelações de medos e inseguranças, ficou evidente a postura respeitosa do casal referente a sua história de vida, dando espaço para a construção de uma nova história, baseada no respeito à diversidade.

Em um segundo momento planejado para a avaliação do estágio de convivência, a família esteve presente nas dependências do Setor Técnico do fórum, reafirmando a adaptação favorável da criança no contexto sociofamiliar.

Algumas palavras sobre a questão da transgeneridade e o discurso médico

Entende-se identidade de gênero como o modo pelo qual a pessoa se reconhece no que tange às representações sociais de feminilidade e masculinidade, isto é, se se considera pertencente ao gênero feminino, masculino, ou se não se enquadra em nenhum deles.

A construção da identidade de gênero é um processo subjetivo que se inicia muito precocemente: por volta dos 2 ou 3 anos de idade, a criança, em geral, já se identifica como menino ou menina. Essa condição pode se alterar posteriormente, mas o mais frequente é que se mantenha.

A maioria das pessoas é cisgênera, o que quer dizer que há uma coerência entre seu sexo biológico (características sexuais presentes ao nascimento) e sua identidade de gênero (modo como se vê).

Entretanto, para uma pequena parcela da população (cerca de 1%[7]), não é isso o que ocorre. Trata-se das pessoas transgêneras, que vivenciam uma incongruência entre o sexo biológico e a identidade de gênero.

O termo transgênero é considerado um "guarda-chuva" no qual se enquadram pessoas com as mais diversas experiências, como transexuais, travestis, "cross dressers", dentre outras. Cabe dizer que há intenso debate nos meios acadêmicos e na própria população trans acerca desses termos, mas não adentraremos aqui esta seara, optando pelo uso do termo transgênero, que nos parece mais amplo.

Se até um passado recente essa condição foi considerada patológica, classificada pelos manuais médicos como um transtorno mental, hoje tal concepção está oficialmente superada[8]. Contribuíram enormemente para isso os questionamentos e a resistência[9] das próprias pessoas transgêneras, ativistas de direitos humanos, bem como

---

7. Conforme dados apresentados por Alexandre Saadeh, coordenador do AMTIGOS, em entrevista ao jornal *O Estado de S. Paulo* (Kachani, 2018), bem como em conferência proferida no V Congresso Brasileiro Psicologia: Ciência e Profissão, em novembro de 2018.

8. Na realidade, não se pode negar que ainda há discussões sobre o tema, com posições divergentes, como em todos os campos do saber.

9. Vide, como exemplo importante, o movimento "Pare a Patologização!", que se iniciou em 2007 em alguns países europeus e rapidamente se expandiu para dezenas de outros ao redor do mundo, pleiteando a retirada da transexualidade dos principais manuais de referência da Medicina (DSM e CID).

pesquisadores e pensadores de diversas áreas de conhecimento, com destaque para a Psicologia, o Serviço Social e o Direito.

Assim, como resultado da correlação de forças em jogo, como resultado de toda essa problematização e mobilização, a última versão do Manual Diagnóstico e Estatístico de Transtornos Mentais (DSM 5), da Associação Americana de Psiquiatria, publicada em 2013, deixou de considerar a transgeneridade como um transtorno, e passou a nomeá-la "disforia de gênero", enquadrada na seção "critérios diagnósticos e códigos".

Já a Organização Mundial de Saúde (OMS) oficializou em 2019 a retirada da classificação da transexualidade como transtorno mental da 11ª versão da Classificação Estatística Internacional de Doenças e Problemas de Saúde (CID 11). Agora, a condição consta como "incongruência de gênero" no referido manual, na seção "condições relacionadas à saúde sexual".

Em que pesem todos os questionamentos acerca das categorizações médicas (questionamentos estes de ordem epistemológica, política etc.[10]), há que se reconhecer as mudanças nos referidos manuais como avanços no sentido da despatologização das identidades de gênero consideradas "fora da norma".

Em paralelo, foram ocorrendo avanços também na esfera legal.

Considerações sobre os aspectos legais relativos às pessoas trans

Compreendendo que os marcos legais são sinalizadores das pautas apresentadas pela sociedade em determinados momentos históricos, faz-se relevante contextualizar o período e o cenário em que as causas

---

10. A esse respeito, vejam-se Bento (2012) e Bento (2016).

apresentadas pelos movimentos LGBT ganharam destaque na legislação brasileira, com avanços na garantia de direitos.

A organização política desse segmento populacional começou a tomar forma no final da década de 1970, no bojo dos demais movimentos sociais e organizações da sociedade civil que lutavam pela redemocratização do país, com bandeiras como participação política, justiça econômica e reconhecimento de suas identidades (Quinalha, 2018).

Especificamente no que tange às pessoas trans, a década de 1990 testemunhou o início de sua organização. Um dos primeiros marcos nesse sentido foi a fundação da ASTRAL — Associação das Travestis e Liberados do Rio de Janeiro, em 1992. Na sequência, surgiram entidades como a ATRAS — Associação das Travestis de Salvador e o Grupo Filadélfia de Santos, em 1995; o Grupo Igualdade, em Porto Alegre; a Unidas — Associação das Travestis na Luta pela Cidadania, de Aracaju, em 1999 (Jesus, 2018).

Acerca do processo transexualizador[11] ofertado via SUS — Sistema Único de Saúde, nota-se que o acesso ao serviço de saúde via política pública se deu a partir de mobilizações e pressões promovidas pelos movimentos sociais desta causa. Com portarias iniciais datadas de 2008, o atendimento especializado às pessoas transexuais e travestis foi alvo de alterações e modificações, tendo alcançado em 19 de novembro de 2013 a publicação da Portaria n. 2.803, que redefiniu e ampliou o processo transexualizador no SUS, no âmbito da Política Nacional de Saúde Integral LGBT.

Já em 2016, foi publicado o Decreto Presidencial n. 8.727/2016, que dispõe sobre o uso do nome social e o reconhecimento da identidade de gênero de pessoas travestis e transexuais no âmbito da administração pública federal.

Tal decreto define nome social como a designação pela qual a pessoa travesti ou transexual se identifica e é socialmente reconhecida;

---

11. Regulamentação de procedimentos para a chamada "readequação sexual", nos termos empregados pelo Ministério da Saúde.

considera-se identidade de gênero, por sua vez, a dimensão da identidade de uma pessoa que diz respeito à forma como se relaciona com as representações de masculinidade e feminilidade e como isso se traduz em sua prática social, sem guardar relação necessária com o sexo atribuído no nascimento.

Conforme preconizado pelo decreto, em seu art. 2°, "[...]os órgãos e as entidades da administração pública federal direta, autárquica e fundacional, em seus atos e procedimentos, deverão adotar o nome social da pessoa travesti ou transexual". Ciente do preconceito pungente vivido por este segmento populacional, no corpo do decreto-lei é possível identificar, em seu parágrafo único, um meio de buscar coibir práticas violentas e vexatórias que constranjam esse público. Segundo o referido parágrafo, "[...] é vedado o uso de expressões pejorativas e discriminatórias para referir-se a pessoas travestis ou transexuais".

Aqui, cabe salientar que, dentre as práticas violentas a que a população transgênera percebe-se exposta cotidianamente, o preconceito institucional revela-se uma de suas expressões mais contundentes, uma vez que impacta de modo negativo e direto a qualidade do serviço ofertado, explicitando a preponderância de valores morais negativos, negando o respeito à liberdade.

Ainda no que se refere à questão do nome, foi promulgado em 2018 o Provimento n. 73 do CNJ — Conselho Nacional de Justiça, que trata da averbação da alteração do prenome e do gênero nos assentos de nascimento e casamento de pessoa transgênera no Registro Civil das Pessoas Naturais. Passou a ser permitido tal procedimento a pedido dos(as) interessados(as) maiores de 18 anos, diretamente nos cartórios, independentemente de qualquer autorização judicial, laudo médico ou comprovação de realização de cirurgia de readequação sexual.

Diante de números alarmantes de violência contra a população de travestis e transexuais, colocando o país no topo do *ranking* em que mais se matam pessoas com este perfil, em junho de 2019 uma decisão importante do Supremo Tribunal Federal equiparou a LGBTfobia ao crime de racismo, até que o Congresso Nacional crie uma legislação específica sobre esse tipo de violência. Com isso, o agressor estará sujeito a punição de um a três anos de prisão, sendo o crime inafiançável e imprescritível.

No que tange às nossas categorias profissionais (Psicologia e Serviço Social), cabe destacar que algumas normativas vêm sendo construídas de modo a garantir um trabalho comprometido com a promoção e a defesa dos direitos das pessoas trans.

No caso da Psicologia, a Resolução CFP n. 01/18 estabelece normas de atuação para os profissionais da área em relação às pessoas transexuais e travestis, sempre com vistas à eliminação da transfobia. O penúltimo artigo parece-nos particularmente relevante, sobretudo no cenário crescentemente conservador em que ora vivemos, e após toda a polêmica sobre o que ficou popularmente conhecido como "cura gay[12]":

> Art. 8º — É vedado às psicólogas e aos psicólogos, na sua prática profissional, propor, realizar ou colaborar, sob uma perspectiva patologizante, com eventos ou serviços privados, públicos, institucionais, comunitários ou promocionais que visem a terapias de conversão, reversão, readequação ou reorientação de identidade de gênero das pessoas transexuais e travestis.

Já no Serviço Social, importante ressaltar a Resolução CFESS n. 845, de 26 de fevereiro de 2018, a qual dispõe sobre a atuação profissional do(a) assistente social em relação ao processo transexualizador.

---

12. Façamos aqui um breve histórico dessa polêmica. Em 1999, o Conselho Federal de Psicologia promulgou a Resolução CFP n. 001/99, que estabelecia normas de atuação concernentes à questão da orientação sexual, incluindo a seguinte proibição no seu art. 3º, parágrafo único: "Os psicólogos não colaborarão com eventos e serviços que proponham tratamento e cura das homossexualidades". Em 2017, um grupo de psicólogos defensores de terapias de reversão sexual ensejou a abertura de uma ação popular contra o CFP, solicitando a suspensão da referida resolução, o que os autorizaria, portanto, a praticar terapias dessa natureza. Embora o pedido tenha sido num primeiro momento parcialmente acatado pelo juiz da 14ª Vara da Justiça Federal, decisão do Supremo Tribunal Federal — ao qual recorreu o CFP — manteve a validade da resolução na íntegra e extinguiu a ação em dezembro de 2019.

Consoante à resolução do CRP, resta evidente a posição absoluta em defesa da promoção de uma cultura de respeito à diversidade de expressão e identidade de gênero, a partir de reflexões críticas acerca dos padrões de gênero estabelecidos socialmente. Ademais, também se posiciona de modo contrário a qualquer avaliação ou modelo patologizado ou corretivo da diversidade de expressão e identidade de gênero.

Situação das pessoas transgêneras brasileiras: um abismo entre as leis e sua efetivação

Falamos um pouco sobre as conquistas de direitos das pessoas transgêneras ao longo do tempo. Mas é imperioso dizer que, não obstante os avanços apontados, os dados concernentes à violação de direitos dessas pessoas no Brasil ainda são chocantes. Apresentemos alguns deles, compilados pela ANTRA — Associação Nacional de Travestis e Transexuais em seu último dossiê sobre violência contra travestis e transexuais em 2019 (Benevides; Nogueira, 2020):

• Como já referido, o país é o que mais mata pessoas trans no mundo. Foram 124 assassinatos em 2019, sendo 121 de travestis e mulheres transexuais, e 3 de homens transexuais. Além disso, houve 50 tentativas de homicídio nesse ano. A maioria dos casos se concentra no estado de São Paulo. 82% das vítimas eram negras ou pardas. 52,9% tinham entre 15 e 29 anos. Para grande parte dessas pessoas, a prostituição era a principal fonte de renda.

• A média de idade na qual as meninas transgêneras são expulsas de casa pelas famílias é de 13 anos.

• A expectativa de vida das mulheres transgêneras é de aproximadamente 35 anos de idade, enquanto a da população brasileira em geral é de 75 anos (não há dados sobre os homens trans).

• Há estudos internacionais que estimam que pelo menos metade das pessoas trans tenta, em algum momento, tirar a própria vida, e que isso é particularmente significativo no caso dos adolescentes masculinos trans, dados estes corroborados por estudos em território nacional.

- Ainda que não se restrinja às pessoas transgêneras, há uma pesquisa importante e recente da ANTRA mostrando que 99% da população de lésbicas, *gays*, bissexuais, travestis, transexuais e intersexos não se sente segura no Brasil.

Para além da questão da violência mais explícita, é amplamente reconhecida a falta de acesso a direitos básicos, como escolarização e saúde, por exemplo. Isso se deve, principalmente, a práticas preconceituosas e discriminatórias nas instituições — o que também se configura como violência —, que acabam por excluir as pessoas trans.

Na interface com o sistema de justiça, particularmente na esfera criminal, também chamam a atenção as dificuldades redobradas vivenciadas por esse segmento populacional. Há produções bibliográficas importantes apontando e discutindo essa situação[13].

Assim, de modo geral ainda podemos visualizar uma situação de altíssima vulnerabilidade das pessoas transgêneras em nosso país, com indicadores sociais sempre abaixo da média da população.

Direitos das pessoas trans: perspectivas e desafios inscritos no cotidiano profissional

Em um cenário bastante adverso para a defesa dos direitos sociais, em que se revela evidente um movimento crescente do neoconservadorismo[14] e, com ele, da defesa intransigente de um padrão

---

13. Por exemplo: Sanzovo (2020), Serra (2018) e Zamboni (2020).

14. Destacaremos aqui especialmente a orientação político-econômica atrelada à noção de mercado, a desregulamentação das relações de trabalho e o desmonte da proteção social, atrelada com o questionamento incessante à razão e o desejo de sepultar a modernidade e seus valores.

moral conservador, dar visibilidade às questões de gênero, às questões atinentes às pessoas trans e construir coletivamente estratégias que defendam os direitos dessa parcela da população revela-se como um imperativo e, ao mesmo tempo, um desafio posto aos profissionais comprometidos com a luta pelos direitos humanos.

Enquanto trabalhadoras do Tribunal de Justiça de São Paulo, a partir do atendimento a crianças, adolescentes e famílias implicados em processos judiciais, cotidianamente lidamos com as mais diversas manifestações da questão social, acessando os diferentes dilemas e sofrimentos ali existentes. Especialmente no que se refere às pessoas trans, as trajetórias marcadas por violência das mais diferentes ordens, preconceito, medo e negação de direitos revelam a condição peculiar de risco vivida.

Desta forma, a construção de espaços que compreendam a necessidade de real escuta destas pessoas, validando as suas narrativas e comprometendo-se, a partir da construção de vínculos, com a projeção de uma nova perspectiva de convivência sociofamiliar, pode representar um avanço significativo para o respeito a sua dignidade e liberdade.

A articulação com os serviços que compõem o Sistema de Garantia de Direitos, com o escopo de fomentar as discussões sobre a temática sob a luz da ética e do compromisso com a defesa dos direitos deste segmento populacional, também pode revelar-se como um instrumento necessário a fim de combater práticas pontuais, isoladas e alicerçadas no senso comum e no preconceito.

Para tanto, faz-se imprescindível a qualificação dos atores que integram a rede, de forma ampla, aprofundada e crítica. Tal qualificação deve abranger aspectos históricos, sociais, médicos e psicológicos, entre outros, ofertando, assim, ferramentas que possibilitem pensar e repensar nossas teorias e práticas. Considerando a transversalidade da temática, compreendemos fundamental o envolvimento, para além dos profissionais do campo sociojurídico, daqueles que compõem as diferentes políticas públicas, como saúde, educação, desenvolvimento social, cultura e esporte.

Especialmente relacionadas à nossa prática profissional no contexto da Vara da Infância e da Juventude, apresentamos aqui duas sugestões. A primeira delas seria a inclusão, no SNA — Sistema Nacional de Adoção e Acolhimento, de um campo relativo à identidade de gênero e orientação sexual das crianças e dos adolescentes disponíveis para adoção. Tal medida garantiria minimamente uma aproximação deste dado aos pretendentes, podendo propiciar reflexões e quiçá uma maior abertura à acolhida daqueles que se mostram fora dos padrões hegemônicos (cis e heteronormativos).

Outro ponto importante seria o registro, nos documentos produzidos pelas equipes técnicas, da identidade de gênero das pessoas trans atendidas, se/quando for o caso, com o emprego dos nomes sociais por elas escolhidos. Isso permitiria dar maior visibilidade à presença dessas pessoas no âmbito do Judiciário, bem como às suas demandas.

Como agentes do sistema de justiça, entendemos ser necessário ouvir — de fato — as Meyres com que cruzamos. E acolhê-las, apoiá-las, orientá-las, encaminhá-las para que acessem o que lhes é de direito. Para que vivam, e vivam com dignidade.

Referências

BENEVIDES, B. G.; NOGUEIRA, S. N. B. (org.) *Dossiê dos assassinatos e da violência contra travestis e transexuais brasileiras em 2019*. São Paulo: Expressão Popular, ANTRA, IBTE, 2020.

BENTO, B. Despatologização do gênero: a politização das identidades abjetas. *Revista Estudos Feministas*, v. 20, n. 2, maio-ago. 2012.

BENTO, B. Disforia de gênero: geopolítica de uma categoria psiquiátrica. *Direito e Praxis*, v. 7, n. 15, p. 496-536, 2016.

BENTO, B. *O que é transexualidade*. São Paulo: Brasiliense, 2017.

CONSELHO FEDERAL DE PSICOLOGIA. *Resolução CFP n. 1, de 22 de março de 1999*. Estabelece normas de atuação para os psicólogos em relação à questão da orientação sexual. Brasília: CFP, 1999.

CONSELHO FEDERAL DE PSICOLOGIA. *Resolução CFP n. 1, de 29 de janeiro de 2018*. Estabelece normas de atuação para as psicólogas e os psicólogos em relação às pessoas transexuais e travestis. Brasília: CFP, 2018.

CONSELHO FEDERAL DE SERVIÇO SOCIAL. *Resolução n. 845, de 26 de fevereiro de 2018*. Dispõe sobre atuação profissional do/a assistente social em relação ao processo transexualizador. Brasília: CFESS, 2018.

CONSELHO NACIONAL DE JUSTIÇA. *Provimento n. 73, de 28 de junho de 2018*. Dispõe sobre a averbação da alteração do prenome e do gênero nos assentos de nascimento e casamento de pessoa transgênero no Registro Civil das Pessoas Naturais (RCPN). Brasília, 2018.

ESTADO DE SÃO PAULO. *Decreto n. 55.588, de 17 de março de 2010*. Dispõe sobre o tratamento nominal das pessoas transexuais e travestis nos órgãos públicos do estado de São Paulo e dá providências correlatas. São Paulo, 2010.

ESTADO DE SÃO PAULO. *Lei n. 16.785, de 3 de julho de 2018*. Dispõe sobre o uso do nome afetivo nos cadastros das instituições escolares, de saúde ou de cultura e lazer para crianças e adolescentes que estejam sob guarda da família adotiva, no período anterior à destituição do poder familiar. São Paulo, 2018.

JESUS, J. G. de. Notas sobre as travessias da população trans na história. *Cult*, São Paulo, 12 jun. 2018. Disponível em: https://revistacult.uol.com.br/home/uma-nova-pauta-politica/. Acesso em: 6 maio 2020.

KACHANI, M. O universo trans. *O Estado de S. Paulo*, São Paulo, 20 abr. 2018, Caderno Brasil. Disponível em: https://brasil.estadao.com.br/blogs/inconsciente-coletivo/o-universo-trans/. Acesso em: 6 maio 2020.

MINISTÉRIO DA SAÚDE. *Portaria n. 2.803, de 19 de novembro de 2013*. Redefine e amplia o Processo Transexualizador no Sistema Único de Saúde (SUS). Brasília, 2013.

MINISTÉRIO DA SAÚDE. *Portaria n. 2.836, de 1º de dezembro de 2011*. Institui, no âmbito do Sistema Único de Saúde (SUS), a Política Nacional de Saúde Integral de Lésbicas, *Gays*, Bissexuais, Travestis e Transexuais (Política Nacional de Saúde Integral LGBT). Brasília, 2011.

QUINALHA, R. Dossiê O movimento LGBT brasileiro: 40 anos de luta. *Cult*, São Paulo, 12 jun. 2018. Disponível em: https://revistacult.uol.com.br/home/uma-nova-pauta-politica/. Acesso em: 6 maio 2020.

SANZOVO, N. M. *O lugar das trans na prisão*. Belo Horizonte; São Paulo: D'Plácido, 2020.

SARAMAGO, J. *Memorial do convento*. São Paulo: Companhia das Letras, 1982-2017.

SERRA, V. S. *Pessoa afeita ao crime:* criminalização de travestis e os discursos do Tribunal de Justiça de São Paulo. 2018. Dissertação (Mestrado em Direito) — Faculdade de Ciências Humanas e Sociais, Universidade Estadual Paulista "Júlio de Mesquita Filho". Franca, 2018.

SHUMANN, di B.; MARTINI, S. R. *A tendência suicida entre os transexuais*. Diritto Pubblico Europeo Rassegna online, ottobre, 2016.

SOUZA, E. *Projeto Transexualidades e saúde pública no Brasil:* entre a invisibilidade e a demanda por políticas públicas para homens trans. Belo Horizonte: Núcleo de Direitos Humanos e Cidadania LGBT (NUH-UFMG), Departamento de Antropologia e Arqueologia (DAA-UFMG), 2015.

SUPREMO TRIBUNAL FEDERAL. *STF enquadra homofobia e transfobia como crimes de racismo ao reconhecer omissão legislativa.* Disponível em: https://portal.stf.jus.br/noticias/verNoticiaDetalhe.asp?idConteudo=414010. Acesso em: 20 maio 2020.

TOOMEY, R. B.; SYVERTSEN, A. K.; SHRAMKO, M. Transgender Adolescent Suicide Behavior. *Pediatrics*, v. 142, n. 4, October 2018. Disponível em: https://pediatrics.aappublications.org/content/142/4/e20174218.full?sso=1&sso_redirect_count=1&nfstatus=401&nftoken=00000000-0000-0000-0000-000000000000&nfstatusdescription=ERROR%3a+No+local+token. Acesso em: 22 fev. 2020.

ZAMBONI, M. *A população LGBT privada de liberdade:* sujeitos, direitos e políticas em disputa. 2020. Tese (Doutorado em Antropologia) — Faculdade de Filosofia, Letras e Ciências Humanas, Universidade de São Paulo, São Paulo, 2020.

47

CAPÍTULO 2

Invisibilidades e racismo na adoção de crianças e adolescentes

Carla Alessandra Barbosa Gonçalves Kozesinski
Jéssica Maria Oishi
Julia Paula Washington Dias
Simone Trevisan de Góes

Introdução

Desde 2017, temos organizado, no Fórum de Santana, grupos de reavaliação de pretendentes à adoção, no modelo de grupo participativo e reflexivo, cujo principal objetivo é trabalharmos aspectos relacionados à espera pelo(a) filho(a) adotivo(a), por meio do compartilhamento de experiências e sentimentos dos participantes envolvidos nesse processo.

Com a experiência desses anos de grupo, fomos identificando que as trocas e os encontros vêm possibilitando a mobilização de novos modos de pensar, de sentir e de perceber a adoção, auxiliando na preparação emocional para o encontro dos pretendentes com a criança esperada. Pudemos abordar questões de sensibilização para adoções consideradas difíceis (adolescentes, grupos de irmãos, crianças com alguma deficiência ou doença), sendo também efetivos na provocação de reflexões sobre o perfil da criança desejada, medos, angústias e preconceitos.

Entretanto, alguns aspectos nos chamaram a atenção nesses contatos: a reiterada verbalização de um sentimento de invisibilidade por parte dos requerentes à adoção e a identificação por parte das coordenadoras do grupo de outras invisibilidades presentes neste campo: invisibilidade de crianças/adolescentes disponíveis à adoção, invisibilidade de crianças e adolescente acolhidos, invisibilidade da questão étnico-racial e da correlação entre racismo e adoção.

Assim, gostaríamos de propor, neste capítulo, pensar em como temos cuidado dos pretendentes à adoção e do vínculo de confiança estabelecido com eles na perspectiva da proteção e do cuidado com crianças e os adolescentes que futuramente serão inseridos nessas famílias substitutas; pensar nas crianças e nos adolescentes disponíveis à adoção, adotáveis e não adotáveis, e em como o perfil étnico-racial interfere nas possibilidades de adoção e garantia de direitos; bem como refletir sobre nossa prática e nosso campo de atuação, tentando desconstruir naturalizações, desvelar invisibilidades, identificar desafios e propor ações.

Traçamos, como percurso, refletir sobre a adoção no âmbito da Vara de Infância e Juventude (VIJ) de Santana, apresentando o projeto de reavaliação em grupo desenvolvido por nós e analisando o perfil dos pretendentes à adoção (os adotantes) e o perfil de crianças/adolescentes (adotáveis e não adotáveis); tecer breves considerações sobre a correlação entre a adoção e o racismo no âmbito estadual e nacional, examinando aspectos históricos e teóricos do racismo no Brasil, buscando compreender como a questão étnico-racial constitui o campo da infância e da juventude; e, por fim, discutir nossa atuação como técnicas (psicólogas e assistente sociais), nossos limites e desafios na busca pela proteção integral de crianças e adolescentes.

Adoção na VIJ de Santana: grupo de reavaliação de pretendentes e identificação de invisibilidades

Antes de apresentar como nosso trabalho vem sendo desenvolvido na VIJ de Santana/SP, entendemos fundamental contextualizar nossa realidade, explicitando de que lugar falamos e quais as especificidades de nossa clientela.

Trabalhamos com um total de 440 processos de pretendentes habilitados no cadastro de adoção. A maior parte desses interessados permanece mais de três anos aguardando ser chamado para conhecer uma criança, passando pelo período de espera e também por, no mínimo, uma entrevista de reavaliação trienal, prevista em lei[1].

No ano de 2017, a partir de discussões da equipe técnica (psicólogos e assistentes sociais) sobre o fluxo de nosso trabalho com os pretendentes, identificamos a necessidade de aprofundarmos algumas questões relativas à preparação. Percebíamos que, muitas vezes, a frustração pelo longo tempo de espera na fila era expressada quando da aproximação com uma criança, trazendo dificuldades extras em um momento já tão delicado. Assim, passamos a realizar as reavaliações trienais em grupos, tendo como objetivos principais oportunizar a reflexão e a sensibilização, além da própria reavaliação.

A ideia inicial era conversar sobre esse período de espera, entender como os pretendentes vinham se preparando para a chegada da criança/adolescente, bem como avaliar se continuavam interessados e motivados para a adoção, além de uma conversa sobre modificações ou dúvidas quanto ao perfil da criança/adolescente desejado, e, ainda, atualizar dados e informações. Pretendíamos, também, promover a troca e compartilhamento de afetos, angústias, questionamentos.

Somada a preparação dos pretendentes, também sentíamos a necessidade de realizar um trabalho que visasse incentivar as chamadas

---

1. O Estatuto da Criança e do Adolescente estabelece, no §2º do art. 197-E, que a habilitação à adoção deve ser renovada no mínimo a cada três anos, mediante avaliação por equipe interprofissional.

adoções difíceis (de crianças mais velhas, adolescentes, grupos de irmãos). É já bastante conhecida a análise que mostra a grande discrepância entre o perfil das crianças e adolescentes disponíveis à adoção e o perfil dos filhos ou filhas desejados pelos interessados em adotar. Com base nessa dissonante equação, formularam-se propostas de intervenção e projetos que especialmente dedicaram-se à sensibilização para adoção de crianças maiores e adolescentes (Adote um Boa Noite, Adote um Campeão, dentre outros).

Considerando-se que os grupos de reavaliação seriam um ambiente seguro e menos expositivo, tendo um público mais qualificado devido à prévia habilitação dos participantes, no sentido de compreender as particularidades da filiação adotiva e de ter elaborado o desejo por um(a) filho(a) adotivo(a), passamos ao trabalho. Apresentamos as fotos de crianças/adolescentes em condições de serem adotados e que não tinham pretendentes habilitados e interessados em seus perfis, via SNA (Sistema Nacional de Adoção e Acolhimento criado em 2019), junto com o primeiro nome e idade da criança ou adolescente. Paralelamente, provocávamos reflexões sobre o que se denomina "adoção tardia", ponderando dificuldades e especificidades da adoção de crianças maiores, discutindo mitos e preconceitos, incentivando a reflexão e o debate, assim como acolhendo dúvidas e questionamentos.

Até o presente momento, realizamos um total de nove encontros em grupo, agrupando 43 processos de participantes inscritos. Ao longo dos três anos que temos coordenado este projeto (2017 a 2020), seguimos refletindo sobre seus alcances e limites, tentando encontrar a melhor maneira de abordar o tema da adoção em suas diferentes perspectivas.

Sentimento de invisibilidade: dos pretendentes e das crianças e adolescentes não adotáveis

Desde a concretização do primeiro encontro do grupo de reavaliação, pudemos reconhecer que, além dos objetivos previamente elencados, havia outros aspectos importantes que precisariam ser trabalhados. A dinâmica do grupo nos colocou em contato com as demandas dos pretendentes, fazendo-nos perceber limites e dificuldades de atuação, provocando reformulações e reorganizações.

Ao término da realização de cada grupo, convidamos os participantes a responderem uma avaliação sobre a atividade, de forma anônima. Temos tido um *feedback* bastante positivo desses encontros. Os participantes costumam ressaltar a importância dos encontros como forma de acolhimento, informação e elaboração emocional. Descrevem que gostam de conhecer outras histórias, partilhar vivências, identificar que há pontos de encontros nas narrativas, que tem sentimentos similares, vivem ansiedades e angústias semelhantes e sentem que essa troca e identificação produz um acalento emocional, resgatando um senso de pertencimento (talvez até de normalidade).

Entendemos que essas respostas positivas estão relacionadas, essencialmente, à possibilidade de os participantes perceberem-se vistos desde o momento em que recebem a convocação, bem como na participação do grupo, em que se sentem ouvidos e respeitados. E é justamente neste ponto que localizamos um dos primeiros aspectos que estavam latentes: os pretendentes expressam suas fantasias de terem sido esquecidos. Diversos participantes verbalizaram essa sensação de invisibilidade e de esquecimento.

Os habilitados nos relatam que a falta de contato da VIJ (Vara da Infância e Juventude) com eles, após a etapa das entrevistas iniciais, gerava um sentimento de abandono, produzindo angústia e intensificando a frustração pelo tempo de espera. Eles não se sentiam acolhidos pela equipe técnica da forma como gostariam, receavam que o processo de habilitação para adoção fosse esquecido, que tivesse sido perdido e que, então, nunca seriam chamados para a iniciar a adoção.

A fragilidade do vínculo de confiança dos pretendentes com a VIJ — ou podemos dizer, com o processo de adoção como preconizado pelo ECA — era atualizado no contato com as coordenadoras do grupo de reavaliação, de forma que estas eram predominantemente atacadas. Os questionamentos a respeito do tempo de espera e do fluxo dos processos tinham como pano de fundo um sentimento de desconfiança. Há casos em que o tempo de espera se materializa em um tempo de amadurecimento do intento adotivo e de reflexão e preparação, mas, tomando como base nossa amostra dos grupos, acabamos identificando que, geralmente, a espera é vivida como ansiedade e como um tempo longo e pouco aproveitado, sentido como tempo perdido.

Em todos os grupos, pudemos testemunhar que um processo de reconstrução da confiança no processo de adoção, na VIJ e na equipe técnica, conseguiu ser desenvolvido, na medida em que, ao esclarecermos as dúvidas e acolhermos as angústias, trazíamos não só a realidade dos fluxos de trabalho, como também todo o trabalho cuidadoso realizado pela equipe técnica com as crianças, adolescentes e suas famílias de origem — trabalhos estes que eram prévios à decisão da inserção delas em famílias substitutas via adoção. Podíamos juntos construir a conclusão que parte desse tempo de espera não se devia a uma "demora" ou a uma burocracia sem sentido, mas a tempos de cuidado. Cuidado com a criança/adolescente, com a garantia de seus direitos, bem como cuidado com o fluxo da adoção, da forma como ele hoje se encontra estabelecido, como uma das medidas de proteção às crianças e adolescente.

A oferta de mais informações para que os pretendentes pudessem entender, não somente o fluxo do processo de adoção em si, mas a realidade das crianças/adolescentes que são colocados em adoção, também favorecia uma tolerância maior ao tempo de espera, já que estávamos cuidando de uma criança ou adolescente que poderia vir a se tornar seu(sua) filho(a).

Estes fatos nos revelavam que, para a grande maioria dos pretendentes, especialmente aqueles que já viviam uma longa espera, parecia haver uma cisão entre a criança ou adolescente em acolhimento institucional e o(a) filho(a) desejado(a). A partir de um processo de tessitura da história da criança e adolescente que é colocada em adoção, incluindo nesta trajetória a família de origem e o período vivido em serviço de acolhimento institucional, delineava-se uma continuidade que permitia dar visibilidade a crianças e adolescentes, não somente aos que são encaminhados para uma família substituta, como também aos que retornam para a família de origem ou permanecem no serviço de acolhimento até completar a maioridade.

Pudemos reconhecer que os efeitos e resultados dos grupos — a construção de vínculos de confiança com equipe técnica e visibilização da história de vida das crianças e adolescentes — reverberaram positivamente, em momentos posteriores, nos estágios de aproximação e convivência, favorecendo ulteriores acompanhamentos dos casos. Assim como no grupo, onde havia troca de angústias e acolhimento, passamos a identificar que os momentos de avaliação, quando da chegada da criança/adolescente e construção da família adotiva, podiam ser também momentos de exposição dos sentimentos, de diálogo/orientação e de acolhimento.

A posteriori pudemos refletir e constatar que, se por um lado os pretendentes sentiam-se invisibilizados, também havia uma invisibilidade das histórias de crianças e adolescentes pré-adoção ou daqueles que não são considerados adotáveis por parte da maioria dos pretendentes à adoção.

Seletividade no acesso ao direito à convivência familiar: o perfil de crianças/adolescentes desejados como filhos

No que diz respeito ao trabalho voltado para o incentivo das chamadas adoções necessárias, ou adoções difíceis, após abordarmos esse tema com o grupo e apresentarmos as fotos das crianças e adolescentes à espera de uma família, na VIJ de Santana (e algumas VIJs parceiras), a reação dos pretendentes a esta atividade, na maioria das vezes, era de surpresa.

Passamos a identificar que essas(es) crianças/adolescentes, de certa forma, também sofrem de uma determinada invisibilidade e esquecimento. O adotável é usualmente imaginado pelos pretendentes como uma criança pequena ou um bebê, mas poucas vezes imaginado/sonhado como um adolescente ou uma criança com deficiência.

Em um dos encontros, um participante, de maneira forte e condensada, iluminou essa questão, ao mesmo tempo apresentando outras vertentes da invisibilidade, ao afirmar: "Quando pensava em adoção tardia, pensava que seriam crianças tais como os meninos do farol", reconhecendo nas fotos uma infância que não estava em perigo, uma infância afetiva, alegre, com desejos, com projetos de futuro, uma infância de certa forma protegida. Paralelamente, este participante trazia à tona a dicotomia entre criança e menor, ainda presente no imaginário social, que muito nos impactou.

Ponderamos que a despeito de o segmento infantojuvenil ter sido todo contemplado em uma mesma previsão legal (o ECA), as desigualdades no acesso às medidas protetivas seguem atreladas ao contexto social, político, étnico-racial, bem como a determinados procedimentos no âmbito da Justiça da Infância e Juventude. Nesse sentido, estudos do Instituto de Pesquisa Econômica Aplicada (2011) apontam que questões decorrentes da insuficiência de renda, moradia, acesso precário e intermitente ao mercado de trabalho, bem como experiências de violências atingem predominantemente a população negra, caracterizando as famílias que chegam à Justiça da Infância e Juventude e muitas vezes sendo associadas às dificuldades e carências no exercício dos cuidados parentais.

A figura do "menor abandonado" permanece no imaginário dos pretendentes (e da sociedade em geral), comumente associada às crianças de periferia, crianças pretas ou pardas, e que, para além de não serem vistas como em risco, podem ainda oferecer riscos. Retome-se a frase de nosso participante de um dos grupos, que imaginava as(os) crianças/adolescentes disponíveis à adoção, assim como os "menores do farol".

Nos encontros em grupos que realizamos, pudemos verificar que, tendo aberto um campo de atuação e questionamento sobre a adoção de crianças mais velhas, houve um movimento, por parte dos requerentes, de olhar para dentro de si mesmos e, em alguns casos, culminando na reformulação do perfil da criança desejada, optando-se por alterações da faixa etária pretendida. Nos grupos que fizemos (de 2018 a 2020), mais da metade dos participantes decidiram-se por alterações na idade da criança desejada (um total de 55,8%), alguns manifestando a influência do encontro em grupo para tomada desta decisão, outros afirmando que já vinham refletindo sobre este quesito idade e já tinham formado uma opinião antes mesmo do grupo reflexivo.

No entanto, no quesito "cor", relativo ao perfil da criança na planilha de pretendentes à adoção utilizada no estado de São Paulo, somente 2 participantes (ou 4,6%) optaram por uma mudança de perfil (um deles incluindo a raça/cor preta e outro não), mas alguns participantes (27,9%) modificaram raça/cor e idade no perfil de criança/adolescente desejados (sendo que metade desses mantiveram a exceção pela raça/cor preta).

Em levantamento realizado em julho de 2020, identificamos que, na VIJ de Santana, metade dos pretendentes habilitados (50,2%) desejam escolher a raça/cor de seus(suas) filhos(as) por adoção, não aceitando a opção indiferente, e 47% dos habilitados desejam crianças/adolescentes brancos e pardos. Essa porcentagem se repete em âmbito nacional, conforme nos apresenta Espíndola (2019) em levantamento dos dados do Conselho Nacional de Justiça de 2018:

> Já existem 22.483 habilitados à adoção que aceitam crianças independentemente de raça/cor, ou seja, quase a metade (49,7%) do total de pretendentes. Por outro lado, mais da metade, ou seja, 50,03% dos inscritos (22.699 pretendentes) ainda desejam escolher a raça/cor do seu filho. Quase todos os habilitados (92,4%) aceitam criança da raça/cor branca, enquanto apenas um pouco mais da metade (55,3%) desejam crianças consideradas negras no CNA (cor preta). Usando-se a nomenclatura

do CNA, percentualmente, os habilitados que aceitam crianças pardas (82,4%) representam um grupo bem maior do que aqueles que aceitam crianças negras/pretas (55,3%) (Espíndola, 2019, p. 107).

Nesse sentido, é possível considerar que há uma seletividade no acesso ao direito à convivência familiar substitutiva via adoção, já que crianças e adolescentes pretos têm, de fato, menores chances de serem adotados. Ainda segundo dados do levantamento de Espíndola (2019), com base nas estatísticas do CNJ de 2018:

> A proporção dos que aceitam crianças brancas (92,3%) é superior à dos que desejam crianças pardas (84,2%), e esta, por sua vez, também é bem maior comparativamente aos que aceitam crianças cadastradas como negras (55,5%) [...] Somadas as crianças consideradas negras, segundo o Estatuto da Igualdade Racial, ou seja, com a inclusão das pardas, observa-se que representam 66% do total dos infantes cadastrados no CNA (6.264). As crianças negras e pardas representam 72% daquelas que estão disponíveis à adoção na região Sudeste (2.863) (Espíndola, 2019, p. 109 e 111).

Em nosso projeto, mas também em outros projetos de sensibilização e intervenção junto aos pretendentes à adoção, ainda que tenhamos dados concretos sobre a escolha preferencial por parte dos pretendentes de crianças brancas (em um país majoritariamente preto) e ainda que no trabalho técnico recorrentemente identificamos o preconceito racial, reconhecemos que pouco falamos da questão étnico-racial em nossos grupos, ou mesmo em nossas avaliações técnicas, e pouco problematizamos a classificação "cor", presente nas planilhas obrigatórias do perfil da criança pretendida do estado de São Paulo[2]. A possibilidade de que os pretendentes à adoção opinem sobre a cor da criança pretendida também aparece no cadastramento nacional do

---

2. A referida planilha pode ser acessada através do *link*: https://www.tjsp.jus.br/Download/Corregedoria/Formularios/cejai_cadastramento.doc

Conselho Nacional de Justiça, o Sistema Nacional de Adoção e Acolhimento — SNA. No entanto, este tópico é apresentado como "etnia", embora ofereça as mesmas opções, a maioria voltada para o fenótipo, são elas: branca, parda, preta, amarela, indígena ou indiferente.

Em nossa atuação profissional, constatamos que grande parte dos pretendentes justifica sua escolha na manutenção de uma "homogeneização" entre adotando e adotado. Muitos pretendentes indicam o desejo de uma criança mais parecida com eles e, sendo a maioria formada de pretendentes brancos, a escolha recai predominantemente sobre essa raça/cor. Parece-nos, ainda, que a "homogeneização" também se desvela de um desejo de um filho semelhante aos requerentes, ainda associado ao sonho por um filho biológico. Também é recorrente ouvir de pretendentes brancos que excluem a opção por crianças pretas sob a alegação de que a criança poderia sofrer racismo e que eles não se sentem preparados para lidar com essa dificuldade.

Se, por um lado, entendemos importante trabalhar, junto aos pretendentes, o luto pelo filho biológico e aprofundar questões sobre a aceitação do diferente no núcleo familiar, por outro lado questionamos se a possibilidade de selecionar a raça/cor da criança pretendida, em vez buscar o acesso à convivência familiar (de maneira equânime entre crianças brancas e não brancas), não tem contribuído para a perpetuação do racismo. Nesse sentido, Divino (2019) afirma:

> A igualdade de todos perante a lei, assegurada constitucionalmente no artigo 5º da Carta Magna, também é afrontada pela possibilidade do menor deixar de ser adotado de acordo com sua raça. Além disso, adoção baseada em critérios de raça e cor ainda propicia a manutenção do racismo silencioso no cotidiano do brasileiro, escondendo o racismo na face da preferência (Divino, 2019, p. 57).

Sabemos que muitos aspectos estão envolvidos na escolha da raça/cor, não apenas o preconceito étnico-racial. Contudo, como explicar pretendentes que escolhem cor branca, parda, amarela e indígena e não escolhem a cor preta? Essa exclusão indica somente a não aceitação de um diferente que escancara a adoção ou também revela o preconceito étnico-racial?

No trabalho, deparamo-nos constantemente com situações que deveriam nos fazer questionar e pensar sobre o racismo, mas que, muitas vezes, se tornam invisibilizadas no processo de naturalização do preconceito étnico-racial. O preenchimento da planilha com o perfil da(o) criança/adolescente desejada(o) como filho é um exemplo gritante do racismo estrutural e de como isso está banalizado em nossa prática profissional. O item 'cor', com a possibilidade de o pretendente fazer sua escolha entre: branca, parda, preta, amarela e indígena levanta questões sobre como é o(a) filho(a) imaginado(a) e desejado(a) pela maioria dos pretendentes.

Nas entrevistas, duas das frases mais ouvidas para justificar a não opção pela raça/cor preta é "não somos racistas, mas a sociedade é" ou "não sei como agiria se um filho meu sofresse algum tipo de preconceito". Muitos declaram que não são racistas, mas temem a reação da família ao adotarem uma criança negra. Mesmo quando há escolha da raça/cor "parda", na maioria dos casos esta não envolve um entendimento sobre a miscigenação racial e há indicações do tipo: parda clara, média ou escura.

Kabengele Munanga, citado por Djamila Ribeiro em *Pequeno Manual Antirrascista* (2019), diz: "Ecoa dentro de muitos brasileiros uma voz muito forte que grita: Não somos racistas! Racistas são os outros". E, em 1988, no centenário da Abolição, uma pesquisa constatou essa afirmação, apresentando como resultado que a maioria dos entrevistados se identificava como não racista, porém reconhecia inúmeros amigos, familiares e pessoas próximas como racistas. Schwartz (2001) conclui, portanto, que os brasileiros vivem em uma "ilha de democracia racial" (p. 76), não reconhecendo o racismo que há em si próprio e admitindo o preconceito étnico-racial, mas sempre no outro.

Em busca de identificar e conhecer os aspectos velados do racismo, aprofundamos nossas observações, reflexões e questionamentos, evidenciando mais um aspecto invisibilizado.

Adoção de crianças e adolescentes e a questão étnico-racial: de Santana/SP ao Brasil

Schucman (2018) afirma que:

> O discurso construído no Brasil para aferir a distribuição de raça atuou também como um potencializador do racismo encoberto. O excesso de "zelo" dos formulários oficiais de governo acabou por soterrar singularidades de nossa organização social racial. Mais do que isso, ele é um sintoma desta organização (Schucman, 2018, p. 27).

Até duas décadas atrás, a codificação fenotípica nas planilhas das crianças e adolescentes adotáveis expressava com maior evidência essa hierarquização racial. A categorização do negro se subdividia em: pretos, pardos claros, pardos escuros. Havia, inclusive, um detalhamento dos cabelos em: lisos, encaracolados, carapinha. E por vezes uma opção que sinalizava se a criança possuía traços negroides (Silveira, 2005), independente do tom da pele negra.

É importante pontuar que o modo como é feita essa codificação fenotípica abre margem para uma série de equívocos e categorizações muito subjetivas, como bem apontou Espíndola (2019):

> Não há nenhum parâmetro no CNA que oriente tanto os habilitados, quando autodeclaram a sua raça/cor, como os técnicos, no momento em que cadastram os perfis raça/cor das crianças no sistema (heterodeclaração), a fim de tentar evitar falhas no cruzamento dos dados eletrônicos. Nos casos de crianças recém-nascidas, se o técnico que a cadastrou no CNA não teve contato com ambos os pais, a definição de raça/cor será de difícil constatação, notadamente quanto às categorias parda e branca, diante da possível mudança da cor de pele dos bebês (Espíndola, 2019, p. 98).

De nossa parte, não raro temos dificuldade na hora de definir a cor de uma criança quando estamos trabalhando na sua colocação em família substituta. Quantas vezes não consultamos os colegas para nos ajudar a definir: é branca ou parda clara? E há como diferenciar de preta e parda escura? Será que não atuamos numa tentativa de embranquecimento?

Chamou-nos atenção o que passamos a identificar como racismo encoberto, presente nos documentos oficiais, tais como na planilha atual para cadastramento de pretendentes à adoção, utilizada pelo Tribunal de Justiça do Estado de São Paulo. O referido documento utiliza a nomenclatura "cor", elencando as categorias definidas pelo IBGE, priorizando o fenótipo e optando por um conceito impreciso, conforme nos alerta Schucman (2018, p. 68) ao afirmar que "[...] mesmo que isto seja uma metáfora para 'raça', estamos nos referindo a uma gama cromática infinita entre o preto e o branco, que produz sentidos a partir das aparências fenotípicas do sujeito".

O SNA (Sistema Nacional de Adoção e Acolhimento, que substituiu o CNA em 2019) traz uma outra nomenclatura, "etnia", mas mantém a categoria parda (classificação fenotípica) e, acompanhada dessa mudança, não foi produzida nenhuma reflexão sobre o critério utilizado para a classificação, permanecendo assim o discurso social do racismo encoberto. Schwartz (2012) mostra-nos, por meio de uma pesquisa histórica, o quão imprecisos e controvertidos são os critérios utilizados, em estudos demográficos brasileiros, para classificação das pessoas em cor, raça ou etnia, o que discutiremos mais a diante.

Espíndola (2019), em sua dissertação de mestrado, nos provoca a refletir sobre essa correlação entre adoção e racismo, fazendo um levantamento consistente de dados do cadastro de adoção do Rio de Janeiro, perfil de habilitados, perfil de crianças/adolescentes disponíveis. Ele pondera que a manutenção da possibilidade de escolha dos pretendentes da raça/cor das crianças/adolescentes desejados constitui-se como marca do preconceito racial e, no entendimento do autor, são sinais e indicativos de atos discriminatórios e racistas.

Defende Espíndola (2019) que o CNJ deveria intervir no sentido de proibir a seleção e a escolha de crianças/adolescentes no quesito cor/raça, bem como deveria incitar o Judiciário e as equipes a trabalharem visando adoções inter-raciais e multirraciais. O autor propõe, assim, a exclusão dessa categoria de classificação (cor/raça). Acompanhemos sua justificativa:

> Restou comprovado que o número de pretendentes que aceitam crianças independentemente da raça/cor é maior que o número de crianças cadastradas no CNA, tornando-se desnecessária a permanência, no cadastro, daqueles que manifestem preferências com relação a esse critério. Constatou-se que o número de crianças negras (pardas e pretas), à espera de uma família adotiva, compõe a grande maioria dos cadastrados no CNA. Verificou-se que a maior parte dos habilitados deseja o perfil raça/cor branca, que não vai ao encontro das crianças que estão aguardando a chegada de uma família, que são da raça negra (pretas e pardas). Comparando o perfil negra e parda, quanto mais próxima da raça/cor branca, mais aceitação terá a criança entre os pretendentes do CNA (Espíndola, 2019, p. 129).

Surpreendemo-nos ao começar a aprofundar nossas discussões e reflexões sobre o tema, com a falta de pesquisas e artigos falando sobre adoção e racismo. Em levantamento bibliográfico no Portal BVS-Psi não localizamos NENHUMA referência para estudos com os descritores "adoção and racismo". Localizamos apenas uma referência para os descritores "adoção inter-racial". De maneira similar, em pesquisa às revistas *Serviço Social e Sociedade* e *Katálysis*, em suas versões disponíveis eletronicamente (publicadas a partir de 2010 e 2006, respectivamente), não foram encontradas publicações que relacionassem o tema da adoção à questão racial. Os escassos artigos que encontramos não estavam indexados, dificultando o acesso a tais produções.

No espaço destinado ao aprimoramento da prática de assistentes sociais e psicólogos do Tribunal de Justiça de São Paulo, isto é, os

Grupos de Estudo[3], o tema do racismo aparece de maneira inexpressiva. Em consulta aos *Cadernos dos Grupos de Estudos* (15 no total), não encontramos NENHUM trabalho que versasse exclusivamente sobre o tema Racismo. Apenas encontramos, em trabalhos realizados pelos Grupos de Estudo de Adoção, a questão da escolha da cor pelos pretendentes como um subitem dentro de um trabalho maior. Questionamos a razão de esse ter sido tão negligenciado ao longo dos anos.

Identificamos, portanto, mais um aspecto invisibilizado, a naturalização de uma suposta igualdade racial em nossa prática e atuação, o que tem nos provocado a pautar esse tema em discussões de equipe e construir ações almejando uma práxis antirracista. Passamos a questionar-nos, então, em que medida os processos de trabalho no Poder Judiciário, incluindo o processo de trabalho das equipes técnicas, reforçam esta desigualdade? Em que medida, apesar dos discursos contrários à idealização da filiação por adoção, as práticas da Justiça da Infância e Juventude tendem a reforçar idealizações, ao invés de contribuir para a convivência da heterogeneidade presente nas relações sociais?

Em nosso dia a dia, ouvimos discursos racistas, alguns abertamente, outros dissimulados e, na maioria das vezes, não conseguimos intervir ou reagir adequadamente a eles. O que faz com que nos calemos diante dessas situações? Será que consideramos "normal" ou como um direito essa escolha?

Problematizando nossas posturas e práticas, como técnicas da Vara da Infância e Juventude, fomos nos aprofundar, teoricamente, nos estudos sobre o racismo. Apresentamos a seguir nosso percurso e nossas reflexões.

---

3. Os Grupos de Estudo do Tribunal de Justiça de São Paulo são promovidos pela Escola Judicial dos Servidores e estão divididos em temas afetos ao exercício profissional de assistentes sociais e psicólogos. Anualmente as inscrições são abertas aos servidores que definem um escopo de estudo para o Grupo, dentro de cada temática. Os Grupos têm encontros mensais e, ao final, produzem um artigo abordando o que foi estudado. Os artigos são unificados e publicados pela EJUS em Cadernos para compartilhamento com os demais profissionais.

O racismo na sociedade brasileira

Moreira (2017, p. 410) nos lembra que: "[...] o racismo é antes de tudo um projeto de dominação que pode assumir diversas formas em diferentes sociedades e em diferentes momentos históricos". Cabe-nos refletir, portanto, em nossa sociedade e em nossa contemporaneidade, como esse projeto se constrói e se consolida, pensando na intrínseca correlação entre o conhecimento e as relações de poder, ou seja, nos modos como diversos saberes, ideologias e mitos são produzidos, disseminados e tornados verdades ou naturalizados, ancorando o exercício dessas relações de poder e de dominação.

Importante começar essa discussão pela própria raiz linguística da palavra racismo, o conceito de raça, como nos apresenta Schucman (2018):

> Partimos aqui, do pressuposto de que raça é uma construção social que produz sentidos no cotidiano das pessoas e engendra e mantém profundas desigualdades materiais e simbólicas nas vidas dos brasileiros (Schucman, 2018, p. 32).

Para essa autora, se a existência de raças humanas não encontra nenhuma comprovação no bojo das ciências biológicas, estas são, portanto, produto do mundo social, a partir do qual se faz classificações e identificações que irão orientar as ações dos seres humanos (Schucman, 2018, p. 33). Moreira (2017), no entanto, apresenta outra dimensão dessa classificação racial, trazendo como uma ideia e um constructo produzem verdades e organizam relações políticas e de dominação:

> A raça não é nada mais do que uma relação de poder, um marcador de privilégios e de desvantagens materiais. Ninguém nasce negro ou branco. As pessoas são incluídas dentro de um sistema de classificação racial. Porém, elas estão localizadas em lugares distintos dentro de sistemas hierárquicos de um país no qual a raça é uma categoria histórica

central. Ela tem sido um dos principais elementos a partir dos quais políticas públicas foram criadas; ela continua sendo uma forma de se possuir vantagens dentro da sociedade (Moreira, 2017, p. 405).

Assim, o conceito de raça alinhava significados, pauta imperativos, reproduz arranjos sociais.

No Brasil, Silvio Almeida (2018) nos alerta para o caráter institucional e estrutural do racismo, resultado de uma reconfiguração teórico-discursiva, no período pós-escravidão, e constituinte das relações sociais, familiares, políticas. Racismo que organiza e estrutura a sociedade brasileira, sendo naturalizado e ancorando a formulação de saberes e verdades que perpetuam a discriminação racial. Do mesmo modo, racismo estrutural que constitui subjetividades:

> Uma pessoa não nasce branca ou negra, mas torna-se a partir do momento em que seu corpo e sua mente são conectados a toda uma rede de sentidos compartilhados coletivamente, cuja existência antecede à formação de sua consciência e de seus efeitos (Almeida, 2018, p. 53).

Visando compreender melhor essas narrativas históricas e suas implicações, seguiremos o pensamento de Munanga (2004), que organiza a questão racial no Brasil em três diferentes períodos e correntes. A primeira etapa, segundo o autor, inicia-se no final do século XIX, com discursos embasados por teorias derivadas do darwinismo racial, que defendem que o branco representa uma raça superior, enquanto o negro, uma raça inferior. Alguns estudiosos dessa corrente desaconselhavam, portanto, a mistura e miscigenação, sustentando a possibilidade de "maculação da raça pura".

Souza (1983) descreve como esta classificação racial se organiza em torno de hierarquias, privilégios e lugares previamente estabelecidos:

> A sociedade escravista, ao transformar o africano em escravo, definiu o negro como raça, demarcou o seu lugar, a maneira de tratar e ser

tratado, os padrões de interação com o branco e instituiu o paralelismo entre cor negra e posição social inferior (Souza, 1983, p. 19).

Em paralelo, e restando evidente que o Brasil não era um país predominantemente branco, começam a ser construídos e incentivados discursos que visavam a união da nação, de modo a ocultar a extrema violência e desigualdade, bem como esconder as marcas de séculos de escravidão. Schwartz (2019) traça um panorama histórico do racismo no Brasil, mostrando-nos como, desde nossa independência política (em 1822), disseminam-se histórias que se utilizam da metáfora de um país análogo a um grande rio, integrado a partir do encontro de três raças: branca, negra a indígena, supostamente um encontro sem conflitos.

Ali estavam, pois, os três povos formadores do Brasil: todos juntos, mas (também) diferentes e separados. Mistura não era (e nunca foi) sinônimo de igualdade. Aliás, por meio dela confirmava-se uma "hierarquia" inquestionável e que, nesse exemplo, e conforme revelava-se o artigo, apoiava-se num passado imemorial e perdido no tempo. Essa era, ainda, uma ótima maneira de "inventar" uma história não só particular (uma monarquia tropical e mestiçada) como também muito otimista (Schwartz, 2019, p. 16).

Os fundamentos do darwinismo racial, então, passam a ser minados pela propagação da ideia de uma democracia racial, ancorada em uma suposta igualdade entre as raças, em termos da biologia, e calcadas na diferenciação fenotípica. As variações de tonalidade de cor de pele e atributos externos tornam-se parâmetros para definir, classificar e hierarquizar diferentes povos. A cor começa a determinar a inclusão ou a exclusão social, marcando um processo de etiquetação social e embasando teorias que defendem o embranquecimento da população brasileira, ao mesmo tempo em que enaltecem a mestiçagem, como uma forma de ascensão do negro à categoria de quase branco.

A mestiçagem e a miscigenação apresentam-se como possível solução e estratégia para apaziguamento dos conflitos brasileiros, constituem-se formas de camuflar as bases e estruturas do racismo no país, invisibilizando a negritude como cultura e identidade, e enaltecendo a narrativa de uma suposta democracia racial. Como diz Jarid Arraes (2013):

> Da mistura de raças, nasce o branco por consideração e, com isso, morrem a cultura, a religião e a identidade afrodescendente. A negritude e a cultura africana, com seus símbolos e tradições, se tornam cada vez mais algo do passado, de uma ancestralidade que é, na maioria esmagadora das vezes, totalmente desconhecida (Jarid Arraes, 2013).

Interessante acompanhar como tais mudanças de categorização se refletem também em modificações nas classificações que estruturam as pesquisas demográficas no Brasil (Schwartz, 2012). No censo de 1900, por exemplo, categoria cor é retirada, retornando nas pesquisas posteriores. Por algum tempo, também, constavam as nomenclaturas de "caboclo" ou "mestiço", que foram substituídas por "parda", categoria que passou a ser utilizada para incluir aqueles que não se enquadravam nas demais nomenclaturas. Percebe-se, portanto, que a cor "parda" se refere não somente à mistura de branca e negra, mas incluía os demais mestiços.

Pensar a mestiçagem, e se adotarmos a categoria apresentada no formulário preenchido pelos pretendentes à adoção, pensar também no termo pardo, exige a contextualização dessa classificação apresentada, lembremos, como uma estratégia de invisibilização da negritude. Enraizado em um processo ou tentativa de branqueamento e apagamento das marcas do racismo estrutural, é fundamental ter em mente que "[...] o mestiço nunca foi uma categoria racial com um fim em si mesma, mas um processo para chegar ao branco" (Shucman, 2018, p. 43).

Schwartz (2012, p. 100) descreve, ainda, a incrível experiência do censo de 1976 que, tendo aberto a classificação para uma auto-declaração de cor, encontrou 136 respostas diferentes, uma gama de designações de cores, que foi chamada de "Aquarela do Brasil" (há "branca-queimada", "café com leite", "bronzeada", "meio-branca", "meio-morena", "queimada-de-praia", "puxa-para-branca"). Identifica-se, na definição da cor e no modo de categorizar as diferentes tonalidades de pele no Brasil, como se estrutura o processo de demarcação social, correlacionando a cor da pele a diferentes graduações sociais e econômicas, a diferentes modos de inserção social e de acesso a direitos fundamentais.

Sobre o mito da democracia racial, Ribeiro (2019) descreve que a ideia de uma nação miscigenada foi transmitida e reforçada ao longo do nosso desenvolvimento, como país e como povo, calcada na ideologia individualista e liberal que argumenta que todos têm os mesmos direitos e oportunidades de crescimento, dependendo o seu sucesso apenas pelo esforço e mérito. A estratificação social justifica-se, assim, pela meritocracia.

Da intersecção e integração desses dois sistemas classificatórios (raça e classe social), costura-se a terceira corrente do pensamento racial brasileiro:

> A junção se mostrou bastante perversa. Por si só, conforme os ditames da classe dominante, o sistema de classe distingue os sujeitos. O sistema de raça, por sua vez, separa os sujeitos a partir da cor da pele, segundo formulado pelos grupos detentores do poder — nesse caso os brancos. Logo, aos negros, que sempre tiveram na sua cor a marca da sua inferioridade, nada restou, senão o seu rebaixamento [...]. A convergência desses elementos se apresenta ao negro como uma solução ao racismo mediada pela conquista financeira. A retórica da ascendência social, atualmente adotada, tenta persuadi-lo de que o preconceito racial é uma questão de classe e quer convencê-lo da não existência do racismo fenotípico (Silva, 2018, p. 37-38).

Acompanhar a construção do racismo como estruturante e constituinte da sociedade brasileira nos faz identificar que não se trata de culpabilizar concepções ou posturas individuais, mas de exigir posicionamentos políticos que possibilitem enfrentar essa questão.

Perceber-se criticamente implica uma série de desafios para quem passa a vida sem questionar o sistema de opressão racial. A capacidade desse sistema de passar despercebido, mesmo estando em todos os lugares, é intrínseca a ele. Acordar para os privilégios que certos grupos sociais têm e praticar pequenos exercícios de percepção pode transformar situações de violência que antes do processo de conscientização não seriam questionadas (Ribeiro, 2019, p. 51).

Silvio Almeida, citado por Djamila Ribeiro em *Pequeno Manual Antirracista* (2019), afirma:

Consciente de que o racismo é parte da estrutura social e, por isso, não necessita de intenção para se manifestar, por mais que calar-se diante do racismo não faça do indivíduo moral e juridicamente culpado ou responsável, certamente o torna ética e politicamente responsável pela manutenção do racismo. A mudança da sociedade não se faz apenas com denúncias ou com repúdio moral do racismo, depende antes de tudo, da tomada de posturas e da adoção de práticas antirracistas (Almeida, *apud* Ribeiro, 2019, p. 7-8).

Assim, se o racismo se produz e se reproduz na sociedade brasileira como um projeto de dominação, cabe-nos pensar como o racismo se configura no âmbito das políticas, legislações e práticas voltadas à infância e juventude. Propomos, então, revisitar, brevemente, o histórico da legislação e dos serviços de atendimento à infância, com o objetivo de lançar luz à questão étnico-racial.

Racismo e infância

Destacaremos alguns aspectos da legislação e do atendimento conferido à infância, buscando compreender a regulação e a proteção conferida a este segmento, suas motivações e reflexos na atualidade.

O final do século XIX foi marcado por um intenso movimento de reordenamento político e social do Brasil, especialmente pelas refrações do fim da escravidão e a necessidade de estruturação do trabalho livre no país. Há que se recordar que as crianças também foram escravizadas, desconsideradas enquanto sujeitos e tratadas com descaso e violência.

A abolição da escravidão no ano anterior não trouxe melhorias na condição de vida para a população brasileira de modo geral, especialmente aos grupos raciais negros. A forte influência do higienismo e das teorias raciais vigentes à época instrumentalizaram uma sociedade extremamente discriminatória e segregacionista, pondo os negros à sua margem e excluídos de quaisquer serviços públicos, exceto aqueles atrelados ao sistema de 'controle policial e agora, também judicial' (Lima, 2015, p. 155).

No contexto de expansão demográfica das grandes cidades, intenso crescimento industrial, grande desigualdade socioeconômica e marginalização, Santos (2010) destaca a crescente dicotomia e qualificação entre os mundos do trabalho e da "vadiagem":

A busca pelo trabalhador ideal não cessava, hostilizando-se assim, não só o negro — representante de um passado a esquecer —, como também aqueles imigrantes portadores de ideias "nocivas" à ordem social. Bania-se do país os líderes sindicais, os dirigentes de greve e de reivindicações populares (Santos, 2010, p. 213).

Como uma nova faceta daquele cotidiano, observou-se expressivo aumento dos processos de criminalização, inclusive juvenil, estruturado a partir de um controle sobre o tempo e a vida dessa população, especializam-se os mecanismos de repressão e regramento. Concomitante a isso, houve a incorporação de novas práticas ao Direito, especialmente aquelas ligadas à sociologia, psiquiatria e psicologia.

Ao longo do século XX, conviveu-se com a inexistência de políticas assistenciais emanadas do Estado e que dessem conta de amparar econômica e socialmente as famílias pobres e seus filhos; ao mesmo tempo, o processo de industrialização pelo qual passaram as principais cidades brasileiras contribuiu para o aumento expressivo da pobreza, principalmente em razão da exploração da sua mão de obra — incluindo o trabalho infantil —, ausência de direitos trabalhistas e péssimas condições laborais. Tudo isso também veio acompanhado do recrudescimento da legislação penal e da legislação menorista, que propiciaram um forte controle social desses grupos vulneráveis, a maioria em razão da sua condição de pobreza, assim como em razão de sua cor, já que a maioria da população pobre e despojada de quaisquer serviços eram de negros e de descendentes de escravos (Lima, 2015, p. 151).

Vê-se eclodir, neste cenário, um intenso debate que visava combater as causas da criminalidade infantil, adotando um discurso menos policialesco e punitivista e inserindo estratégias de controle e tutela. O Código de Menores de 1927 estabelece que os menores de dezoito anos, abandonados ou delinquentes, confiados a particulares, institutos ou associações, ficariam sob a vigilância do Estado e seriam submetidos pelo Juiz de Menores às medidas de assistência e proteção. Cunha (1996, p. 98) afirma que "[...] Os menores considerados em situação irregular passam a ser identificados por um rosto muito concreto: são os filhos das famílias empobrecidas, geralmente negros ou pardos, vindo do interior e das periferias".

Uma das estratégias para viabilizar a desejada "civilização" do Brasil foi iniciar o disciplinamento e moralização do trabalho desde a infância, ora entendida como o futuro do país, ora tida como potencialmente perigosa. Outra medida que passou a ser veiculada propunha a retirada da criança ou do adolescente do meio considerado "nefasto" e a oferta de proteção e educação, moral e disciplinar, com o intuito de recuperá-la (Rizzini, 2011).

Há a criação de serviços destinados ao atendimento ao menor (como o Serviço de Assistência a Menores — SAM — 1941, e,

posteriormente, a Fundação Nacional do Bem-Estar do Menor — FU-
NABEM — 1964) que se constituíam em instituições totais e promoviam
ou intensificavam o afastamento das crianças ou adolescentes de suas
famílias de origem, ao mesmo tempo em que objetivavam minimizar
o problema da infância pobre no Brasil.

> A construção do direito do menor e do menor em situação irregular
> ignorou completamente as questões étnicas. Entretanto, a análise da
> historiografia da infância brasileira remete à reflexão de quem eram
> as crianças que viviam sob a tutela dos Códigos de Menores e qual
> era a sua cor. Alguns dados sugerem que as crianças internadas nos
> institutos disciplinares consistiam em uma minoria incluída na cate-
> goria "branca" (Rizzini, 1997, p. 71). E isso, reforça o entendimento de
> que a criança e o adolescente negro representavam os estratos mais
> baixos da sociedade, sendo também os principais "clientes" ou vítimas
> do sistema menorista implantado ao longo de quase todo o século XX
> (Lima, 2015, p. 152).

Como sustentáculo da concepção sobre a situação irregular
do menor, a família (ou a falta dela) era considerada a causa do
problema, não havendo, portanto, a preocupação com a manutenção ou com o restabelecimento dos vínculos familiares de origem.
Alguns discursos ponderavam que a institucionalização não era a
medida mais indicada para garantir o desenvolvimento da criança
ou adolescente, outros defendiam a necessidade de fortalecimento
das famílias biológicas e das relações nas comunidades, assim como
havia proposições para a regulação de mecanismos de adoção e
rompimento definitivo dos vínculos.

Nesse sentido, passa-se a observar um controle no âmbito privado, sobre o "menor" e suas famílias, inclusive com a possibilidade de
suspensão e destituição do Pátrio Poder. A medida de adoção, aparece,
então, em 1965, através da Lei n. 4.655, como uma alternativa para os
longos processos de institucionalização, promovendo a transferência
de cuidados da instituição e do Estado para as famílias.

Pela primeira vez no Brasil, associa-se a inserção de crianças em famílias adotivas com o abandono ou desamparo delas. A legitimação adotiva tem o caráter de medida de proteção e assistência à infância, tornando-se uma ação jurídica interventiva e distanciando-se da configuração da adoção como um acordo familiar. Nessas situações, o adotado tinha sua relação de parentesco com a família biológica definitivamente rompida e era integrado em família adotiva de forma irreversível (Oishi, 2013, p. 31).

A promulgação do chamado Segundo Código de Menores, de 1979, reitera essa concepção e altera o lugar da adoção na legislação, não mais como um direito de família, mas como uma medida de proteção e assistência à infância.

A transformação no cenário político brasileiro pós-1980 e a orientação internacional de defesa dos direitos humanos refletiu-se na nova Constituição Federal de 1988, apelidada de "Constituição-cidadã". No que se refere às relações raciais, a nova Constituição demonstra compromisso com os princípios da igualdade e da não discriminação, assegurando direitos e garantias individuais e igualitárias a todas as pessoas sem distinção de origem, raça, sexo, cor, idade e quaisquer outras formas de discriminação (art. 1º, IV, e 5º, *caput*, da CF/88).

A Constituição da República Federativa do Brasil de 1988 abriu caminhos rumo a esse novo olhar que se deve ter para a infância e adolescência no País. Um novo olhar de zelo, de carinho, de atenção e principalmente de proteção aos seus direitos fundamentais. E de modo mais específico, as crianças e adolescentes pertencentes à raça negra também gozam de amparo constitucional para a promoção e concretização dos seus direitos, livres de quaisquer formas de preconceito, racismo e discriminação racial (Lima, 2015, p. 157).

Em continuidade, o Estatuto da Criança e do Adolescente (ECA), Lei n. 8.069, promulgado em 13 de julho de 1990, constituiu grande avanço na política de atenção ao público infantojuvenil. Em seu tripé, posiciona a criança e o adolescente como: pessoa em condição jurídica de sujeito de direitos, em condição peculiar de desenvolvimento e como absoluta prioridade. Diferentemente da situação irregular (configurada pelo Código de Menores), que acabava caracterizando como "menores" um grupo específico de crianças e adolescentes, o ECA pretende-se universal.

A lei avança ao dispor em seus artigos 19 a 52 sobre o direito à convivência familiar e comunitária. Municia a sociedade e os operadores das políticas públicas da legalidade necessária para exigir a manutenção de vida digna de crianças e adolescentes juntos às suas famílias de origem. Ao mesmo tempo, desnaturaliza a adoção como uma "solução-alternativa", como caracteriza Ayres (2009), para o desamparo e o abandono, realocando-a como medida de proteção ao direito à convivência familiar e transferindo o foco da prioridade e da ação, portanto, às crianças e aos adolescentes.

Assim, há que se destacar a ruptura de paradigma trazida pelo ECA. Após 30 anos de sua promulgação, sem a pretensão de abordar os incontestáveis avanços legais, políticos e conjunturais, nos atrevemos a questionar se foram possíveis alterações sociais estruturais neste período. Neste sentido, afirma Lima (2015):

> Ao que parece, a proposta de proteção integral ainda não foi capaz de contemplar a criança e o adolescente negro, constituindo-se neste caso, que o princípio da universalidade não alcança ou não é plenamente realizável para a infância negra, considerando as disparidades nos indicadores sociais que colocam os negros sempre em posição de desvantagem em relação aos grupos raciais brancos. Esta invisibilidade no âmbito dos serviços e das políticas públicas é perceptível desde a infância, num processo de exclusão e marginalização que vai se desenvolvendo no decorrer da vida, chegando à fase adulta (Lima, 2015, p. 276).

Ponderamos, entretanto, que as ações destinadas à infância e juventude seguem voltadas a um público específico, mantendo o recorte de camada social e raça, a que historicamente estiveram associados. Se atentarmos para nossa clientela nas Varas de Infância e Juventude, sabemos quem são, atualmente, crianças e adolescentes alvo de medidas protetivas, incluindo as adoções.

O breve resgate histórico que tentamos fazer nos elucida quanto à necessidade de avanços no plano concreto e estrutural da sociedade em que vivemos, a fim de garantir o respeito pela diferença étnico-racial, a assegurada igualdade racial, a efetiva proteção dos direitos de crianças e adolescentes, bem como a adoção, de fato, como medida excepcional, conforme sua previsão legal.

A possível (re)construção do direito da criança e do adolescente e o fortalecimento e a garantia de proteção integral para aqueles sujeitos vulnerabilizados em razão da sua cor e do seu pertencimento racial dependerão da promoção e da construção de um debate sério no campo da formulação das políticas públicas. A visibilidade das crianças e dos adolescentes negros exige políticas públicas que reconheçam não apenas as suas diferenças, mas que tenham o compromisso de promover a erradicação do preconceito, do racismo e da discriminação racial (Lima, 2015, p. 297).

São muitos os desafios ainda a serem enfrentados para, de fato, garantir direitos fundamentais às crianças e adolescentes desse país. Alerta-nos Angela Davis que "[...] em uma sociedade racista, não basta não ser racista, é necessário ser antirracista".

Perguntamo-nos: E o que é preciso ser feito e ser compreendido para adotarmos uma postura antirracista? Segundo Ribeiro (2019):

O autoquestionamento — fazer perguntas, entender seu lugar e duvidar do que parecer "natural" — é a primeira medida para evitar reproduzir esse tipo de violência, que privilegia uns e oprime outros (Ribeiro, 2019, p. 11).

Nosso questionamento atual é sobre nossa prática e nosso cotidiano de trabalho, desde que passamos a refletir sobre o racismo e a adoção, identificamos muitas naturalizações e passamos a desejar dar visibilidade a estes processos de exclusão, dominação e inferiorização. Ainda que, de alguma forma, haja um certo reconhecimento social da inadequação das desigualdades raciais, permanecem inúmeras invisibilidades do racismo em nossa sociedade, com elevado grau de negação e minimização. Reconhecer o racismo que há em nós e em nossa atuação é fundamental para que possamos combatê-lo.

Considerações finais

O presente capítulo foi motivado por inquietações da nossa prática enquanto assistentes sociais e psicólogas com atuação nas reavaliações dos pretendentes à adoção, entendendo este trabalho como sustentáculo do cuidado com crianças e adolescentes que serão inseridos em famílias substitutas.

Para além da necessidade de reavaliar as pessoas e casais habilitados para adoção, a estratégia de trabalho implementada na VIJ de Santana por meio de grupos participativos, nos impulsionou a algumas reflexões. Ficou evidente um distanciamento dos pretendentes com o Tribunal de Justiça, que se sentiam "invisíveis", assim como uma invisibilidade das crianças e adolescentes em condições de adoção pelos pretendentes.

Há alguns anos observamos ações de estímulo a mudanças na cultura da adoção, especialmente para a ampliação de adoções consideradas "difíceis" — dentre elas a adoção de adolescentes, grupos de irmãos e crianças com doença ou deficiência. No entanto, os dados sobre o perfil de crianças desejadas nos mostram que a proteção de crianças e adolescentes é seletiva também na garantia de convivência familiar em famílias substitutas quando se trata de crianças negras. Embora esta questão seja justificada por muitos como uma tentativa dos pretendentes (em sua maioria brancos) de uma aproximação da família biológica, refletimos como nosso processo de trabalho vem influenciado nesta idealização e (se) vem garantindo a equidade de proteção às crianças e adolescentes negras e não negras, quando em situação de adoção.

O aprofundamento teórico acerca da história da infância e da adoção no Brasil, assim como do racismo estrutural, nos apresentaram a necessidade de desconstruir naturalizações no campo da adoção e para isso o desvelamento de invisibilidades, dentre elas, o racismo presente nos processos de trabalho das VIJ.

Uma situação que se mostrou emblemática dos problemas trazidos por uma classificação fenotípica se deu quando pretendentes foram chamados para conhecer um bebê e não deram continuidade a adoção porque, no critério deles, aquela criança era negra. Os próximos pretendentes foram chamados, a opção desses era negro e pardo, e, dessa vez, a criança não foi aceita porque, para eles, era branca. Foi preciso convocar três pretendentes e adiar por um mês o início da colocação em família substituta de um bebê de 11 meses, saudável.

Neste sentido, percebemos, ainda, como campo de trabalho a ser aprofundado, a preparação das famílias para enfrentar os desafios da adoção inter-racial, incluindo o reconhecimento das situações de preconceito étnico-racial e a construção da identidade racial de crianças e adolescentes negros. No entanto, a necessidade de exploração da temática relacionando adoção e racismo tem se mostrado pouco perceptível ao corpo profissional majoritariamente branco do TJSP.

Também se mostrou importante a conquista de mais espaços de reflexão junto aos pretendentes à adoção como, por exemplo, através de grupos temáticos de espera. Ao mesmo tempo, deparamo-nos com a limitação dos recursos humanos disponíveis e com a alta demanda de trabalho.

Entendemos que trabalhar estas questões com os pretendentes em todas as etapas pré-adoção (curso preparatório, avaliação e reavaliação) é urgente. Tais problemáticas deveriam ser mais bem aprofundadas, não apenas junto àqueles que se mostram disponíveis para adotar crianças negras, mas, também, com pretendentes que declararam que não se sentem encorajados o suficiente para lidar com o racismo da sociedade ou da família. Estas questões podem ser mobilizadoras de muitas experiências emocionais, e, portanto, a abordagem precisa ser cuidadosa.

A correlação dos temas racismo e adoção revelou muitos aspectos que merecem, e precisam, ser investigados, provocando reflexões sobre as práticas institucionais no âmbito dos processos de adoção. Esperamos que este capítulo seja apenas um disparador de outras discussões e questionamentos.

Referências

ALMEIDA, S. L. *O que é racismo estrutural?* Belo Horizonte: Letramento, 2018.

ALMEIDA, S. L. Prefácio. *In:* SCHUCMAN, L. V. *Famílias inter-raciais*: tensões entre cor e amor. Salvador: EDUFBA, 2018.

ARRAES, J. *A face racista da miscigenação brasileira*. Portal Geledés (on-line), 2013. Disponível em: https://www.geledes.org.br/a-face-racista-da-miscigenacao-brasileira-por-jarid-arraes/

AYRES, L. S. M. *Adoção*: de menor a criança, de criança a filho. Curitiba: Juruá, 2009.

BRASIL. *Lei n. 8.069*, de 13 de julho de 1990. Dispõe sobre o Estatuto da Criança e do Adolescente. Disponível em: http://www.planalto.gov.br/ccivil_03/leis/l8069.htm. Acesso em: 20 dez. 2021.

CUNHA, J. R. O Estatuto da Criança e do Adolescente no marco da doutrina jurídica da proteção integral. *Revista da Faculdade de Direito Candido Mendes*, Rio de Janeiro, v. 1, p.90-119, 1996.

DIVINO, A. L. F. *Racismo e adoção*: uma análise de como o racismo se manifesta na sociedade brasileira e seu impacto da fila da adoção. Trabalho de Conclusão de Curso (Bacharelado em Direito) — Universidade Presbiteriana Mackenzie, São Paulo, 2019. 64f.

ESPINDOLA, S. P. *Filho*: qual é a sua raça? Racismo institucional através do Cadastro Nacional de Adoção. Dissertação (Mestrado em Saúde Pública) — Fundação Oswaldo Cruz, Escola Nacional de Saúde Pública Sergio Arouca, Rio de Janeiro, 2019. 177f.

INSTITUTO DE PESQUISA ECONÔMICA APLICADA [*et al.*]. *Retrato das desigualdades de gênero e raça*. 4. ed. Brasília, 2011. 39p.

LIMA, F. S. *Os direitos humanos e fundamentais de crianças e adolescentes negros à luz da proteção integral*: limites e perspectivas das políticas públicas para a garantia de igualdade racial no Brasil. Tese (Doutorado em Direito) — Centro de Ciências Jurídicas, Programa de Pós-Graduação em Direito, Universidade Federal de Santa Catarina, Florianópolis, 2015. 337f.

MOREIRA, A. J. Pensando como um negro: ensaio de hermenêutica jurídica. *Revista de Direito Brasileira*. São Paulo, v. 18, n. 7, set./dez. 2017. p. 393-421.

MUNANGA, K. *O negro na sociedade brasileira*: resistência, participação e contribuição. Brasília: Fundação Cultural Palmares, 2004.

OISHI, J. *A adoção e o adotável*: do desbotar da memória à (des)construção da filiação. Dissertação (Mestrado em Psicologia) — Instituto de Psicologia, Universidade de São Paulo, São Paulo, 2013. 116f.

RIBEIRO, D. *Pequeno manual antirracista*. São Paulo: Companhia das Letras, 2019.

RIZZINI, I. Crianças e Menores — do Pátrio Poder ao Pátrio Dever. Um histórico da legislação para a infância no Brasil. *In:* RIZZINI, I.; PILOTTI, F. (org.). *A arte de governar crianças*: a história da legislação e da assistência à infância no Brasil. São Paulo: Cortez, 2011.

SANTOS, M. A. C. dos. Criança e criminalidade no início do século XX. *In:* DEL PRIORE, Mary (org.). *História das crianças no Brasil*. 7. ed. São Paulo: Contexto, 2010.

SCHUCMAN, L. V. *Famílias inter-raciais*: tensões entre cor e amor. Salvador: EDUFBA, 2018.

SCHWARCZ, Lilia. *Nem preto, nem branco, muito pelo contrário*: cor e raça na sociedade brasileira. São Paulo: Claro Enigma, 2012.

SCHWARCZ, Lilia. *Sobre o autoritarismo brasileiro*. São Paulo: Companhia das Letras, 2019.

SILVA, R. N. *A máscara obscura do ódio racial*: segregação, anonimato e violência nas redes sociais. Dissertação (Mestrado em Mídia e Cotidiano) — Departamento de Comunicação Social, Universidade Federal Fluminense, Rio de Janeiro, 2018. 150f.

SILVEIRA, A. M. da. *Adoção de crianças negras*: inclusão ou exclusão? São Paulo: Veras Editora, 2005.

SOUZA, N. S. *Tornar-se negro*: ou as vicissitudes da identidade do negro brasileiro em ascensão social. Rio de Janeiro: Graal, 1990.

CAPÍTULO 3

Considerações psicossociais sobre a pluralidade de perfis na composição da magistratura paulista*

Germanne Patricia Nogueira Bezerra Rodrigues Matos
Leila Josefina Rodrigues Vianna
Maria Costantini
Maria Teresa Gonçalves Rebello
Silvia Maria Crevatin

Introdução

Este capítulo trata da importância de se conhecer as transformações que vêm ocorrendo no perfil dos magistrados que ingressam no Tribunal de Justiça de São Paulo, observadas pelo Serviço Psicossocial

---

* Com vistas à publicação, alguns dados relativos ao Serviço Psicossocial Vocacional, ao Tribunal de Justiça de São Paulo e à Pesquisa Nacional por Amostra de Domicílio Contínua foram atualizados, sem prejuízo no conteúdo e nas análises originais.

Vocacional a partir da Avaliação de Candidatos à Magistratura e do Acompanhamento Psicossocial de juízes em estágio probatório.

Desde a sua fundação, em 1998, esse serviço depara com diferentes pessoas que pleiteiam e ingressam nessa Instituição. Para se ter uma ideia, em 23 anos de atuação, 1.624 pretendentes foram aprovados na magistratura paulista (do 170º Concurso ao mais recente — 188º Concurso —, cujo resultado foi publicado em janeiro de 2020 e cuja posse dos admitidos foi adiada para fevereiro de 2021, em razão da pandemia da covid-19).

Esse é um contingente expressivo que demandou dos assistentes sociais e psicólogos compreenderem as peculiaridades de cada sujeito e da função judicante, assim como suas interligações, a fim de garantir a eficácia das intervenções. Além disso, impôs a necessidade de delinearem, em seu conjunto, quem são os juízes que passam a integrar o quadro desse Tribunal, do ponto de vista de suas identidades psicossociais, familiares e profissionais, pois, no todo, elas contribuem para caracterizar a magistratura e, nesta medida, podem repercutir no entendimento dos conflitos, nas tomadas de decisão e, por conseguinte, na própria sociedade.

Para obter esse retrato, no transcorrer desses anos de atividade, tem-se realizado o levantamento do perfil dos candidatos avaliados, incluindo os aprovados e os empossados, no que tange a sexo, cor de pele, idade, estado civil, região de moradia anterior à posse, experiência laboral, origem socioeconômica, formação profissional dos pais, entre outros aspectos.

A partir desse estudo, começou-se a indagar se o perfil desses magistrados tem mudado nos últimos anos e se é representativo da pluralidade social, sendo estes questionamentos o foco do presente capítulo.

De modo geral, foram identificadas algumas mudanças na direção de um aumento da diversidade de juízes, considerado um fator positivo, pela possibilidade de uma melhor aproximação entre o

Judiciário paulista e a comunidade. Conjectura-se que esse quadro seja reflexo de movimentos sociais, políticos e culturais, os quais exigem das instituições novas configurações.

A proposta deste texto é analisar essas alterações ao longo do tempo e suas implicações, destacando-se duas características importantes: sexo e cor de pele. Também pretende pensar, em uma perspectiva psicossocial, sobre a relevância de haver um corpo de magistrados que represente as diferenças socioculturais existentes na sociedade, especialmente as de gênero e raça, pela significativa expressão que adquiriram historicamente.

Neste ponto, preliminarmente, vale fazer um breve apanhado sobre o trabalho desenvolvido pelo Serviço Psicossocial Vocacional, com a finalidade de clarificar o interesse despertado pelo atual tema.

As atividades por ele realizadas têm um caráter interdisciplinar e centram-se na identidade profissional do público-alvo, tanto no âmbito social como no psicológico, com o intuito de prevenir, minimizar ou dirimir dificuldades quanto à escolha e ao desempenho ocupacional.

Os principais programas efetuados pela equipe são:

- Avaliação psicológica dos candidatos ao concurso de ingresso na magistratura[1];

- Acompanhamento psicossocial e de desenvolvimento profissional dos juízes em estágio probatório e de juízes vitalícios;

- Preparação para aposentadoria de magistrados;

- Avaliação psicossocial de juízes em disponibilidade;

- Orientação profissional aos adolescentes — filhos e netos dos servidores;

- Desenvolvimento de pesquisas. Até o momento foram elaborados dois relatórios de pesquisa sobre o perfil dos candidatos à

---

1. Até o 183º Concurso, as avaliações eram psicossociais. Contudo, em decorrência da Resolução nº 75/2009, do CNJ, passaram a ser somente efetuadas pelos psicólogos da equipe.

magistratura estadual de São Paulo. Além disso, foram publicados, em livros, três artigos sobre assuntos relativos ao serviço[2].

É primordial mencionar que a perspectiva interdisciplinar, com a correlação de saberes das áreas do Serviço Social e da Psicologia, tem favorecido um conhecimento diversificado e aprofundado dos sujeitos atendidos e dos desafios presentes no cotidiano da equipe, sendo intrínseca ao seu mister. Ademais, o constante diálogo entre os profissionais dessas áreas vem permitindo um olhar crítico para suas atuações e para o papel assumido perante o público-alvo e a instituição à qual pertencem. Desse modo, a interdisciplinaridade tem efetivamente contribuído para uma construção teórico-metodológica, bem como para o alcance dos objetivos e da consolidação dos fundamentos do Serviço.

Como é possível depreender dos eixos citados anteriormente, uma parte das atribuições da equipe diz respeito ao atendimento de pessoas da área do Direito que pretendem integrar a Magistratura Paulista e de juízes ao longo da carreira. Portanto, sempre se mostrou essencial a compreensão das questões sociais e psicológicas que envolvem o processo de escolha e o desenvolvimento na profissão judicante, assim como o entendimento da dinâmica institucional. Um derivativo do trabalho, mas não menos fundamental, é analisar se o Tribunal de Justiça de São Paulo, aqui representado pelo corpo de magistrados, acompanha as transformações da sociedade. Portanto, considera-se que o tema deste capítulo está em sintonia com as discussões emergidas da prática.

---

2. As publicações mencionadas são: "A construção da interdisciplinaridade no Acompanhamento Psicossocial de Juízes em Estágio Probatório", In: *Diálogos Interdisciplinares:* a psicologia e o serviço social nas práticas judiciárias; "Pesquisa Interdisciplinar: ferramenta para aprofundar análises sociais e psicológicas de candidatos à Magistratura", In: *Infância, Juventude e Família na Justiça;* e "Acompanhamento Psicossocial dos Juízes em Início de Carreira: uma abordagem interdisciplinar", In: *O Serviço Social e a Psicologia no Universo Judiciário.*

Desenvolvimento

Desde o início, o Serviço Psicossocial Vocacional privilegiou, nas avaliações e nos acompanhamentos, as múltiplas histórias e experiências de vida, tipos de personalidade e visões de mundo de candidatos à magistratura e de juízes atendidos, sem definir *a priori* um perfil ou uma conduta padrão, como já fora comum em empresas privadas. A compreensão sempre foi a de que espaços ocupados por diferentes pessoas têm o potencial de beneficiar trocas enriquecedoras e criativas capazes de transformar pontos de vista, aprofundar conceitos e buscar novas soluções. No caso dos magistrados, essa diversidade pode, inclusive, repercutir na análise de demandas cada vez mais complexas que chegam ao Judiciário e na ampliação da garantia de direitos.

Contudo, o que está em questão quando se discute pluralidade transcende à mera reunião dessas diversas singularidades psicossociais, formando um conjunto. Também se faz necessário pensar em instituições públicas representativas da sociedade em aspectos inclusivos, como gênero, raça e deficiência física ou intelectual, notadamente pelo seu primordial compromisso social.

De acordo com Ambrózio (2019), "[...] quanto mais representativo o serviço público for, melhores serão os serviços ofertados pelos seus profissionais". Conforme o mesmo autor, pesquisas sinalizam que "[...] a falta de representatividade no serviço público provoca ações menos justas do poder público [...]". Já "[...] representatividade e reciprocidade entre agente público e cidadão produzem melhores serviços [...]".

Nesse contexto, políticas de reservas de vagas se configuram como uma possibilidade de acesso e ingresso ao mercado de trabalho, embora sejam recentes no serviço público. Na magistratura paulista, por exemplo, as vagas reservadas para pessoas com deficiência física começaram em 2008, no 181º Concurso, e as vagas exclusivas para negros foram instituídas em 2017, no 187º Concurso.

Há debates em torno dessas e de outras políticas inclusivas e, por isso, ainda segundo Ambrózio (2019), essas iniciativas precisam ser entendidas como um processo de construção de direitos e ser aperfeiçoadas à luz da ciência e da participação da sociedade, em particular de grupos sub-representados. A ideia norteadora é a de que, quanto mais ampla a diversidade — étnica, racial, de gênero, sexual, entre outras —, maior a chance de se ter ambientes laborais transformadores.

No caso do Judiciário, destaca-se a opinião de Wurster (2020, on-line): "É imperativo da democracia que os vários grupos que compõem a sociedade sintam-se representados naqueles que proferem as ordens judiciais".

O trabalho desenvolvido pela equipe psicossocial com candidatos e juízes considera diversos aspectos que envolvem a pluralidade. A título de esclarecimento ressalve-se, no entanto, que nos concursos de ingresso na magistratura a avaliação realizada por esse serviço ocorre com candidatos aprovados nas duas primeiras fases. Portanto, já há uma seleção prévia baseada em conhecimento jurídico. Após a fase da avaliação, há o exame oral e, por fim, o exame de títulos. Com exceção desta última etapa, que é classificatória, as demais têm caráter eliminatório. As pessoas que comporão o quadro de magistrados preencheram todas as exigências estipuladas pelos certames.

Nessa perspectiva, há de se ponderar em que medida os empossados, nesses últimos 23 anos, espelham a diversidade existente na sociedade. Como já explicitado na introdução deste capítulo, a equipe psicossocial tem feito um levantamento do perfil dos candidatos avaliados quanto a vários elementos. Para tanto, utiliza-se prioritariamente uma ficha de identificação preenchida pelo concursando no primeiro dia de avaliação.

Nesse período, conforme citado anteriormente, foram 1.624 aprovados na Magistratura Paulista e, destes, 1.588 tornaram-se juízes. O gráfico 1 a seguir fornece um panorama dessa situação.

Gráfico 1 — Candidatos aprovados e que tomaram posse

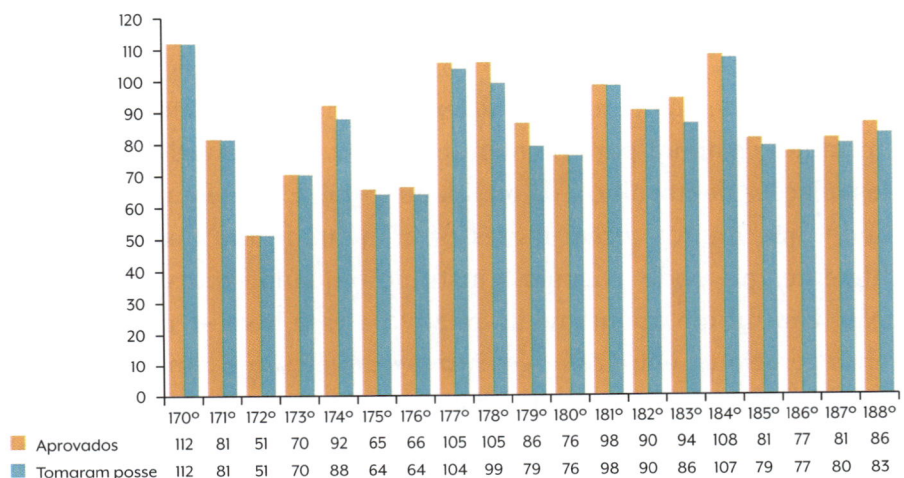

	170°	171°	172°	173°	174°	175°	176°	177°	178°	179°	180°	181°	182°	183°	184°	185°	186°	187°	188°
■ Aprovados	112	81	51	70	92	65	66	105	105	86	76	98	90	94	108	81	77	81	86
■ Tomaram posse	112	81	51	70	88	64	64	104	99	79	76	98	90	86	107	79	77	80	83

Praticamente todos (equivalente a 98%) os aprovados nos concursos realizados entre 1998 e 2019 assumiram a função judicante.

Antes de uma análise mais detida sobre gênero e raça, vale a pena atentar para algumas características que se alteraram ao longo dos anos.

A primeira delas diz respeito à idade dos juízes durante o processo avaliativo. Do 170° ao 177° Concurso, aproximadamente metade deles estava na faixa etária de 24 a 26 anos, havendo inclusive pessoas de 21 a 23 anos. A partir do 178° Concurso, há um significativo deslocamento para a faixa de 27 a 29 anos de idade, com o consequente decréscimo das faixas anteriores. Isso se deve à exigência de, no mínimo, três anos de experiência profissional[3]. Também se observa um moderado aumento na faixa etária de 30 a 32 anos e, com a liberação do limite superior de 45 anos de idade a partir do 180° Concurso, em 2007, um discreto acréscimo de aprovados com 36 anos ou mais.

---

3. Emenda Constitucional n° 45, de 30/12/2004, Artigo 93 do Capítulo I, que originou a Resolução do CNJ n° 1, de 31/01/2006, a qual exige a comprovação de três anos de atividade jurídica quando da inscrição definitiva no concurso.

Embora essas mudanças possam parecer pequenas, uma vez que eles continuam, em sua maioria, sendo relativamente jovens, nos atendimentos psicossociais são constatadas diferenças qualitativas decorrentes de um incremento da experiência pessoal e laboral, o que em muito colabora para o entendimento das vicissitudes humanas, das relações de trabalho e da realidade social. É interessante verificar, ainda, que muitos recém-ingressos alimentam um ideal de justiça diferente, que pode oxigenar a instituição quando transformado em ação. Um último apontamento relativo a esse item se refere à diferença geracional entre os novos juízes e aqueles que têm mais tempo na magistratura: isso introduz distintos costumes e modos de pensar e agir que podem adquirir o valor de renovação. Nesta ótica, os magistrados jovens são representativos de uma sociedade que busca a aceitação de novos valores, como, por exemplo, os variados tipos de relacionamentos afetivos e de orientação sexual.

Outra característica relaciona-se à região de moradia anterior à posse. De 1998 a 2008, é elevada a incidência de aprovados residentes no estado de São Paulo, principalmente na capital e na grande São Paulo, totalizando aproximadamente 80%. Porém, a partir de então, isto é, do 181º Concurso, é crescente o número de aprovados residentes em outros estados da União, partindo de cerca de 20% para 48%, no 188º Concurso, com alguma oscilação entre um certame e outro.

É possível que essa mudança se deva à regularidade de concursos no estado de São Paulo, em comparação com outras regiões do país, além da respeitabilidade desse Tribunal de Justiça comumente mencionada pelos candidatos. A maior viabilidade de deslocamento geográfico no mundo contemporâneo, decorrente do fenômeno da globalização, é outra hipótese bastante plausível para explicar essa alteração, aliada ao desenvolvimento da tecnologia, que possibilita o acesso, mesmo de longa distância, a editais e inscrições, assim como o próprio preparo para a realização das provas.

Como consequência, conjectura-se que a entrada de pessoas na carreira judicante, advindas de diversas regiões do país, contribua para um olhar plural da sociedade, com suas especificidades socioculturais e seus conflitos. Esse é um fator positivo em um Estado fortemente marcado pela imigração. Supõe-se que esse tipo de diversidade também possa favorecer a condição empática e uma compreensão humanizada dos litígios.

Outra qualidade que vale a pena sinalizar concerne à escolaridade e à formação profissional de pais e mães dos juízes recém-empossados. Uma parte expressiva deles tem nível superior completo e, em segundo lugar, nível médio de escolaridade, o que não significa dizer ausência de pais/mães com baixa escolaridade (ensino fundamental incompleto ou sem alfabetização). Ademais, a maioria exerce profissões que exigem algum tipo de qualificação e que propiciam à família uma condição socioeconômica média e alta. Ainda assim, verificam-se pais/mães com ofícios que conseguem garantir apenas um mínimo de subsistência. Comum entre eles é a valorização dos estudos transmitida a esses filhos juízes como meio de ascensão social e profissional, um traço frequentemente referido nos atendimentos e que se mostra marcante na constituição de suas subjetividades e na construção de seus projetos de vida.

Além disso, observa-se, ao longo dos anos, um discreto aumento no nível de escolaridade das mães, provavelmente reflexo do que se processa na sociedade de modo geral, com as mulheres melhorando seu grau de instrução formal e cada vez mais se inserindo no mercado de trabalho.

Em complemento, uma parcela considerável dessas famílias se define por uma organização clássica, com pais casados e residência conjunta com os filhos, porém, verifica-se que nos últimos anos vêm crescendo o número de pais separados. Em menor número, há mães solteiras.

Em suma, existe a predominância de um padrão social, econômico e cultural elevado e com uma constituição familiar tida como tradicional. Ressalve-se, no entanto, que a existência de juízes oriundos de outras configurações sociofamiliares, mesmo que em menor escala, abre caminho para que haja uma melhor tolerância e aceitação das diferentes realidades intrainstitucionais e pode ampliar a compreensão das determinações sociais e de aspectos subjetivos contidos nas demandas dos jurisdicionados.

O ingresso na magistratura paulista de pessoas com deficiência física a partir da política de reservas de vagas, em 2008, tem sido exíguo, às vezes inferior à quantidade ofertada. Nota-se, ainda, que esses empossados apresentam deficiências que não exigiram maiores adaptações deles, tampouco da Instituição, segundo seus próprios relatos. É sabido que a efetiva inclusão social de indivíduos com algum tipo de deficiência passa pela escola e pelo trabalho, a fim de que conquistem a plena cidadania e se tornem sujeitos de suas escolhas. Ainda que haja um longo percurso nessa direção, é possível dizer que o Poder Judiciário se torna minimamente inclusivo ao garantir, em seu quadro, a presença dessas pessoas, além da efetivação de direitos daqueles que a ele recorrem.

Duas outras características — sexo e cor de pele — ganham relevância por envolver as questões tão marcantes historicamente. Por este motivo, serão destacadas em dois tópicos.

Gênero

Nos últimos 23 anos, em dezenove concursos, ingressaram na magistratura de São Paulo 920 homens e 668 mulheres, o que corresponde a 58% e 42% respectivamente. O gráfico 2 ilustra essa situação.

A leitura do gráfico mostra um movimento que se alterna entre a aproximação e o afastamento das linhas representativas de sexo, ilustrando a inexistência de uma tendência contínua de ascensão das mulheres no período analisado.

Gráfico 2 — Distribuição de juízes por sexo

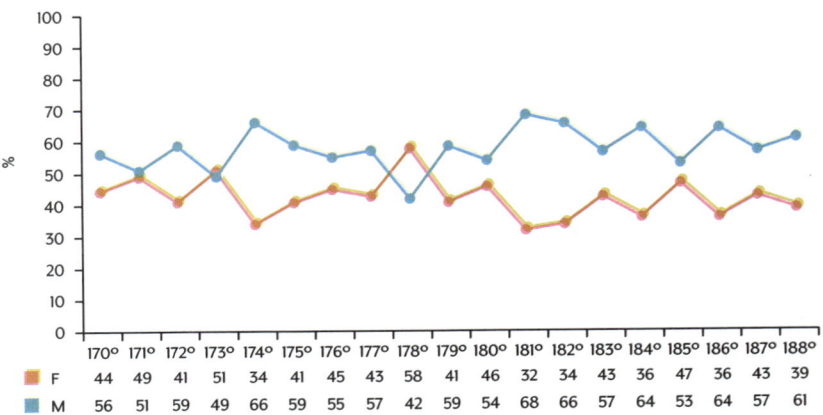

	170°	171°	172°	173°	174°	175°	176°	177°	178°	179°	180°	181°	182°	183°	184°	185°	186°	187°	188°
F	44	49	41	51	34	41	45	43	58	41	46	32	34	43	36	47	36	43	39
M	56	51	59	49	66	59	55	57	42	59	54	68	66	57	64	53	64	57	61

No geral, observa-se que o número de magistradas é inferior ao de magistrados, embora significativamente representadas. Ao longo desse tempo, há dois momentos de exceção, quando a marca de mulheres ultrapassa a de homens: em 2000, no 173° Concurso, ao ingressarem 36 mulheres e 34 homens, representando, respectivamente, 51% e 49%; e em 2007, no 178° Concurso, com a admissão de 57 mulheres e 42 homens, o que significou 58% e 42%, nessa ordem. Em outros onze concursos, identifica-se a presença feminina entre 51% e 49%, índice este atingido no 171° Concurso, em 1999. Em mais seis concursos, os indicadores de presença feminina expressam uma média de 35%.

Na totalidade, como exposto anteriormente, há 42% de mulheres e 58% de homens empossados nos últimos 23 anos, o que perfaz uma diferença percentual de 16 pontos.

Dados de uma pesquisa nacional realizada em 2018 pela Associação dos Magistrados Brasileiros (AMB)[4] revelam que, dos 2.617

4. A pesquisa "Quem somos: a magistratura que queremos" traça o perfil desta carreira no Brasil, no ano de 2018. Seu relatório foi realizado pelos professores Luiz Werneck Vianna, Maria Alice Rezende de Carvalho e Marcelo Baumann Burgos, com a coordenação da Comissão Científica dessa associação a cargo do ministro do STJ, Luis Felipe Salomão. A pesquisa contou com quase quatro mil respostas, entre juízes ativos e inativos. Eles responderam cerca de 200 questões dedicadas a aspectos que foram desde os de natureza biográfica e funcional

juízes de primeiro grau integrantes da Justiça Estadual do Brasil que responderam ao questionário, 37,1% são mulheres e 62,9%, homens.

Também no mesmo ano o Conselho Nacional da Magistratura (CNJ) elaborou um relatório[5] que aponta para 36% de mulheres e 64% de homens na Justiça Estadual brasileira. Pelo ano de ingresso nos diferentes tribunais (Federal, Estadual e do Trabalho), antes de 1990, 23% eram mulheres, de 1991 a 2010, 40% e, de 2011 a 2018, 36%.

Em comparação, o Censo do Poder Judiciário Brasileiro, de 2013, realizado pelo CNJ, identificou 34,5% de magistradas na Justiça Estadual e 35,9% integrantes das diversas cortes.

Esses levantamentos são feitos por amostragem, mas oferecem uma ideia da porcentagem de juízas nos tribunais estaduais e no geral.

No Tribunal de São Paulo, de 1998 a 2021, ingressaram 42% de mulheres, mas não é possível afirmar que, neste estado, haja mais magistradas do que em outros tribunais, pois não há esse dado de comparação direta. Entretanto, os índices indicam que, apesar de certa representatividade no perfil de gênero, o cenário do Judiciário Brasileiro ainda é marcado pela presença bastante distinta de homens e mulheres.

A evolução é lenta, mas nem por isso inexpressiva. A primeira mulher a ingressar na magistratura, mediante concurso público, foi Auri Moura Costa, em 1939, no Ceará. O primeiro concurso para a magistratura de São Paulo foi realizado em 1922, porém somente em 1981, no 146º Concurso, três juízas integraram esse quadro, a saber, Zélia Maria Antunes Alves, Iracema Mendes Garcia e Berenice Marcondes César[6]. Segundo o desembargador Luiz Elias Tâmbara, "[...] as mulheres não passavam em concurso por causa de 'um conservadorismo

---

até os mais diretamente voltados ao Poder Judiciário e suas relações com os demais poderes e com a sociedade.

5. Perfil Sociodemográfico dos Magistrados Brasileiros é um relatório sobre o perfil demográfico, social e funcional dos juízes, cujos dados foram obtidos via questionário disponibilizado de forma eletrônica no sítio do CNJ. O levantamento teve a participação de 11.348 magistrados, o que equivale a 62,5% dos ativos naquela ocasião.

6. Ver: https://www.tjsp.jus.br/Museu/Comunicados/Comunicado?codigoComunicado=148. Acesso em: 25 maio 2020.

que existia no estado de São Paulo, não porque fosse proibido. Os candidatos eram identificados nas provas escritas, e as mulheres eram reprovadas'" (*Folha de S. Paulo*, 2005).

Apenas em 2018, o primeiro busto de mulher foi entronizado na galeria do Palácio de Justiça de São Paulo entre outras figuras ilustres de desembargadores, membros do Ministério Público e advogados. Trata-se da primeira mulher a ingressar na Faculdade de Direito do Largo São Francisco (USP), em 1898, a advogada e educadora Maria Augusta Saraiva (BARRETO, 2019)[7]. O então presidente desse Tribunal, Desembargador Manoel Pereira Calças, em seu discurso, fez a seguinte homenagem:

> Quantas barreiras ela não teve de transpor. É possível imaginar o que ela enfrentou, no início do século passado, se ainda hoje, vez por outra, nossas colegas se queixam de problemas gravíssimos de desrespeito às mulheres, mesmo magistradas, advogadas e membros do Ministério Público (CALÇAS, 2018).

O aumento da representatividade feminina nos tribunais deve-se a transformações sócio-históricas ocorridas, e provocadas, no amplo contexto da sociedade e, também, a fatores específicos concernentes à área do Direito.

Para Castells (2018), a redefinição do papel social da mulher na modernidade foi decorrente, sobretudo, de três fatores: a entrada maciça das mulheres no mercado de trabalho, o planejamento familiar a partir do advento da pílula anticoncepcional e a influência dos movimentos feministas das décadas de 1960 e 1970. Em acréscimo, de acordo com Costa e Androsio (2010):

> Os movimentos feministas [...] formaram a vanguarda revolucionária da luta das mulheres ao problematizarem as (des)igualdades de gênero

---

7. Ela foi a única mulher a formar-se em sua turma, em 1902. É reconhecida por seu pioneirismo no rompimento das barreiras impostas às mulheres na virada do século e por sua notável carreira, tanto no Direto como na área da Educação.

e questionar os diversos aspectos da vida social, como a família, sexualidade, tarefas domésticas, inserção no mercado de trabalho e educação dos filhos. Após esse momento, o modo de vida da mulher passou a ser mais discutido com mais veemência tanto na sociedade quanto nos estudos científicos (Costa; Androsio, 2010, p. 10).

Destaca-se também a busca crescente das mulheres pelo ensino superior, com predominância feminina nas instituições públicas e privadas, como mostra o Censo da Educação Superior 2018, realizado pelo Instituto Nacional de Estudos e Pesquisas Educacionais (INEP), embora ainda encontrem dificuldade de conseguir emprego e igualdade salarial. No Direito, ocorre o mesmo fenômeno: amplia-se a presença feminina nas listas de aprovação dos concursos públicos em diversas carreiras, mas não em seu topo, no qual predomina o sexo masculino (Nohara, 2018).

Inegáveis são as conquistas das mulheres no Brasil, desde o século 20. Todavia, as desigualdades e discriminações de gênero ainda se fazem presentes, inclusive na magistratura, tanto na composição do quadro, como analisado no início deste tópico, quanto nas relações de trabalho. Na pesquisa realizada pela Associação dos Magistrados Brasileiros (AMB)[8], 17,4% das juízas das Justiças Estaduais ainda se sentiam discriminadas. A maioria delas se referiu a advogados(as) como a principal fonte de preconceito, seguida de colegas, jurisdicionados(as), servidores(as), membros do Ministério Público, defensores(as) e procuradores(as), nesta ordem.

A história das magistradas no Tribunal de São Paulo é recente, soma apenas 40 anos, mas, por meio de seus relatos, é possível acompanhar as mudanças ao longo desse período. No início, havia forte desconfiança da competência para o desempenho dessa função, muita pressão e cobrança, desvalorização de qualidades femininas interpretadas como fraquezas, além do receio de que a remuneração

---

8. Idem nota de rodapé número 4.

fosse desvalorizada com a feminilização da profissão judicante, ou seja, com o aumento da presença feminina essa ocupação passaria a ser menos qualificada e decairia seu rendimento e prestígio social.

Outrossim, eram comuns as críticas direcionadas às juízas pelo excessivo rigor nas tomadas de decisão. De fato, este aspecto era notado nos atendimentos psicossociais e possivelmente relacionado à masculinização da liderança — fenômeno observado em outros cargos de comando — e a uma tentativa de autoafirmação contra sentimentos de insegurança. Também era evidenciado, nas magistradas, do mesmo modo que em outras profissionais desbravadoras, um alto nível de exigência para provarem suas capacidades e por representarem simbolicamente o gênero feminino.

Ainda que todos esses obstáculos não tenham sido plenamente superados, o embate ocasionado pela quebra da hegemonia masculina promoveu transformações, dentre elas a valorização de habilidades ditas femininas, como a cooperação e a conciliação, favorecedoras ao gerenciamento de equipes. Um estudo realizado sobre a representatividade feminina na cúpula da magistratura estadual e federal (Fragale Filho; Moreira; Sciammarella, 2015) aponta a gestão humanizada como a qualidade da liderança feminina mais citada pelas juízas entrevistadas. Uma delas discorre, ainda, sobre o diferencial que a atenção e o olhar femininos podem trazer à análise de certas demandas jurídicas, notadamente as de vara de família, mas pondera que nem todas as mulheres se preocupam com esse olhar e acabam por repetir um modelo masculino.

Nota-se que a maior participação das mulheres na magistratura incide em áreas como família, violência contra mulheres, crianças, adolescentes e idosos, comissões de direitos humanos, mediação, conciliação e afins, o que não quer dizer que sejam de interesse exclusivo das juízas, nem suas únicas áreas de escolha. No entanto, é fundamental a presença feminina nesses campos, e em outros, como uma forma de evitar vieses discriminatórios nas decisões judiciais.

Essa participação introduz uma percepção diferenciada de determinados conflitos que desembocam no Judiciário, mesmo que na essência não haja diferenças nas decisões proferidas por homens e mulheres. Segundo Wurster (2020):

> O que difere são as experiências que as mulheres vivem enquanto grupo, que não são as mesmas dos homens. Permitir que decisões judiciais sejam proferidas por pessoas iguais e que compartilham as mesmas experiências — por exemplo, majoritariamente por homens brancos — impede a influência das experiências dos demais grupos sociais — mulheres, homens negros, mulheres negras, homossexuais — sobre o resultado final do exercício da jurisdição (Wurster, 2020).

Salienta-se que, à medida que aumenta a representatividade feminina, cresce a possibilidade de haver a feminização dos espaços, isto é, a transformação de significados e do valor social de uma ocupação. Contudo, é prematura a ponderação de que a magistratura paulista esteja se tornando mais feminina, do ponto de vista subjetivo. Atualmente há um maior número de pautas de interesse das mulheres, algumas magistradas têm participado ou desenvolvido projetos importantes e a gestão humanizada e cooperativa (qualidades conceituadas como femininas) tem sido foco de atenção, mas ainda há muito a percorrer.

A progressão na carreira, por exemplo, é mais lenta entre as mulheres, porque, na maioria dos casos, uma promoção implica mudança do local de residência, de uma cidade para outra. O impacto familiar é maior quando a juíza é a principal responsável pelo cuidado dos filhos ou de um parente e pela organização doméstica, papéis sociais ainda predominantemente femininos na sociedade brasileira. A divisão sexual do trabalho também afeta esta profissão. Por isso, nem sempre é viável às magistradas candidatarem-se a uma vaga de promoção. Essa situação pode explicar, ao menos em parte, um número expressivamente menor de desembargadoras em relação aos colegas do sexo masculino não somente nesse Tribunal — 34 mulheres de um total de 351[9] —, mas também nos demais.

Em suma, todos os indicadores apontam para um cenário favorável à representatividade feminina na magistratura de São Paulo e muitas mudanças têm ocorrido ao longo do tempo, com maior valorização do trabalho das juízas, de suas contribuições e delas próprias como mulheres. No entanto, a realidade institucional ainda impõe algumas dificuldades a serem enfrentadas e superadas. Neste sentido, há conquistas a serem feitas para que elas possam galgar sua efetiva inserção nos diversos postos desse Tribunal.

Raça

No ano de 2011, foi incluído, no levantamento do perfil dos candidatos avaliados pelo Serviço Psicossocial Vocacional, o item cor de pele. Portanto, desde o 183º Concurso, essa questão passou a constar das fichas de identificação preenchidas pelos candidatos. Eles fazem uma autodeclaração de raça a partir de cinco opções de cores que seguem os parâmetros do IBGE. São elas: branca, preta, parda, amarela e indígena.

Importa esclarecer que essa ficha foi gradualmente aprimorada pela equipe para atender às suas necessidades e indagações, inclusive sobre raça. O fato de este dado passar a ser computado em 2011 não significa necessariamente a inexistência, antes disso, de aprovados e empossados de diferentes raças. Não obstante, é possível afirmar a presença de uma maioria branca de recém-ingressos entre os anos 1998 e 2011.

O gráfico a seguir oferece um panorama desse tópico, desde o 183º Concurso.

---

9. Ver: https://www.tjsp.jus.br/QuemSomos/TribunalPleno. Acesso em: 24 set. 21.

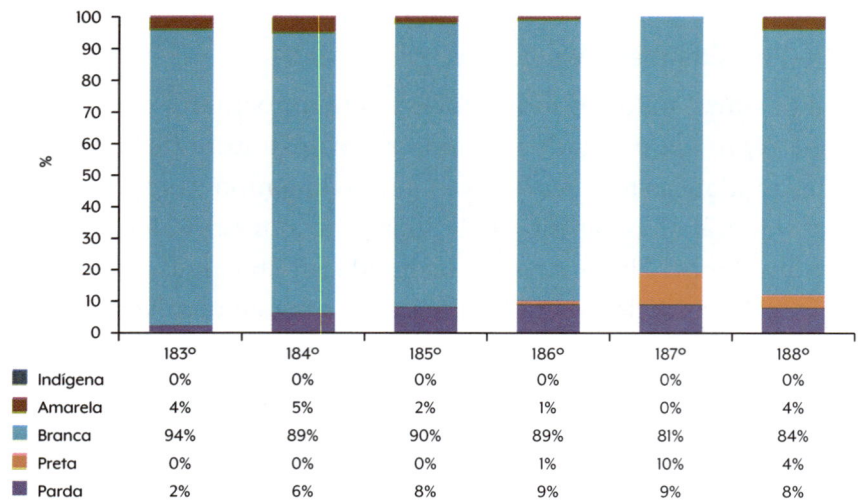

	183°	184°	185°	186°	187°	188°
■ Indígena	0%	0%	0%	0%	0%	0%
■ Amarela	4%	5%	2%	1%	0%	4%
■ Branca	94%	89%	90%	89%	81%	84%
■ Preta	0%	0%	0%	1%	10%	4%
■ Parda	2%	6%	8%	9%	9%	8%

A expressiva maioria de recém-ingressos na magistratura de São Paulo, entre 2012 e 2021, declarou-se branca, isto é, 88%. Na mesma ocasião, 7% se disseram pardos, 2% amarelos, 3% pretos e nenhum indígena. Portanto, a representatividade de empossados da raça negra (pretos e pardos), no período citado, é de 10%.

No relatório[10] elaborado pelo CNJ, em 2018, constam 80,3% de juízes que se declararam brancos, 18,1% autointitulados negros (16,5% pardos e 1,6% preto) e 1,6% de amarelo ou indígena nos diversos tribunais brasileiros. Entre os magistrados que ingressaram até 1990, 84% se declararam brancos. No período de 1991 a 2000, 82% assim o fizeram, reduzindo para 81% entre os que ingressaram de 2001 a 2010 e chegando a 76% de ingressos de 2011 a 2018.

Esse mesmo relatório aponta para uma menor porcentagem de juízes da raça negra nas regiões Sul, Sudeste e Centro-Oeste em relação às outras regiões do país. No estado de São Paulo, por exemplo, foram computados 92% de magistrados brancos, 5% de pretos ou pardos e 3% de amarelos ou indígenas.

---

10. Idem nota de rodapé número 5.

Comparando-se com o Censo do Poder Judiciário Brasileiro realizado pelo CNJ, em 2013, houve um discreto aumento na porcentagem de juízes negros nos tribunais do país, de 15,6%, naquele ano, para 18,1%, em 2018. Desses 15,6% de negros, 14,2% se declararam pardos e 1,4%, preto.

É importante ressaltar que dois anos após esse Censo, o CNJ editou a Resolução n. 203/2015, a qual reserva aos negros no mínimo 20% das vagas oferecidas nos concursos públicos do Poder Judiciário, inclusive nos de ingresso na magistratura.

No caso de São Paulo, a política de reservas de vagas teve início no 187º Concurso e, portanto, em apenas dois certames. Observa-se que essa medida teve impacto nas pessoas que se classificaram como pretas no 187º Concurso, com 10% de aprovados e empossados, embora no certame seguinte esse índice tenha sido reduzido para 4%. Antes disso, a porcentagem de pretos variou de 0% a 1%.

Entre os pardos, até o momento, entende-se ser prematura a avaliação do efeito dessa política, pois se nota que a porcentagem de recém-ingressos evoluiu, gradativamente, de 2% para 9%, no 187º Concurso, recuando para 8%, no último certame.

Não obstante, ao ser analisada a soma de pretos e pardos — composição da raça negra — nos dois últimos concursos, obtém-se uma curva ascendente que se inicia em 2%, no 183º Concurso, e chega a 19%, no 187º Concurso (início da reserva de vagas), com um decréscimo para 12%, no 188º Concurso. Esses dados não podem ser menosprezados e sinalizam uma perspectiva de melhor representatividade de negros na magistratura paulista, se esses índices aumentarem.

Em paralelo, no cenário populacional do Brasil, o último Censo Demográfico realizado pelo Instituto Brasileiro de Geografia e Estatística (IBGE), em 2010, verificou maior representação social de pretos e pardos, naquela ocasião. Conforme Lamarca e Vettore (2012), dos 191 milhões de brasileiros, 91 milhões se declararam brancos, 15 milhões se intitularam pretos, 82 milhões se classificaram como pardos, 2 milhões como amarelos e 817 mil como indígenas. Registrou-se, também, uma redução na proporção de brancos em relação ao Censo de 2000 e um crescimento de pretos e pardos, de tal modo que a população negra passou a ser maioria no Brasil, com índice representativo de 50,7%. O próximo Censo está previsto para 2022.

A Pesquisa Nacional por Amostra de Domicílios Contínua (PNAD Contínua), também do IBGE, divulgada em 2020, mostrou que a participação percentual dos brancos na população do país caiu de 46,6%, em 2012, para 42,7%, em 2019. Já a participação dos pardos aumentou de 45,3% para 46,8%, e a dos pretos foi de 7,4% para 9,4%. Acerca disso, Maria Lúcia França Pontes Vieira, uma das gerentes dessa pesquisa, em entrevista concedida ainda em 2017[11], destacou:

> Há a tendência da miscigenação, ou seja, que a população se misture e o grupo pardo cresça. E, no caso do aumento da autodeclaração de pretos, tem um fator a mais: o reconhecimento da população negra em relação à própria cor, que faz mais pessoas se identificarem como pretas (Vieira, 2017).

Em comparação com a população negra do Brasil, é ínfimo o percentual de 10% de juízes recém-ingressos no Tribunal de São Paulo nos últimos anos, mesmo se forem levados em consideração somente os dois últimos concursos, os quais atingiram 19% e 12%, respectivamente. Isso significa que o percurso é longo até que esse Tribunal seja efetivamente representativo de raça. Contudo, a discreta evolução nos últimos três anos decorrente da política de reserva de vagas, conforme já mencionado, adquire um significado simbólico e social da presença talvez crescente de pardos e pretos nessa categoria profissional, o que estaria em consonância com as transformações sociais em curso.

Ainda assim, a desigualdade racial no Brasil é arraigada, profunda e seu combate depende de mudanças socioculturais e de políticas

---

11. Ver: https://noticias.r7.com/brasil/aumenta-em-15-populacao-que-se-declara-preta-no-brasil-24112017. Acesso em: 25 maio 2020.

públicas que transcendem o Poder Judiciário, sem dele prescindir. Rozas (2014) afirma ser função de todos os Poderes da República promover e garantir a igualdade material de oportunidades à população e ressalta que a Justiça tem papel fundamental na condução de políticas públicas de combate à discriminação racial nos espaços sociolaborais de sua competência.

De acordo com o sociólogo Marcos Rolim (*Folha de S. Paulo*, 2020), o Brasil é ainda profundamente marcado pelo racismo estrutural e não apenas o das pessoas preconceituosas. "Há instituições que sistematicamente reproduzem a exclusão sem se dar conta, dificultando a inclusão de negros".

O racismo estrutural está imbricado com a estrutura da sociedade, uma vez que é decorrente do modo como se constituem as relações políticas, jurídicas, econômicas e sociais do país. Neste sentido, ele é intrínseco ao cotidiano das pessoas e das instituições, sendo recorrentemente naturalizado pelo senso comum. Esta realidade acaba por promover oportunidades desiguais de acesso de pretos e pardos aos diferentes campos educacionais e ocupacionais.

Segundo Almeida (2019), é necessário que sejam adotadas medidas que concorram para a superação dessa lógica relacional marcada pelo racismo, tanto no âmbito individual como no institucional. Porém, não é suficiente, por exemplo, a remoção de obstáculos à ascensão de negros a posições de prestígio. Além disso, é fundamental que as instituições promovam o diálogo e a revisão de práticas preconceituosas, porque "[...] a mera presença de pessoas negras e outras minorias em espaços de poder e decisão não significa que a instituição deixará de agir de forma racista" (Almeida, 2019, p. 49).

Nessa ótica, torna-se essencial a desconstrução de conceitos, seja a partir de uma autoanálise, isto é, da possibilidade de cada um conscientizar-se de valores e atitudes propiciadores de desvalorização do outro, seja pelas trocas de vivências em um determinado ambiente, seja, ainda, por meio de trabalhos teóricos que estimulem a reflexão crítica, ao problematizar a temática racial e ao sinalizar contrariedade ante a naturalização desse estado de exclusão. Psicólogos e assistentes sociais, entre outras profissões, podem e devem atuar nesses níveis, mediante suas especificidades. A equipe psicossocial vocacional tem contribuído com essa perspectiva, especialmente nos atendimentos dos magistrados.

Em complemento, nota-se que o Poder Judiciário, nos últimos anos, mesmo que timidamente, está mais atento à exígua pluralidade racial nos quadros da magistratura, com iniciativas que buscam questionar e minimizar essa situação, em conformidade com as leis.

É útil lembrar que a Constituição Federal de 1988 estabelece que um dos objetivos fundamentais da República Federativa do Brasil é "[...] promover o bem de todos, sem preconceitos de origem, raça, sexo, cor, idade e quaisquer outras formas de discriminação" (Artigo 3º, inciso IV). A Convenção Internacional Sobre a Eliminação de Todas as Formas de Discriminação Racial, promulgada pelo Decreto n. 65.810, de 8/12/1969, também estabelece que:

> Não serão consideradas discriminação racial as medidas especiais tomadas com o único objetivo de assegurar o progresso adequado de certos grupos raciais ou étnicos ou de indivíduos que necessitem da proteção que possa ser necessária para proporcionar a tais grupos ou indivíduos igual gozo ou exercício de direitos humanos e liberdades fundamentais, contanto que tais medidas não conduzam, em consequência, à manutenção de direitos separados para diferentes grupos raciais e não prossigam após terem sido alcançados os seus objetivos (Artigo 1º, §4).

Os dados apresentados neste tópico não deixam dúvida sobre a magistratura ser pouco plural quanto à raça, principalmente se comparada à população de pardos e pretos no Brasil. No entanto, é inegável que algumas conquistas sociais e institucionais têm sido realizadas, com vistas à maior expressividade desse grupo populacional, inclusive em cargos de relevância social, a exemplo da judicatura.

É precoce uma análise pormenorizada da eficácia das iniciativas empreendidas pelo Tribunal de São Paulo, por serem recentes, mas é possível afirmar que houve um acréscimo de juízes negros em seu quadro após a implantação da reserva de vagas nos concursos. Se esta dinâmica permanecer, a perspectiva é favorável a uma futura pluralidade racial.

Ressalve-se, porém, que essa representatividade não pode ser apenas quantitativa. Concomitantemente, todos precisam ser capazes de exercer plenamente a alteridade, uma vez que o reconhecimento, o respeito e a tolerância com as diferenças favorecem a ruptura da barreira da discriminação e possibilitam relações igualitárias. Nos atendimentos psicossociais, houve alguns relatos de magistrados negros sobre certas atitudes direcionadas a eles que não eram explicitamente preconceituosas, mas carregavam esta marca, de modo subliminar.

A capacidade de alteridade é essencial nas relações intrainstitucionais, mas não somente. Aliada à empatia, ela também é primordial na compreensão dos conflitos que chegam à Justiça, na sensibilidade às mazelas dos jurisdicionados e, consequentemente, nas decisões judiciais. Acredita-se que a pluralidade racial na magistratura, assim como as demais aqui analisadas, possa enriquecer a competência judicante e, assim, convergir para o justo, além de facilitar a aproximação da população com o Poder Judiciário.

Conclusão

Este capítulo foi originalmente escrito para submissão ao IV Prêmio: Serviço Social e Psicologia no Judiciário — Perspectiva Interdisciplinar. O Serviço Psicossocial Vocacional tem participado de todos esses Prêmios, por entender a importância de serem divulgadas suas atividades e de compartilhar reflexões realizadas pelos assistentes sociais e psicólogos da equipe.

Procurou-se, no presente texto, conhecer e analisar as transformações que vêm ocorrendo no perfil dos magistrados que ingressaram no Tribunal de Justiça de São Paulo, desde 1998. Também se pretendeu pensar, em uma perspectiva psicossocial, sobre a relevância de haver um corpo de juízes representativo da pluralidade social, em especial, no que concerne ao gênero e à raça.

Entende-se ser crescente, em todo o mundo, a importância da multiplicidade de ideias, gênero, raça, cultura, experiência de vida, entre outras especificidades, nos espaços laborais de variados segmentos, sejam eles privados ou públicos. Todavia, o reconhecimento e a aceitação da diversidade presente na sociedade são condições necessárias para que ela efetivamente se constitua nos ambientes de trabalho.

Leis foram promulgadas com vistas a um processo inclusivo, e várias organizações já desenvolveram políticas internas para ampliar a presença de negros, pessoas com deficiência e com diferentes orientações sexuais em seus quadros. Porém, ainda são inúmeras as dificuldades que esses e outros grupos enfrentam para ingressarem nas instituições e para galgarem posições mais elevadas no mercado de trabalho. Os desafios continuam mesmo após sua inserção, especialmente nas relações socioprofissionais. As mulheres, embora já tenham conquistado vários cargos, inclusive de mando, também se deparam com obstáculos a serem superados a fim de que obtenham a devida valorização de suas competências e a consequente garantia de direitos.

A própria Constituição Federal preconiza a cidadania, a dignidade e a igualdade, contudo, na prática, constata-se ser gradual a representatividade de diversos segmentos populacionais nas instituições, enquanto as transformações, na sociedade, ocorrem com maior velocidade e em proporções globais. Nesse contexto, o Poder Judiciário assume papel fundamental na consolidação de direitos, devendo, portanto, acompanhar e empreender mudanças que afirmem o acesso dos múltiplos grupos sociais aos cargos decisórios, como a função judicante, e contribuir para a humanização das relações institucionais.

Ressalve-se, no entanto, que a entrada no emprego, seja ele público ou privado, em certa medida, decorre do acesso prévio à educação de qualidade, a condições dignas de vida e a proteção social. Essa acessibilidade, por sua vez, está relacionada, embora não exclusivamente, à existência de políticas públicas essenciais ao desenvolvimento da sociedade. Nesse sentido, é possível deduzir que um maior investimento nesses aspectos aumenta a probabilidade de participação mais ampla da população em profissões especializadas, com poder de decisão.

No que tange à composição da magistratura paulista, a partir dos dados analisados, evidenciaram-se alterações positivas no perfil daqueles que ascenderam ao cargo judicante nos últimos 23 anos. Nem sempre essas mudanças têm acompanhado o ritmo em que ocorrem as transformações sociais nacionais e mundiais, mas elas representam um processo de aproximação entre o cenário institucional e a pluralidade social.

O conjunto de atribuições dos magistrados demanda de eles *examinarem, com responsabilidade, propriedade e equilíbrio, as situações com que se deparam em seu cotidiano profissional.* Para tanto, são fundamentais, além da competência técnico-jurídica, habilidades psicossociais desenvolvidas em seu percurso pessoal e laboral, as quais são foco de análise e de intervenção de assistentes sociais e psicólogos da equipe vocacional. Nessa perspectiva, dois aspectos merecem destaque. Um deles é o autoconhecimento advindo da elaboração psíquica de vivências e de escolhas, o qual favorece a sensibilidade diante dos dramas humanos e o discernimento entre conteúdos subjetivos e a realidade, o que concorre para a imparcialidade e a justiça no ato decisório. Outro atributo é o conhecimento apurado das questões socioculturais da jurisdição, associado à capacidade de refletir criticamente sobre a realidade macrossocial, para a uma melhor contextualização e resolução dos conflitos judiciais.

Essa trajetória é individual, assim como decidir é, para o juiz, um ato solitário. Todavia, o diálogo e o compartilhamento de experiências são imprescindíveis à ampliação e à transformação de conceitos e valores, um processo que adquire maior dimensão e resultados mais eficazes quando realizado em grupos diversificados, ainda que certa tensão seja inerente a ele.

Pondera-se que o quadro de magistrados de São Paulo expressa atualmente uma melhor representatividade da população brasileira, em comparação ao passado, destacando-se avanços maiores, no caso das mulheres, e mais tímidos quanto aos negros. Há progressos a serem feitos, certamente necessários para que se reflitam em profícua identificação da sociedade com o Judiciário paulista.

Uma magistratura significante da pluralidade social não apenas numericamente, mas que também reconheça, compreenda e aceite as diferenças, inegavelmente incrementa sua capacidade de entendimento das diversas realidades, evita vieses discriminatórios e fortalece a garantia de direitos.

Por fim, vale pensar que a interdisciplinaridade característica do trabalho desenvolvido pelos assistentes sociais e psicólogos do Serviço Psicossocial Vocacional é intrinsecamente plural, uma vez que articula diferentes saberes e pontos de vista, que culminam em uma construção teórica, metodológica e técnica afirmativa de seus fundamentos.

Não seria possível terminar este capítulo sem mencionar o desafio de escrevê-lo, a cinco mãos, por meio de trabalho remoto, durante a grave pandemia da covid-19, período no qual, infelizmente, também se têm desvelado questões importantes não superadas, a exemplo da violência contra mulheres e do racismo.

Referências

ALMEIDA, S. L. *Racismo estrutural*. São Paulo: Pólen, 2019.

AMBRÓZIO, L. Inclusão e diversidade no Serviço Público. *O Estado de S. Paulo*, São Paulo, 9 abr. 2019. [on-line]. Disponível em: https://politica.estadao.com.br/blogs/legis-ativo/inclusao-e-diversidade-no-servico-publico/. Acesso em: 25 maio 2020.

BARRETO, C. S. M. Quem era Maria Augusta Saraiva?. *Gazeta Arcadas*, 29 ago. 2019. Disponível em: https://gazetaarcadas.com/2019/08/29/quem-era-maria-augusta-saraiva/. Acesso em: 25 maio 2020.

BRASIL. Constituição (1988). *Constituição da República Federativa do Brasil de 1988.* Disponível em: http://www.planalto.gov.br/ccivil_03/constituicao/constituicao. htm. Acesso em: 25 maio 2020.

BRASIL. Decreto n. 65.810, de 8 dez. 1969. *Convenção Internacional sobre a Eliminação de todas as Formas de Discriminação Racial.* Disponível em: http://www.planalto. gov.br/ ccivil_03/decreto/1950-1969/D65810.html. Acesso em: 25 maio 2020.

CASTELLS, M. *O poder da identidade.* e-PUB. Tradução: Klauss Brandini Gerhardt. São Paulo: Paz e Terra, 2018. (Coleção A Era da Informação: economia, sociedade e cultura, vol. 2).

CONSELHO NACIONAL DE JUSTIÇA. *Perfil Sociodemográfico dos Magistrados Brasileiros 2018:* relatórios por tribunal. Disponível em: https://www.cnj.jus.br/ wp-content/uploads/2011/02/5d6083ecf7b311a56eb12a6d9b79c625.pdf. Acesso em: 25 maio 2020.

CONSELHO NACIONAL DE JUSTIÇA. *Perfil Sociodemográfico dos Magistrados Brasileiros 2018.* Disponível em: https://www.conjur.com.br/dl/levantamento-perfil-sociodemografico.pdf. Acesso em: 25 maio 2020.

CONSELHO NACIONAL DE JUSTIÇA. *Resolução n. 203*, de 23 jun. 2015. Dispõe sobre a reserva aos negros, no âmbito do Poder Judiciário, de 20% das vagas oferecidas nos concursos públicos [...]. Disponível em: https://atos.cnj.jus.br/ files/resolucao_203_23062015_12112015 184402.pdf. Acesso em: 25 maio 2020.

COSTA, I. H.; ANDROSIO, V de O. *As transformações do papel da mulher na contemporaneidade.* 2010. 16 f. Trabalho de Conclusão de Curso (Pós-graduação em Saúde Mental e Intervenção Psicossocial) — Faculdade de Ciências Humanas e Sociais, Universidade Vale do Rio Doce, Governador Valadares/MG, 2010. Disponível em: http://www.pergamum.univale.br/ pergamum/tcc/Astransformacoesdopapeldamulhernacontemporaneidade.pdf. Acesso em: 25 maio 2020.

FRAGALE FILHO, R.; MOREIRA, R. S.; SCIAMMARELLA, A. P. de O. Magistratura e gênero: um olhar sobre as mulheres nas cúpulas do judiciário brasileiro. *As mulheres nas profissões jurídicas:* experiências e representações. e-cadernos CES [on-line], n. 24, 15 dez. 2015. Disponível em: https://journals.openedition.org/eces/1968. Acesso em: 25 maio 2020.

INSTITUTO BRASILEIRO DE GEOGRAFIA E ESTATÍSTICA. *Pesquisa Nacional por Amostra de Domicílios Contínua:* características gerais dos domicílios e dos moradores 2019. Rio de Janeiro: IBGE, Diretoria de Pesquisas, Coordenação de Trabalho e Rendimento, 2020. Disponível em: https://biblioteca.ibge.gov.br/visualizacao/livros/liv101707_informativo.pdf. Acesso em: 24 set. 2021.

INSTITUTO NACIONAL DE ESTUDOS E PESQUISAS EDUCACIONAIS ANÍSIO TEIXEIRA. *Mulheres são maioria na educação profissional e nos cursos de graduação.* [on-line]. Brasília: Portal INEP, 7 mar. 2019. Disponível em: http://inep.gov.br/artigo/-/asset_publisher/B4AQV9zFY7Bv/content/mulheres-sao-maioria-na-educacao-profissional-e-nos-cursos-de-graduacao/21206#:~:text=As%20mulheres%20s%C3 %A3o%20maioria%20no s,com%20mais%20de%2060%20anos. Acesso em: 25 maio 2020.

LAMARCA, G.; VETTORE, M. *A nova composição racial brasileira segundo o Censo 2010.* [on-line]. Rio de Janeiro: Portal DSS Brasil, 21 jan. 2012. Disponível em: http://cmdss2011.org/site/?p=8005&preview=true. Acesso em: 25 maio 2020.

NOHARA, I. P. *Presença Feminina no Direito e a Importância da Conscientização do Tratamento Desigual dado à Mulher na Área Jurídica.* [on-line]. [s.l.]: Portal Thomson Reuters Brasil, 6 set. 2018. Disponível em: https://www.thomsonreuters.com.br/pt/ juridico/blog/presenca-feminina-no-direito-e-importancia-da-conscientizacao.html. Acesso em: 25 maio 2020.

ORDEM DOS ADVOGADOS DO BRASIL. *Maria Augusta Saraiva é a primeira mulher com busto no Tribunal de Justiça de São Paulo.* [on-line]. São Paulo: Portal OAB/SP, 26 set. 2018. Disponível em: http://www.oabsp.org.br/noticias/2018/09/maria-augusta-saraiva-e-primeira-mulher-com-busto-no-tribunal-de-justica-de--sao-paulo.12628. Acesso em: 25 maio 2020.

OTONI, L. *"Perfil dos Juízes" vai medir a presença de mulheres no Judiciário.* [on-line]. Brasília: Portal CNJ, 20 abr. 2018. Disponível em: https://www.cnj.jus.br/perfil-dos--juizes-vai-medir-a-presenca-das-mulheres-no-judiciario/. Acesso em: 25 maio 2020.

OTONI, L. *Pesquisa do CNJ:* Quantos juízes negros? Quantas mulheres? [on-line]. Brasília: Portal CNJ, 3 maio 2018. Disponível em: https://www.cnj.jus.br/pesquisa-do-cnj-quantos-juizes-negros-quantas-mulheres/. Acesso em: 25 maio 2020.

ROLIM, M. Tribunais de Contas têm minoria de mulheres e negros. Entrevista concedida a Paula Sperb. *Folha de S. Paulo*, São Paulo, 31 jan. 2020, p.A12.

ROZAS, L. B. Uma perspectiva sobre as cotas para negros nos concursos da Magistratura. *Juízes para a democracia*. São Paulo, ano 14, n. 64, p. 4, jun.-ago. 2014. Disponível em: https://ajd.org.br/images/wp/uploads/2018/07/84_ajd_64_2014.pdf. Acesso em: 25 maio 2020.

SARAIVA, A. *População chega a 205,5 milhões, com menos brancos e mais pardos e pretos*. [on-line]. [s.l]: Agência IBGE Notícias, 12 fev. 2019. atual. Disponível em: https://agenciadenoticias.ibge.gov.br/agencia-noticias/2012-agencia-de-noticias/noticias/18282-populacao-chega-a-205-5-milhoes-com-menos-brancos-e-mais-pardos-e-pretos?fbclid=IwAR3qUvtfgJd54LAF-iHjLGVAb_z3ly-gJRxGAy6Q5sOllteUcME47hKWTbFc. Acesso em: 25 maio 2020.

VIANNA, L. W.; CARVALHO, M. A. R. de; BURGOS, M. B. *Quem somos:* a magistratura que queremos. Rio de Janeiro: Associação dos Magistrados Brasileiros, 2018. Disponível em: https://www.amb.com.br/wp-content/uploads/2019/02/Pesquisa_completa.pdf. Acesso em: 25 maio 2020.

WURSTER, T. M. Machismo involuntário de juízes afeta Judiciário. Entrevista concedida a José Marques e Flávia Faria. *Folha de S. Paulo*, São Paulo, 10 mar. 2020. [on-line]. Disponível em: https://www1.folha.uol.com.br/poder/2020/03/para-magistrada-machismo-involuntario-de-juizes-pode-afetar-decisoes-sobre-mulheres.shtml. Acesso em: 25 maio 2020.

PARTE II

CRIANÇA E ADOLESCENTE:

ACOLHIMENTO INSTITUCIONAL, CONVIVÊNCIA FAMILIAR, ADOÇÃO, APADRINHAMENTO AFETIVO E ENTREGA VOLUNTÁRIA

----- **CAPÍTULO 4** -----

A interdisciplinaridade no estudo psicológico e social com adolescentes em conflito com a lei:
relato de experiência

Fernanda Vieira Costa

Marcela Lança de Andrade

Questões introdutórias sobre o adolescente em conflito com a lei no Brasil

As contravenções praticadas por sujeitos que ainda não alcançaram a fase de vida adulta representam uma categoria histórica, jurídica e psicossocial complexa. Enquanto a sociedade brasileira, de forma geral, permanece associando tais condutas à concepção de delinquência, a legislação atual para a infância e a juventude afirma outro paradigma no que diz respeito ao adolescente em conflito com a lei: "[...] a prática do ato infracional não é incorporada como inerente à sua identidade, mas vista como uma circunstância de vida que pode ser modificada" (Volpi, 2002, p. 7).

Custódio (2008), Silva (2011) e Macêdo (2016) abordam a trajetória histórica do adolescente em conflito com a lei no Brasil apontando importantes modificações legais, institucionais e práticas ao longo dos últimos séculos. Do período imperial até o início do século XX, vigorou a Etapa Penal Indiferenciada, na qual crianças a partir de sete anos de idade que praticavam delitos eram responsabilizadas de forma semelhante aos adultos, conforme seu grau de discernimento. Com o advento do Código de Menores, em 1927, tem-se o primeiro Juiz de Infância e Juventude da América Latina, Mello Mattos. Por influência da Escola Criminológica Positivista, houve a Etapa Tutelar, cabendo ao Juiz analisar a periculosidade dos chamados menores, além de acumular funções jurídico-sociais de cunho assistencialista. O Novo Código de Menores, promulgado em 1979, se respalda na Doutrina da Situação Irregular, não havendo distinção entre as condições de abandono e delinquência. A atuação do Estado junto aos menores em situação irregular era correspondente ao regime político que vigorava na época, reforçando ações de controle social, vigilância e repressão.

Com o advento do Estatuto da Criança e do Adolescente (ECA), é inaugurada a Etapa Garantista, em que a perspectiva protetiva substitui a lógica punitiva, sob a luz da Doutrina da Proteção Integral. Silva (2011) destaca que, ao prever a aplicação de medidas socioeducativas, o ECA atribui um duplo caráter: pedagógico e sancionatório. Isso quer dizer que a desaprovação do ato infracional e a responsabilização constituem princípios da intervenção da Justiça da Infância e Juventude, mas também se preconiza a dimensão de que a criança e o adolescente são sujeitos de direitos, em condição peculiar de desenvolvimento e que a prática infracional deve ser trabalhada sob viés restaurativo e protetivo.

De acordo com o ECA, as medidas socioeducativas são aplicadas a adolescentes, a partir de doze anos de idade completos, quando a materialidade do ato infracional é comprovada. O Sistema Nacional de Atendimento Socioeducativo (Sinase) prevê que tais medidas têm por objetivo: promover a responsabilização, incentivando, sempre que possível, a reparação; a integração social e garantia de direitos por meio do Plano Individual de Atendimento (PIA), instrumento obrigatório na execução da medida; e a desaprovação da conduta infracional.

A este respeito, Digiácomo (2015) reflete que "[...] o objetivo da intervenção estatal não é sua pura e simples 'punição', mas sim a busca da superação dos fatores determinantes daquela conduta, inclusive como forma de evitar a reincidência" (DIGIÁCOMO, 2015, p. 9). Diante dessa posição do autor, chama-se atenção ao fato de que o ECA, sendo uma legislação que prevê a Proteção Integral, apresenta a possibilidade de acionar recursos capazes de intervir nas condições de vida e na garantia dos direitos das crianças e adolescentes que estão expostos à prática de atos infracionais. Nesta perspectiva, entende-se que proteger é tão (ou mais) salutar do que punir.

Em consonância com esta prerrogativa, tem-se que é imprescindível para a assertividade da intervenção o conhecimento do contexto sociofamiliar, territorial e cultural do adolescente em conflito com a lei, bem como de suas necessidades individuais e sociais. Para tal, o estudo psicológico e social pode servir de subsídio ao Juiz da Infância e Juventude, que se utiliza deste conhecimento para aplicar as medidas convenientes, especialmente as protetivas, em conformidade com o disposto nos arts. 98 a 101 e do ECA.

Diante de tais colocações, o objetivo deste trabalho é apresentar um relato de experiência sobre o estudo psicológico e social em processos de apuração de ato infracional na comarca em que trabalham as autoras, elucidando seu método, resultados e principais discussões a partir da análise de dados sob o ponto de vista da Psicologia e do Serviço Social.

O estudo psicológico e social em processos de apuração de ato infracional: percurso metodológico

Em um levantamento feito pela Coordenadoria da Infância e da Juventude (2019), concluiu-se que a principal demanda das equipes judiciárias no atendimento ao adolescente em conflito com a lei é a realização de estudos psicológicos e sociais. Entretanto, também pode ser solicitado às equipes do setor técnico a aplicação de práticas restaurativas, em comarcas onde existem programas dessa ordem. Importante ressaltar que, independentemente da forma de atuação, o profissional conta com o direito à autonomia técnica para que sua participação seja coerente com os preceitos éticos de sua profissão, bem como para que possa fazer uso dos procedimentos que estejam de acordo com sua formação e linha teórica (Núcleo De Apoio Profissional de Serviço Social e Psicologia, 2017).

Na comarca onde atuam as autoras, o magistrado determina a realização de estudo psicológico e social nos processos de apuração de ato infracional na fase de conhecimento, em que o adolescente é representado pelo Ministério Público e encaminhado aos responsáveis legais, aguardando a audiência judicial em liberdade.

Tendo em vista que o setor técnico do juízo é composto por apenas uma assistente social e uma psicóloga, o cumprimento de todas as determinações desta natureza não se faz possível. O agendamento dos procedimentos técnicos se dá mediante a possibilidade de encaixe na agenda das profissionais, conciliando a data da audiência e os demais processos em andamento. Ademais, prioriza-se a atuação conforme a gravidade do ato infracional a ser apurado e a trajetória de engajamento infracional do adolescente, levando em conta seus antecedentes.

O estudo psicológico e social nos casos de apuração de ato infracional é materializado a partir dos seguintes procedimentos e instrumentais:

- Estudo dos autos. Primeiro procedimento, que tem por objetivo compreender a demanda da intervenção técnica, conhecer o histórico processual do adolescente e levantar informações básicas, como idade, endereço, cumprimento anterior de medidas socioeducativas etc.

- Visita domiciliar. Quando há capacidade operacional para incluir este instrumental, realiza-se com o objetivo de proceder a convocação do adolescente e seus responsáveis para as entrevistas psicológicas e sociais, bem como estabelecer uma aproximação com o contexto familiar e territorial. Quando não é possível realizar a visita, as profissionais designam data para a entrevista e solicitam a intimação judicial.

• Entrevista psicológica e social com o adolescente e com seu responsável. As profissionais optam por realizar este procedimento conjuntamente, de modo a otimizar a agenda, bem como por compreenderem que a atuação interdisciplinar enriquece a condução da entrevista, a possibilidade de intervenção e a análise posterior. Utilizam-se questionários semiestruturados específicos tanto para a entrevista com o adolescente, quanto para a entrevista com o/a responsável. Busca-se contemplar questões concernentes ao contexto familiar em seus aspectos objetivos e relacionais, ao processo de desenvolvimento e socialização do adolescente, à trajetória de engajamento infracional do ponto de vista do adolescente e do responsável, além de identificar necessidades e potencialidades.

• Contato com serviços da rede de proteção. Após identificar nos autos ou nas entrevistas quais são os serviços públicos acessados pelo adolescente e sua família, as profissionais estabelecem contato de forma a reunir mais elementos que possibilitem a compreensão da situação, além de realizar encaminhamentos que se fizerem necessários. Registram-se ainda experiências de participação em reuniões para discussão de casos com a rede, cujos espaços possibilitam articulação e definição coletiva das intervenções com o adolescente e a família durante o cumprimento da medida.

• Estudo bibliográfico. Dada a natureza da atuação, faz-se imprescindível que as profissionais detenham conhecimento sobre o ECA, o Sinase e outras normativas que possam direcionar os apontamentos técnicos. De forma a embasar a análise de cada área, recorre-se a materiais específicos de Serviço Social e Psicologia, incluindo a utilização de citações, se necessário explicar algum conceito ou argumento específico. Por fim, utiliza-se, em algumas situações, o referencial MMIDA (Modelo Multidimensional de Intervenção Diferenciada com Adolescentes[1]), que reúne um arcabouço de conhecimento em relação à identificação de diferentes perfis de engajamento infracional, bem como respectivas propostas de intervenção.

- Discussão do caso entre as profissionais de Psicologia e Serviço Social. Prática constante ao longo de cada procedimento realizado, a discussão do caso permite elucidar análises, exercitar a construção conjunta e alinhar as interpretações privativas de cada área do conhecimento.

- Elaboração do relatório multiprofissional. Documento final que contempla a descrição dos procedimentos, as considerações e o parecer psicológico, a análise e o parecer social e a conclusão multiprofissional com ênfase na sugestão de medidas protetivas. Em alguns casos, conforme o perfil de engajamento infracional, também se discorre sobre a medida socioeducativa, principalmente com elementos que possam contribuir na construção do PIA.

Na perspectiva de que o estudo psicológico e social deve servir de subsídio para decisões judiciais, a construção do relatório multiprofissional deve estar vinculada a essa demanda. A produção final da intervenção da equipe técnica do juízo deve objetivar a compreensão dos aspectos subjetivos do adolescente, bem como de seu contexto sociocomunitário e familiar, intercalando essas observações às características próprias do seu desenvolvimento, considerando a fase da adolescência (Penso; Conceição, 2020).

Nesse sentido, é possível a construção de uma visão mais global e humanizada do ato infracional, que considera os conflitos familiares, os direitos violados, as diversas carências e situação de vulnerabilidade a que esses jovens podem estar submetidos, permitindo, inclusive, uma intervenção mais adequada (Penso; Conceição, 2020).

---

1. O MMIDA é um modelo teórico de base empírica de avaliação e intervenção destinado a trabalhar com adolescentes infratores da lei, tendo sido construído por pesquisadores da Universidad de la Frontera, no Chile. Para mais referências, consultar Alarcón, Vinet y Salvo (2005) e Pérez-Luco, Lagos y Báez (2012).

Estudo social: particularidades do Serviço Social e aspectos analisados

Para situar o desenvolvimento do estudo social nos processos de apuração de ato infracional, faz-se importante retomar que o Tribunal de Justiça do Estado de São Paulo constituiu um dos primeiros campos de trabalho do/a assistente social no Brasil. Terra e Azevedo (2018) trazem o marco histórico e legal da inserção do Serviço Social na área sociojurídica, datada entre as décadas de 1930 e 1940, quando estagiários e assistentes sociais passaram a compor frentes de trabalho vinculadas ao Juizado de Menores. De acordo com as autoras, na mesma época, é constituído o Primeiro Código de Ética da/o Assistente Social, fundamentado em pressupostos positivistas e neotomistas.

Nas últimas décadas do século XX, o Serviço Social, assim como a legislação para a infância e a adolescência no Brasil, iniciou um processo de profundas transformações. Enquanto a profissão vive o "Movimento de Reconceituação" (NETTO, 2001), marcado pela revisão em seu projeto ético-político e referencial teórico-metodológico, os movimentos da sociedade pelos direitos das crianças e adolescentes impulsionaram mudanças de paradigmas nos marcos normativos que vieram a seguir.

Estas mudanças históricas também conferem um novo sentido à prática profissional. No caso do estudo social, propõe-se uma reinterpretação das demandas enquanto expressões da questão social em detrimento da histórica dimensão empirista e conservadora, cujas raízes derivam do pensamento funcionalista e positivista (CFESS, 2014).

Alinhado ao Código de Ética do/a Assistente Social vigente, opta-se por um referencial teórico-metodológico que contempla uma maior aproximação com a realidade social, a partir de uma categoria de análise, dentro do Serviço Social, chamada Mediação[2], em que as

---

2. Para melhor compreensão acerca da utilização desta categoria de análise na práxis do assistente social, vide Paula (2015).

situações individuais ou singulares que estão postas devem ser con-
textualizadas em sua universalidade, ou seja, sob seus determinantes
sociais, econômicos, culturais e históricos, para, assim, possibilitar que
se captem as suas particularidades.

No que diz respeito à atuação com adolescentes em conflito com
a lei no campo sociojurídico, elegem-se alguns aspectos/eixos a serem
analisados em matéria de Serviço Social[3]:

- O levantamento da configuração familiar do adolescente, evidenciando não apenas os dados sobre sua composição familiar, mas
  também acerca de seu arranjo, das relações de poder intrafamiliares, das características de convivência, dos valores socioculturais
  priorizados na transmissão de ensinamentos e das práticas parentais e educativas utilizadas pelos adultos enquanto referências
  afetivas e de autoridade para suas crianças e adolescentes.

- A dimensão socioeconômica, que implica conhecer, de forma crítica e fundamentada, como se dá o acesso à renda e ao mercado
  de trabalho, o que incide diretamente nas condições materiais de
  vida e sobrevivência do adolescente e sua família.

- A dimensão habitacional, contemplando as condições de moradia
  em termos de acesso[4], espaço físico e ambiente familiar, levan-
  do-se também em conta como se dá a inserção do adolescente e
  sua família no território.

- O acesso aos serviços públicos. Este tópico implica apreender sob
  quais condições e particularidades o adolescente e sua família
  acessam os serviços públicos que garantem seus direitos sociais

---

3. Na prática profissional, tem-se usado como subsídio as contribuições de Gois e Oliveira
(2019). As autoras abordam nesta obra as particularidades e especificidades do Serviço Social
nas demandas das Varas de Família e Sucessões. No entanto, a abrangência com que exploram
os elementos que devem ser contemplados na atuação profissional do assistente social é tão
rica, que se faz possível aplicar também estes conhecimentos aos estudos sociais das Vara de
Infância e Juventude.

4. Compreende-se que a habitação é um direito social, e o não acesso à moradia própria e/ou
suficiente para a acolhida do grupo familiar pode refletir em outras formas de desproteção social.

básicos. É importante levantar as demandas e os atendimentos em saúde e assistência social (o que inclui benefícios, programas e serviços de acompanhamento, acolhida, escuta qualificada, espaços coletivos de reflexões etc). Especificamente em relação ao adolescente, busca-se compreender sua trajetória escolar sob os elementos da frequência, permanência, aprendizagem e socialização. Em casos de reincidência, é possível discorrer sobre a relação deste adolescente com o Sistema Socioeducativo e de Justiça, identificando como percebe seu lugar nesta dinâmica, bem como avaliando conjuntamente a efetividade das intervenções anteriores.

Estudo psicológico: particularidades da Psicologia e aspectos analisados

O estudo psicológico no âmbito judiciário objetiva apresentar as condições psicológicas de um indivíduo, bem como os processos socioculturais inerentes ao meio em que este se encontra (Silva, 2016), relacionando-as às demandas presentes nos processos judiciais em que o profissional atua. Os procedimentos técnicos são escolhidos de acordo com a abordagem teórica do profissional, considerando também as particularidades de cada avaliação. Dessa forma, para embasar os atendimentos apresentados neste trabalho, utilizou-se da abordagem Psicanalítica, com ênfase na psicanálise de Donald Wood Winnicott.

No caso de atuação com os adolescentes em conflito com a lei, o estudo psicológico intenciona principalmente compreender a subjetividade relacionada ao sujeito avaliado e ao contexto em que ele está inserido. A esse respeito, compreende-se que há muitos aspectos que devem ser considerados, cuidando-se para que a infração em si não seja o principal elemento de definição do jovem (Coordenadoria da Infância e Juventude, 2019).

Para tanto, a avaliação psicológica busca analisar:

- Características da personalidade do adolescente, considerando sua condição de ser em desenvolvimento e o alcance do ambiente em que o jovem está inserido na formação de suas características particulares.

- A condição de expressão e relato do adolescente.

- As repercussões da fase do desenvolvimento em que se encontra o jovem para com suas decisões, atitudes e forma de se reconhecer em seu contexto social.

- A percepção do próprio adolescente em relação à sua atuação no mundo.

- O envolvimento do adolescente no âmbito escolar ou na profissionalização.

- As necessidades afetivas expressadas pelo adolescente.

- Características do relacionamento familiar.

- A qualidade dos relacionamentos construídos, em especial com aqueles que também estejam envolvidos em práticas ilícitas.

- O sentido que o adolescente imprime ao ato infracional praticado, bem como a existência ou não de um engajamento infracional.

Análise psicológica e social: alguns dados da realidade atendida e reflexões interdisciplinares

A fim de analisar o trabalho até então desenvolvido nos casos dos adolescentes em conflito com a lei, as autoras realizaram uma compilação dos relatórios multiprofissionais entregues entre os meses de setembro de 2018 a janeiro de 2020[5]. Realizou-se a leitura de 25 relatórios, sendo que destes, dois se tratava de adolescentes que já haviam participado de estudos em outra ocasião. Dessa forma,

---

5. Para a realização deste estudo, obteve-se a concordância do Juiz da Infância e Juventude da comarca das autoras.

considerou-se a análise de 23 casos de adolescentes que cometeram atos infracionais.

Em um primeiro momento, os relatórios foram analisados de acordo com os dados que as entrevistas psicológicas e sociais permitiam acesso, tais como: sexo, idade, tipo de ato infracional e engajamento infracional, características do grupo familiar e da situação socioeconômica, escolaridade, uso de drogas e saúde.

No que diz respeito ao gênero, as profissionais realizaram estudo psicológico e social com apenas uma adolescente do sexo feminino. Quanto à faixa etária, foram atendidos adolescentes entre 12 e 18 anos, predominando as idades de 15 a 17 anos. Dos 23 adolescentes, 11 encontravam-se evadidos da escola, quatro estavam matriculados, porém com baixa frequência escolar, e oito estavam matriculados e com frequência regular. Ademais, havia dois analfabetos funcionais entre os adolescentes evadidos.

A respeito do tipo de ato infracional, 14 adolescentes responderam por associação ao tráfico e/ou porte de drogas, quatro por roubo ou furto, um por agressão, um por ameaça e três adolescentes responderam por mais de um delito (entre tráfico, roubo e agressão). Dos 23 adolescentes atendidos, 13 apresentavam trajetória de engajamento infracional e oito haviam cumprido alguma medida socioeducativa (dois deles em meio fechado, na Fundação Casa). Em relação às medidas aplicadas em meio aberto (correspondente a seis dos casos analisados), apenas dois adolescentes tiveram adesão do início ao fim da medida.

Questionados sobre a percepção do ato infracional, cinco adolescentes relataram que se identificavam com o contexto delitivo e desejavam continuar a fazer parte dele; sete adolescentes relataram que, por meio do ato infracional, objetivavam ganhos financeiros para satisfação de necessidades pessoais e um adolescente relatou que buscava ganho financeiro para prover a família e sua comunidade.

Outro questionamento realizado com os adolescentes foi a respeito do uso de substâncias psicoativas. Dos adolescentes entrevistados, 19 referiram que faziam uso de algum tipo de droga, sendo que destes, todos faziam uso de maconha, e alguns utilizavam cocaína, *crack* e álcool. O início do uso das substâncias psicoativas deu-se entre os 9 e 15 anos de idade e apenas seis adolescentes consideraram que o uso atua de forma prejudicial para suas atividades diárias, saúde física e mental. Dentre os adolescentes que se classificaram como usuários, dois passaram por internação para tratamento de dependência química.

A respeito das possíveis situações de maior vulnerabilidade na história de vida destes adolescentes, apreendeu-se que três deles estiveram, em algum momento de sua infância, acolhidos em Serviços de Acolhimento Institucional, dois possuíam vivência de rua (em decorrência do uso problemático de drogas) e quatro praticavam mendicância (principalmente com a finalidade de obter ganhos para uso de drogas e outros bens desejados). Em relação aos aspectos de saúde, seis adolescentes apresentaram as seguintes hipóteses diagnósticas[6]: Transtorno desafiador opositivo (1), Transtorno desafiador opositivo e Transtorno Bipolar (1), suspeita de Esquizofrenia e Sociopatia (1), Dislexia (1), Deficiência intelectual (2).

Durante as entrevistas também foram realizadas perguntas sobre o contexto familiar dos adolescentes, e os dados coletados permitiram o desenvolvimento da tabela a seguir:

Composição do grupo familiar	Provedores	Vulnerabilidades do núcleo familiar
Família nuclear (3)	Ambos os genitores (5)	Genitor recluso (4)
Família nuclear e família extensa (2)	Genitora (5)	Genitora reclusa (1)
Apenas genitora e família extensa (7)	Genitor (4)	Genitores usuários de drogas/álcool (13)
Apenas genitor e família extensa (1)	Família extensa (4)	Genitores com depressão (5)

---

6. O diagnóstico de dislexia foi apresentado apenas pela família, no restante dos casos houve contato com os serviços de saúde que atendia os adolescentes.

Composição do grupo familiar	Provedores	Vulnerabilidades do núcleo familiar
Família extensa (2)	Genitor/a com auxílio do adolescente (2)	Familiares com histórico de delitos (15)
Família reconstituída materna (5)	Genitor/a com auxílio família extensa (2)	Parceiro amoroso com histórico de delitos (1)
Família reconstituída paterna (3)	Programas governamentais de transferência de renda (1)	Outras situações de vulnerabilidade social (5)

Após a análise dos relatórios multiprofissionais, que permitiu a identificação de determinadas características dos adolescentes atendidos, destaca-se a necessidade de construir uma discussão crítica a respeito dos elementos encontrados. Avalia-se que essa discussão pode proporcionar uma melhor compreensão do contexto do adolescente em conflito com a lei, a partir de um olhar biopsicossocial. Sendo assim, sem desconsiderar as particularidades de cada profissão, as reflexões a seguir serão tecidas em uma perspectiva interdisciplinar, contemplando aspectos que são dialógicos e complementares entre o Serviço Social e a Psicologia.

Inicialmente se faz imprescindível contextualizar as principais características da fase de desenvolvimento em que os adolescentes se encontram. A adolescência é um período do ciclo de vida humano em que muitas mudanças ocorrem, tanto no âmbito biológico (mudanças físicas e hormonais) quanto nos aspectos sociais e psicológicos. Nessa fase, inicia-se a passagem da infância para a vida adulta e a personalidade continua a se desenvolver, especialmente sob influência das experiências vividas, das figuras de identificação construídas e dos relacionamentos com familiares e pares. O adolescente passa por momentos de crises diversas (afetivas, sociais, morais) que poderão fragilizar os vínculos até então construídos (Zimerman, 2004; Jordão, 2008; Levy, 2013).

Ante as muitas mudanças, é natural que o jovem queira se integrar a grupos cujas características se assemelham ao que ele percebe em si mesmo, buscando ocupar espaços que o façam se sentir pertencente e completo (Zimerman, 2004; Jordão, 2008; Levy, 2013). Dessa forma, o adolescente reduz as próprias angústias relacionadas ao seu processo de desenvolvimento e à busca pela sensação de pertencimento. Essa procura por novos espaços e figuras de identificação atuará diretamente em suas escolhas e ações, o que nos permite compreender e respaldar parte do olhar desenvolvido para o atendimento com adolescentes em conflito com a lei.

Diante dessas reflexões, a análise aqui realizada objetiva apreender como as características próprias da fase da adolescência e os aspectos identificados nos relatórios avaliados influenciam no processo de socialização e de desenvolvimento do adolescente, bem como repercutem em seu engajamento infracional.

Entende-se por socialização os processos vivenciados pelos sujeitos que serão determinantes para sua constituição enquanto ser social. Esses processos incluem a transmissão de hábitos, valores, crenças, conhecimentos e manifestações culturais. Fávero (2014, p. 38) afirma que "[...] como seres sociais, esses sujeitos convivem e sofrem os condicionamentos e determinações da realidade social local, conjuntural e mais ampla que os cerca".

É nessa perspectiva que tanto o estudo social quanto a avaliação psicológica compreendem o contexto socioeconômico como um elemento relevante e que pode representar significativa vulnerabilidade para o engajamento infracional. Abordar o termo vulnerabilidade pressupõe reconhecer que um indivíduo ou grupo está exposto a um conjunto de fatores que podem determinar um contexto desfavorável ao pleno desenvolvimento de suas relações de pertencimento e usufruto de condições de vida dignas.

Sob o viés das relações socioeconômicas, ganha destaque a análise da inserção no mundo do trabalho. O desemprego e o trabalho informal (sem periodicidade e salário fixos) configuram não apenas a privação de renda e consequentemente do atendimento às necessidades básicas de um indivíduo e/ou grupo familiar, mas também acarreta no não acesso aos direitos trabalhistas e à proteção previdenciária em caso de doença, acidentes, invalidez, velhice ou morte do provedor da família. Na conjuntura local, onde atuam as autoras, a predominante economia agroindustrial condiciona um mercado de trabalho que muitas vezes oferta empregos temporários (vinculados às safras) e sem vínculo formal, além da baixa remuneração e exigência de esforço físico.

Esta realidade tem rebatimento na vivência dos adolescentes em conflito com a lei, ao se levar em conta que alguns deles são lançados à inserção precoce no mercado de trabalho como estratégia para complementar a renda familiar, enquanto outros buscam a satisfação de suas necessidades materiais individuais, as quais não podem ser supridas pelas famílias. Estes adolescentes deparam-se com a falta de oportunidades de acesso ao primeiro emprego e profissionalização e, ainda, com um ramo de atuação que não lhes é atrativo ou satisfatoriamente remunerado. Chama-se atenção ao fato de não haver programas de aprendizagem instituídos e consolidados no município, fazendo-se necessário um esforço conjunto do Sistema de Garantia de Direitos para implementar ações neste sentido.

Neste cenário, a associação com atividades ilícitas, como o tráfico de drogas[7] e furtos/roubos, surge como uma possibilidade de viabilizar o acesso à renda e aos bens de consumo necessários e/ou desejados. Particularmente, na adolescência e juventude, se faz uma prática atrativa por seus ganhos secundários ao proporcionar "[...] *status* social, mesmo que simbólico, para conquistar um mínimo de pertencimento social e claro, maior visibilidade nos contextos de sociabilidades" (Silva, 2020, p. 470).

A análise psicológica e social ainda parte do pressuposto que a adolescência, enquanto fase de transição e formação da identidade, é perpassada por atitudes e comportamentos desafiadores e/ou de

---

7. Vale contextualizar que, para as populações empobrecidas, a prática de tráfico muitas vezes adquire caráter de trabalho informal precarizado, sobretudo por se utilizar de uma "mão de obra" que já se encontra à margem do mercado de trabalho formal, com pouco acesso à escolarização e formação profissional e restritas possibilidades de renda, cultura e participação social. Sendo assim, é preciso ter em vista que o tráfico de drogas é uma expressão da Questão Social, ou seja, reflete o panorama de uma realidade mais ampla e que requer intervenções estruturais.

afronto ao que é socialmente correto, sendo relativamente comum a associação aos pares que possam representar riscos ou influenciar condutas percebidas como negativas. No caso de adolescentes vindos de classes sociais menos favorecidas e residentes em bairros periféricos, é natural que estejam mais vulneráveis a tais experiências, por vivenciarem rebatimentos da desigualdade socioeconômica e étnico-racial, por exemplo, bem como não terem acesso a oportunidades mais construtivas em um contexto que lhes apresente possibilidades diferentes.

Ademais, nos dados apresentados, foi observado um alto índice de adolescentes que fazem uso de substâncias psicoativas (drogas, álcool), corroborando o contexto social mais amplo em que estão inseridos os adolescentes brasileiros (Tavares; Béria; Lima, 2004; Schenker; Minayo, 2005). Observou-se inclusive que, especificamente no caso dos adolescentes deste estudo, o uso de drogas foi um dos principais fatores que favoreceu a exposição do adolescente à prática delitiva.

O uso de substâncias psicoativas tem aumentado na medida em que estas se tornaram mais disponíveis com a ascensão das práticas de tráfico. Somada a essa realidade, é necessário também considerar a inserção desses elementos no cotidiano dos jovens. O álcool, em especial, é inserido no contexto cultural em que vivemos, tornando o seu uso naturalizado para as famílias, o que leva a uma maior aceitação social.

Acrescenta-se ainda a possibilidade de o adolescente ter acesso a determinada substância em decorrência de sua alta disponibilidade e baixo preço. Esse contexto, acrescido da curiosidade própria dos adolescentes, os expõe a um maior risco de um uso abusivo e prejudicial. Essas características podem, inclusive, levar a um aumento da possibilidade de desenvolvimento de dependência de determinada droga, em especial nos casos em que as características específicas da substância utilizada determinar um crescimento da sua necessidade de uso (como no caso do *crack*, em que os efeitos duram pouco tempo, estimulando o usuário a repetir a aplicação) (Micheli; Sartes; Formigoni, 2018; Silva, 2018).

Os adolescentes entrevistados relataram com tranquilidade a respeito do uso da substância psicoativa, de forma a compreendê-lo como natural a seu contexto e, em alguns casos, enfatizando a sua importância para o alívio de sintomas considerados desagradáveis relacionados a quadros de ansiedade. Poucos jovens apontaram o uso como prejudicial à sua saúde, e alguns dos que o fizeram, usavam drogas que levavam a um alto comprometimento da sua integridade física (tiveram vivência de rua, sofreram violência ou cometeram atos infracionais em decorrência do uso). Para esses casos, o uso abusivo de drogas foi considerado como o principal elemento de prejuízo ao desenvolvimento do adolescente, representando o seu maior fator de risco e tornando urgente a necessidade de cuidados em saúde a despeito da questão do ato infracional em si. Nesses casos, a equipe técnica reforçava no relatório multiprofissional a necessidade de prioridade na atenção à saúde. A própria legislação do Sinase dispõe sobre a atenção integral à saúde de adolescente em cumprimento de medida socioeducativa, especialmente no art. 64, ao prever, excepcionalmente, a possibilidade de suspensão da medida socioeducativa no período de tratamento em saúde mental.

Para os familiares entrevistados, o uso de drogas foi apontado como o principal fator que prejudica o adolescente ou como a causa do envolvimento infracional. Em alguns dos contextos, a dependência química apareceu como uma realidade comum na vivência familiar e comunitária, tanto por parte dos genitores ou de pessoas da família extensa, quanto por parte do território, onde convivem com práticas de comércio e consumo problemático de drogas.

Assim, apreendeu-se que o uso de substâncias psicoativas está fortemente relacionado à realidade desses adolescentes e incide em seu envolvimento com atos infracionais (seja para que possam suprir suas necessidades de uso, seja porque o território em que estão inseridos se caracteriza como pertencente às práticas de tráfico). Portanto, é necessário que os projetos e ações que objetivem um trabalho com adolescentes — não apenas com aqueles em conflito com a lei — considerem essa realidade e procurem fornecer possibilidades de atuação[8] para mudança desse contexto.

A questão de gênero também merece destaque na análise psicológica e social. Os dados levantados, não destoantes das mudanças sociais que vêm ocorrendo nas últimas décadas, apontam um número expressivo de famílias chefiadas por mulheres, seja na condição de monoparentalidade, seja nos arranjos familiares reconstituídos. Essas mulheres-mães dos adolescentes em conflito com a lei muitas vezes estão em condição de sobrecarga ao acumular o duplo papel social de provisão e cuidado com o núcleo familiar. Além disso, ao figurarem como a principal (quando não a única) referência parental, também vivenciam uma sobrecarga em termos socioafetivos, visto que tendem a ser responsabilizadas pelo "fracasso familiar" em relação a possíveis atos delitivos de seus filhos adolescentes, em detrimento da necessária visibilidade da ausência paterna na trajetória destes sujeitos.

Para além dos possíveis elementos externos que colaborariam com a ascensão do adolescente às práticas delitivas, alguns autores apontam também a influência de aspectos relacionados às vivências pessoais. Pacheco e Hultz (2009) publicaram um estudo sobre as variáveis individuais e familiares preditoras do comportamento antissocial, e em suas análises indicaram que o uso de drogas pelos adolescentes ou por algum familiar, o número de irmãos, o envolvimento de um familiar com delito e as práticas educativas parentais são fatores que podem explicar o comportamento infrator.

Nesse sentido, é importante considerar o contexto familiar em que o adolescente está inserido, as dificuldades relacionadas às suas condições de sobrevivência e suas formas de expressão. Nos casos analisados, observou-se que os adolescentes vivenciaram experiências de perdas de vínculos de afeto em momentos importantes para o desenvolvimento psicossocial, resultando em muita fragilidade emocional. A perda de suas figuras de amor (em geral por causa do

---

8. Destaca-se aqui a importância de ações articuladas entre as Políticas de Saúde Mental, Segurança Pública, Educação e Assistência Social.

afastamento de genitores do âmbito familiar, do rompimento do contato e do cuidado que estes ofertavam para os filhos) foi intensamente sentida por esses jovens e ainda não elaborada.

Na maioria das situações em que houve essa quebra de vínculo com uma figura afetiva, os adolescentes demonstraram descrença quanto à segurança e estabilidade emocional em outros objetos de afeto, o que reforçou seus sentimentos de solidão e medo. Essa experiência, junto a outras situações de vulnerabilidade, os expõe ao início das práticas delitivas na medida em que estas representam, simbolicamente, uma forma de responder às perdas afetivas e exigir de volta os cuidados até então por eles devotados.

Winnicott (2012) nomeou de condutas antissociais as mentiras, brigas, roubo/furto e outras ações de violência que acontecem na infância ou na adolescência. Com essas ações, o autor afirma que a criança/adolescente pretende conquistar de volta algo que teve (geralmente relacionado ao cuidado na primeira infância) e que por algum motivo perdeu (por não se sentir mais amparado como antes). A criança/adolescente compreende como função do ambiente oferecer o que lhe falta, e solicita essa atenção por meio de atos que são considerados moralmente inadequados. Dessa forma, espera retomar o cuidado, atenção e acolhimento que necessita.

O rompimento dos vínculos em uma fase em que as figuras afetivas são extremamente importantes para o desenvolvimento e a construção da identidade pode atuar como possível facilitador para o engajamento infracional. No caso dos adolescentes deste estudo que tiveram perdas de vínculos afetivos, houve manifestação de muitos sentimentos de mágoa, bem como o desejo de desapegar de todos como resposta ao medo do abandono. Assim, desamparados em termos emocionais, os adolescentes encontram em seus pares novas possibilidades de relacionamentos e de afeto e, estando inseridos em territórios vulneráveis, o envolvimento com os atos infracionais pode surgir como proposta de encontro de um novo espaço ao qual pertencer.

Ademais, importante também apontar que é no ambiente familiar que incialmente haverá a apresentação das regras e leis sociais, bem como a oferta de limites para as ações impulsivas próprias do desenvolvimento na adolescência. No contexto de perda de vínculos é possível que também haja um enfraquecimento no exercício dessa função.

Apresentar limites e ofertar contenção para ações impulsivas é uma importante responsabilidade no exercício de cuidado, para que o responsável possa auxiliar o jovem a contornar a própria agressividade, expressando-a de forma satisfatória. Compreende-se que a agressividade é uma forma de comunicação (Winnicott, 2012), por isso o ser em desenvolvimento necessita do amparo de alguém em condições de auxiliá-lo a elaborar as suas formas de expressão, de modo a torná-la fonte de auxílio para compreensão dos próprios sentimentos e um recurso para o desenvolvimento de possibilidades de atuação no mundo.

Na adolescência, é natural que haja o questionamento de regras, fazendo uso do impulso agressivo para apresentar sentimentos e opiniões. Ao receber do ambiente a contenção de seus impulsos, o adolescente pode adquirir formas mais eficientes e benéficas de comunicação do que deseja expressar. Sem esse respaldo, poderá agir apenas de acordo com a própria angústia e fazer uso da agressividade de uma forma não construtiva, por meio da participação em condutas delitivas, como uma expressão de violência. Nessa situação, há o risco de o adolescente se identificar com a conduta agressiva (violenta) e obter uma trajetória infracional fortalecida, na medida em que encontra a satisfação de suas necessidades apenas desse modo.

Toda essa situação pode ser intensificada caso o adolescente possua algum diagnóstico desenvolvido (ou a ser desenvolvido) em saúde mental. Nesse caso, o jovem que já necessitaria de acesso a atendimentos de saúde pode não encontrar no âmbito familiar o atendimento às suas necessidades e a contenção dos seus impulsos agressivos. Neste estudo, um número pequeno de adolescentes apresentou algum tipo de diagnóstico que os colocam em uma situação de maior vulnerabilidade. Ainda que o acometimento de alguma doença mental ou quadro psicológico não seja o principal elemento para a integração do adolescente ao meio delitivo, a exposição nesse contexto o coloca ainda mais em risco de se vincular a práticas infracionais com pouco desenvolvimento crítico sobre o significado e repercussão de suas ações.

Nesse mesmo caminho podemos refletir sobre os possíveis diagnósticos e problemas de saúde no contexto familiar dos adolescentes em conflito com a lei. Na análise dos estudos psicológicos e sociais aqui apresentados, observou-se um número alto de familiares que fazem uso de álcool ou drogas, que estão envolvidos em práticas delitivas ou que apresentam quadros de adoecimento graves, como depressão.

O estado deprimido nos pais pode ocasionar dificuldades para o exercício da função parental, fazendo com que eles não estejam sempre presentes e disponíveis para acompanhar o desenvolvimento emocional do filho (Winnicott, 2005). Os adolescentes percebem-se sozinhos, pois não há condição familiar em lhe cuidar (ou cuidar da própria família), não havendo ainda, em alguns casos, oferta de cuidados suficientes por parte do Estado.

Em algumas das situações, observamos elementos familiares como a dependência química envolvendo os genitores e dificuldades econômicas, que induziram o adolescente a se apropriar de um papel de cuidado no âmbito familiar, assumindo, subjetivamente, responsabilidades que não condiziam com seu estágio de desenvolvimento. Nesse contexto, os adolescentes se percebiam como capazes de chefiar suas famílias ou a si próprios na medida em que a inserção na atividade delitiva, em especial no tráfico, representava a possibilidade de autonomia financeira.

Refletindo sobre a importância da atuação do ambiente extrafamiliar para o desenvolvimento dos adolescentes e na garantia de seus direitos, a escolaridade é outro aspecto que ambas as áreas levam em consideração. Pode-se afirmar que a família é a instituição primária de socialização (Szymanski, 2004), pois é o primeiro grupo social com o qual o ser humano desenvolve relação de pertencimento e absorve suas primeiras noções de interação e valores. A escola, por sua vez, pode ser considerada a segunda principal instituição socializadora, ao passo que, ainda na primeira infância, a criança é inserida em um grupo distinto do familiar, em que permanecerá possivelmente até o final da adolescência e desenvolverá habilidades pessoais, sociais e intelectuais.

Contudo, no âmbito da sociedade capitalista, a escolarização, que deveria assumir um caráter de formação humana em seu sentido integral, acaba por reforçar as desigualdades sociais existentes. Guzzo e Euzébios Filho (2005) retomam que dentro do espaço escolar se reproduz a dinâmica das relações de alienação e divisão social do trabalho. Para os autores, ao assumir este papel, o sistema educacional reforça a manutenção do antagonismo entre classes sociais.

Neste sentido, o que se vê na atual realidade brasileira, principalmente no ensino público, são índices decrescentes de matrículas no ensino médio e defasagem escolar (alunos que são reprovados e permanecem em séries incompatíveis com suas idades)[9]. Este quadro ainda é somado à falta de identificação entre o modelo de ensino e a realidade socioeconômica e cultural dos alunos, à evasão escolar crescente na adolescência, a precarização das condições de trabalho dos profissionais da área da educação e a recente proposta de reforma curricular do ensino médio, voltada para uma formação tecnicista e acrítica.

Como consequência desse cenário, ocorre um fenômeno que Pescarolo (2017) denomina desengajamento dos alunos no ambiente escolar. Para o autor, além de toda a precarização do ensino público, os alunos apresentam dificuldade para se adaptar ao universo escolar, pois não se identificam com a cultura dominante neste ambiente, bem como, ao se verem como futuros concorrentes em um mercado

---

9. De acordo com dados divulgados pelo Ministério da Educação (MEC) no início de 2018 através do Censo Escolar da Educação Básica. Disponível em: https://www.correiobraziliense. com.br/app/noticia/eu-estudante/ensino_educacaobasica/2018/01/31/ensino_educacaobasica_interna,656887/mec-divulga-pesquisa-sobre-censo-escolar-da-educacao-basica.shtml. Acesso em: 8 abr. 2020.

de trabalho muitas vezes exigente e com poucas possibilidades reais de colocação, vivenciam um sentimento de desperdício de tempo no investimento escolar.

Tendo em vista que a adolescência é uma faixa etária marcada pelo movimento de busca pela construção da própria identidade e pelo sentimento de pertencer a grupos e espaços de referência, quando a escola não representa esta possibilidade, outras configurações sociais — como as organizações e os pares delitivos — podem vir a assumir este papel.

Um modelo de escola que se propusesse a assumir um viés de socialização em seu sentido ético, deveria ter por princípios a participação social e cultural, a liberdade, a igualdade, a valorização e o respeito às diferenças. Também se faz importante o cuidado em relação aos sentimentos e necessidades infantojuvenis, seja no âmbito afetivo, seja no intelectual, pautando-se na identificação de potencialidades para enfrentar as limitações. Outro aspecto essencial é o diálogo constante com a realidade familiar e territorial dos sujeitos ali inseridos, o que poderia fortalecer o sentimento de pertença e de identificação com a instituição escolar.

A interdisciplinaridade no estudo psicológico e social com adolescentes em conflito com a lei: reflexões finais

A fim de situar o estudo psicológico e social com adolescentes em conflito com a lei, buscou-se compreender o percurso histórico e legal da infância e juventude infracionais no Brasil, assim como as especificidades da atuação do Serviço Social e da Psicologia junto a esta demanda, conciliando-os ao relato de experiência das autoras. Neste sentido, este capítulo foi construído a partir da unicidade entre aspectos teóricos e práticos, priorizando a perspectiva interdisciplinar.

A sistematização da atuação profissional possibilitou algumas reflexões, em especial sobre como a concepção de Proteção Integral defendida pelo ECA é incorporada na materialização do estudo psicológico e social.

De forma geral, os adolescentes em conflito com a lei atendidos vivenciam situações de vulnerabilidade em diversos aspectos. Neste sentido, as entrevistas psicológicas e sociais se tornam espaços de escuta qualificada e acolhida das necessidades destes adolescentes e de seus responsáveis. A realização do estudo psicológico e social é colocada para estes sujeitos como uma ferramenta para oportunizar reflexões sobre a concepção de socioeducação e o acesso a direitos sociais básicos por meio de encaminhamentos e da aplicação de medidas protetivas sugeridas ao Juiz.

As profissionais buscam se aproximar da realidade dos adolescentes em conflito com a lei, considerando-os seres sociais e ao mesmo tempo sujeitos singulares. As análises e pareceres de ambas as áreas visam expor não apenas as vulnerabilidades e fatores de risco, mas também as potencialidades identificadas nos adolescentes e suas famílias. Desta forma, é possível promover uma identificação do adolescente enquanto ser em desenvolvimento, em detrimento de associá-lo meramente como infrator. Nesse contexto, ao partir de um olhar para a integralidade, surgem intervenções igualmente integrais, o que vai ao encontro dos preceitos do ECA.

Os pareceres sociais e psicológicos, embora sejam elucidados nos relatórios multiprofissionais de forma expressamente distinta, têm evidenciado a importância da interdisciplinaridade. As considerações e análises apresentadas sob a perspectiva de cada área de conhecimento tendem a trazer pontos convergentes e complementares, o que corrobora para que a conclusão multiprofissional finalize o documento de forma fluida e objetiva.

Ao realizar o levantamento dos principais aspectos psicológicos e sociais analisados, chamou-se atenção o fato de não haver dados sobre a condição étnico-racial dos adolescentes. Destaca-se que a população negra ainda se encontra exposta aos maiores índices de desigualdade e violência, vivências concretas estas que podem influenciar na baixa autoestima e na sensação de não pertencimento em diversos espaços de sociabilidade. Neste sentido, dar visibilidade à questão étnico-racial no estudo psicológico e social com adolescentes em conflito com a lei é abordar um aspecto de fundamental relevância, tanto do ponto de vista estrutural, quanto subjetivo. Ademais, as profissionais devem assumir o compromisso ético não somente de levantar este dado por meio da autodeclaração da cor dos sujeitos entrevistados, mas também através da construção de espaços de escuta e reflexão durante os atendimentos.

Por fim, o desenvolvimento deste trabalho possibilitou compreender que o estudo psicológico e social é uma ferramenta para conhecimento das realidades individuais dos adolescentes em conflito com a lei atendidos e, ao mesmo tempo, um meio de acúmulo de informações acerca da realidade coletiva deste segmento no contexto local e macrossocial.

Referências

ALARCÓN, P.; VINET, E.; SALVO, S. Estilos de personalidad y desadaptación social durante la adolescencia. *Psykhe,* Santiago, v. 14. n. 1, p. 3-16, maio 2005. Disponível em: https://scielo.conicyt.cl/scielo.php?script=sci_arttext&pid=S0718-22282005000100001&lng=es&nrm=iso. Acesso em: 29 abr. 2020.

BRASIL. Lei n. 8.069 de 13 de julho de 1990. Dispõe sobre o Estatuto da Criança e do Adolescente e dá outras providências. *Diário Oficial da União*, Brasília, DF, 16 jul. 1990. Disponível em: http://www.planalto.gov.br/ccivil_03/leis/l8069. htm. Acesso em: 11 mar. 2020.

BRASIL. Lei n. 12.594 de 18 de janeiro de 2012. Institui o Sistema Nacional de Atendimento Socioeducativo (Sinase), regulamenta a execução das medidas socioeducativas destinadas a adolescente que pratique ato infracional. *Diário*

Oficial da União, Brasília, DF, 19 jan. 2012. Disponível em: http://www.planalto.
gov.br/ccivil_03/_ato2011-2014/2012/lei/l12594.htm. Acesso em: 11 mar. 2020.

BRASIL. *Resolução n. 273* de 13 de março de 1993. Institui o Código de Ética do/a
Assistente Social. Brasília: CFESS, 1993.

CFESS. *Atuação de assistentes sociais no Sociojurídico:* subsídios para reflexão.
Conselho Federal de Serviço Social: Brasília (DF), 2014. Disponível em: http://
www.cfess.org.br/arquivos/CFESSsubsidios_sociojuridico2014.pdf. Acesso em:
11 mar. 2020.

COORDENADORIA DA INFÂNCIA E DA JUVENTUDE. *Adolescentes em conflito
com a lei.* Curso de Iniciação Funcional dos assistentes sociais e psicólogos judiciários. Tribunal de Justiça do Estado de São Paulo, São Paulo, 2019.

COSTA, L. F.; PENSO, M. A.; SUDBRACK, M. F. O.; JACOBINA, O. M. P. Adolescente em conflito com a lei: o relatório psicossocial como ferramenta para
promoção do desenvolvimento. *Psicologia em Estudo*, Maringá, v. 16, n. 3,
p. 379-387, jul./set. 2011. Disponível em: https://www.scielo.br/scielo.php?pi-
d=S1413-73722011000300005&script=sci_arttext. Acesso em: 8 maio 2020.

CUSTÓDIO, A. Teoria da proteção integral: pressuposto para compreensão do
direito da criança e do adolescente. *Revista do Direito*, Santa Cruz do Sul, n. 29,
p. 22-43, jan. 2008. Disponível em: https://online.unisc.br/seer/index.php/
direito/article/view/657. Acesso em: 11 mar. 2020.

DIGIÁCOMO, M. J. *A mediação e o Direito da Criança e do Adolescente no Brasil:*
construindo alternativas para a desjudicialização do atendimento. Centro de
Apoio Operacional das Promotorias da Criança e do Adolescente e da Educa-
ção/Ministério Público do Paraná. 2015. Disponível em: http://www.crianca.
mppr.mp.br/arquivos/File/doutrina/justica_restaurativa/mediacao_e_o_direi-
to_da_crianca_e_adolescente.pdf. Acesso em: 31 jan. 2020.

FAVERO, E. T. O Estudo Social: fundamentos e particularidades de sua construção
na Área judiciária. *In:* CONSELHO Federal de Serviço Social (CFESS). *O Estudo
Social em Perícias, Laudos e Pareceres Técnicos:* contribuições ao debate Judiciário,
Penitenciário e na Previdência Social. 13. ed. São Paulo: Cortez, 2014. p. 13-64.

GOIS, D. A.; OLIVEIRA, R. C. S. *Serviço Social na Justiça de Família:* demandas
contemporâneas do exercício profissional. São Paulo: Cortez, 2019.

GUZZO, R. S. L.; EUZEBIOS FILHO, A. Desigualdade social e sistema educacional brasileiro: a urgência da educação emancipadora. *Escritos educ.*, Ibirité, v. 4, n. 2, p. 39-48, dez., 2005. Disponível em: http://pepsic.bvsalud.org/scielo.php?script=sci_arttext&pid=S1677-98432005000200005&lng=pt&nrm=iso. Acesso em: 8 abr. 2020.

JORDÃO, A. B. Vínculos familiares na adolescência: nuances e vicissitudes na clínica psicanalítica com adolescentes. *Aletheia*, Canoas, n. 27, p. 157-172, 2008. Disponível em: https://www.redalyc.org/pdf/1150/115012525012.pdf. Acesso em: 8 maio 2020.

LEVY, R. O adolescente. *In:* EIZIRIK, C. L.; BASSOLS, A. M. S. (org.). *O ciclo da vida humana*. Porto Alegre: Artmed, 2013. p. 167-179.

MACÊDO, S. J. S. *Sistema de Justiça (Penal) Restaurativo:* algumas reflexões do modelo brasileiro. 2016. 174f. Dissertação (Mestrado em Direito Público) — Faculdade de Direito, Universidade Federal da Bahia, Salvador, 2016. Disponível em: http://repositorio.ufba.br/ri/handle/ri/20657. Acesso em: 29 abr. 2020.

MICHELI, D.; SARTES, L. M. A.; FORMIGONI, M. L. O. S. A detecção do uso abusivo em adolescentes e o uso de instrumentos padronizados. *In:* SUPERA: Sistema para detecção do uso abusivo e dependência de substâncias psicoativas. *Detecção do uso e diagnóstico de substâncias psicoativas.* 12. ed. Brasília: Secretaria Nacional de Políticas sobre Drogas, 2018. Módulo 3, p. 42-62.

NETTO, J. P. *Ditadura e Serviço Social:* uma análise do Serviço Social no Brasil pós-64. 5. ed. São Paulo: Cortez, 2001.

NÚCLEO DE APOIO PROFISSIONAL DE SERVIÇO SOCIAL E PSICOLOGIA. *Atuação dos profissionais de Serviço Social e Psicologia:* Infância e Juventude — Manual de Procedimentos Técnicos. Tribunal de Justiça do Estado de São Paulo, São Paulo, 2017.

PACHECO, J. T. B.; HULTZ, C. S. Variáveis familiares preditoras do comportamento anti-social em adolescentes autores de atos infracionais. *Psicologia: Teoria e Pesquisa*, Brasília, v. 25, n. 2, p. 213-219, abr./jun. 2009. Disponível em: https://www.scielo.br/scielo.php?pid=S0102-37722009000200009&script=sci_arttext. Acesso em: 8 maio 2020.

PAULA, V. de. *Análise da categoria mediação na prática profissional do assistente social das Varas de Família e Sucessões do Tribunal de Justiça de São Paulo.* 2015. 247f.

Dissertação (Mestrado em Serviço Social) — Pontifícia Universidade Católica de São Paulo, São Paulo, 2015. Disponível: https://tede2.pucsp.br/handle/handle/17762. Acesso em: 29 abr. 2020.

PENSO, M. A; CONCEIÇÃO, M. I. G. O relatório psicossocial da avaliação do adolescente infrator. *In*: HUTZ, C. S. *et al. Avaliação psicológica no contexto forense.* Porto Alegre: Artmed, 2020. p. 193- 204.

PÉREZ- LUCO, R.; LAGOS, L.; BÁEZ, C. Reincidencia y desistimiento en adolescentes infractores: análisis de trayectorias delictivas a partir de autorreporte de delitos, consumo de sustancias y juicio profesional. *Rev. Universitas Psychologia.* Bogotá, v. 11, n.4, p. 1209-1225, out./dez. 2012. Disponível em: http://www.scielo.org.co/pdf/rups/v11n4/v11n4a15.pdf. Acesso em: 29 abr. 2020.

PESCAROLO, J. K. *Sociologia urbana e da violência.* Curitiba: Intersaberes, 2017.

SCHENKER, M.; MINAYO, M. C. S. Fatores de risco e de proteção para o uso de drogas na adolescência. *Ciência & Saúde Coletiva*, Rio de Janeiro, v. 3, n. 10, p. 707-717, 2005. Disponível em: https://www.scielosp.org/article/csc/2005.v10n3/707-717/pt/. Acesso em: 8 maio 2020.

SILVA, A. P. *Os novos "Capitães da Areia" e a atualidade do Estado Penal:* uma análise sobre os fundamentos históricos, políticos, econômicos, sociais e culturais do Sistema Socioeducativo brasileiro. 2020. 560f. Tese (Doutorado em Serviço Social) — Faculdade de Ciências Humanas e Sociais, Universidade Estadual Paulista "Júlio de Mesquita Filho", Franca, 2020. Disponível em: https://repositorio.unesp.br/handle/11449/192203?fbclid=IwAR3vc0_ZOVw3iHfuVF7qdyq9AOTIqBqDcq7l-7Ta1WtYQyLf9qogBgmvgLmM. Acesso em: 17 abr. 2020.

SILVA, E. A. A participação da família na prevenção e no tratamento de dependência de álcool e outras drogas: o papel dos pais e dos cônjuges. *In*: SUPERA: Sistema para detecção do uso abusivo e dependência de substâncias psicoativas. *Recursos da comunidade e da família para cuidado e Redução de danos.* 12. ed. Brasília: Secretaria Nacional de Políticas sobre Drogas, 2018. Módulo 7, p. 27- 43.

SILVA, D. M. P. *Psicologia jurídica no processo civil brasileiro:* a interface da psicologia com o direito nas questões de família e infância. Rio de Janeiro: Forense, 2016.

SILVA, G. M. Adolescente em conflito com a lei no Brasil: da situação irregular à proteção integral. *Revista Brasileira de História & Ciências Sociais.* São Leopoldo,

v. 3, n. 5, p. 33-43, jun. 2011. Disponível em: https://www.rbhcs.com/rbhcs/article/view/83. Acesso em: 22 set. 2019.

SZYMANSKI, H. Práticas educativas familiares: a família como foco de atenção psicoeducacional. *Rev. Estudos de Psicologia*. Campinas, v. 21, n. 2, p. 5-16, maio/ago. 2004. Disponível em: http://www.scielo.br/pdf/estpsi/v21n2/a01v21n2. Acesso em: 8 abr. 2020.

TAVARES, B. F.; BÉRIA, J. U.; LIMA, M. S. Fatores associados ao uso de drogas entre adolescentes escolares. *Revista Saúde Pública*, São Paulo, v. 38, n. 6, p. 787-96, 2004.

TEJADAS, S. S. *Juventude e ato infracional:* as múltiplas determinações da re-incidência. 2005. 316f. Dissertação (Mestrado em Serviço Social) — Pontifícia Universidade Católica do Rio Grande do Sul, Porto Alegre, 2005. Disponível em: http://www.observatoriodeseguranca.org/files/disserta%C3%A7%C3%A3o%20juventude%20e%20o%20ato%20infracional.pdf. Acesso em: 29 abr. 2020.

TERRA, C.; AZEVEDO, F. *Adolescente, ato infracional e Serviço Social no Judiciário:* trabalho e resistências. São Paulo: Cortez, 2018.

VOLPI, M. (org.) *O adolescente e o ato infracional.* 4. ed. São Paulo: Cortez, 2002.

WINNICOTT, D. W. A família afetada pela patologia depressiva de um ou ambos os pais. *In:* WINNICOTT, D. W. *A família e o desenvolvimento individual.* 3. ed. São Paulo: Martins Fontes, 2005.

WINNICOTT, D. W. *Privação e delinquência.* 5. ed. São Paulo: Martins Fontes, 2012.

ZIMERMAN, D. E. Terapia psicanalítica com púberes e adolescentes. *In:* ZIMER-MAN, D. E. *Manual de técnica psicanalítica:* uma re-visão. Porto Alegre: Artmed, 2004. p. 357-366.

CAPÍTULO 5

O Estatuto da Criança e do Adolescente em movimento:
o debate ético-político como ação profissional — um relato de experiência

Alberta Emília Dolores de Góes
Carlos Renato Nakamura
Cristina Rodrigues Rosa Bento Augusto

Introdução

O Estatuto da Criança e do Adolescente (ECA) se notabiliza na história recente do Brasil como uma conquista civilizatória que reúne, a um só tempo, um projeto de sociedade, um instrumento de positivação de Direitos Humanos, e uma mudança paradigmática que instaura um conjunto de princípios (regidos pela Doutrina da Proteção Integral) e um sistema de normas e controles (chamado de Sistema de Garantia de Direitos), tudo isso conectando os anseios do processo de redemocratização do país com o pacto da comunidade das nações no sentido de garantir e fazer cumprir a Proteção Integral como modelo de cuidado (conforme os termos da Convenção Internacional sobre os Direitos da Criança de 1989). A modernidade da carta estatutária e a imanência de seus termos em relação aos dispositivos constitucionais e convencionais permitem reconhecer no ECA um instrumento de ruptura com modelos anteriores que, ao reduzirem crianças e adolescentes a objetos de propriedade ou de tutela de adultos, sujeitavam esses indivíduos a arbitrariedades e a toda forma de violência expressa direta ou indiretamente no conjunto da sociedade brasileira, marcada pela desigualdade e pela negação de vantagens e de condições de vida e sobrevivência a uma parte da população.

Transcorridos mais de trinta anos do advento do ECA, verificam-se importantes mudanças em variados índices relativos às prestações e garantias devidas pela sociedade, pelas famílias e pelo poder público a todo o conjunto de crianças e adolescentes. De forma apenas exemplificativa, podemos destacar que o ECA foi determinante para a queda no índice de mortalidade infantil em todas as regiões do país, o aumento da cobertura de programas de vacinação, a redução nos índices de evasão e abandono escolar, a expansão do direito ao registro civil de nascimento, a diminuição dos casos de trabalho infantil, entre outros (Unicef, 2015). Além disso, integrado a uma série de outros sistemas, como os do SUS, Suas e Sinase, o ECA permeia importantes dispositivos de interesse público, prescrevendo e determinando cobertura de serviços essenciais, básicos e de alta complexidade, a toda a população brasileira.

Evidentemente, todas essas conquistas são parciais, persistindo não só inúmeros desafios e variadas barreiras à vigência da Proteção Integral, como também conflitos quanto à efetiva *implementação* do ECA e à *interpretação* da própria norma e dos direitos nela afirmados (Arantes, 2011). Nesse sentido, não se pode olvidar que o ECA não pode ser cobrado como um dado pronto e acabado que gerará mudanças, mas, em vez disso, reconhecido como a síntese de um marco ético-político, a partir do qual mudanças advêm por meio de lutas e movimentações da e na sociedade (Fuziwara, 2006).

Em 2017, a sociedade brasileira passou a se ver diante de um projeto de lei impactante em relação a princípios e às disposições protetivas do ECA intitulado "Estatuto da Adoção", que, à época da elaboração do presente trabalho, tramitava no Senado Federal sob o número 394/2017. Apresentado pelo senador Randolfe Rodrigues (REDE/AP), e resultado do trabalho intelectual do Instituto Brasileiro do Direito de Família (IBDFAM), propunha inúmeras mudanças estruturais, de terminologia e de função em dispositivos do ECA para maximizar as oportunidades de adoção, retirando uma série de direitos e garantias quanto à possibilidade de famílias manterem ou restabelecerem os laços com seus filhos.

Em breve síntese, o "Estatuto da Adoção" retira dispositivos protetivos do ECA e transfere a adoção para uma lei à parte; reduz o número de medidas de proteção e exclui medidas pertinentes aos pais; abandona a figura do poder familiar e promove a da "autoridade parental", que desprestigia a família extensa; retira o princípio da prevalência da família na ação protetiva do Estado; não garante expressamente ampla defesa dos pais biológicos nas ações de afastamento de crianças e adolescentes; demite a reintegração familiar como princípio dos serviços de acolhimento; dispensa o prévio encaminhamento dos pais a programas e serviços para indicar inviabilidade de reintegração; retira do Ministério Público a titularidade da ação de destituição do poder familiar; renuncia, nas adoções, à busca por motivos legítimos e à promoção de reais vantagens ao adotando; permite que a diferença de idade entre adotado e adotante seja menor que 16 anos de idade; legaliza a adoção *intuitu personae*; derruba sigilo de todos os atos judiciais relativos à adoção, entre outros.

Ao promover a adoção como medida de primazia, retira-a do escopo do ECA e da hermenêutica da Proteção Integral. Assim, o PLS 394/2017 acaba por promover importante impacto no ECA. Embora os dispositivos do projeto já citados representem por si só uma notória quebra no processo de garantia de direitos, é emblemático que em sua justificativa, após associar *incorretamente* o número de crianças e adolescentes acolhidos a procedimentos legais que os transformam em "inadotáveis", o "Estatuto da Adoção" advoga pela ruptura de vínculos como resposta do Estado aos problemas sociais que estão na base do insucesso da manutenção de crianças e adolescentes junto com suas famílias. Problemas estes que, já é bem sabido, expressam muito mais os efeitos da desigualdade social e da ausência estatal do que propriamente fraquezas ou insuficiências individuais (FÁVERO *et al.*, 2008). E — pior — a referida quebra era também simbólica, pois o projeto *explicitamente* encaminhava o ECA a apenas uma parcela do espectro da Proteção Integral: a dos adolescentes em conflito com a lei.

> É indispensável que o instituto da adoção seja tratado em Estatuto próprio, com princípios e procedimentos individualizados. Resta o ECA a tratar dos atos infracionais e uma nova lei se faz necessária para acabar com esta dolorosa realidade: mais de 50 mil crianças institucionalizadas, somente 10% delas disponíveis para a adoção, enquanto há mais de 35 mil candidatos a adotá-los (Rodrigues, 2017).

Nesse sentido, o PLS 394/2017 reedita mecanismos de classificação e inferiorização de pessoas própria dos antigos Códigos de Menores e da doutrina da situação irregular, que previa intervenções para crianças e adolescentes apenas quando "desassistidos" ou "delinquentes". O "Estatuto da Adoção" resgata esse olhar tutelar: diante do abandono, adoções; para o adolescente e os atos infracionais, o resto do ECA. Nesse sentido, a proposta legislativa retoma aspectos menoristas ao prever tratamentos distintos entre velhas categorias — o "menor abandonado" e "menor infrator" — e revogar a concepção de integralidade, seja de direitos, seja da visão que se sustenta sobre o sujeito humano criança e adolescente (Nakamura, 2019).

No início do século XXI, verificam-se movimentações políticas no sentido de promover a adoção como mecanismo salvacionista (Goes, 2019), mediatizado por interesses dos adultos, e também por meio de deformações no texto do ECA, como faz registro o importante trabalho de Oliveira (2015) sobre as tensões que levaram à Lei n. 12.010/2009. Posteriormente, com a Lei n. 13.509/2017, oriunda de proposta do governo Michel Temer, priorizou-se a adoção e a destituição do poder familiar por meio de redução de prazos processuais. Dessa forma, é premente reconhecer que a adoção tem se transformado num campo de importantes disputas, recebendo a projeção de toda sorte de interesses, seja pela persistência de um modelo de adoção antigo, voltado aos interesses de adultos por filhos — a chamada "adoção clássica" (Paiva, 2004) — ou pela concepção de um Estado sem corresponsabilidade quanto à preservação de laços familiares. Ou seja, trata-se da recorrente (e persistente) tentativa de transformar a adoção numa política pública separada da convivência familiar e comunitária.

É nesse contexto que emerge o Movimento pela Proteção Integral de Crianças e Adolescentes (MPI), coletivo de indivíduos, movimentos sociais e entidades, com o objetivo de defender o cumprimento do ECA a partir do reconhecimento da Proteção Integral como referência cultural e doutrinária para a garantia de direitos infantojuvenis. Em sua composição, há importante participação de profissionais psicólogos e assistentes sociais, inclusive com atuação no Tribunal de Justiça e outros espaços da área sociojurídica. Inicialmente organizado como forma de se contrapor ao contexto de recuo da agenda de Direitos Humanos do qual o PLS 394/2017 despontou, o Movimento se constituiu e se dirigiu para a concepção nuclear do ECA, que é a da integralidade e da garantia de direitos. A defesa do ECA pautou audiências públicas, campanhas, e incidência crítica ante a projetos e políticas de retração de direitos de crianças e adolescentes, ou de outras propostas legislativas que, como o PLS 394/2017, representam um projeto societário "[...] que, a um só tempo, torna legal a omissão diante de direitos infantojuvenis, torna normal um modelo de família dominante e torna institucional uma visão menorista de criança e adolescente" (Franco; Fuziwara; Nakamura, 2018, p. 389).

Como um movimento múltiplo e nacional, o coletivo demandava uma estrutura organizativa mínima, composta por comissões permanentes e eventuais. As comissões provisórias reuniam colaboradores para atividades pontuais ou regionais, enquanto as comissões permanentes dividiam-se entre coordenação geral, articulação política e de comunicação, esta última destinada a apresentar as ações e propostas do Movimento à sociedade, seja pelos próprios canais do coletivo, seja em articulação com agentes da imprensa.

O objetivo do presente trabalho é relatar a experiência dos autores como colaboradores do Movimento junto à Comissão de Comunicação, a partir de uma atuação ligada a conhecimentos do Serviço Social e da Psicologia e à ação política-institucional e sua confluência com aquele conhecimento especializado. Nessa perspectiva, a experiência aqui descrita tem acento não só no campo da militância política em defesa de direitos da infância (que extrapola e não se confunde com os papéis profissionais atrelados às funções do trabalho), mas também na proposição crítica de ideias e reflexões que emergem do conhecimento e da práxis profissional, e que colabora com as ações de mobilização social e de posicionamento da luta coletiva.

Ou seja, partimos do pressuposto de que a ação profissional dos psicólogos e assistentes sociais os implica um saber especializado que não se limita ao tecnicismo, pois, muito longe de um fazer acrítico, demanda um posicionamento ético que buscará uma ação emancipatória, socialmente compromissada, e intransigente na defesa dos Direitos Humanos, em conformidade aos respectivos projetos profissionais expressos pelos Códigos de Ética da Psicologia e do Serviço Social. Assim, crava-se a legitimidade da ação política de forma crítica como ato conexo à atuação profissional de psicólogos e assistentes sociais.

O próprio ECA foi marco fundamental para o advento e a expansão dos cargos de psicólogos e assistentes sociais judiciários como auxiliares da Justiça (Bernardi, 1999), de sorte que as funções das equipes técnicas encontram seu sentido principiológico menos em laudos e perícias e mais nas bases do Estatuto e seus fins sociais. Nesse sentido, o que aqui é descrito como ação política de subsídio às ideias do coletivo encontra guarida no próprio ECA, especificamente no art. 88, ao propor a mobilização da opinião pública como uma das diretrizes da política de atendimento a direitos, prevendo que a sociedade seja partícipe do Sistema de Garantia dos Direitos da Criança e do Adolescente (SGDCA).

Dessa forma, ao se tratar da comunicação das ideias e propostas de um coletivo em defesa do ECA, promovem-se debates sobre direitos que perpassam a vivência e a rotina dos setores técnicos, e, nesse sentido, imprimem-se os saberes em matéria de Psicologia e Serviço Social, ao mesmo tempo em que se vai ao encontro da mesma sociedade que é destinatária das prestações profissionais. Afinal, é no percurso de resistências que surgem novos sujeitos políticos. E nesse "tornar comum" (raiz da palavra "comunicação"), o debate da proteção à infância, numa sociedade distante da Proteção Integral, é possível surgir "[...] práticas que rechaçam os movimentos tradicionalmente instituídos, que politizam o cotidiano dos lugares de trabalho e moradia, que inventam formas originais de fazer política" (Rodrigues, 2000, p. 68).

Para promover uma aproximação ao conteúdo de temas abordados pela Comissão de Comunicação do MPI, procurou-se resgatar o conjunto de notas públicas ou apresentadas diretamente junto a autoridades tanto do Executivo quanto do Legislativo. Foram desconsiderados todos os materiais desenvolvidos por terceiros, como matérias jornalísticas, vídeos institucionais ou registros de audiências públicas. O material analisado foi sistematizado quanto às ideias principais das publicações, esquadrinhando três eixos temáticos: o enfrentamento ao "Estatuto da Adoção", o uso da adoção para propor alterações de cunho menorista no ECA, e a exploração da imagem e dos corpos de crianças e adolescentes.

A proteção e uma série de riscos

Os ataques ao ECA e ao paradigma da Proteção Integral são anteriores à própria formulação da lei, e já se apresentavam nos quatro anos do processo de desenvolvimento legislativo do Estatuto e também no de ratificação da Convenção Internacional sobre os Direitos da Criança, de 1989. Longe de ser uma unanimidade, o ECA confronta até hoje interesses conservadores, interroga toda a realidade nacional em termos da efetiva vigência de Direitos Humanos, e interpela famílias, sociedade e poder público quanto às bases de um Estado Democrático de Direito, sobretudo quanto à participação cidadã e às responsabilidades compartilhadas na realização de direitos individuais e sociais. Esses ataques não chegam a surpreender, já que o ECA representa um projeto societário, exorbitando a função de um código para, como afirmador de direitos, provocar mudanças e avanços. Assim, é inevitável que o ECA desperte forças da sociedade interessadas em sua fragmentação, e que tendem à radicalidade:

> No Brasil, propostas extremas (excesso de rigor ou de brandura que contrariavam o justo equilíbrio) não foram aprovadas. Por isso, todo extremista é inconformado com o Estatuto da Criança e do Adolescente no Brasil. O Estatuto busca o equilíbrio. Só é radical em combater ameaças e violações de direitos (Sêda, 1999, p. 12).

O ECA chega a seus trinta anos de vigência ainda sob ataques e, também por isso, o permanente debate sobre a Proteção Integral se faz necessário.

O Estatuto é da criança e do adolescente

A primeira nota pública do MPI foi também uma das ações concretas iniciais da própria organização do coletivo. Datada de 30 de novembro de 2017, referia-se especificamente à oposição ao PLS 394/2017, que visava instituir o chamado "Estatuto da Adoção". O documento funcionou até fevereiro de 2019 como uma espécie de agregador de signatários, sendo remetido a entidades e a apoiadores individuais e, posteriormente, recebendo nominalmente o apoio nas ações contrárias à aprovação do referido projeto de lei. Até dezembro de 2018, contou com mais de 320 apoiadores individuais (com majoritária presença de profissionais, estudantes, e pesquisadores ligados ao Serviço Social e à Psicologia) e a adesão de mais de 80 entidades (conselhos profissionais, grupos de pesquisa, associações e movimentos sociais). Nesse sentido, a nota pública de oposição ao PLS 394/2017 tornou-se o marco inaugural do Movimento e provavelmente atraiu notável apoio pela gravidade do projeto de lei em questão.

Como referido, o PLS 394/2017 foi fruto de articulações do IBDFAM, tal como se admite no texto da própria propositura, mas também em documentos oficiais da referida organização e em manifestações públicas de representantes daquela entidade. O "Estatuto da Adoção" foi formulado como resposta ao anteprojeto de lei do Ministério da Justiça e Cidadania do governo Temer, que visava alterar a Lei n. 12.010/2009, modificando dispositivos afetos à adoção e à convivência familiar e comunitária. Segundo Dias (2017, p. 6), "[...] a lei da adoção é tão ruim que não tem como ser consertada", tendo o instituto civilista desenvolvido um projeto de lei que abordaria a adoção de forma independente do que vigora no texto do ECA. Eis aqui, portanto, um dado fundamental do "Estatuto da Adoção": não se trata de uma revisão legislativa, mas de uma *substituição*, em que uma nova lei retiraria a adoção do texto do ECA.

Paralelamente ao "Estatuto da Adoção", o IBDFAM desenvolveu uma campanha intitulada "Crianças invisíveis", nome que remete à interpretação de que crianças e adolescentes institucionalizados ficam às escondidas dos pretendentes à adoção. Dias (2017) usa a expressão "depositados" nos serviços de acolhimento. A campanha visava promover o projeto de lei e mudanças em políticas relacionadas à adoção.

Como já referido na introdução, havia inúmeros dispositivos no projeto de lei que, a pretexto de facilitar a adoção, ampliando as hipóteses em que a medida ocorre e reduzindo seus prazos, violava inúmeros direitos individuais (não só da família biológica, mas da própria criança) e sociais, e retroagia em várias conquistas no campo de Direitos Humanos, políticas públicas e direitos civis. Ao fazê-lo, o "Estatuto da Adoção" promovia uma ultraprivatização da proteção a direitos de crianças e adolescentes: em vez de o Estado prover toda sorte de prestações para que as famílias pudessem ter condições para cuidar de seus filhos, propunha-se que estes fossem retirados e, eventualmente, já encaminhados para famílias habilitadas à adoção. Ou seja, o Estado deixa de ser tutor de direitos para voltar a ser tutor de pessoas, como à época dos Códigos de Menores. Nesse percurso, o projeto modifica ainda a visão de família, já que o núcleo de afeto e afinidade da criança e do adolescente perderia o *status* de "família extensa", restringindo os vínculos da criança aos pais. Nesse sentido, Dias (2017), expoente do IBDFAM, defende que "[...] não deve haver nenhum movimento do Estado para que [crianças] voltem a conviver com a família. E, como não cabe ao Estado buscar a família extensa, enquanto se realiza essa audiência imediatamente se destitui o poder familiar de forma sumária" (Dias, 2017, p. 7).

Trata-se de um projeto que imediatiza a adoção e revoga, na prática, sua excepcionalidade. O "Estatuto da Adoção", dessa forma, rompe não só com o ECA, mas com a hermenêutica da Proteção Integral, já que a medida mais gravosa, que é a retirada definitiva dos vínculos entre pais e filhos, é aplicada antes de qualquer tentativa de reintegração familiar. Aos pais é dada a função de buscar ativamente — "reclamar" — o filho, o que objetifica a infância.

A ruptura com a Proteção Integral pelo PLS 394/2017 não se dá apenas sob o arco hermenêutico, mas pela mudança do próprio destinatário e beneficiário da adoção, que deixa de ser a criança/o adolescente e volta a ser, como nos códigos menoristas, o adulto pretendente à adoção (e, no limite, o Estado, perdoado por suas omissões relativamente a políticas que deveriam existir para preservar laços familiares). Trata-se de um projeto de lei que maximiza as oportunidades de adoção tendo em vista os interesses de adultos:

> Acontece que essas pessoas que querem adotar tinham que ter livre acesso às instituições em que as crianças estão. Eu posso querer uma filha de olhos azuis e recém-nascida, mas, ao visitar uma instituição, pode ser que eu me apaixone por uma criança maior, com problemas

de saúde ou portadora de deficiência física, de outra cor, que não fala, porque simplesmente me apaixono por ela (Dias, 2017, p. 6).

Uma das conquistas do advento da chamada "adoção moderna" é o da visão de que é necessário encontrar uma família a quem esteja privado afetivamente desse tipo de laço, o que supera a visão da "adoção clássica", que privilegiava o atendimento ao desejo de pessoas sem filhos. Logo, há um importante lastro menorista no PLS 394/2017, e que transparece nas reiteradas menções de adoção de crianças, *mas não de adolescentes* — não à toa, a campanha do IBDFAM não é intitulada "crianças e adolescentes invisíveis". Como referido na justificativa do "Estatuto da Adoção", o encaminhamento para adolescentes previsto pelos autores do projeto de lei era mais afeto ao campo infracional.

Diante de tão contundente ataque ao ECA, a primeira nota de posicionamento do MPI concentrou-se na fragmentação do texto estatutário. Mas a referida nota foi determinantemente influenciada por outras duas ações, ambas nascidas no bojo do conhecimento e da experiência profissionais de psicólogos e assistentes sociais judiciários: manifestação elaborada em 2016 por técnicos do Grupo de Estudos "Adoção II" no Tribunal de Justiça do Estado de São Paulo face ao anteprojeto de lei sobre adoção (e origem da Lei n. 13.509/2017), e a manifestação pública da Associação de Assistentes Sociais e Psicólogos do Tribunal de Justiça de São Paulo (AASPTJ-SP), este já sobre o PLS 394/2017 e datado de 14 de novembro de 2017. Como os dois projetos de lei possuem importante conexão, ambos os documentos referidos podem ser lidos sob uma perspectiva de ataques reiterados ao ECA sob o mote da adoção. O primeiro documento abordava criticamente a principal matéria abordada pelo antigo anteprojeto de lei, que era a redução de prazos processuais para ações de medidas de proteção, destituição do poder familiar e adoção, destacando os prejuízos decorrentes da celeridade processual sem o devido respeito ao tempo subjetivo e à real disponibilidade de crianças e adolescentes para as medidas em questão. O segundo, formulado um mês após a propositura do PLS 394/2017, denuncia a pretensão de retirar a condição excepcional da adoção, ignorando a realidade das famílias pobres, historicamente inatingidas pelas políticas públicas que deveriam lhes dar condições para cuidar de seus filhos, e retomando práticas superadas como a do afastamento de crianças e adolescentes de suas famílias como principal medida estatal. Ambos os documentos apresentam dados de pesquisas sobre adoção e convivência familiar sob referenciais da Psicologia e do Serviço Social, e localizam no ECA a genealogia do Setor Técnico, prescrevendo que a atuação profissional deve buscar atingir os mesmos fins sociais da lei.

A nota do MPI contra o PLS 394/2017, assim, incorporou aspectos fundamentais das discussões e posicionamentos já referidos e sustenta basicamente dois núcleos de sentido: um *simbólico*, afeto à retirada do ECA de parte de seus dispositivos, e um *técnico*, relativo aos impactos de uma inversão de perspectiva para o direito à convivência familiar e comunitária com vistas à promoção não da manutenção e preservação dos laços familiares, mas justamente das hipóteses autorizadoras das rupturas desses vínculos com vistas a facilitar adoções.

Quanto ao primeiro núcleo, a nota do coletivo resgata a posição histórica do ECA em relação a processos, debates e movimentos nacionais e internacionais relativos à questão da infância de forma específica, e de direitos humanos e civis de forma ampla, relembrando que o Estatuto funcionou como documento matriz de um novo paradigma de proteção e inspiradora de transformações positivas para crianças, adolescentes, famílias e sociedade em geral.

Resgatou-se, assim, o aspecto inovador do ECA, com a ruptura com o paradigma da situação irregular, incompatível com a Constituição de 1988 e com o reconhecimento da condição de cidadania conferida a crianças e adolescentes, ao mesmo tempo que apresentou um sistema coeso de promoção, defesa e controle de direitos, hoje reconhecido sob a nomenclatura Sistema de Garantia de Direitos de Crianças e Adolescentes (SGDCA), instituído pelo Conselho Nacional dos Direitos da Criança e do Adolescente (CONANDA) por meio da Resolução 113/2006. A partir da nova doutrina, crianças e adolescentes não são mais o mero receptáculo das ações de assistência e favores dos adultos, somente visibilizados juridicamente quando em situação "irregular", mas sim titulares plenos de direitos que, por sua exigibilidade, demandam prestações constantes da família, da sociedade e do poder público. Ou seja, o ECA reverte a lógica de defender um comportamento negativo, no sentido de se abster de violações, e impõe um comportamento positivo, para que adultos possam agir em função dos interesses da criança e de adolescentes (Vercelone, 2018). Assim, o ECA propõe não o atendimento a necessidades, mas irradia seu alcance para a garantia de direitos. Logo, o Estatuto abraça não só uma determinada visão de crianças e adolescentes, mas também de sociedade e de Estado.

Ao mesmo tempo, no plano internacional, o ECA se torna a primeira legislação no mundo concorde à Convenção sobre os Direitos da Criança de 1989, adequando internamente os fundamentos jurídico-normativos e ético-políticos da Proteção Integral, reafirmados pela norma internacional. Nesse sentido, a lei estatutária representa marco fundamental num momento histórico sensível também na comunidade das nações, tomando lugar como modelo num processo de discussão global.

O panorama histórico, político e institucional do desenvolvimento e advento do ECA, assim, confunde-se com os processos emancipatórios que vinham transformando o Brasil naquele contexto de redemocratização e recusa do arbítrio e da barbárie. Nessa perspectiva, a adoção figura no texto da lei (e da Constituição) como uma medida necessariamente excepcional, ou seja, como uma ação elegível pela autoridade competente quando esgotados todos os meios de preservação dos laços familiares. Sob o garantismo, não se deve buscar por adoções de forma pronta e automática, não podendo ser este tipo de medida o objetivo primário da ação estatal (de onde se depreende que adoção não pode ser uma política pública).

O PLS 394/2017, de outra ponta, ao propor um ordenamento à parte para as adoções, atinge frontalmente a história do ECA e confere à adoção uma lógica desconectada da Proteção Integral. Se o projeto de lei, como já anotado, investe mais na ruptura de vínculos do que na sua preservação, tem-se então que o mesmo serve justamente ao fracasso da ação protetiva do Estado, explorando o insucesso da reintegração familiar de crianças e adolescentes afastados de suas famílias, ou mesmo fomentando esse resultado negativo, já que não prevê medidas para fortalecimento e resgate de vínculos. Ou seja, o "Estatuto da Adoção" fere a hermenêutica do ECA e da adoção sob a perspectiva da proteção integral.

Nogueira Neto (2011, p. 3), integrante da comissão que desenvolveu o ECA, ensina que a Proteção Integral é menos uma doutrina e mais uma "[...] chave-hermenêutica, isto é, um modo peculiar de se interpretar a Convenção sobre os Direitos da Criança — CDC e toda a normativa internacional pertinente". Ou seja, a ação instrumental das medidas e dos procedimentos do ECA volta-se para o atendimento de especificidades e de emergências humanas e sociais, e seus direitos fundamentais. A regra interpretativa da proteção integral, assim, repousa numa doutrina de defesa de Direitos Humanos do sujeito criança/adolescente. De outra ponta, o PLS 394/2017, ao sequestrar a adoção do ECA, cria um marco regulatório independente da Proteção Integral. O texto do projeto de lei confronta de forma nuclear os princípios do direito fundamental à convivência familiar e comunitária e, assim, cinde de forma absoluta com o paradigma garantista. Schweikert (2018) adverte que, no projeto de lei, esse direito fica limitado à adoção exclusivamente e, dessa forma, fere preceitos constitucionais que reconhecem a primazia da família de origem como núcleo socioafetivo.

Também é bastante representativo dessa ruptura a afirmação, na justificação do projeto de lei, no sentido de que "[...] resta o ECA a tratar dos atos infracionais" (Rodrigues, 2017). O "Estatuto da Adoção" avilta a história de todas as conquistas do ECA e, em nome da produção de adoções, pretende limitar o Estatuto ao campo socioeducativo. Promove, assim, o retorno da lógica dos antigos Códigos de Menores, que esquadrinhavam a infância ou como perigosa (associando-a a atos infracionais) ou como abandonada (relacionando-a à pobreza, e à dependência de caridade e salvação). O projeto resgata velhas formas de preconceito e impropriedades conceituais, imaginadas superadas por décadas de conhecimento técnico e científico sobre o que é ser criança e adolescente, e sobre como funcionam as entidades familiares e como atuam os processos sociais no desenvolvimento desses indivíduos.

Aliás, o próprio ECA é exemplo de legislação fundamentada em denso conhecimento técnico e científico, e esta é a segunda matriz de sentido da nota pública do Movimento contrária ao "Estatuto da Adoção". Nogueira Neto (2011, p. 2) destaca que o ECA só foi possível no Brasil pela ação de três "forças alavancadoras": a mobilização social, a nova normativa internacional, e "[...] o pensamento acadêmico, explicitado em teorias científicas novas e em estratégias, táticas e metodologias transformadoras". Ressalta que texto da lei absorveu o conteúdo anti-hegemônico advindo de referenciais sociais, psicológicos, antropológicos, jurídicos, sociológicos, de saúde, entre outros. Ou seja, o ECA foi elaborado sob a preocupação de evitar que o conhecimento funcionasse como uma dominação, capaz de naturalizar diferenças e explicá-las sob critérios que atendessem aos interesses de camadas dominantes da sociedade, diferenciando-se da antiga corrente tutelar que mobilizava forças higienistas e biologizantes que prescreviam condutas valorizadas em nichos burgueses da sociedade (SANTOS, 2011), associando pobreza à criminalidade sob influência de teorias anticientíficas.

O saber científico que arresta o ECA é o de vanguarda, e subjaz a diversas de suas terminologias: desenvolvimento humano, relações familiares, vacinas, primeira infância, protocolos de avaliação de risco de desenvolvimento, a articulação com o Sistema Único de Saúde e com o Sistema Único de Assistência Social, a consideração e respeito a povos tradicionais, entre outros, são só alguns exemplos de conceitos e prescrições contidos no Estatuto e que guardam lastro em pesquisas de diversas áreas. Ou seja, o ECA apoia-se em referencial técnico-científico não para tutelar ou controlar a infância, mas para conhecê-la e encaminhar condições para que ela seja devidamente atendida e protegida.

Especificamente quanto à convivência familiar e comunitária, o ECA guarda importante subsídio técnico e científico. O comando estatutário e constitucional de que a ação estatal deve considerar a primazia da família e, consequentemente, excepcionar afastamentos provisórios e (mais ainda) adoções, não diz respeito a mero preciosismo, mas ao reconhecimento de que a família é o *locus* de afinidade e afeto com maior potencial para sustentar psicológica e socialmente o desenvolvimento de crianças e adolescentes.

A ciência psicológica, de forma especial, aponta para os graves riscos ao desenvolvimento decorrentes da separação pais-filhos. Na contemporaneidade, há profícua produção no sentido de revelar o papel determinante da vinculação afetiva da criança com seu núcleo de origem, inclusive no sentido de que os vínculos são determinantes mesmo naqueles casos em que crianças e adolescentes são vitimizados, de forma que a criança e o adolescente desejam mais o restabelecimento dos laços familiares do que propriamente a ruptura dos mesmos (Furniss, 1993; Levinzon, 2009). Dessa forma, encaminha mal a questão da adoção o PLS 394/2017 ao propor a pronta colocação da criança em família substituta, o que nem sequer permitiria a devida vivência do luto, por parte da criança pelos laços familiares perdidos (Peiter, 2011). De fato, o "Estatuto da Adoção" não simplifica só os procedimentos da adoção, mas a adoção em si, prescindindo de uma série de cautelas hoje existentes, com preparação e seleção dos pretendentes e acompanhamento dos casos, procedimentos esses que comprovadamente reduziriam as chances de problemas na formação de vínculos na adoção (Mariano; Rossetti-Ferreira, 2008; Goes, 2014; Ghirardi, 2015).

Pela dimensão social, tem-se que o ECA prescreve balizas para não incorrer no equívoco de que a pobreza constitui razão suficiente para promover afastamentos. Nesse sentido, o Estatuto rompe com prática histórica denunciada há muito pelo Serviço Social quanto à associação entre pobreza e negligência. Há, em lugar disso, o reconhecimento de que a sociedade brasileira é marcada por importante desigualdade social, que mantém a violência estrutural e a consequente exclusão de famílias dos mínimos direitos humanos e sociais (Fávero *et al.*, 2008), de forma que eventuais faltas e insuficiências nos cuidados aos filhos não retratam apenas o cenário singular de determinada família, mas a ausência do Estado em sua coparticipação nos cuidados à infância e juventude. Dessa forma, o Serviço Social também tem posição histórica no sentido de pontuar que a adoção não pode ser uma medida simples e imediatista, pois ela nunca é assim vivida pela criança e pelo adolescente.

> A responsabilidade implícita na colocação de uma criança ou de um adolescente, por determinação judicial, em uma família que não é a sua, leva à necessidade de que a mesma seja regrada por um ordenamento rigoroso, tanto no sentido de sua processualidade, quanto no de sua metodologia (Baptista, 2018, p. 707).

Enquanto isso, o "Estatuto da Adoção" não guarda apoio em qualquer referencial científico para fundamentar suas prescrições quanto à célere e quase imediata retirada da criança de sua família de origem e posterior colocação em família substituta por adoção. Ao que parece, o PLS 394/2017 parte da ideia do senso comum de que os pais devem perder seus filhos a qualquer tempo, e de que os filhos não têm nenhuma ligação afetiva com seus genitores.

No caso de profissionais assistentes sociais e psicólogos no Judiciário, a falta de referência científica no "Estatuto da Adoção" caminha ainda ao lado de outra ausência marcante, que é o do papel avaliativo e de acompanhamento interprofissional. Enquanto o ECA é marco fundante das profissões no Poder Judiciário para subsidiar do ponto de vista técnico as ações judiciais, o PLS 394/2017 reduz a ação dessas categorias admitindo uma série de alternativas, pela via da terceirização ou mesmo da transposição de suas atribuições a órgãos sem a isenção necessária para avaliações sobre adoção, como os grupos de apoio, por exemplo. No mesmo sentido, a contundente desarticulação dos cadastros de adoção, praticamente anulados pelo projeto de lei, pois perdem sua centralidade na colocação em família substituta.

Logo, o verdadeiro Estatuto é o que reconhece o sujeito da adoção e o destinatário final do conhecimento psicológico e social na rede de proteção, que é a criança e o adolescente. A ideia de criar um "Estatuto da Adoção" caminha à sombra do percurso civilizatório até aqui trilhado, pois reedita o velho menorismo e a supremacia dos adultos sobre crianças e adolescentes. Invisíveis são as responsabilidades dos que violam o ECA. Observa-se, assim, a furtiva intenção de desconstruir o ECA, desfigurando a Proteção Integral, e reputando à própria lei a incapacidade da sociedade em efetivá-la.

E o superior interesse é mesmo o da criança?

O ECA em seus trinta anos de existência vivenciou amplas críticas e ataques. O enraizamento de uma cultura menorista, ancorada em uma lógica neoliberal sobre o papel do Estado diante das pautas relacionadas à infância, vem sustentando uma crença de que a adoção pode ser a melhor escolha para toda criança e todo adolescente em acolhimento institucional e oriunda de família de camada popular, sendo este um tema recorrente em nossa sociedade. Apesar de o ECA ter uma perspectiva universal, raramente ocorrem denúncias que demandem o atendimento a crianças e adolescentes das camadas médias e altas tanto em Varas de Infância e Juventude como em Conselhos Tutelares, ainda que também possam viver situação de risco e/ou violência, enquanto em relação a crianças e adolescentes oriundos de camadas populares, a intervenção do Estado se evidencia. Em uma concepção conservadora e preconceituosa, as famílias destas crianças e destes adolescentes frequentemente são vistas como "desestruturadas"[1] ou "desajustadas" e, portanto, necessitam da intervenção

---

1. Trata-se de uma visão que rotula as famílias de forma maniqueísta, ou seja, [...] de um lado a família organizada, estruturada [da camada média/alta], a família célula mater da sociedade, e de outro, a família desorganizada, a família desestruturada, a família quebrada, a

do Estado para que possam ter um melhor destino, sendo a adoção muitas vezes entendida como a solução. Nesta concepção, embora seja uma medida protetiva de importância, deve ser entendida sob a excepcionalidade que o ECA prescreve, já que rompe laços de pertencimento familiar e comunitário, e transfere crianças e adolescentes para famílias com maior renda e, consequentemente, torna as famílias de origem duplamente vitimizadas, pois perdem o filho — muitas vezes por não terem o acesso ao direito ao contraditório e a ampla defesa — e deixam de ser vistas e acompanhadas pelos serviços da rede socioassistencial.

Nesse sentido, reveste-se a adoção de uma indevida função salvacionista sob uma roupagem sensacionalista (Goes; Andrade, 2018). Nessa seara, vemos que muitos esforços por parte do poder público se voltam à busca de agilidade de adoções, enquanto pouco se investe em proteção social e medidas que visem à manutenção e ao apoio aos laços biológicos.

> Sob o pretexto de buscar o melhor interesse da criança, e, com o discurso inflamado de que o acolhimento é medida desumana, procuram abrir brechas, para, de forma célere, desligar a criança/adolescente de seu núcleo (geralmente pobre) para vinculá-la a uma família substituta, que normalmente possui condições socioeconômicas mais favoráveis. Não incomum, o parâmetro para se pensar em quem está apto a cuidar de crianças e adolescentes refere-se meramente à condição socioeconômica (Goes; Andrade, 2018, p. 11).

Em nome de eventual perspectiva de reduzir o tempo de permanência em acolhimento institucional e encontrar pessoas interessadas em suas adoções — já que os pretendentes no Sistema Nacional de Adoção impõem restrições relacionadas à idade, condição de saúde, raça, dentre outras —, crianças e adolescentes vêm sendo expostos

---

família recomposta, a família que tem todos estes estereótipos que ainda hoje nós utilizamos em linguagem corrente (Silva, 2004, p. 24).

em campanhas, internet, estádios de futebol e até em passarelas de desfile em *shopping center*, desconsiderando assim os seus direitos garantidos em lei, como o sigilo, a preservação de sua imagem e a reserva à vida privada. Nestes programas, crianças e adolescentes são convidados a falar de si, expor quem são, do que gostam e os motivos que os levam a desejar uma família. Propostas como essas retomam o passado menorista brasileiro em que crianças e adolescentes eram vistos como objetos à disposição de adultos, além de remeter também à origem escravocrata do país, em que pessoas eram escolhidas por seus atributos físicos, em um passado também não muito distante.

Por mais que se alegue a preocupação em preparar a exposição, o que se evidencia é o fracasso da sociedade em acolher crianças e adolescentes cujos perfis diferem dos comumente pretendidos pelos adotantes e, como forma de dar resolutividade a essa falha social e do Estado, expõem-se aqueles para quem as buscas nos cadastros legais não lograram êxito em encontrar pretendentes, levando à relativização e desrespeito a comandos e garantias legais. Ressalta-se ainda que tais ações costumam divulgar uma ou outra história de sucesso, enquanto, de outro lado, deixam de mapear possíveis situações de violência, assédio sexual e outras consequências de tais exposições. Com o discurso de dar visibilidade a crianças chamadas "invisíveis" por aqueles que se dizem pró-adoção, invisibilizam-se direitos fundamentais.

Campanhas de conscientização quanto à adoção de crianças mais velhas ou com demandas de saúde são necessárias e poderiam ser feitas com a participação de atores infantojuvenis, o que possibilitaria emprestar rosto e voz aos que esperam um lar substituto sem que estes se tornem um produto ofertado. Nesse sentido, é importante enfatizar que essas adoções não demandam piedade ou impulsividade em acolher alguém, e sim motivação consistente e desejo real por tomar alguém como filho, além de continência à história da criança e do adolescente, com todas as peculiaridades de cada caso em particular.

Quando o conceito de Proteção Integral não é abarcado pela sociedade como um todo, em que pese a existência e a preciosidade de uma lei como o ECA, várias manobras surgem como forma de abalar as bases dos preceitos que a constituem, seja tentando desmantelá-la em sua totalidade, como o aviltante "Estatuto da Adoção", seja por meio de pontuais alterações, aqui e acolá, que, com o tempo, causarão a mesma descaracterização.

Recentemente, vários projetos de lei surgiram na tentativa de alterar os direitos fundamentais de crianças e adolescentes, apoiados na maioria das vezes em pressupostos equivocados e sob o viés do tão questionável melhor interesse da criança, mas que quase sempre visam mesmo atender ao interesse do adulto (e, na maioria dos casos, dos adotantes). Um exemplo é o PLS 369/2016 de autoria do então senador Aécio Neves (PSDB/MG), que objetiva alterar o ECA para dispor sobre adoção na modalidade *intuitu personae*, mediante a comprovação de prévio conhecimento, convívio ou amizade entre adotantes e a família natural. Essa modalidade de adoção, comumente conhecida como "adoção pronta", é a prática em que a mãe biológica entrega seu filho diretamente à uma família que ela própria avalia como capaz ou interessada em recebê-lo, sem ser assistida pelo poder público. Quando essas famílias buscam regularizar a situação jurídica, muitas vezes o convívio já ocorre há alguns anos, sendo os pretendentes reconhecidos como pais pela criança sem, no entanto, terem se preparado para a medida ou serem avaliados quanto à aptidão para a mesma. Em sua justificativa, pugnava o legislador proponente que essa modalidade não é prevista no ECA, mas não é vedada expressamente, o que geraria insegurança jurídica para a matéria. Sugeria que a mudança legislativa poderia viabilizar, inclusive, a adoção de crianças por famílias inscritas em programas de acolhimento familiar, vilipendiando a tipificação desejável de serviços de acolhimento (construção histórica de décadas e que ainda exige esforços contínuos).

Pouco depois, em São Paulo, foi proposto outro projeto de lei, sob número 237/2018, de autoria de Caio França (PSB/SP), membro da frente parlamentar por adoção e com apoio de alguns grupos de apoio à adoção. Tendo tramitado em regime de urgência, tornou-se a Lei n. 16.785/2018 sem nenhum debate ou reflexão aprofundada, dispondo sobre o uso do "nome afetivo" em instituições escolares, de saúde, cultura e lazer para crianças e adolescentes que estejam sob guarda de família adotiva. A lei prevê a possibilidade de o pretendente à adoção alterar, na prática, o prenome da criança, antecipadamente à sentença de adoção, durante o estágio de convivência e até mesmo previamente à destituição do poder familiar.

Ambos os projetos denotam claro desprezo pela origem da criança, por sua família biológica, sua história, colocando-a como objeto à disposição do adulto. A circulação de crianças, definida por Fonseca (2006, p. 13) como " [...] a transferência de uma criança entre uma família e outra, seja sob a forma de guarda temporária ou de adoção propriamente dita", é prática que ocorre há muitos anos em camadas populares. No entanto, em que pesem as questões culturais envolvidas, muitas vezes evidenciam situações de extremo sofrimento, medo, podendo causar danos tanto para a criança como para os demais envolvidos, além dos casos de má-fé. Nesse sentido, pesquisa desenvolvida por Ayres (2005) com ações de adoção aponta que

> Em sua quase totalidade, os processos analisados versavam sobre histórias de vida de mulheres-mães-pobres. Constatamos, ainda, que a pobreza, o desemprego ou subemprego e a miséria eram verbalizados pelos genitores e apontados, pelos especialistas do judiciário, como condições facilitadoras e propulsoras da desistência do poder familiar (Ayres, 2005, p. 20).

Realidade semelhante foi observada por Mariano (2008), em sua pesquisa com adoções fora dos cadastros próprios, que mostrou a recorrência, no caso das mães biológicas, de baixa qualificação profissional, desemprego, baixa escolaridade e poucos recursos familiares e comunitários para o cuidado com os filhos. Assim, evidencia-se nessas colocações a situação de pobreza e a falta de políticas públicas de distribuição de renda e acesso a direitos.

A decisão pela entrega do filho sem a intermediação do poder público viola uma série de direitos, a começar pelo direito da genitora em ser devidamente acolhida, escutada e orientada. Desde 2017, o

ECA asseverou o direito de entregar um filho em adoção, ocasião em que deverá ser encaminhada à Vara da Infância e Juventude, livre de constrangimentos, para que seja atendida por equipe interprofissional. Esse atendimento à genitora possibilita escuta atenta visando ao amadurecimento da decisão sobre eventual entrega, assim como encaminhamentos a serviços que se fizerem necessários. Da mesma maneira, caso o desejo pela entrega se confirme, é assegurado o direito da criança de ser encaminhada a pretendente à adoção devidamente habilitado, evitando-se o risco de relações intermediadas por auxílio financeiro ou até mesmo o tráfico de crianças (ambas figuras penais tipificadas).

Não são raras as situações no Judiciário em que famílias, após vários anos de convívio com a criança, buscam regularizar a sua situação jurídica e ao relatar sua história, observam-se situações em que os guardiões ofereceram apoio financeiro à genitora desde a gestação e, no momento do parto, ainda que se arrependesse da entrega, vê-se traindo um pacto, muitas vezes construído de má-fé. Esses casos, não raro, envolvem segredos sobre a origem do adotando, uma vez que tal intermediação se deu de formas escusas e os casais não se sentem seguros de lidar com a origem da criança de forma natural e consciente.

Souza e Bernardi (2019), ao analisarem práticas menoristas como estas, apontam que

> [...] ao invés do Estado assumir suas responsabilidades pelo quadro social das famílias economicamente desfavorecidas, ele as responsabilizava pelas situações de privação e vitimização dos filhos, condição que justificava a internação massiva de crianças e adolescentes afastados de suas famílias e, também, a destituição do pátrio poder (termo vigente à época) para colocação em famílias de melhores condições socioeconômicas (Souza; Bernardi, 2019, p. 331).

A falta de transparência e cuidado nesse processo pode incorrer em danos irreparáveis. Ainda assim, muitos projetos de lei visam amparar a prática das adoções *intuitu personae* visando "desburocratizar" e "agilizar" tais medidas, partindo de uma visão de sociedade higienista na qual se consideram as famílias de origem, em sua maioria pobres, como incapazes de cuidar de filhos, alçando a adoção como capaz de lhes dar um melhor destino. Nesse sentido o MPI lançou nota apontando a gravidade de tal projeto, pontuando que, sem a participação do poder público nas adoções, muitos brasileiros são colocados em famílias substitutas sob as mais escusas intenções, fortalecendo a ideia de que a medida é uma ação assistencialista.

Nesta esteira, o projeto que pretende a alteração do nome da criança, durante o processo da adoção e ainda no período do estágio de convivência, segue a lógica da criança como um objeto a atender aos desejos do adulto. Nada mais violento que despersonalizar a criança alterando sua identidade, ainda mais em momento em que os vínculos ainda estão em construção. Nesse sentido, é importante ressaltar que, no Judiciário, quando um pretendente à adoção inicia a aproximação a uma criança ou adolescente, um intenso trabalho se inicia. É preciso que as expectativas e idealizações quanto ao filho esperado possam ser elaboradas e dar espaço ao filho real que surge. Processo que qualquer relação de filiação requer, mas que possui peculiaridades nas que se dão por meio da adoção.

Do ponto de vista da criança ou adolescente, o mesmo processo se desenrola. Compreender a impossibilidade de retornar à família biológica, permitir se abrir a novos pais, o receio de perder as memórias, a preocupação em saber por onde andam aqueles que eram até então suas referências, e os motivos que inviabilizaram sua permanência com eles, dentre outras questões, devem ser objeto de intervenção durante sua preparação.

Havendo afinidade e entrosamento nas aproximações, inicia-se o estágio de convivência, período em que os ainda pretendentes à adoção detêm uma guarda provisória da criança ou adolescente, passam a morar juntos e assim conviver de forma mais intensa e ampliada, e novamente sob acompanhamento do poder público. Tal processo não se define por uma burocracia, mas pelo que é necessário à cuidadosa formação da vinculação afetiva.

Segundo Peiter (2011), a transição da criança do serviço de acolhimento para a família adotiva promove o reviver das histórias de
vínculos e separações, suscitando angústias. Dessa forma, antes de
iniciarem o convívio propriamente dito, os pretendentes precisam
estar preparados para os embates que a relação cotidiana promoverá,
cientes do árduo processo de elaboração psíquica pelo qual a criança
passará. É no estágio de convivência que a criança sai de um espaço
e rotinas conhecidas para um momento em que tudo se torna novo:
a casa, a rotina, escola, familiares e rede de apoio tudo muda. Hamad
(2002), nesse sentido, aponta que o sentimento de pertencimento demanda tempo, pois depende da construção de uma nova identidade,
em relações que considerem os sentimentos de abandono e os efeitos
da separação.

Assim, são temerárias as colocações que ocorram sem o estágio de
convivência. Levinzon (2009) ressalta que sentimentos de culpa surgem
na criança, assim como o receio de trair aqueles que cuidaram dela
até então. Embora esteja "ganhando uma nova família", há também
sentimentos de temor e culpa pelo abandono de vínculos antigos com
os genitores, os cuidadores do serviço de acolhimento ou mesmo as
demais crianças acolhidas que lá permanecem, concomitantemente
com o pavor de viverem novo abandono. Em meio a todas essas
alterações e todo o trabalho psíquico que o estágio de convivência
impõe, alguns pretendentes desejam ainda que a criança responda
por um outro nome — um que mais os agrade.

Embora o sobrenome seja alterado por conter nele uma história
de pertencimento a uma nova família, vemos que até mesmo essa
mudança é algo que precisa ser conversado e ressignificado em vários momentos com a criança ou o adolescente, pois ele abarca uma
história de origem, pertencimento, ligação e também afeto. Enquanto
isso, o prenome é a identidade individual e toca à constituição mais
elementar do sujeito, que é o conhecer a si mesmo. Além de todos
os questionamentos que a mudança do prenome tem para o psiquismo, possibilitar sua alteração (sobretudo num momento em que os
vínculos ainda estão se fortalecendo), é medida de alto risco, senão

de violência. Muitas vezes essas colocações ocorrem antes de se considerar a defesa dos genitores, o que, além de ser prática contrária ao preconizado pelo ECA, praticamente anula eventual possibilidade de reintegração familiar, subvertendo um dos objetivos do sistema de proteção. Assim, isenta-se o poder público em estimular uma nova cultura de adoção, enquanto promove tamponamentos à história pré-adoção (outra ilegalidade).

A fetichização e a exploração de corpos de crianças e adolescentes

No Brasil, ainda é comum o surgimento de situações que expressam a cultura do estupro[2] e a erotização de crianças e adolescentes. Ainda que tenha havido avanços quanto a garantia de direitos infantojuvenis, esse fato remete à época em que crianças eram vistas como "adultos em miniatura" (Ariès, 1981). Anteriormente à Constituição Federal de 1988 e do ECA, evidenciavam-se programas televisivos destinados ao público infantil com forte apelo sexual. Nestes, as apresentadoras apareciam seminuas, de manhã e à tarde, acompanhadas de adolescentes fantasiadas. Não raro, essas mesmas mulheres e adolescentes posteriormente apareciam em revistas destinadas ao público masculino. Esse cenário era parte de uma cultura de erotização precoce de crianças e adolescentes (especialmente as meninas).

Com o advento da Proteção Integral, houve a imposição de limites, como a classificação indicativa de atividades culturais e de lazer, e outras formas de prevenção. Entretanto, ainda se fazem presentes

---

2. Para Semiramis (2013), a cultura do estupro pode ser atribuída a um ideário coletivo que se processa por intermédio de relações de poder, produzindo constrangimento social e relações desiguais de gênero que tolera, incentiva e/ou contribui para a violência sexual, por hábitos, comportamentos e, por seus aspectos culturais, compreendendo a violência sexual à mulher como algo naturalizado.

violações de direitos com a força do ideário menorista de outrora. Numa sociedade capitalista em que sua organização se dá pela lógica da comercialização e da propriedade: crianças e adolescentes são alvos de toda sorte de assédio para promover o consumo e para que sejam, elas próprias, consumidoras. Neste contexto, facilitado por novas tecnologias, crianças têm sido expostas desde a mais tenra idade em vídeos, imitando discursos e comportamentos adultos nas redes sociais. Canções com letras que se referem a meninas e adolescentes como "novinhas" sensualizam corpos e conduzem a jogos sexuais. Trata-se do duplo poder assimétrico referido por Azevedo e Guerra (1995), em que gênero e geração determinam relações de poder.

Em 2019, um conhecido canal da televisão aberta promoveu concurso infantil de misses sob esse paradigma. Com glamourização e sob a pretensa autorização da elevada idade do apresentador, meninas entre 7 e 8 anos eram avaliadas por seus atributos físicos, inclusive com trajes que emulavam vestes de adultos, evidenciando a exposição de corpos infantis de forma indevida, que viola o resguardo à imagem e ao respeito à dignidade. Fortemente debatido e criticado por instituições e movimentos sociais pró direitos da infância, também motivou manifestação crítica do MPI, denunciando a prática como incentivadora da sexualização da infância, reduzindo crianças, mais uma vez, a propriedades dos pais.

A erotização midiática precoce naturaliza o machismo estruturado culturalmente, invertendo a forma de ver crianças e adolescentes: em vez de protegê-los, os expõe.

> A mídia se constitui como um dos principais estimulantes no processo de erotização na infância. Tal fato pode ocorrer por influência dos estímulos eróticos que chegam a elas por meio de vídeos da internet, programas de auditório, novelas, entres outros que trazem em seu conteúdo músicas com letras e danças sensuais, incentivo ao consumo, além de tutoriais de crianças ensinando dicas de maquiagem e moda. Estas representações produzem uma influência no modelo de vida e comportamento destas meninas que passam a reproduzir aquilo que

é apresentado. Nesse contexto, as crianças estão sendo adultizadas e afetadas por essas narrativas midiáticas (Araújo; Teixeira, 2016, p. 63).

A radicalização do direito constitucional e estatutário de preservação da imagem de crianças e adolescentes também é fenômeno observado junto aos que se encontram tutelados pelo Estado em acolhimento institucional e privados de convivência familiar. Diante da ausência de perspectiva de retorno à família biológica e de limitadas possibilidades para a adoção (já que a maioria dos pretendentes habilitados ainda fazem importantes restrições quanto a características do filho pretendido), crianças e adolescentes têm sido chamados a participar de programas de "busca ativa", iniciativas que se justificam pelo atendimento ao superior interesse da criança, promovendo a aceleração da adoção por meio de mecanismos da exposição de sua disponibilidade à adoção, com suas imagens e histórias, levando-os a passarelas, estádios de futebol, cinemas, televisão, redes sociais, aplicativos de smartphones, entre outros.

Em 2019, no contexto do dia mundial da adoção, um conjunto de atores da sociedade (inclusive do SGDCA) em parceria com o poder público realizou um desfile num shopping center com crianças e adolescentes já adotados e também com os que estavam disponíveis para adoção. Estes últimos, sob a tutela do Estado, foram exibidos na expectativa de que algum pretendente à adoção surgisse em meio aos espectadores, prática que ganhou notoriedade à época e que, para muitos, remetia a uma espécie de "feira" ou ainda a práticas vigentes até o séc. XIX de compra de escravos com base em seus dotes físicos, já que os participantes foram produzidos e expostos a uma plateia presente num espaço de consumo. Houve contundente rejeição àquele fato, tendo o MPI se posicionado em relação às tentativas de encontrar pretendentes à adoção por meio da exposição irrestrita de crianças e adolescentes, destacando que o atendimento a um direito (o de convivência familiar, neste caso) não deve obstar outros (a imagem responde a um direito de personalidade e é bem jurídico indisponível), já que são, sob a égide da Proteção Integral, interdependentes.

Crianças e adolescentes que, neste caso, estão sob a tutela do Estado para que lhes seja garantida a proteção social necessária, foram expostos como "coisas", como se o poder público e a sociedade pudessem desrespeitar a reserva a sua intimidade e vida potencializando toda sorte de constrangimentos. O superior interesse da criança, como explicam Silva e Schweikert (2018), precisa ser um freio à ação de autoridades para o cumprimento de seus papeis protetivos, e não uma autorização para retirar de crianças e de adolescentes suas cidadanias — tão tardiamente conquistadas —, reduzindo-os a objetos.

Da falta de crítica e de fundamentação teórica para tais programas de "busca ativa", exsurgem algumas questões: que impactos esse tipo de ação tem sobre essas crianças e adolescentes a longo prazo? Eles têm compreensão do possível constrangimento a que passam em virtude da irrestrita exposição? Têm capacidade jurídica para anuírem a tais iniciativas? Crianças e adolescentes aptos a serem adotados podem ter suas histórias de vidas e imagens expostas de modo indiscriminado? É eticamente aceitável expor crianças e adolescentes à frustração de eventualmente nunca serem escolhidos após essa exposição?

Dentre tantas violações a que podem estar expostas crianças e adolescentes, foi pauta também das manifestações do MPI a exploração do trabalho infantil. Neste contexto, desde a candidatura de Jair Bolsonaro, que possui posições ultraliberais para as relações com o Estado e ultraconservadoras para as relações privadas, toda a pauta da defesa de direitos humanos tem sido fragilizada e posta sob ataques, o que impacta a luta por direitos da infância.

Em 2019, durante transmissão ao vivo nas redes sociais, o presidente da República apresentou discurso de apologia ao trabalho infantil, a partir de um ideário moralista de formação de indivíduos e como prevenção ao uso de drogas. Seu posicionamento afronta a luta pela erradicação dessa violação no plano global. No Brasil, a legislação (tanto protetiva quanto trabalhista) impõe limite etário, de carga horária e da natureza do serviço prestado. Essa limitação etária para o mundo do trabalho trouxe conquistas. Segundo o IBGE (2015), entre 1992 e 2015 foram retirados do trabalho infantil 5,7 milhões de crianças e adolescentes com idades entre 5 e 17 anos, ou seja, uma redução de 68%. Ainda assim, estima-se que o Brasil possua cerca de 2,7 milhões de crianças e adolescentes submetidos a essa exploração.

Contribui para esse cenário a ideia prevalecente na sociedade de que o trabalho dignifica o indivíduo e que, assim, não produz malefícios ao desenvolvimento infantil. Esse ideário apoia-se em mitos moralizadores que reforçam o exercício do poder dos adultos sobre as crianças e adolescentes, e que ignoram a relação direta com a desproteção social a famílias empobrecidas. Em um país desigual como o Brasil, crianças e adolescentes são lançados ao mundo do trabalho para suprir a necessidade de sobrevivência da própria família, desvelando lacunas em políticas públicas para geração de trabalho e renda (Azevedo; Guerra, 2015).

Nesse sentido, é preciso desnaturalizar a violação de direitos em relação às crianças e aos adolescentes, reconhecendo nesse fenômeno a expressão de uma forma de exploração capitalista e mobilizadora de formas concretas de violência. Tal lógica se estende ao trabalho doméstico, que pode ocorrer também no contexto familiar. Nesse caso, como alerta Faleiros (2000), há importante correlação entre exploração para o trabalho e a exploração sexual.

> A exploração sexual comercial de crianças e adolescentes é uma relação de poder e de sexualidade mercantilizada, que visa à obtenção de proveitos por adultos [...] implica o envolvimento de crianças e adolescentes em práticas sexuais coercitivas ou persuasivas, o que configuram uma transgressão legal e a violação de direitos à liberdade individual da população infantojuvenil (Faleiros, 2000, p. 72).

Vista sob um amplo espectro, a violação de direitos infanto-juvenis demanda o reconhecimento de que crianças e adolescentes brasileiros são, antes de tudo, vítimas de um sistema que provoca e mantém estruturalmente a desigualdade. Os profissionais que atuam no SGDCA, onde se encontram os assistentes sociais e psicólogos judiciários, devem protagonizar a desmistificação e o enfrentamento a essa forma de violação de direitos.

Considerações finais

Mais de trinta após o advento do ECA, o mais importante projeto para a infância e juventude brasileira, verifica-se que os embates por sua plena efetivação envolvem também lutas pela interpretação do que vem a ser Proteção Integral, não somente no plano legislativo, normativo e jurídico, como também em todo o arco ético e político das relações humanas.

Da experiência de comunicar posicionamentos do Movimento pela Proteção Integral de Crianças e Adolescentes sobre direitos infantojuvenis e na defesa ECA, especialmente num momento de eclipse das forças democráticas brasileiras, conclui-se que a apresentação de subsídios e conceitos técnicos da Psicologia e do Serviço Social junto a temas de interesse da sociedade (e de toda a infância como um sujeito coletivo de direitos) também pode ser um caminho possível para a ação profissional na luta política.

Em sua origem, o ECA foi resultado de rara confluência e sinergia de movimentos sociais, da vanguarda jurídica e do conhecimento científico. Na contemporaneidade, no entanto, a relativização trazida pela "pós-verdade", os ataques à pesquisa e à ciência (e o retorno do terraplanismo), e a tendência de criminalização de movimentos sociais formam uma névoa obscurantista inédita desde a redemocratização brasileira, e exigem que aqueles que detêm, por sua formação, conhecimento técnico-científico não se limitem por uma pretensa "neutralidade", e possam se recordar que nenhum direito é dado, mas conquistado.

Referências

ARANTES, E. M. de M. Pensando a Psicologia aplicada à Justiça. *In:* GONÇAL-VES, H. S.; BRANDÃO, E. P. (org.). *Psicologia jurídica no Brasil*. Rio de Janeiro: Nau, 2011. p. 11-42.

ARAÚJO, L. V. de A.; TEIXEIRA, I. Mídia e infância: a erotização do corpo infantil. *CAOS — Congresso Acadêmico de Saberes em Psicologia*, v. 1, 2016.

ARIÈS, P. *História social da criança e da família*. 2. ed. Rio de Janeiro: Zahar, 1981.

AYRES, L. S. M. *De menor à criança, de criança a filho:* discursos de adoção. Tese (Doutorado em Psicologia) — Universidade do Estado do Rio de Janeiro, Rio de Janeiro, 2005.

AZEVEDO, M. A.; GUERRA, V. N. de A. *Violência doméstica na infância e adolescência*. São Paulo: Robe, 1995.

AZEVEDO, M. A.; GUERRA, V. N. de A. *Infância e violência doméstica:* fronteiras do conhecimento. São Paulo: Cortez, 2015.

BAPTISTA, M. V. Comentário sobre o art. 101. *In:* VERONESE, J. R. P.; SILVEIRA, M.; CURY, M. (coords.). *Estatuto da Criança e do Adolescente comentado —* comentários jurídicos e sociais. 13. ed. São Paulo: Malheiros, 2018. p. 694-708.

BERNARDI, D. C. F. História da inserção do profissional psicólogo no Tribunal de Justiça do Estado de São Paulo — um capítulo da Psicologia Jurídica no Brasil. *In:* BRITO, L. M. T. de (org.). *Temas de Psicologia Jurídica*. Rio de Janeiro: Relumé-Dumará, 1999. p. 103-131.

DIAS, M. B. Entrevista. *Revista IBDFAM*, Belo Horizonte, ed. 31, p. 5-7, 2017.

FALEIROS, E. T. S. *Repensando os conceitos de violência, abuso e exploração sexual de crianças e de adolescentes*. Brasília: CECRIA, 2000.

FÁVERO, E. T. *et al.* Famílias e medida de proteção abrigo — realidade social, sentimentos, anseios e perspectivas. *In:* FÁVERO, E. T.; VITALE, M. A. F.; BAPTISTA, M. V. (org.). *Famílias de crianças e adolescentes abrigados —* quem são, como vivem, o que pensam, o que desejam. São Paulo: Paulus, 2008. p. 113-142.

FRANCO, A. A. de P.; FUZIWARA, A. S.; NAKAMURA, C. R. Movimento pela Proteção Integral de Crianças e Adolescentes: resistência à fragmentação do ECA. *Serv. Soc. Soc.*, São Paulo, n. 132, p. 387-389, 2018.

FONSECA, C. Da circulação de crianças à adoção internacional: questões de pertencimento e posse. *Cad. Pagu*, Campinas, n. 26, p. 11-44, 2006.

FUNDO DAS NAÇÕES UNIDAS PARA A INFÂNCIA/UNICEF. *ECA 25 anos* — avanços e desafios para a infância e a adolescência no Brasil. Brasília: Unicef, 2015.

FURNISS, T. *Abuso sexual da criança:* uma abordagem multidisciplinar — manejo, terapia e intervenção legal interligados. Porto Alegre: Artes Médicas, 1993.

FUZIWARA, A. S. *Contribuição do assistente social para a Justiça na área da Infância e da Juventude:* o laudo social e a aplicação da lei — encontros e desencontros. Dissertação (Mestrado em Serviço Social) — Pontifícia Universidade Católica de São Paulo, São Paulo, 2006. 268p.

GHIRARDI, M. L. de A. M. *Devolução de crianças adotadas:* um estudo psicanalítico. São Paulo: Primavera Editorial, 2015.

GOES, A. E. D. de. *(Des)caminhos da adoção:* a devolução de crianças e de adolescentes em famílias adotivas. Dissertação (Mestrado em Serviço Social) — Pontifícia Universidade Católica de São Paulo, São Paulo, 2014. 236p.

GOES, A. E. D. de. A adoção de crianças e adolescentes como prática salvacionista. *Revista Vesta*, Curitiba, v. 1, p. 89-103, 2019.

GOES, A. E. D. de; ANDRADE, S. R. de. Adoção e direitos: reflexões sobre os inomináveis filhos do Estado. *Cadernos da Defensoria Pública do Estado de São Paulo*. São Paulo, v. 3, n. 19, p. 8-27, 2018.

HAMAD, N. *A criança adotiva e suas famílias.* Rio de Janeiro: Companhia de Freud, 2002.

INSTITUTO BRASILEIRO DE GEOGRAFIA E ESTATÍSTICA/IBGE. Pesquisa Nacional por Amostra de Domicílios (PNAD). *Síntese de indicadores 2015.* Brasília: IBGE, 2015.

LEVINZON, G. K. *Adoção.* São Paulo: Casa do Psicólogo, 2009.

MARIANO, F. N. *Adoções "prontas" ou diretas:* buscando conhecer seus caminhos e percalços. Tese (doutorado em Psicologia) — Universidade de São Paulo, USP, Ribeirão Preto, 2008. 322p.

MARIANO, F. N.; ROSSETTI-FERREIRA, M. C. Que perfil da família biológica e adotante, e da criança adotada revelam os processos judiciais? *Psicologia: reflexão e crítica,* Brasília, n. 21, v. 1, p. 11-19, 2008.

NAKAMURA, C. R. Criança e adolescente: sujeito ou objeto da adoção? Reflexões sobre menorismo e proteção integral. *Serv. Soc. Soc.,* São Paulo, n. 134, p. 179-197, 2019.

NOGUEIRA NETO, W. *Duas décadas de direitos da criança e do adolescente no Brasil.* Recife: CEDCA, 2011.

OLIVEIRA, R. de C. S. *No melhor interesse da criança?* A ênfase na adoção como garantia do direito à convivência familiar e comunitária. Tese (Doutorado em Serviço Social) — Pontifícia Universidade Católica de São Paulo, São Paulo, 2015. 232 p.

PAIVA, L. D. de. *Adoção:* significados e possibilidades. São Paulo: Casa do Psicólogo, 2004.

PEITER, C. *Adoção:* vínculos e rupturas — do abrigo à família adotiva. São Paulo: Zagodoni, 2011.

RODRIGUES, H. de B. C. Direitos Humanos e intervenção clínica. *In:* CONSELHO FEDERAL DE PSICOLOGIA (org.). *Psicologia, ética e direitos humanos.* 4. ed. São Paulo: Casa do Psicólogo, 2000. p. 67-88.

RODRIGUES, Randolfe. *Projeto de Lei do Senado PLS 394/2017.* Dispõe sobre o Estatuto da Adoção de crianças e adolescentes. Brasília: Senado Federal, 2017.

SANTOS, É. P. da S. Desconstruindo a menoridade: a Psicologia e a produção da categoria "menor". *In:* GONÇALVES, H. S.; BRANDÃO, E. P. (org.). *Psicologia jurídica no Brasil.* 3. ed. Rio de Janeiro: Nau, 2011. p. 42-72.

SCHWEIKERT, P. G. M. Parecer técnico sobre o Estatuto da Adoção — Procedimento administrativo 003/2018. São Paulo: Defensoria Pública do Estado de São Paulo, 2018.

SÊDA, E. *A criança e sua Convenção no Brasil.* 2. ed. São Paulo: CRP-SP, 1999.

SEMIRAMIS, C. Sobre a cultura do estupro. *Portal Fórum*, 16 de abril, 2013. Disponível: https://www.geledes.org.br/sobre-a-cultura-do-estupro-por-cynthia-semiramis/. Acesso em: 14 jul. 2020.

SILVA, B. C. da; SCHWEIKERT, P. G. M. Autoridade parental e autonomia progressiva: a necessidade de superação da teoria das incapacidades à luz da Doutrina da Proteção Integral. *Cadernos da Defensoria Pública do Estado de São Paulo*, v. 3, n. 15, p. 44-64, 2018.

SILVA, R. da. Família: seus desafios e direitos (II). *In:* PREFEITURA DO MUNICÍPIO DE SÃO PAULO; UNIVERSIDADE DE SANTO AMARO (org.). *Famílias*: reflexões e possibilidades. São Paulo: UNISA, 2004. p. 20-29.

SOUZA, A. P. H. de; BERNARDI, D. C. F. Psicologia e poder. *In:* MEDEIROS, A.; BORGES, S. de S. M. (org.). *Psicologia e Serviço Social:* referências para o trabalho no judiciário. Curitiba: Nova Práxis, 2019. p. 325-351.

VERCELONE, P. Comentário sobre o art. 3º. *In:* VERONESE, J. R. P.; SILVEIRA, M.; CURY, M. (coords.). *Estatuto da Criança e do Adolescente comentado* — comentários jurídicos e sociais. 13. ed. São Paulo: Malheiros, 2018. p. 58-62.

CAPÍTULO 6

Projeto Conte Comigo:
relato de uma experiência interdisciplinar
de apadrinhamento afetivo

Carlos Ailton dos Santos Júnior
Cristiane Grilanda Pereira
Cristina Rodrigues Rosa Bento Augusto
Filadelfia Regina Felix Passos
Heloísa Emy Angerami Ozahata
Leila Zanella
Pâmela Câmara Mantovani
Rafael Meo Mendes
Roseli Ribeiro de Camargo Santana
Salvador L. Rebelo Jr.

Introdução

Este trabalho é fruto de reflexões acerca da prática desta equipe na implementação do Projeto-Piloto de Apadrinhamento Afetivo Conte Comigo na Vara da Infância e Juventude do Foro Regional do Ipiranga. Consideramos fundamental abordar inicialmente o que é apadrinhamento afetivo e o contexto de acolhimento no qual este se dá.

Segundo o art. 101, §1º do Estatuto da Criança e do Adolescente (ECA), "[...] o acolhimento institucional e o acolhimento familiar são medidas provisórias e excepcionais, utilizáveis como forma de transição para reintegração familiar ou, não sendo esta possível, para colocação em família substituta, não implicando privação de liberdade". Embora o ECA em seu artigo 19, §2º afirme que a "[...] permanência da criança e do adolescente em programa de acolhimento institucional não se prolongará por mais de 18 (dezoito) meses, salvo comprovada necessidade", observa-se que muitos acabam passando maior período de tempo nestes serviços.

Muitas são as causas para o prolongamento do acolhimento, mas em geral o que se nota é a falta de implementação de políticas públicas efetivas que possam dar às famílias em alta vulnerabilidade atendimento de saúde, acesso a emprego e condições adequadas para que possam alterar o cenário que deu causa aos riscos que geraram o acolhimento. Com isso, muitos que entram nos serviços acabam permanecendo longo período sem possibilidade de retorno seguro à família de origem e permanecem nos serviços de acolhimento até a maioridade sem ou com poucas perspectivas de apoio e suporte familiar e comunitário.

Segundo o Plano Nacional de Promoção, Proteção e Defesa do Direito de Crianças e Adolescentes à Convivência Familiar e Comunitária (PNCFC, 2006), nos casos de ruptura dos vínculos familiares causados pelo acolhimento "[...] o Estado é o responsável pela proteção das crianças e dos adolescentes, incluindo o desenvolvimento de programas, projetos e estratégias que possam levar à constituição de novos vínculos familiares e comunitários" (PNCFC, 2006, p. 16). Aponta também que "[...] as obrigações mútuas construídas por laços simbólicos e afetivos podem ser muito fortes, elas não são necessariamente constantes, não contam com reconhecimento legal e nem pressupõem obrigações legais" (PNCFC, 2006, p. 24).

A importância da convivência familiar e comunitária é prevista também nas Orientações Técnicas de Serviços de Acolhimento para Crianças e Adolescentes, do Ministério do Desenvolvimento Social (MDS, 2009), que aponta a importância do acolhimento "[...] empreender esforços para favorecer a construção de vínculos significativos entre crianças, adolescentes e comunidade". O mesmo documento aborda, ainda, a importância de garantir a preparação dos padrinhos e destaca que "[...] visitas esporádicas daqueles que não mantêm vínculo significativo e frequentemente sequer retornam uma segunda vez ao serviço de acolhimento, expõem as crianças e os adolescentes à permanência de vínculos superficiais" (MDS, 2009, p. 57). Nas Orientações encontramos o alerta sobre a importância de projetos de apadrinhamento serem "[...] estabelecidos apenas quando dispuserem de metodologia com previsão de cadastramento, seleção, preparação e acompanhamento de padrinhos e afilhados por uma equipe interprofissional, em parceria com a Justiça da Infância e Juventude e Ministério Público" (p. 57).

No entanto, o que observamos na prática é que os vínculos que se formam muitas vezes iniciam pelo voluntariado tendo como princípio o altruísmo, caridade e outros sentimentos que acabam implicando a espera de uma gratidão ou contrapartida ainda que subjetiva da criança ou adolescente.

Em 2014, o Tribunal de Justiça de São Paulo (TJSP) conceitua o apadrinhamento afetivo no Provimento CG 36/2014 como um programa para crianças e adolescentes acolhidos institucionalmente, com poucas possibilidades de serem adotados e/ou retornar à família de origem, que tem por objetivo criar e estimular a manutenção de vínculos afetivos, ampliando assim, as oportunidades de convivência familiar e comunitária.

No ano seguinte, com o provimento CG 40/2015, o TJSP determina que as Varas de Infância e Juventude (VIJ) deverão, dentro do possível, instituir em suas comarcas programas de apadrinhamento afetivo. Tal provimento delimita diretrizes, mas, no entanto, não estabelece a quem compete tal iniciativa de forma específica. Dois anos depois, o referido programa passa a ser descrito no ECA pela Lei n. 13.509/2017, art. 19-B, mantendo-se, contudo a indefinição da atribuição de competência.

Sabemos que ter adultos significativos é essencial à vida de qualquer criança e/ou adolescente. Portanto, a existência de programas que promovam a convivência com adultos cuidadores e externos ao contexto do acolhimento institucional é essencial (Goulart e Paludo, 2014). Ao manter contato de qualidade com padrinhos, o afilhado não só amplia a sua rede de relações, como fortalece a sua capacidade de estabelecer novos vínculos de afeto, novas figuras de referência em cuidado e orientação, ampliando as perspectivas de futuros dos afilhados.

Em nossa trajetória profissional acompanhamos casos de crianças e adolescentes que acabam crescendo nas instituições de acolhimento sem referências afetivas externas ao espaço da instituição, o que dificulta (claro, dentre várias questões) sua confiança e autonomia após a maioridade. Este é um dos principais aspectos que podem tornar "[...] doloroso o processo de amadurecimento, frente à falta de referenciais seguros para construção da identidade, desenvolvimento da autonomia e elaboração de projetos futuros" (MDS, 2006, p. 32).

Não raramente tais relações se extinguem ante às primeiras desilusões, deixando nos atendidos o sentimento de culpa, fracasso e descrença em vínculos duradouros. Comumente constatamos também situações impróprias em que estes são colocados, seja por meio de um julgamento moral de suas famílias de origem ou de desconfortos advindos da diferença social entre padrinhos e afilhados que levam estes últimos a encerrarem a relação com os padrinhos sem sequer elaborar internamente os desconfortos decorrentes das violências sofridas.

Tais danos e consequências advindas de relações de apadrinhamento subitamente interrompidas ou de exposições de crianças e adolescentes a orientações inadequadas de padrinhos levaram nossa equipe a enfrentar os desafios da implementação de tal programa em nosso território.

Ressaltamos que os encontros mensais que ocorrem desde 2015 nesta VIJ com as equipes técnicas dos serviços de acolhimento da jurisdição possibilitaram a construção de uma relação próxima entre profissionais dos SAICAS[1] e da VIJ, o que certamente impulsionou que pudéssemos bancar o desafio inicial.

O apoio e a capacitação do Instituto Fazendo História (IFH)[2] também foi fundamental, oferecendo uma metodologia que norteasse nossa atuação inicial, assim como uma assessoria em momento crucial do pareamento de crianças e adolescentes com os padrinhos. Muito foi construído coletivamente com dinâmicas e atividades que aproveitassem as competências dos profissionais participantes, como a inclusão da musicoterapia[3], criação de jogos de tabuleiro, planilhas e formulários de cadastro e avaliação — recursos que só foram possíveis em decorrência da expertise e parceria dos profissionais envolvidos.

De toda experiência vivida com o projeto desenvolvido ao longo de 2019, pretendemos neste capítulo fazer um breve recorte sobre os desafios de implementar um projeto que é determinado por Lei e por Provimentos internos do TJSP, mas que, em que pese a previsão legal, não prevê dotação de recursos humanos e financeiros específicos, não estabelece competências específicas dos equipamentos que compõe o Sistema de Garantia de Direitos e, por fim, ainda demanda articulação com as várias instituições que possuem culturas e contratos de trabalho diversos.

---

1. Serviços de Acolhimento Institucional para Crianças e Adolescentes.

2. Organização da Sociedade Civil fundada em 2005, com a missão de colaborar com o desenvolvimento de crianças e adolescentes com experiência de acolhimento, a fim de fortalecê-los para que se apropriem e transformem suas histórias (Apadrinhamento Afetivo — Guia de Implementação e Gestão).

3. Trabalho voluntário prestado pelo Grupo Chama Trio.

Além disso, pretendemos compartilhar algumas vivências adqui-
ridas na execução, uma vez que a relação de apadrinhamento estimula
vínculos entre pessoas com histórias, classes sociais e visão de mundo
muito diversos, o que implica outro choque entre culturas, demandando
cuidado e preparação.

A embriologia histórica: acolhimento institucional como medida de proteção e o apadrinhamento afetivo como possibilidade de convivência familiar/comunitária

A história da infância e adolescência no Brasil tornou-se mais
complexa a partir da década de 1930, com a emergência da questão
social relacionada com o processo de urbanização e industrialização.
Nesse período, a participação do Serviço Social foi de grande relevância para a denominada questão social, pois representa mudanças
na perspectiva do atendimento dos desvalidos, que até então se dava
no interior da grande família, pelas confrarias, irmandades e congre-
gações, sem a institucionalização dos serviços e sem a presença de
profissionais da área.

A participação de profissionais do Serviço Social nesse campo
de ação foi uma forma de atender às demandas emergentes da sociedade, como também, uma oportunidade de se institucionalizar uma
ação identificada como caridade da iniciativa privada. Tal herança
histórica explica, em parte, porque o trabalho com crianças e adolescentes relaciona-se principalmente com os mais necessitados e com
instituições confessionais e o segmento feminino de um lado, com
caráter assistencialista de outro.

Serra (2004) relembra que a institucionalização de crianças inicia com as rodas dos expostos no século XVIII, tendo como objetivo
principal garantir o sacramento do batismo e evitar o infanticídio e

o aborto. Aponta a institucionalização "[...] como estratégia auxiliar na garantia de sobrevivência [...] e socorro temporário para famílias pobres que não tinham e/ou não têm condições para criar seus filhos" (Serra, 2004, p. 21).

Em resumo, o atendimento à criança e ao adolescente no Brasil começou pela iniciativa de instituições de caridade, passando posteriormente para a responsabilidade do Estado, transportando hoje ao poder público e à iniciativa privada, tanto em termos de competência quanto a de execução.

Com a promulgação do ECA, em 1990, o trabalho não passa a ser apenas com os mais pobres, mas sim com todas as crianças e adolescentes sem distinção alguma. No âmbito específico das políticas de proteção à infância e à adolescência, foi previsto no seu artigo 19, parágrafos 1º, 2º e 3º, a questão do acolhimento institucional como uma das medidas protetivas, em caso de situação de violação de direitos.

O acolhimento institucional deve ser medida excepcional e provisória, pois rompe com os vínculos familiares cotidianos. Enquanto acolhidos, a equipe psicossocial do serviço de acolhimento buscará avaliar as condições que deram causa ao acolhimento, traçar um plano individual de atendimento (PIA) junto à família, criança/adolescente e equipamentos do território, visando sempre que possível o retorno familiar, seja para os genitores, seja para família extensa.

Há muito julgamento sobre a família de origem que tem seus filhos acolhidos, considerando-os, de início, como pessoas incapazes, desestruturadas ou negligentes. Peiter (2011) considera esse um tema "[...] complexo na realidade brasileira e, em muitos casos, presumo parecer leviano referirmo-nos a abandono em todas as situações em que ocorre o rompimento dos vínculos da criança com sua família de origem" (Peiter, 2011, p. 47). Segundo pesquisas realizadas por Fávero, Vitale e Baptista (2008) "[...] a maior parte das crianças e adolescentes que vive em situação de abrigamento têm famílias, e a maioria delas não possui acesso a direitos sociais básicos" (Fávero; Vitale; Baptista, 2008, p. 19).

No entanto, apesar dos dados, as famílias ainda são culpabilizadas pelos acolhimentos e ainda se espera delas que os cenários que deram causa ao acolhimento se alterem, sem intervenções ou assistência. Muitas crianças e adolescentes que são encaminhadps para instituições de acolhimento não conseguem retornar para o convívio familiar por vários motivos, dentre eles, a falta de políticas públicas efetivas que possibilitem acesso destes a saúde, moradia, emprego e renda.

Alguns casos em que se denota total falta de possibilidade da família em zelar pela proteção da criança/adolescente, podem ocorrer a destituição do poder familiar[4], sanção mais grave imposta aos genitores e que interrompe de forma definitiva o vínculo legal entre pais e filhos e visa a colocação em família substituta por adoção.

No entanto, muitos acolhidos em condições jurídicas de serem adotados não conseguem ser colocados em famílias substitutas por adoção devido a uma série de fatores como faixa etária, deficiência (físicas e mental), traços de personalidade, cor ou gênero permanecendo acolhidos até os 18 anos de idade, pois o perfil apresentado por estas crianças e adolescentes não é o escolhido pela maioria dos pretendentes a adoção.

O apadrinhamento afetivo é uma possibilidade para que crianças e adolescentes que ainda não podem retornar ao convívio com sua família ou ser inseridas em família substituta tenham a possibilidade de vivenciar situações familiares e participar da comunidade de forma ampliada.

Segundo Sousa e Paravidini (2011), o apadrinhamento afetivo é uma prática que intenta proporcionar às crianças acolhidas vínculos alternativos dotados de significado, que contribuam para que elas tenham vivências familiares e emocionais saudáveis ao seu desenvolvimento psíquico.

O apadrinhamento afetivo é uma alternativa de proporcionar convivência familiar e diminuir o número de consequências negativas

---

4. Estabelecido pela Lei 1.635 do Código Civil e pelos artigos 23 e 24 do ECA.

geradas pelo demasiado tempo de institucionalização. Esse programa consiste em uma família acolher a criança/adolescente que teve seu direito violado, enquanto são tomadas as devidas medidas para seu retorno à família ou encaminhado para uma família adotiva (Goulart; Paludo, 2014).

A circulação de crianças e adolescentes e o apadrinhamento afetivo como uma possibilidade fecunda

Os programas de apadrinhamento afetivo são uma forma de possibilitar a essas crianças e adolescentes o encontro com pessoas que proporcionem uma convivência familiar e comunitária e que sejam um apoio afetivo significativo. No entanto, perpassam questões culturais importantes que precisam ser consideradas na elaboração de um projeto de preparação.

A prática do apadrinhamento afetivo nos remete à cultura, sempre existente no Brasil, de filhos de criação, mãe por consideração, dentre outras que fazem parte da nossa cultura. O hábito de crianças circular entre famílias das mais variadas formas é estudado por diversos autores e consideramos fundamental partirmos dessa análise para pensar um projeto de preparação e capacitação ao apadrinhamento afetivo.

Segundo pesquisas realizadas por Serra (2004), existem várias definições sobre circulação de crianças que inclui diversas situações, abarcando as crianças em situação de rua, as institucionalizadas, os chamados "filhos de criação", as crianças formalmente adotadas e até mesmo os chamados arranjos de *child care*. Fonseca (2006) adota uma concepção mais restritiva, considerando a circulação de crianças como "[...] o grande número de crianças que passa a maior parte da infância ou juventude em casas que não a de seus genitores" (Fonseca, 2006, p. 13). Dessa maneira, elege como crianças em circulação aquelas que se encontram em instituições, aquelas em situação de rua e os chamados "filhos de criação".

Historicamente, a circulação de crianças no Brasil acontece por parentesco, quando elas são levadas a morar com parentes. Isso ocorre em razão da dissolução da família de origem devido ao divórcio, à separação ou à morte de um dos cônjuges, pode também ser utilizada para estabelecer alianças sociais, políticas e econômicas, fora do grupo de parentesco — pequenos serviços domésticos podem ser feitos por crianças em circulação.

Muitas vezes essa circulação leva a criança a passar um tempo significativo de sua vida sendo cuidado por um terceiro, o que acaba virando uma espécie de "adoção", muito embora os laços biológicos ainda sejam mantidos. O tempo de convivência acaba fazendo com que a experiência emocional da criança com a família que a acolhe seja de maior afinidade do que a que possui com a família originária. Serra (2004) observou em sua pesquisa que, no Brasil, podem ser encontrados três tipos de "pais" adotivos: avós e parentes, pessoas fora do grupo consanguíneo e instituições:

> Os parentes seriam os primeiros candidatos para a recolocação das crianças. Neste caso, os laços entre o lar de origem e o lar adotivo seriam amigáveis, as mães considerariam que os parentes se sentiriam na obrigação de ajudá-la criando seu filho, e a mãe adotiva seria provavelmente solidária com a mãe biológica. Em situações de crise, como na separação conjugal ou penúria econômica, não havendo a possibilidade de realocar sua prole dentro da rede de parentesco consanguíneo, a mãe sabe que um lar adotivo terá de ser encontrado entre amigos, vizinhos, conhecidos ou padrinhos. A colocação de crianças em lares não consanguíneos não constitui uma alternativa preferencial, pois não pertencendo a mãe adotiva à rede de parentesco, pode tender a desestimular ou mesmo cercear os laços entre a mãe biológica e seu filho. Paira, além disso, a possibilidade de a mãe adotiva vir a reivindicar, no futuro, o reconhecimento do "filho de criação", por exemplo, na forma de amparo na velhice, em detrimento da mãe biológica (Serra, 2004, p. 14).

A prática nos mostra que as situações de apadrinhamento afetivo ocorrem por famílias de classe média ou média alta que buscam crianças e adolescentes, muitas vezes de famílias pobres, tendo como principal motivação sentimentos altruístas.

No questionário inicial apresentado em nosso projeto aos interessados pelo apadrinhamento, observamos com grande frequência o desejo de dar a essas crianças e adolescentes experiência de conviver com famílias "estruturadas", passar princípios morais, dar a eles uma oportunidade de conviver com outros modelos de família.

O Instituto Fazendo História aponta que a relação de apadrinhamento "[...] é uma prática cultural antiga no Brasil, tendo sua origem no Cristianismo, em que um padrinho e uma madrinha se comprometem a acompanhar a criança em seu crescimento" (IFH, 2018, p. 28), também pontuam a influência religiosa e moral destes em educar e indicar os caminhos, visando auxiliar os pais na criação dos filhos.

Embora muito bem intencionados, no início notamos que havia, na maioria dos pretendentes, uma crença de que a criança ou adolescente acolhido não tinha valores ou necessitavam ser inseridos em um novo código moral por terem valores negativos vindos de suas famílias. Tais crenças precisam ser desconstruídas para evitar a reprodução da violência na relação com os padrinhos.

Acreditamos que houve avanços significativos no atendimento e proteção da infância e a juventude, contudo, a cultura cristã e a prática de colonização — parte de nossa história — ainda estimulam a ver essas crianças acolhidas como seres que precisam ser moldados, adquirir princípios morais, quando não, também, religiosos. Esse pensamento ainda está incutido em nossa sociedade, ainda que em alguns casos de forma mais sutil, desqualificando, muitas vezes o histórico de vida familiar dessa criança ou adolescente.

Embora a história dos envolvidos seja traçada por desencontros, sobretudo pelos marcadores sociais de classe e cor, a relação construída por eles pode ser nomeada como um "encontro de possibilidades". Para muitos acolhidos, passar os finais de semana com os padrinhos, ter alguém para quem mostrar suas conquistas, sonhos e desejos pode ser um importante motivador, assim como, passa a dar sentido às experiências vividas na escola e demais setores da vida. Nossa experiência mostrou um potencial significativo também na expansão da ambição profissional à medida que puderam se aproximar de outras atividades laborais e profissionais.

Estar acolhido em instituição por longo período traz consequências emocionais significativas. Alguns não possuem mais contato com a família, seja pelos pais terem sido destituídos do poder familiar, terem falecido ou não serem localizados, seja pelo distanciamento afetivo dos demais familiares. Outros mantêm convívio com a família, mas não encontram naquela a acolhida suficiente para suas angústias, atenção a aspectos de seu desenvolvimento ou mesmo apoio e incentivo ao desenvolvimento de suas ambições de estudo e profissão.

São famílias excluídas do acesso a estudo, cultura e tantos outros recursos fundamentais e que, por vezes, não possuem outros elementos para oferecer aos filhos além de seu repertório. Nesse sentido, a presença dos padrinhos pode possibilitar ampliação do universo familiar, à medida que estimula acesso a conteúdo cultural diverso, incentivo ao estudo, alimentam sonhos profissionais e formação educacional continuada.

Quanto aos padrinhos, alguns vivenciam experiências de solidão e encontram na relação com o afilhado uma possibilidade de troca e convivência afetiva. Outros passaram pela adolescência dos filhos e sentem-se mais seguros a lidar com as crises e incertezas desse momento. Alguns sentem que possuem muito a oferecer, como apoio, escuta, afeto, conhecimento e desejam transmitir essa herança a alguém.

De acordo com Goulart e Paludo (2014), os padrinhos e madrinhas são figuras de referência que oferecem cuidados e orientação, ampliando as perspectivas de futuro dos jovens afilhados. Os padrinhos mostram como funciona uma dinâmica familiar na qual os limites são constituintes, pois em suas famílias, muitas vezes, esse limite era faltante.

Se o trabalho de preparação e reflexão que a capacitação visa propiciar puder reduzir os abismos que, muitas vezes, distanciam os envolvidos e os aproximar de suas similaridades de forma responsável, talvez possamos promover encontros fecundos para todos os envolvidos.

A gestação e o nascimento do Conte Comigo — reuniões e palestras introdutórias

Para desenvolvermos o Projeto de Apadrinhamento Afetivo "Conte Comigo" da Vara da Infância e Juventude do Foro Ipiranga, foram necessárias reuniões de sensibilização com os onze SAICAS da jurisdição, que é composta por três territórios e abrange as unidades municipais do CREAS[5] Ipiranga; CREAS Sapopemba e CREAS Vila Prudente, que também foram convidados a participar da apresentação do projeto em busca de parcerias.

A implementação do Projeto de Apadrinhamento Afetivo no território exigiu ações concretas, articuladas em rede:

> Há que se lidar com aspectos culturais e os relativos à vontade política e relações interpessoais. Em termos culturais, é preciso confrontar a interiorização pelas pessoas do modelo hierárquico que predomina na nossa sociedade em diferentes níveis, como na família, nas organizações, e nos governos. O aprendizado para uma ação horizontal, inovadora e sem competição excludente é primordial para as redes (Rizzini *et al.*, 2006, p. 115).

É relevante apontarmos aqui os desafios em relação à articulação da rede. O que entendemos, inicialmente, como necessário para compor o grupo de trabalho e o que, dentro das possibilidades do grupo e realidade dos territórios foi possível construir, posteriormente.

---

5. Centro de Referência Especializado de Assistência Social.

Para começar identificamos os serviços que tinham projetos de apadrinhamento afetivo e buscamos conhecer qual sua sistematização. Em um encontro presencial, todos expuseram seus projetos, mas apontaram que não tinham até o momento efetivado um programa na prática, de forma que os apadrinhamentos que possuíam surgiam da busca espontânea de voluntários e interessados da comunidade, que passavam por algumas entrevistas até serem destinados à criança/ adolescente específico.

Observamos que alguns parceiros, nas reuniões específicas de apadrinhamento afetivo, se colocavam de forma recuada, principalmente quando era abordada a proposta do projeto conjunto. Sentimos que havia receio de uma demanda de trabalho que poderia prejudicar o desempenho dos profissionais nas atividades de trabalho às quais já estavam destinados. Contávamos com a participação dos CREAS dos três territórios, porém, tivemos a presença apenas do CREAS Vila Prudente em algumas reuniões introdutórias. Esses parceiros pontuaram a complexidade do tema e o desafio de execução deste no âmbito municipal, na Política Pública de Assistência Social, a qual vem sendo executada num processo impetuoso de sucateamento dos serviços, e em decorrência disso não deram seguimento na execução do projeto conosco.

A participação dos CREAS no projeto seria de extrema relevância, uma vez que, no município de São Paulo, este equipamento é o responsável pela gestão de parcerias e supervisão dos serviços da Proteção Social Especial, conveniados com a Prefeitura de São Paulo, pela Secretaria Municipal de Assistência e Desenvolvimento Social (SMADS). Mesmo sendo o CREAS um serviço caracterizado na PNAS[6] como de proteção social especial de média complexidade, é também o responsável pela gestão de parcerias dos serviços de alta complexidade, onde estão enquadrados os SAICAS do município de São Paulo. Este é um fator complexo para execução do que estávamos propondo, pois além do desafio de superarmos no coletivo a visão

---

6. Política Nacional de Assistência Social.

de posição hierárquica do Poder Judiciário, tínhamos a hierarquia do Poder Executivo, ou seja, além dos SAICAS responderem à VIJ Ipiranga também respondiam ao CREAS de seu território que se posicionavam em relação à proposta de forma atarantada, causando resistência e desmotivação entre alguns profissionais.

Além disso, entendemos que a parceria do CREAS na execução do projeto de apadrinhamento seria fundamental, no que diz respeito à articulação de rede e à composição de conteúdo a ser ofertado aos padrinhos e madrinhas afetivas nos encontros de capacitação. Esses parceiros poderiam ofertar temáticas como violação de direitos ou sobre a assistência social enquanto direito de crianças, adolescentes e suas famílias, contribuindo na desconstrução da visão de benevolência e assistencialismo aos quais muitos candidatos a padrinho se apegam.

Esses temas, quando não abordados, podem dificultar a relação. É importante que o apadrinhamento proporcione novas possibilidades nas referências de família e relações comunitárias, sem imposição de expectativas de um ao outro e qualquer tipo de débito ao ofertar novas experiências. Segundo o MDS:

> Segurança de Convívio ou Vivência Familiar: sua materialização, no CREAS, requer a oferta de serviços de forma continuada, direcionados ao fortalecimento, resgate ou construção de vínculos familiares, comunitários e sociais. Deve, ainda, contribuir para a prospecção dos sujeitos na elaboração de projetos individuais e coletivos de vida, com a perspectiva de possibilitar a vivência de novas possibilidades de interação familiares e comunitárias, bem como a participação social, o que implica, necessariamente, em propiciar acesso à rede (MDS, 2011, p. 24).

Visando alinhar e abarcar as diversas concepções sobre o tema, nosso projeto iniciou com um ciclo de reuniões internas e com parceiros potenciais para elaboração das etapas necessárias, estudo do material do Instituto Fazendo História (que realizou dois encontros de capacitação e ofertou material de apoio), discussão sobre os conceitos e diretrizes do apadrinhamento.

Para superar as dificuldades, na fase inicial, nos utilizamos da relação com os serviços de acolhimento construída ao longo dos anos no Grupo de SAICAS[7], que tem, dentre suas ações, a articulação de decisões e ações e o diálogo e reflexão crítica das práticas profissionais. Tal experiência nos auxiliou no alinhamento com alguns serviços que passaram a compreender a proposta do projeto para viabilizar sua execução, superando a visão da posição hierárquica do Poder Judiciário, proporcionando que técnicos da VIJ e dos serviços de acolhimento fossem coautores da produção teórica e da execução do projeto de apadrinhamento afetivo. Trabalhamos numa relação de interdependência e complementariedade, sem excluir a existência de relações de poder nas associações internas e externas do grupo.

Após sensibilização dos parceiros — CREAS, SAICAS —, tivemos como candidatos a participar conosco de forma mais ativa apenas três serviços de acolhimento do território. No entanto, uma das psicólogas participantes se desligou da instituição e não foi reposta sua representação no projeto, restando dois de onze serviços do território dispostos a executar o projeto em parceria: ABECAL[8] e Sentinela. Ressaltamos que todos os acolhidos que necessitassem de apadrinhamento seriam atendidos pelo projeto se houvesse demanda de padrinhos, independentemente de onde estivessem acolhidos.

Como forma de viabilizar a participação dos candidatos seria fundamental que os encontros ocorressem no período noturno e, portanto, não poderiam ocorrer nas dependências do Judiciário, devido ao contrato de segurança vigente à época. Encontramos apoio e parceria na OAB Ipiranga, que gentilmente nos cedeu o auditório e o pessoal de apoio para os encontros. Ademais, desejávamos oferecer um pequeno lanche aos participantes que poderiam vir direto do trabalho e, para isso, encontramos parceria na padaria local.

---

7. Grupo de estudos que ocorre desde 2015 e reúne psicólogos e assistentes sociais da VIJ do Fórum do Ipiranga e psicólogos, assistentes sociais e pedagogos dos SAICAS de nossa jurisdição, e tem como objetivo escolher temas que perpassam nossa prática visando aprofundar teórica e tecnicamente nossa prática profissional.

8. Associação Beneficente Caminho de Luz.

Em ampla divulgação no território e no site do TJSP, obtivemos 73 interessados. Destes, 39 compareceram às duas edições da palestra inicial, que tinha como objetivo apresentar conceitos básicos sobre o que é acolhimento institucional; questões legais, sociais e emocionais; o que são os serviços de acolhimento, como atuam e por quais profissionais são compostos; dentre outros.

Essa palestra inicial também teve como objetivo pontuar o que se espera de um/a padrinho/madrinha afetivo/a e o grau de comprometimento que se esperava deles nessa relação, assim como a agenda de encontros do programa. Aquele que avaliasse que teria condições de participar de todos os encontros e abrir espaço em sua vida para que uma criança ou adolescente viesse a fazer parte de forma efetiva, poderia dar seguimento aos encontros, o que demandava inscrição prévia.

Assim, o número de participantes reduziu para 22, e 14 foram do ciclo de qualificação até a etapa do encontro lúdico — momento final em que candidatos a padrinho e afilhados se encontraram.

Esses números evidenciam um funil natural que o espaço de reflexão e encontros continuados propiciaram. Se por um lado é custoso e trabalhoso realizar vários encontros, por outro, sentimos como positivo o fato de alguns candidatos desistirem do processo enquanto ainda estavam conosco, ou seja, antes de ter tido contato com as crianças ou adolescentes. A agenda de encontros já se mostrou como o primeiro choque de realidade a impor o tempo que precisariam reservar em suas vidas para o afilhado.

O projeto vai criando corpo e dando os primeiros passos — ciclo de qualificação

Inicialmente realizamos encontros preparatórios com as crianças e os adolescentes, em paralelo a encontros preparatórios com adultos que se inscreveram para participar do projeto.

No grupo com crianças e adolescentes, construímos parâmetros fundamentais para que os vínculos pudessem prosseguir de forma mais consistente. Da mesma forma como fizemos com os adultos, convidamos crianças e adolescentes que tinham o perfil definido pela equipe para participação no projeto e realizamos uma palestra introdutória na qual explicamos o que era apadrinhamento afetivo, limites e possibilidades. O encontro foi facilitado por meio da musicoterapia realizada por um membro de nossa equipe com expertise nesse trabalho e atestamos o quanto esse recurso foi facilitador para que pudéssemos "quebrar o gelo", construir vínculo e posteriormente até uma identidade de grupo.

Após toda explicação e dinâmica abrimos a possibilidade de se inscreverem ou não nos encontros de preparação. Foi então que recebemos com surpresa olhares espantados que logo se traduziram em palavras: "Vocês estão chamando a gente aqui para escolher se queremos participar? Podemos escolher?"

Nesse momento nossa equipe se entreolhou e nos demos conta que estávamos inaugurando no espaço do Judiciário um momento inédito. Crianças e adolescentes acolhidos estavam nas dependências do Judiciário, junto com acolhidos de outros serviços e com nossa equipe, num amplo salão, com instrumentos musicais, cartolinas, revistas, cola e tesoura, sentados no chão e sendo convidados a decidir sobre a participação em um projeto.

Segundo Bernardi (2010, p. 13), "[...] dar voz às crianças em situação de abrigamento tem como pressuposto o fato de que elas têm o que dizer e deveriam ser ouvidas por todos aqueles que participam da decisão e dos procedimentos de acolhimento institucional ou familiar". A autora aponta ainda algo que devemos nos atentar na prática profissional: evitar a relação assimétrica entre adultos, adolescentes e crianças, o que de seu ponto de vista reproduz as relações desiguais de classe, gênero e etnia, transformando diferenças de idade, tamanho e força em relações desiguais de poder.

Constatamos que, por mais que sejam convocados a entrevistas, por mais que possibilitássemos a escuta atenta e afetiva, muitas vezes as decisões não lhes pertencem no espaço da Justiça. Eles não escolhem os rumos da família, não decidem se voltarão para casa, se morar com um tio é uma opção. Mas participar do projeto de apadrinhamento, ter ou não um padrinho/madrinha, eram coisas que eles poderiam escolher neste espaço do Judiciário e eles abraçaram a proposta com carinho e afinco.

Nos encontros de preparação puderam trazer experiências anteriores de quebras de vínculos, decepções, sentimentos de frustração, culpa e revolta acerca de pessoas que iniciam e rompem vínculos em suas vidas sem se importar com o sentimento que neles causariam.

Um dos focos principais das conversas girou em torno das expectativas e limites do apadrinhamento. Muitos traziam a ideia de que o padrinho compraria presentes, levaria a restaurantes, passeios e, em seu imaginário, constatamos que a imagem do padrinho/madrinha como alguém com boas condições financeiras era algo muito presente. No entanto, ao longo das dinâmicas e discussões foram evidenciando que o desejo principal não era eventuais vantagens financeiras, mas a possibilidade de convívio, lazer ampliado extramuros da instituição.

Uma das dinâmicas sugeridas no manual do Instituto Fazendo História, e que aplicamos com nossos grupos, consistia em pensar o que teriam para dar e o que gostariam de receber nessa relação de apadrinhamento.

Com os adultos, observamos prontidão a responder o que teriam para dar, e aos poucos foram notando que também teriam muito a receber. Já com as crianças e os adolescentes, a lista do que poderiam receber era imensa, sendo necessária maior reflexão para encontrar o que poderiam dar.

As dinâmicas possibilitaram compreender e pontuar com os acolhidos a crença de serem eles pessoas faltantes (de dinheiro e possibilidades) e os padrinhos pessoas ricas e completas financeira e emocionalmente, o que aos poucos fomos desconstruindo e ressignificando. Da mesma maneira, pudemos possibilitar aos padrinhos contato com alguma necessidade pessoal que o afilhado poderia vir a suprir, o que imprimiria na relação futura uma troca em substituição ao sentimento de altruísmo e benevolência observados inicialmente.

Outro tema muito presente nos encontros com as crianças e adolescentes foi a questão da violência. Muitos apontaram espontaneamente que os padrinhos e madrinhas não poderiam lhes causar violência e conforme fomos buscando conversar sobre esse conceito, muitos puderam trazer histórias familiares e também situações vividas com voluntários ou padrinhos anteriores que causaram grande dor e revolta.

Uma das participantes disse: "Eles gostam da gente enquanto somos santinhos, gentis, educados, mas no primeiro dia que ficamos nervosos ou irritados eles já desistem da gente". Outros compartilharam desse sentimento, ao que puderam no decorrer do encontro nomear como uma sensação de que estão "servindo de brinquedo pros padrinhos" em vez de ter com eles uma relação de verdade, nas palavras deles.

A questão apontada pela adolescente é representativa de situações comuns na relação com padrinhos e voluntários, pois a convivência constante e ampliada propicia maior intimidade e, assim, traz sentimentos mais agressivos pra relação. Ao longo do desenvolvimento, a criança e o adolescente têm o desafio da integração psíquica de sentimentos e fantasias ambivalentes. Psicanalistas como Melanie Klein (1882-1960) e Donald Winnicott (1896-1971) em seus trabalhos apontam esse aspecto.

Klein (1996) aponta a importância da integração de pulsões ambivalentes para o desenvolvimento emocional, ou seja, pulsões amorosas e agressivas que são vivenciadas a cada momento. Mostra a importância do outro — o destinatário destes ataques — se manter vivo, preservado, de forma que a criança não sinta que seu ódio destruiu de fato o objeto real. Caso o adulto sucumba aos ataques, a fantasia de destrutividade ganha *status* de real e dificulta a possibilidade de reparação.

Em sua igualmente vasta obra, Winnicott (2011) aponta que raiva, medo e/ou frustração é "[...] inerente a uma relação com um objeto sentido como bom — em outras palavras, está relacionado ao amor" (Winnicott, 2011, p. 71), sendo fundamental para o desenvolvimento psíquico a integração entre estes. É na relação com um outro saudável e preparado que a criança e o adolescente podem experimentar sua agressividade, vivenciar o sentimento de culpa em níveis toleráveis e exercitar a capacidade de reparação, de tal forma que, para Winnicott (1993), parte da agressão ressurge em funções sociais, destacando que, quando não se encontra no ambiente o reconhecimento dessa reparação, aquela transformação não se cumpre e a agressão aparece.

A participação dos adolescentes e crianças nos mostraram o engajamento que estavam tendo com o tema, assim como nos possibilitou refletir que, se por um lado havia sofrido tudo que descreveram e ainda estavam engajados no projeto era sinal da capacidade que tinham de apostar em si mesmos e na capacidade de crer que novos vínculos possam ser melhores. Além disso, trabalhamos muito sobre as expectativas que criamos sobre o outro e o quanto seria importante que, antes de projetarmos todas nossas carências numa relação, seja ela qual for, pudéssemos avaliar os limites do outro.

Tal reflexão pode se estender a situações de trabalho, escola, amizades, namoro e família. Possibilitou pensar em conjunto com o tema anterior o quanto relações tendem a ruir quando não nos vemos como pessoas inteiras ou quando imaginamos que o outro irá suprir todas as nossas necessidades.

O momento do encontro com o outro — encontros lúdicos

Após a participação no ciclo de qualificação, crianças, adolescentes e padrinhos seguiram para os encontros lúdicos, momento em que tiveram contato entre si. Foram três encontros lúdicos, intercalados com encontros apenas com crianças e adolescentes em separado dos padrinhos, para prosseguir a preparação e reflexão dos vínculos após a experiência concreta do encontro.

Essa etapa do projeto foi muito interessante, pois vieram à tona todas as angústias dos padrinhos se seriam ou não escolhidos, receio de ser rejeitado, assim como muitos preconceitos puderam ir se dissolvendo no contato real com os adolescentes. Compreendemos que o medo da rejeição é algo presente em todo ser humano, em maior ou menor grau e fator empático importante para que os padrinhos pudessem perceber a importância que passariam a assumir na vida do afilhado e vice-versa.

Bernardi (2010) observa que, embora as "[...] histórias sejam únicas, todas versam sobre solidão, exclusão, indigência, abusos [...] situações geradas por aqueles mesmos adultos a quem a proteção foi confiada" (Bernardi, 2010, p. 47). A autora observa que ainda assim as crianças e os adolescentes desejam ter em quem confiar e esperam "[...] construir um futuro levando com eles um núcleo da infância e da inocência que havia sido ofuscada por vivências de medo e abandono"(Bernardi, 2010, p. 47), o que aumenta nossa responsabilidade como profissionais.

Enquanto equipe, vimo-nos desafiados a encontrar propostas metodológicas que auxiliassem nossos encontros e desenvolvemos jogos e produtos específicos para nossa demanda, como um tabuleiro personalizado elaborado graças à habilidade de um membro de nossa equipe, assim como a construção de uma história coletiva que possibilitou compreender principalmente que padrinhos e madrinhas são mais uma das pessoas a construir o mundo da criança/adolescente apadrinhado, não os únicos.

Notamos que muitos padrinhos demonstravam ansiedade nos encontros lúdicos, decorrente de uma sensação imaginária de que os afilhados dependeriam exclusivamente deles para a convivência familiar e comunitária, o que pudemos ir ressignificando, à medida que muitos possuíam outras relações significativas extramuros da instituição, uns inclusive com a família de origem. No entanto, isso não excluiria a importância de eles serem presença constante e frequente para que os laços se estreitassem.

O pareamento das crianças e adolescentes com seus respectivos padrinhos foi outro momento de muito desafio e ansiedade para a equipe, pois muitos fatores estavam envolvidos nesta decisão. Alguns padrinhos haviam sido apontados como favoritos por muitos acolhidos, assim como algumas crianças haviam sido literalmente disputadas, não sendo uma tarefa simples pensar em como manejar adequadamente essa situação.

Com o apoio do Instituto Fazendo História que nos recebeu em sua sede para uma reunião, vimos a necessidade de entrevistas individuais com todos os envolvidos, o que nos demandou um total de 32 entrevistas no período de dez dias, mas mostrou ser fundamental para um pareamento mais efetivo.

Início da convivência e o rumo à independência

Na fase em que a convivência se inicia os serviços de acolhimento passam a monitorar as relações mais de perto, sendo responsáveis em estimular e propiciar meios de contato diário entre eles e manejar a relação segundo o ritmo possível a cada par, sem perder de vista a meta de um convívio mais frequente quanto possível. Nesta fase, nossos encontros ocorreram mensalmente com padrinhos num momento e com crianças e adolescentes em outro.

Os encontros de acompanhamento apresentaram tanto situações de muita proximidade e afinidade, quanto encontros bem turbulentos. Algumas relações foram se intensificando a ponto de ambos trocarem mensagens diárias, viajarem juntos e de padrinhos que inseriram de fato o afilhado na família extensa, de forma muito harmônica e afetuosa.

Outras relações, entretanto, não foram adiante. Dentre estes observamos vários fatores determinantes, como o manejo inadequado dos conflitos que surgiram, as dificuldades de comunicação e fantasias persecutórias sobre a família biológica.

Se por um lado sentimos grande preocupação com a relação que logo após os primeiros encontros se rompeu de forma bem drástica, por outro nos surpreendemos com as consequências desse rompimento. Como já pontuamos acima, um dos motivos que levou nossa equipe a se dedicar à implementação desse projeto piloto foi a angústia com as relações que iniciavam sem preparo, de forma impulsiva e após a primeira decepção se encerravam sem um diálogo mais consistente, deixando ao afilhado com sensação de culpa e fracasso. Mesmo após tantos encontros e discussões mais uma relação se encerrava.

O jovem que neste trabalho chamaremos pelo nome fictício Carlos nos surpreendeu com a forma com a qual pode falar dos conflitos vividos com os padrinhos no nosso encontro com os acolhidos. Ele nos relatou que os primeiros encontros foram muito bons, conversaram sobre projetos de vida, cursos, gostos etc. e aos poucos os padrinhos foram perguntando sobre a família de origem. Com o tempo, afloraram preconceitos e julgamentos que foram deixando o adolescente chateado e mesmo com seu pedido para que não tocassem nessa questão, os padrinhos prosseguiram, dizendo-se preocupados com seu futuro.

O serviço de acolhimento tentou intermediar a relação, mas nessa tentativa também foram criticados pelos padrinhos, que deixaram de ter escuta para toda complexidade, alcances e limites na relação do afilhado com a família, instituição e padrinhos, sendo necessário que essa relação chegasse ao fim.

Enquanto nos encontros de preparação Carlos se mostrava muito quieto e tímido, após o encerramento do apadrinhamento ele pediu para permanecer no grupo, contou sua experiência em seu subgrupo de trabalho e foi acolhido pelos demais com perguntas respeitosas, sugestões e pontuações.

Um participante de 8 anos de idade que estava muito feliz com sua própria experiência de apadrinhamento se sentiu à vontade para dar sugestões ao adolescente, deu um abraço e disse: "Padrinhos precisam nos deixar mais felizes. Claro que levamos broncas, ainda mais eu que sou muito agitado. Mas não podem magoar a gente assim, ainda mais falando de nossa família".

O pedido de Carlos em permanecer no grupo nos mostrou que ele pôde sentir neste espaço um lugar de escuta e acolhimento que foi importante para que o ajudasse a compreender, nomear e elaborar os conflitos que foram surgindo. Foi importante pensar em estratégias para manter a relação, mas ao mesmo tempo entendemos que seria igualmente importante saber quando uma relação deve ser encerrada, enfatizando que situações violentas não podem ser mantidas, ainda que haja afeto.

O adolescente Miguel (nome fictício) teve seus irmãos adotados e embora isso tenha sido discutido com ele, não se abria a essa possibilidade. Aceitou participar do projeto e foi aos poucos se envolvendo nas atividades: convocava-nos a alguns abraços daqui, alguns sorrisos dali e aos poucos foi encantando a todos da equipe.

O encontro com sua madrinha foi quase que uma escolha mútua desde o primeiro encontro lúdico e essa relação se desenvolveu de forma muito afetiva de ambas as partes. Cientes dos limites e potencialidades dessa relação, Miguel entendeu que poderia se beneficiar da adoção desde que seus contatos com a madrinha fossem mantidos.

Surgiu um pretendente, e os contatos entre Miguel, madrinha e pretendentes eram agendados de forma que ele pudesse viver todas as relações necessárias pra si sem que tivesse que escolher entre uma e outra. Sentimos que a experiência vivida no grupo, as reflexões das dinâmicas, a experiência de um encontro afetivo de qualidade e tudo mais que esses espaços possibilitaram permitiu que acreditasse em sua capacidade de criar laços, de ser visto e notado e construir relações para além dos muros da instituição.

Conclusão

Conforme preconizado pelo ECA, o Acolhimento Institucional a crianças e adolesccentes deve ser uma medida excepcional e provisória. No entanto, este afastamento, embora muitas vezes seja necessário para garantir-lhes proteção em casos em que seja constatada a violação do direito, pode ser irreparável na manutenção de vínculos com suas famílias.

Na busca pela garantia do direito fundamental à convivência familiar e comunitária para crianças e adolescentes acolhidos, a Lei prevê algumas alternativas como: acolhimento familiar na família extensa, acolhimento familiar em famílias provisórias, o apadrinhamento afetivo e até mesmo a adoção.

O apadrinhamento afetivo é uma possibilidade para que crianças e adolescentes que ainda não podem retornar ao convívio com sua família ou ser inseridas em família substituta tenham a possibilidade de vivenciar situações familiares e participar da comunidade de forma ampliada.

Constatamos em nossa experiência que, para a construção de vínculos saudáveis, a preparação de todos os envolvidos foi fundamental, assim como o acompanhamento e suporte no início destas relações.

O apadrinhamento afetivo não é efetivo para todos por vários motivos. Algumas crianças e adolescentes, por exemplo, possuem tantas marcas que se torna difícil o estabelecimento de vínculo com novas famílias. Outras vivenciam conflito de lealdade com a família de origem e não se permitem usufruir de novas relações. Alguns ainda temem tanto a possibilidade de serem rejeitados ou agredidos que possuem postura mais arredia e cautelosa, passando uma falsa sensação de que não desejam contato e aproximação.

Da mesma maneira, muitos pretendentes têm em teoria a ideia de que serão presentes e terão acolhimento às diferenças, mas quando se deparam com a experiência prática, as crenças morais e pessoais ainda falam mais alto.

Nosso projeto está em fase de análise de dados após um ano do início da convivência, mas temos notícias de que algumas relações já foram interrompidas. Compreendemos que o objetivo fundamental desse processo não seja unicamente garantir vínculos duradouros, pois tais metas estariam muito além das nossas possibilidades. Seria uma meta bastante onipotente.

Temos a expectativa de que os envolvidos, sejam as crianças e os adolescentes, sejam os adultos, saibam da responsabilidade que passam a ter diante da relação iniciada e que possam ter melhor manejo das situações que vierem a surgir. Que possam entender os limites e possibilidades desta relação, assim como possam diferenciar o papel de cada Instituição — SAICA e VIJ — no acompanhamento dos casos.

Encontramos muitas dificuldades e obstáculos à execução do projeto, principalmente por não haver dotação orçamentária para sua execução, assim como necessitar de articulação conjunta com profissionais de diversas instituições que possuem contratos de trabalho distintos, e com isso implicações trabalhistas para atividades em horário noturno e final de semana.

Os profissionais envolvidos precisaram dispender verba pessoal para custear as necessidades que surgiram no caminho, visando possibilitar que o projeto-piloto não apresentasse falhas decorrentes da falta de recurso. Compreendemos que o projeto foi exitoso, no entanto, mostra-se totalmente inviável que se prossigam novas edições custeadas pelos profissionais que já se dedicam além da demanda existente em seus locais de trabalho.

Com base nestas análises, elaboramos documentos visando sensibilizar instâncias superiores do Tribunal de Justiça, assim como demais parceiros, a se implicarem "de corpo e alma" e financeiramente na execução desta política, uma vez que sua implementação já se mostrou fundamental.

Referências

BERNARDI, D. C. F. A voz da criança e do adolescente como sujeitos de direito. *In:* BERNARDI, D. C. F. (Coord.). *Cada caso é um caso*: estudos de caso, projetos de atendimento. São Paulo: Associação Fazendo História, NECA — Associação dos Pesquisadores de Núcleos de Estudos e Pesquisas sobre a Criança e o Adolescente, Coleção Abrigos em Movimento, 2010. p. 13-17.

BRASIL. *Lei n. 13.509*, de 22 de novembro de 2017. Dispõe sobre adoção e dá outras providências.

BRASIL. *Lei n. 8.069*, de 13 de julho de 1990. Dispõe sobre o Estatuto da Criança e do Adolescente e dá outras providências.

FÁVERO, E. T; VITALE, M. A. F. E.; BAPTISTA, M. V. (org.). *Famílias de crianças e adolescentes abrigados*: quem são, como vivem, o que pensam, o que desejam. São Paulo: Paulus, 2008.

FONSECA, C. *Da circulação de crianças à adoção internacional*: questões de pertencimento e posse. Cad. Pagu, Campinas, n. 26, p. 11-44, 2006.

GOULART, J. S.; PALUDO, S. S. Apadrinhamento afetivo: construindo laços de afeto e proteção. *Psico*, Porto Alegre, v. 45, n. 1, p 35-44, jan./mar., 2014.

INSTITUTO FAZENDO HISTÓRIA. *Apadrinhamento afetivo*: guia de implementação e gestão. São Paulo: IFH, 2018.

KLEIN, M. *Amor, culpa e reparação e outros trabalhos*. Tradução André Cardoso. Rio de Janeiro: Imago, 1996.

MINISTÉRIO DO DESENVOLVIMENTO SOCIAL E COMBATE À FOME. *Plano Nacional de Promoção, Proteção e Defesa do Direito de Crianças e Adolescentes à Convivência Familiar e Comunitária*. Brasília: MDS, 2006.

MINISTÉRIO DO DESENVOLVIMENTO SOCIAL E COMBATE À FOME. *Orientações Técnicas: Serviços de Acolhimento para Crianças e Adolescentes*. Brasília: MDS, 2009.

MINISTÉRIO DO DESENVOLVIMENTO SOCIAL E COMBATE À FOME. *Orientações Técnicas: Centro de Referência Especializado de Assistência Social* — CREAS. Brasília: Gráfica e Editora Brasil, 2011.

PEITER, C. *Adoção, vínculos e rupturas*: do abrigo à família adotiva. São Paulo: Zagodoni Editora, 2011.

RIZZINI, I. (org.). *Acolhendo crianças e adolescentes*: experiências de promoção do direito à convivência familiar e comunitária no Brasil. São Paulo: Cortez, 2006.

SERRA, M. M. P. *Aspectos demográficos da circulação de crianças no Brasil*. Campinas: Núcleo de Estudos de População/UNICAMP, 2004. Disponível em http://www.nepo.unicamp.br/publicacoes/textos_nepo/textos_nepo_46.pdf. Acesso em: 20 nov. 2021.

SOUSA, K. K.; PARAVIDINI, J. L. L. Vínculos entre crianças em situação de acolhimento institucional e visitantes da instituição. *Psic. Ciênc. Prof.*, Brasília, v. 31, n. 3, p. 533-553, 2011.

TRIBUNAL DE JUSTIÇA DO ESTADO DE SÃO PAULO. *Provimento CG n. 40/2015*, de 15 de outubro de 2015.

TRIBUNAL DE JUSTIÇA DO ESTADO DE SÃO PAULO. *Provimento CG n. 36/2014*, de 12 de dezembro de 2014.

WINNICOTT, D. W. Agressão e sua relação com o desenvolvimento emocional. *In:* WINNICOTT, D. W. *Textos selecionados da Pediatria à Psicanálise*. Tradução Jane Russo. Rio de Janeiro: Francisco Alves, 1993.

WINNICOTT, D. W. Agressão, culpa e reparação. *In:* WINICOTT, D. W. *Tudo começa em casa*. Tradução Paulo Sandler. São Paulo: Martins Fontes, 2011.

_____ **CAPÍTULO 7** _____

Pobreza e acolhimento institucional de criança e adolescente:
atuação interdisciplinar

Emeline Duo Riva
Rosângela Cristina Alves

Introdução

O acolhimento de crianças e adolescentes é uma das medidas protetivas ordenada pelo Estatuto da Criança e do Adolescente (Lei n. 8.069/1990) em seu artigo 101, item VII (redação dada pela Lei n. 12.010/2009), sendo aplicada como medida provisória e excepcional, quando há direitos violados.

Não obstante aos avanços nas políticas públicas na tentativa de romper com práticas de institucionalização de crianças pobres, ainda hoje, as situações que implicam o afastamento de crianças e adolescentes de suas famílias revela traços menoristas. Mesmo após 30 anos da promulgação do ECA, o imaginário social que permeia as concepções em relação às famílias de classes sociais pauperizadas está presente, e influencia no trato com questões relativas à infância.

Partindo da experiência profissional no âmbito do Judiciário, especificamente na Vara da Infância e Juventude, enquanto assistente social e psicóloga/o, lidando cotidianamente com essa questão, a proposta deste capítulo é problematizar, a partir da prática e de reflexões teóricas, de que modo as circunstâncias encontradas na família, que motivam a institucionalização de um filho em algum momento da vida, são manifestações da questão social, cuja origem se dá a partir da contradição capital/trabalho no âmbito do sistema capitalista, produzindo desigualdades e desencadeando estresse, sofrimento e desproteção. O artigo 23 e parágrafo 1º do ECA é claro:

> A falta ou a carência de recursos materiais não constitui motivo suficiente para a perda ou a suspensão do poder familiar. Não existindo outro motivo que por si só autorize a decretação da medida, a criança ou o adolescente será mantido em sua família de origem, a qual deverá obrigatoriamente ser incluída em serviços e programas oficiais de proteção, apoio e promoção (Brasil, Lei n. 13.257/2016).

O percurso deste trabalho perpassa pelo contexto histórico de atenção à infância ao longo do século XX de modo a compreender de que forma eram tratado crianças e adolescentes e a quem se direcionava as medidas jurídicas antes do advento do ECA, possibilitando reflexões de como as práticas atuais ainda mantêm paralelos com as do passado em alguns aspectos. Discorre ainda sobre o Paradigma da Proteção Integral e a organização das políticas públicas após a redemocratização do país. Aborda também alguns aspectos do capitalismo enquanto produtor de pobreza e desigualdade social, fundamental para que o trabalho técnico nas situações de acolhimento tenha um olhar crítico, no sentido de vislumbrar para além daquilo que está posto na judicialização, das questões familiares que nos chegam.

Depois, será analisado de que modo o acolhimento de crianças ainda incide sobre as famílias pobres e as dificuldades destas na garantia de seus direitos, com os recortes de gênero e raça/etnia. Posteriormente será exposto como psicólogas/os e assistentes sociais podem atuar nos casos de acolhimento de crianças e adolescentes de modo crítico e ético-político, para não reproduzir na intervenção com as famílias as relações de poder, por vezes, identificadas, tanto no contexto social a qual a família se insere, quanto no espaço do Judiciário, partindo da concepção de que a sociedade é baseada em relações de dominação e opressão e que Poder Judiciário é uma instituição de controle e poder, que opera de modo a manter o *status quo*.

Na atual conjuntura do país, de desmonte das políticas públicas, especialmente as sociais, e constantes ataques ao ECA, este tema é essencial, na medida em que reforça o papel das/os psicólogas/os e das/dos assistentes sociais do Judiciário na defesa intransigente dos direitos das crianças, dos adolescentes e de suas famílias.

A atenção à infância e juventude no Brasil

Contexto histórico

Primeiramente, é interessante apresentar um breve histórico a respeito de como a infância foi tratada no Brasil no século passado, tendo como orientação a lógica da infância perigosa e a doutrina da situação irregular, dado que tais concepções ainda influenciam as posturas e as práticas jurídicas atualmente.

Segundo Rizzini e Rizzini (2004), o Brasil tem uma tradição de internação de crianças e adolescentes em instituições asilares como principal instrumento de assistência à infância. De acordo com as autoras, no período colonial havia a chamada Roda de Expostos, instituição caritativa administrada pela Igreja Católica, inspirada no modelo europeu de atendimento a bebês abandonados e crianças órfãs. Lugar de maus-tratos e alta mortalidade infantil, a Roda foi extinta na transição do Império para a República.

Com o processo de urbanização e industrialização no período de transição do Império para a República, a marginalização dos negros libertos da escravidão, de seus filhos e também de pessoas consideradas não adaptadas às normas vigentes passou a incomodar a sociedade dominante e burguesa, visto que seus modos de vida contrariavam seus princípios conservadores e higienista (Rizzini, 2011; Segundo, 2003).

Embora se tenha prometido condições de trabalho aos milhares de negros recém-libertos, não houve nenhuma contrapartida de políticas públicas, como oferta pelo Estado de acesso à moradia, à saúde, à educação, ao emprego e à renda que propiciassem condições dignas de vida, empurrando essas pessoas para as periferias da cidade (Souza, 2018). Souza elucida que é nesta transição que se constitui a configuração de classes marcando "[...] a modernização seletiva e desigual brasileira" (Souza, 2018, p. 77).

Com relação à infância, Rizzini e Rizzini apontam que "[...] no período republicano a tônica centrou-se na identificação e no estudo das categorias necessitadas de proteção e reforma, visando ao melhor aparelhamento institucional capaz de 'salvar' a infância brasileira no século XX" (Rizzini: Rizzini, 2004, p. 28).

No contexto europeu, a partir do século XVII, ideias em torno da criança começaram a se transformar. A criança torna-se o centro de preocupações da sociedade e da família, evento que desencadeou investimentos na educação no intuito de transformá-la em adulto ideal (Ariès, 2016). Diante da diminuição populacional decorrente de pestes, guerras e fome, a criança passou a ser vista como a base da riqueza da sociedade, visto que o capitalismo estava emergindo e o Estado estava passando a assumir a dianteira em relação à infância, cobrando da família as responsabilidades de cuidar de sua prole, pois se vislumbrava na criança potencial mão de obra (Badinter, 1985; Rizzini, 2011).

No Brasil não seria diferente e, ainda que tarde, inspirado pelo modelo europeu, o Estado passou a se preocupar com as questões da infância no início da República, pautado na ideia de que salvando a criança, salvaria o futuro de um país que estava se industrializando, se urbanizando, se modernizando, mas também se pauperizando (Rizzini, 2011; Segundo, 2003): "A criança deixa de ser objeto de interesse, preocupação e ação no âmbito privado da família e da Igreja para torna-se uma questão de cunho social, de competência administrativa do Estado" (Rizzini, 2011, p. 23).

O controle das famílias exercido pelo Estado condizia com a formação capitalista no país e tinha o intuito de disciplinar a concepção e os cuidados dispendidos aos filhos, para, então, poder prevenir as consequências políticas do aumento da miséria (Pereira; Oliveira, 2016). A meta não era o alívio da pobreza, mas o controle através da moralização do pobre e, assim, aqueles que não se adequavam à norma vigente e não tinham trabalho ou trabalhavam informalmente, eram considerados vadios, pois "[...] tinha-se como fato consumado que o indivíduo, ao experimentar os prazeres da vida ociosa, abandonava o trabalho" (Rizzini, 2011, p.54).

A representação da infância se dava de acordo com sua condição social, e é nesse cotidiano que se insere o "menor" brasileiro. De um lado, a criança à qual estava destinada a cidadania e, de outro, o pobre menino abandonado, filho da pobreza — abandonado moralmente e delinquente —, a quem era preciso manter sob a vigilância do Estado e moldar às normas impostas pelo modo de produção capitalista por meio de leis, programas filantrópico-assistencialistas e repressivos (Rizzini, 2011; Segundo, 2003).

Rizzini (2011) explana que, para cumprir com o objetivo de disciplinamento da infância, foi formada uma aliança jurídico-assistencial, que, amparada pelo discurso médico-higienista, propôs a criação dos Juizados de Menores, cujas ações, de caráter filantrópico, visavam ao saneamento moral da sociedade e serviam para enquadrar os indivíduos, com funções de prevenir, educar, recuperar e reprimir a criança e suas famílias.

É nesse contexto que é criado o Código de Menores de 1927 ou Código Mello de Matos, que servirá como um mecanismo de controle e repressão das famílias pobres, cujo objetivo era educar moralmente a criança para o trabalho, criminalizar e reprimir a infância entendida como perigosa. O alvo eram os delinquentes, o menor abandonado, pessoas cujas condições de vida eram consequência da miséria, exploração e desigualdade. Os "menores" não possuíam qualquer direito, eram apenas objetos de intervenção do Estado, pois acreditava-se que pertencessem a uma "[...] classe biológica e socialmente mais vulnerável aos vícios e às doenças" (Rizzini, 2011, p. 60).

> Salientava-se que a criança deveria ser educada visando-se o futuro da nação; no entanto, tais palavras, transformadas em ação revelavam que, em se tratando da infância pobre, educar tinha por meta moldá-la para a submissão, [...], impostos pela demanda das relações de produção de cunho industrial capitalista (Rizzini, 2011, p. 29).

A maneira encontrada pelo referido Código para atingir os objetivos expostos acima foi institucionalizar todas as crianças e adolescentes objetos de intervenção da lei. Em 1940, fundou-se, assim, o Serviço de Assistência ao Menor, que não deu certo em relação aos objetivos que as autoridades gostariam de alcançar, já que denúncias de maus-tratos infringidos a crianças e adolescentes eram comuns (Segundo, 2003).

Mantendo o modelo de institucionalização da infância pobre, em 1964 criou-se então a conhecida FUNABEM (Fundação Nacional do Bem-Estar do Menor), "[...] voltada à execução de políticas públicas dirigidas à infância e aos menores em situação irregular" (Gandini Junior, 2007, p. 3). Criada no início do período da Ditadura Militar, Rizzini e Rizzini (2004) apontam que a instituição foi influenciada pela ideologia autoritária, com o intuito de garantir a ordem pública a qualquer custo por meio da repressão a todos que ameaçassem a ordem e, para isso, era preciso esconder a pobreza, as crianças abandonadas, os infratores. Conforme as autoras, "[...] o silêncio e a censura eram poderosos aliados oficiais no sentido de manter a política de internação" (Rizzini; Rizzini, 2004, p. 46).

Alguns anos depois é criado o Código de Menores de 1979, que foi uma reformulação do anterior, embora mantivesse a mesma lógica, vindo a fundar a doutrina da situação irregular. A assistência e suposta proteção preconizada pela lei se restringia apenas às crianças privadas de condições materiais, às vítimas de maus-tratos, às que manifestavam algum desvio de conduta — os infratores. O Estado se eximia da responsabilidade na oferta de políticas sociais e toda a responsabilidade era imputada à família, independentemente de as condições de pobreza serem a principal causa das privações. As medidas adotadas ainda mantiveram como modelo a internação em instituições, sem distinção entre os "menores" infratores e os abandonados.

Fica claro que a história sobre a atenção jurídica e social despendida à infância no Brasil é complexa e se constitui permeada por preconceitos e discriminações em relação às camadas mais pobres e desfavorecidas.

A criança como sujeito de direitos

Após um longo período de retrocessos atrelados à ditadura, na década de 1980 a sociedade ansiava pela democratização, por direitos e por justiça social. Assim, com promulgação da Constituição Federal de 1988, se estabelece o tripé da seguridade social, que garantiu direitos relacionados à saúde, educação e assistência social. Em relação aos direitos da criança e do adolescente, debates organizados pelos movimentos sociais consubstanciaram-se na inclusão do artigo 227 na Constituição Federal de 1988.

Como a doutrina que regulava as políticas dirigidas à infância não mais condiziam com o novo projeto político e social do Brasil, em 1990 o Estatuto da Criança e do Adolescente (Lei n. 8.059/1990) é promulgado, estabelecendo que todas as crianças são sujeitos de direitos no que se refere a educação, saúde, segurança, lazer, cultura, esporte, moradia, e que devem ser protegidas da negligência, discriminação, exploração, violência, crueldade, opressão pela família, pela sociedade e pelo Estado, punidos em sua ação ou omissão. Estabeleceu ainda as diretrizes para a criação de Varas da Infância e Juventude, dos Conselhos Tutelares e dos Serviços Auxiliares do Juízo — Assistentes Sociais e Psicólogos.

> Tomava corpo a compreensão de que o foco deveria recair sobre as causas estruturais ligadas às raízes históricas do processo de desenvolvimento político-econômico do país, tais como a má distribuição de renda e a desigualdade social. Ficava claro que a falta de alternativas à internação limitava as perspectivas de desenvolvimento da criança, e que esta não deveria ser afastada da família e de sua comunidade (Rizzini; Rizzini, 2004, p. 47).

O ECA foi se aprimorando ao longo do tempo através das redações das leis: n. 12.010/09 — dispõe sobre a convivência familiar e comunitária; n. 13.010/14 — lei Menino Bernardo; n. 13.257/16 — Marco Legal da Primeira Infância. Após a redemocratização do país foram diversas mudanças legais que estruturam as políticas públicas, nas quais a criança e o adolescente passam a ter prioridade, tais como: a Lei Orgânica da Saúde (Lei Federal n. 8.080/90); Lei Orgânica da Assistência Social (Lei Federal n. 8.742/93), e a criação de Conselhos de Direitos, entre outros. No campo socioassistencial, políticas e programas de proteção social básica e especial voltadas às famílias em situação de vulnerabilidade e violência foram implementadas e organizadas, tais como: Política Nacional de Assistência Social/NOB SUAS (CNAS, 2005); a Tipificação Nacional dos Serviços Socioassistenciais (CNAS, 2009), e especificamente direcionado à infância e juventude, o Plano Nacional de Promoção, Proteção e Defesa dos Direitos de Crianças e Adolescentes à Convivência Familiar e Comunitária (PNCFC, 2006).

O objetivo das políticas de proteção social é atuar de modo integrado, descentralizado e participativo, tendo a família como o eixo central no âmbito da proteção social, com seus programas e serviços voltados para a garantia dos direitos da população, na perspectiva da convivência familiar e no fortalecimento dos vínculos familiares, atuando nas diversas situações de crise, de vulnerabilidade social e de violência familiar (Brasil, 2004, 2006).

Concernente ao acolhimento institucional, este se insere no âmbito da proteção social especial como um programa da política de assistência social. Enquanto que as diretrizes estão ordenadas juridicamente pelo ECA, em seu artigo 101.

Anterior à medida de acolhimento, há outras medidas de proteção previstas no artigo 101, tais como: orientação e encaminhamento; inclusão em programas oficiais ou comunitários de proteção; apoio e promoção da família, da criança e do adolescente; inclusão em programa de tratamento de toxicômanos, entre outras.

Todavia, apesar de o acolhimento ser considerado uma medida excepcional, habitualmente, o cotidiano nos revela que esta é uma das primeiras medidas aplicadas, desconsiderando as demais. Por vezes, ocorre de não se esgotar as outras medidas protetivas supostamente oferecidas à família, sugerindo-se de imediato o acolhimento da criança.

Capitalismo, pobreza e exclusão

Sem pretensão de aprofundar sobre o capitalismo, é importante compreender os processos de exclusão e desigualdade sociais produzidos pelo sistema capitalista, bem como a dominação de uma classe sobre a outra, de modo que faz avançar o olhar crítico sobre os casos de acolhimento que chegam à Vara da Infância e Juventude e amplia o debate.

Teóricos marxistas apontam que o surgimento e o desenvolvimento do capitalismo foram forjados na expropriação e exploração massiva de trabalhadores e camponeses pela classe dominante, visando à acumulação de bens pela burguesia. De acordo Federici:

> Cada fase da globalização capitalista vem acompanhada de um retorno aos aspectos mais violentos da acumulação primitiva, o que mostra que a contínua expulsão dos camponeses da terra, a guerra e o saque em escala global e a degradação das mulheres são condições necessárias para a existência do capitalismo em qualquer época (Federici, 2018, p. 27).

O capitalismo, pelo seu modo de operar, produz desigualdades sociais e divisão de classes. Segundo Marx e Engels, a história de todas as sociedades tem sido a história das lutas de classes. Porém, antes do advento da sociedade capitalista, a divisão de classes se dava em uma escala graduada de condições sociais. Na sociedade burguesa moderna, a divisão de classes caracteriza-se por ter simplificado os antagonismos de classe, dividindo-se em dois campos diametralmente opostos: a burguesia e o proletariado (Marx;Engels, 1999).

Souza (2017) destaca que o problema central do Brasil é o abandono das classes mais pobres, que são estigmatizadas, humilhadas e perseguidas, e que tem sua formação e socialização prejudicadas em decorrência da histórica desigualdade social no país.

Como consequência de ajustes neoliberais, as condições de vida socioeconômica da população são agravadas diante do aumento da pobreza e da precarização das condições de trabalho (Fávero, 2007). Entretanto, conforme a autora, pobreza e exclusão social não são sinônimos, pois o dimensionamento da pobreza não se dá somente a partir da renda, mas insere-se num quadro de violência social, considerado a partir de uma multiplicidade de fatores que o constrói e atingi todas as dimensões do viver.

Os processos de exclusão e exploração produzida pelo sistema capitalista e neoliberal ocasionam situações cotidianas de discriminação e subalternidade, fatores que promovem estresse, sofrimento, desagregação e precarização das relações nas diversas dimensões da vida, como a social, a familiar e a laboral (Fávero, 2007).

Sawaia (2014), ao pensar a noção de exclusão social diz que "[...] a exclusão é processo complexo e multifacetado, uma configuração de dimensões materiais, políticas, relacionais e subjetivas" (Sawaia, 2104, p. 9). A exclusão

> [...] tornou-se familiar no cotidiano das mais diferentes sociedades. Não é apenas um fenômeno que atinge os países pobres. Ao contrário, ela sinaliza o destino excludente de parcelas majoritárias da população mundial, seja pelas restrições impostas pelas transformações do mundo do trabalho seja por situações decorrentes de modelos e estruturas econômicas que geram desigualdades absurdas de qualidade de vida (Wanderley, 2014, p. 17).

Não se pode deixar de mencionar o desenvolvimento socioeconômico ocorrido no país na primeira década do século XXI. A implementação de políticas públicas universalizou o atendimento da população em programas e projetos de proteção social, o que garantiu acesso à renda mínima, alimentação, saúde e educação básica, aumentando os índices de desenvolvimento humano no país. Milhões de pessoas saíram da extrema pobreza e o país deixou o Mapa da Fome[1].

Todavia, ainda que os governos fossem do campo progressista, sendo o Estado um elemento necessário e garantidor das estruturas do capitalismo (Mascaro, 2013), a classe dominante e seu projeto neoliberal estiveram presentes ao longo destes anos, disputando narrativas em relação às políticas sociais. A população sofria, como sempre sofreu, a exploração e exclusão do sistema vigente.

Fato é que no atual contexto político e econômico, de crise do capitalismo, de avanço do conservadorismo e um regime cada vez

---

1. Disponível em: https://www.bbc.com/portuguese/noticias/2016/05/160505_legado_pt_ru. Acesso em: 20 nov. 2021.

mais neoliberal, vê-se um aumento de medidas antidemocráticas, de ataques aos direitos da população, piorando cada vez mais a situação de vida principalmente daqueles que já vivem em condições mais vulneráveis. Mascaro (2013) alerta que "[...] toda vez que a sociabilidade capitalista pode ser superada, mecanismos políticos antidemocráticos se apresentam e interferem no processo" (Mascaro, 2013, p. 88) e a democracia é ameaçada em favor dos especuladores do capital.

O mundo é governado pela ordem do mercado que traz insegurança, incertezas e mal-estar, visto ser uma ordem que se altera à sua lógica, descartando aquilo que não mais pertence a esse mecanismo (Bauman, 1998). Neste sentido, Rosa (2018) sinaliza que:

> Os avanços tecnológicos, aliados aos processos políticos de globalização, a extensão do capitalismo e do neoliberalismo para todo o globo, eliminando diferenças culturais, trazem impactos e impasses na gestão social, nos laços sociais e na posição de cada um nestes. [...] As transformações consideradas como progresso social, [...] não minoram, mas acentuam os problemas sociais crônicos, como a pobreza, a má distribuição, os autoritarismos. A estes se somam outros, como a disseminação da violência; a evidência de grupos, especialmente de crianças, que vivem em situações de exploração e risco, seja por violência, por abuso sexual ou abandono; seja por preconceitos; imigrações em massa, chacinas, terrorismo (Rosa, 2018, p. 99).

Acolhimento institucional e pobreza

Apesar de a legislação ser clara ao estabelecer que a condição de pobreza por si só não é fator desencadeante para a separação da criança/adolescente de sua família de origem, cabendo ao Estado a implementação de políticas públicas para evitar a separação, na prática profissional o que se observa é justamente o contrário. Na maioria ou quase totalidade dos casos de acolhimento institucional, a pobreza se faz presente, seja como o fator determinante, seja como desencadeante

das demais situações que podem culminar no afastamento da do crian-
ça/adolescente da convivência com a família de origem. Ou seja, as
causas da institucionalização pouco se alteraram ao longo do tempo e
continuam ligadas à falta de condições por parte dos pais para cuidar,
proteger e educar seus filhos (Rizzini; Rizzini, 2004).

As condições de vida dos personagens envolvidos nos processos
de acolhimento são permeadas pela questão social. Diante da desigualdade social, econômica e cultural, encontram-se em situação de
desemprego ou em relações de trabalho precarizadas, têm pouco acesso
a bens e às políticas públicas de saúde, educação, assistência social.
Na dimensão social e familiar, a maioria tem suas vidas marcadas por
violência doméstica intergeracional e por questões atravessadas pelo
gênero, racismo e discriminação.

> A quase totalidade do contingente populacional que demanda os
> serviços judiciários na área da infância e juventude é aquele de baixa
> ou, por vezes, nenhuma renda, e que sobrevive cotidianamente com
> problemas no que se refere ao atendimento às necessidades básicas,
> tais como alimentação, habitação, saúde, educação, lazer, segurança
> (Fávero, 2007, p. 35).

Obviamente que há casos em que a criança e o adolescente necessariamente precisam da intervenção do Estado e do sistema de justiça
para ser protegida de alguma forma de violação de direito, até para
proteger sua integridade física.

Entretanto, há muitos exemplos que se poderia citar quanto a
condutas e comportamentos das pessoas que são toleráveis em grupos
sociais dominantes e inadmissíveis naqueles que estão em situação de
pobreza, condutas estas que se tornam os motivos registrados pelas
decisões quanto ao acolhimento das crianças destas famílias, como o
uso/abuso de álcool ou drogas pelos genitores.

Outro exemplo é a violência doméstica contra criança e adolescente e também contra mulher. É consenso que a violência atinge

todas as classes sociais indistintamente. Contudo, são as crianças e os adolescentes dos grupos marginalizados pela sociedade os principais alvos desta medida protetiva em decorrência da violência. As classes sociais médias e altas tendem a mediar seus conflitos no âmbito privado e a não publicizá-los (Fávero, 2007).

Ademais, há de se considerar que as manifestações da questão social incidem mais diretamente nas dificuldades dessas famílias em garantir proteção necessária aos filhos. Desse modo, a institucionalização da criança pode se transformar em punição, tanto para a criança como para a família, visto que parte dos profissionais dos serviços e dos operadores da justiça veem o acolhimento como uma forma de correção das condutas da família, atitude esta que remete aos Códigos de Menores.

As situações críticas desencadeadas pelos processos de exclusão social tensionam as relações afetivas e as dificuldades na garantia dos direitos e proteção aos filhos acabam sendo individualizadas e nomeadas como negligência da família. Segundo Fávero (2007), um acolhimento pode ocultar-se em questões particularizadas, fora de contexto, despolitizadas e quando os conflitos familiares são judicializados, o melhor interesse da criança se sobrepõe às outras formas de violação de direitos que emergem. A autora aponta:

> Mesmo em algumas situações em que as razões aparentemente transmutem-se em outras, como, por exemplo, o abandono total em consequência da ausência de vínculos, as pessoas que perdem os poderes familiares [...] geralmente tem sua vida marcada pela pobreza e pelo não-acesso ou pela dificuldade de acesso a direitos humanos e sociais (Fávero, 2007, p. 39).

Com relação à questão do emprego, este atravessa os casos de acolhimento de criança e adolescente, no sentido que é uma das primeiras coisas que se destaca e aquilo que caracteriza determinado grupo social como estando em situação de pobreza. Na experiência profissional, percebe-se que as pessoas envolvidas nesses processos judiciais raramente se inserem no mercado formal de trabalho, encontram-se desempregadas ou estão em atividades informais, de baixa renda. A escolarização e a profissionalização também são precárias. Tal situação causa insegurança e instabilidade no que diz respeito à garantia das necessidades básicas à família (Fávero, 2007).

Isso faz com que essas pessoas estejam à margem do modo de produção vigente. Como demonstrou o contexto histórico, a institucionalização em massa de crianças e jovens no século passado tinha como objetivo o controle. Era uma forma de manter a ordem e disciplinar as pessoas, por meio de seus filhos, moldando-os ao trabalho e aos padrões de vida ditados pelo modo de produção capitalista.

Foucault (2013), analisando o período em que se inicia o processo de institucionalização em massa, evidencia que a institucionalização era direcionada aos indivíduos que não se adequavam às normas impostas e se encontravam marginalizados em relação à família e à comunidade. Segundo o filósofo, as instituições, como as fábricas, as prisões, os hospitais psiquiátricos, as escolas, tinham a finalidade não de excluir, mas de fixar os indivíduos a um aparelho de normalização, ligando-os a um processo de produção, de correção ou de transmissão do saber, ainda que os efeitos fossem a exclusão. Seria o acolhimento institucional uma forma de normalizar as pessoas através das crianças, fixando-as ao trabalho e às normas?

Pelo que se pode perceber, embora a institucionalização de crianças e adolescentes tenha se aprimorado ao longo dos anos, com reformulações na legislação e resoluções, a herança da origem das crianças acolhidas ainda permanece. Na impossibilidade de acolhimento em massa, organizam-se táticas de segregação social, tais como limitação e dificuldade de acesso de crianças e adolescentes pobres em lugares centrais da cidade, como *shoppings*, ou por meio da internação de adolescentes pobres na Fundação Casa.

No que diz respeito aos aspectos burocráticos, hoje em dia, a criança e o adolescente acolhido contam com um processo judicial, uma guia de acolhimento/desacolhimento e um prontuário na instituição de acolhimento, além do PIA (Plano Individual de Atendimento), que é o momento em que são elaboradas propostas para crianças e adolescentes acolhidos (art. 101, § 4º e 5º). Considerando as legislações vigentes, deveriam estar articuladas coletivamente com todos os envolvidos, principalmente a família e o acolhido. Contudo, o cotidiano profissional revela que na maioria das vezes os referidos planos são meramente burocráticos, elaborados por profissionais dos serviços de acolhimento para cumprir um ordenamento jurídico. Ou seja, essas crianças e adolescentes e suas famílias, muitas vezes, nem sequer têm ciência do que foi planejado para suas próprias vidas.

Outro ponto que corrobora a reflexão aqui apresentada é no tocante à atuação do Conselho Tutelar. O referido órgão é o único com poder legal de encaminhar as crianças e os adolescentes para o acolhimento (CNAS, 2009; Rizzini; Rizzini, 2004). Porém, ainda persiste o que Rizzini e Rizzini (2004) nos colocam:

> Apesar da lei referir-se aos direitos da criança e do adolescente de uma forma geral, estes Conselhos acabam se ocupando somente das crianças consideradas "em situação de risco", o que vem reforçar os aspectos de estigmatização herdados do passado em relação a esta população (Rizzini; Rizzini, 2004, p. 53).

De acordo com Rosa (2018),

> A criança e o adolescente têm sido centro de preocupações sociais. [...] As ações disciplinatórias e protetoras, por vezes superprotetoras, dependem do imaginário social sobre a família, estendendo arbitrariamente à criança, atendendo muito mais às exigências da sociedade do que proporcionando condição de desenvolvimento e superação de impasses para a criança (Rosa, 2018, p. 100).

A família, apesar de ser considerada como *locus* privilegiado de proteção e cuidado de seus membros, por muitas vezes não consegue exercer o papel que a ela foi atribuído. Cabe ressaltar que a capacidade da família em desempenhar suas responsabilidades está atrelada a condições socioeconômicas e ao acesso a direitos fundamentais e universais. Neste sentido, é importante ponderar que a responsabilização da família também pode dar brechas para a desresponsabilização do Estado. Não obstante a família ser um eixo central no âmbito da proteção social, com as chamadas "Propostas Familistas", a intervenção do Estado acaba sendo temporária e fragmentada, ocorrendo apenas quando a família "falha".

> O familismo é analisado por Campos e Mioto (2003, p. 170) na perspectiva da baixa oferta de serviços pelo Estado, tendo, as famílias, "a responsabilidade principal pelo bem-estar social". Acepção decorrente do modelo tradicional da família do provedor masculino, o foco da ação pública conclama à centralidade da família, para a proteção de seus membros e, diferentemente de um sistema "pró-família", que estabelece cuidados à família para o exercício de cuidar, o familismo se pauta na solidariedade dos membros. Reitera funções protetoras femininas e a naturalização da família como instância responsável pela produção social e se expressa em graduações diferentes, conforme a desresponsabilização pública, quer pela omissão e, também, pelo compartilhamento de metas ambiciosas, diante de situações adversas e de difícil solução, com parcos investimentos (Mioto, 2015, p. 58).

Conquanto o objetivo da medida de acolhimento seja proteger a criança ou o adolescente, há um discurso social que visa impor-se como discurso hegemônico, que pretende naturalizar e atribuir um lugar e significados remetidos à classe social e etnia, homogeneizando as experiências pela imposição e um único modo de viver, tendo, desse modo, suas vidas representadas de uma forma negativa ou individualizadas, pois se encontram na impossibilidade de se inserir na lógica do capital, perdendo o reconhecimento institucional (Carreteiro, 2013; Rosa, 2018).

Sem considerar os condicionantes sociais e históricos, a historicização dos sujeitos às margens dos ideais dominantes é manipulada como fruto de insuficiência individual, patologizada ou criminalizada (Fávero, 2007; Rosa, 2018).

Questões de gênero e de raça/etnia

A dimensão de gênero é algo construído social, histórica e culturalmente com base nos valores predominantes numa cultura em determinado momento histórico. Nesse sentido, Federici (2017) destaca que, para o capitalismo se desenvolver, as mulheres sempre foram tratadas como seres inferiores e mais exploradas que os homens. Segundo a autora, as mudanças que a chegada do capitalismo trouxe para a posição social das mulheres foram impostas com a finalidade de arregimentar e dividir a força de trabalho.

As relações familiares inserem-se na sociabilidade capitalista e mantêm-se na lógica patriarcal de dominação e de divisão sexual do trabalho. Na prática profissional em casos de acolhimento, observa-se uma predominância da desigualdade de gênero. É comum a figura masculina, para defender seus interesses e se eximir da responsabilidade, responsabilizar a mulher, desqualificando-a moralmente enquanto mulher e mãe, com argumentos que trazem à tona fatores de desigualdade na relação, de dominação e de violência permeando a convivência conjugal.

Embora a Constituição Federal de 1988 garanta a igualdade entre mulheres e homens, na prática, a mesma está longe de se efetivar, visto que, conforme aponta Saffioti (2015), a dominação masculina tem caráter histórico e atravessa a todos, como produtores e reprodutores do poder, da opressão e da violência.

Saffioti (2015) ressalta que o machismo e as relações patriarcais se encontram em todas as instituições sociais e não abrange apenas a família, atravessa a sociedade civil e impregna também Estado. A autora pontua que as práticas judiciárias, de certo modo, tendem a responsabilizar muito mais a mulher, questioná-la, indagá-la, mesmo ela sendo vítima de violência. Se a ordem patriarcal de gênero atravessa todas as instituições, "[...] por que a Justiça não seria sexista?" (Saffioti, 2015, p. 99).

Independente da configuração familiar, a mulher é a mais cobrada e responsabilizada social e judicialmente, podendo ser ela avó, madrasta, tia ou irmã (Fávero, 2007; Moreira, 2014). "Tende-se a reproduzir as relações desiguais de gênero existentes no meio social" (Fávero, 2007, p. 146), culpabilizando a mulher pelos não cuidados ditos adequados despendidos aos filhos, o mesmo não acontecendo em relação ao homem/pai, visto que a mulher ocupa o principal lugar nos cuidados com os filhos na divisão sexual do trabalho. Diante dessa sobrecarga feminina, são-lhe atribuídas muitas culpas, e a mulher é já socializada para sentir várias e injustificadas culpas (Saffioti, 2007). Não é incomum, por exemplo, que a mulher, para poder trabalhar e diante da ausência de uma rede de apoio, tenha que deixar os filhos sozinhos, daí estar mais exposta a denúncias no Conselho Tutelar, correndo o risco de ter seus filhos acolhidos e sua vida judicializada.

Nesse sentido, quando se fala em trabalho, a situação para a mulher é drástica. Fávero (2007) constatou em sua pesquisa sobre destituição do poder familiar que o desemprego é maior entre as mulheres do que entre os homens. Além disso, observa-se empiricamente que são as mulheres que têm ocupações com baixos rendimentos, que geralmente atuam no serviço doméstico ou em outras ocupações de baixa remuneração, sendo ainda as principais responsáveis pela manutenção da família.

No que diz respeito à violência, é preciso ressaltar que esta não ocorre só contra a criança, mas também contra a mulher. A violência intrafamiliar faz parte do conjunto doméstico, o qual se insere na lógica de dominação e opressão. Muszkat (2011) percebeu, a partir de um trabalho com grupos de homens, que "[...] estes, tendo pouco poder na esfera pública em função da precariedade de recursos culturais, sociais e econômicos de que dispõem, buscam exercer esse poder no âmbito familiar" (Muszkat, 2011, p. 87). Segundo a autora, os atributos do universo masculino e feminino estão fortemente marcados por uma concepção tradicional de gênero.

Saffioti (2007) pontua que sociedade é androcêntrica e adultocêntrica. De acordo com a autora, no contexto familiar, por vezes a figura masculina pode exercer o poder sobre a figura feminina e esta, em sua função materna, exercerá este poder sobre as crianças. A mulher, por vezes, pode tentar compensar sua condição de subordinada à dominação masculina, excedendo em castigos físicos ou incorrendo em violência psicológica contra os filhos.

Além da questão de gênero apontada, ressalta-se que a situação se agrava quando se articula o acolhimento institucional com as questões de raça/etnia diante do racismo estrutural. Além de lidarem com as adversidades já descritas, os negros precisam enfrentar diariamente o racismo presente na sociedade. Conforme Silva,

> A história nos permite ainda afirmar que o processo de escravização possibilitou a construção de representações sociais negativas de negros e, em contrapartida, positiva de brancos, expressas hoje na polarização branco/negro e que permeiam o imaginário pessoal e coletivo, manifestando-se nas relações e materializadas nos estereótipos e atos de discriminação, com efeitos diretos no processo de constituição dos sujeitos brancos e negros. Para os negros, o impacto em suas vidas é devastador, nitidamente observável através dos prejuízos e privilégios evidenciados nos indicadores sociais (Silva, 2017, p. 80).

Dados do CNJ de 2019, que apontam que das 47 mil crianças abrigadas no Brasil, 67% são negras ou pardas, corroboram a percepção de que crianças e adolescentes integrantes da população negra são rotulados como aqueles que cometeram ato infracional ou que precisam de acompanhamento da rede socioassistencial por negligência familiar (Saraiva, 2019).

Quando se é mulher e negra, as dificuldades são potencializa-das, pois cotidianamente o pertencimento étnico-racial das mulheres intensifica as violações ao agregar o racismo à violência de gênero cotidianamente sofridas[2].

Dados do Mapa da Violência mostram que o homicídio de mu-lheres negras cresceu 54,2% entre 2003 e 2013, enquanto, no mesmo período, o homicídio de mulheres brancas caiu 9,8%. Além da vio-lência contra si, a mulher negra experimenta com maior intensidade a violência contra seus filhos, irmãos e companheiros. O Mapa da Violência de 2012 mostra que, dos cerca de 30 mil jovens entre 15 e 29 anos assassinados por ano no Brasil, 93% são homens e 77% são negros[3]. Constata-se que:

> O ranço violador ainda permanece, se aliando ao racismo e as assimetrias de gênero, sendo executados essencialmente pelo Estado, instituições e agentes públicos. Essas relações se acirram no capitalismo e, por isso, [...] as relações sociais nesses marcos impactam no planejamento, elaboração e monitoramento de políticas sociais que são ofertadas no âmbito estatal e que são direcionadas à infância e à adolescência pobre e negra do país (Saraiva, 2019, p. 76).

A atuação de assistentes sociais e psicólogas/os nas demandas de acolhimento

Foucault (2013) classificou de ortopedia social o momento em que a sociedade se torna disciplinar. Segundo o autor, foi no século XIX, na reorganização do Poder Judiciário na Europa, que se iniciou

---

2. Disponível em: https://dossies.agenciapatriciagalvao.org.br/violencia/violencias/violencia-e-racismo/. Acesso em: 10 dez. 2021.

3. Disponível em: https://anistia.org.br/o-racismo-nosso-de-cada-dia-e-situacao-da-mu-lher-negra-brasileira/. Acesso em: 10 dez. 2021.

o controle dos indivíduos não pelo que estes haviam praticado, mas pelo que poderiam representar como perigo ou não para a sociedade, ou seja, eram julgados pelas suas virtualidades, pelo seu comportamento, com o objetivo de ajustá-los às normas vigentes.

Partindo dessa premissa, discutiremos como assistentes sociais e psicólogas/os do Tribunal de Justiça, em uma perspectiva interdisciplinar, podem atuar em demandas de acolhimento de crianças e adolescentes sem se apresentarem como ortopedistas sociais, mas de forma crítica para que a situação de acolhimento não se transforme em um emaranhado jogo de poder e controle sobre a família, e, desse modo, que esta possa ter seus direitos minimamente acessados e a criança, o direito à convivência familiar garantida.

A forma jurídica nasce no capitalismo e se estabelece como mecanismo de poder e disciplinamento. Mascaro (2018) explica que o campo jurídico é essencialmente capitalista, pois, segundo o autor, as formas jurídicas têm origem no capitalismo, e este precisa do Estado e do direito para se reproduzir[4].

É nesta estrutura que os campos de saber da Psicologia e do Serviço Social são requisitados, a fim de que auxiliem os operadores do direito frente à complexa realidade de diversos contextos familiares e suas relações afetivas, para que aqueles apliquem medidas "[...] determinantes da vida futura de significativo número de pessoas" (Fávero, 2007, p. 48).

As ciências humanas como a Psicologia, a Psiquiatria e a Sociologia são especialidades que foram criadas com uma forma de saber-poder com o intuito de controlar e vigiar as pessoas através do exame, combinando técnicas de vigilância com as técnicas de normalização (Foucault, 2013, 2014). O filósofo esclarece que as ciências humanas se constituem como um saber normalizador e vigilante que se dá a partir da observação dos indivíduos com o intuito de classificá-los,

---

4. Mascaro (2018) explica que a forma jurídica surge no capitalismo, pois o contrato estabelecido para que o trabalhador venda sua força de trabalho é um vínculo jurídico.

qualificá-los, compará-los, analisando seus comportamentos, para então exercer um poder que vise disciplinar, normalizar e adaptar a sociedade a serviço do sistema capitalista.

Embora o Serviço Social não se evidencie nesta lista e tenha outro processo histórico, pode-se dizer que fora requisitado no âmbito de instituições sociais como uma maneira de vigiar as condutas das famílias, sua funcionalidade/disfuncionalidade, sua constituição e estrutura e se os cuidados com as crianças eram adequados (Donzelot, 1977; Fávero, 2007). A base deste olhar pautava-se no modelo considerado "normal" para cada época e tinha o objetivo de indicar algum tratamento para família e as medidas a serem tomadas pelas autoridades judiciárias no sentido de punir, reajustar a família, abrigar a criança, se fosse o caso (Fávero, 2007). A autora lembra que até hoje o Serviço Social recebe influências deste modelo de abordagem no âmbito da Infância e Juventude, desde as primeiras inserções no Juizado de Menores no final dos anos 1940, pautado numa metodologia do "[...] serviço social dos casos individuais" (Fávero, 2007, p. 46).

A partir dessa perspectiva, é fundamental que as/os psicólogas/os e as/os assistentes sociais compreendam a serviço de quem suas áreas de saber se constituíram, assim como o contexto de relações de poder e hierarquia que historicamente atravessa o Poder Judiciário, reconhecendo-se também enquanto classe trabalhadora, para que não operem micropoderes nas relações com os usuários deste serviço os quais serão atendidos nos estudos determinados.

Os profissionais devem atentar sobre a questão social que atravessa os grupos excluídos e refletir sobre a gênese dos "[...] valores hegemônicos que incidem sobre parcelas minoritárias da sociedade, acirrando o processo de exclusão" (Pereira, 2014, p. 202). Segundo o autor, o projeto ético-político das profissões tem por objetivo "[...] provocar a superação do senso comum e a construção de uma consciência crítica, conscientes dos limites da sociabilidade capitalista e, em última instância, estabelecer as possibilidades de superação dessa sociedade" (Pereira, 2014, p. 205).

Nesse sentido, cabe aos profissionais estarem constantemente atentos aos seus posicionamentos ético-políticos e alinhados aos respectivos Códigos de Ética, para que não se reproduzam a violência e a opressão que as famílias já vivenciam. Eis alguns Princípios Fundamentais Código de Ética do Serviço Social e da Psicologia, respectivamente:

I. Reconhecimento da liberdade como valor ético central e das demandas políticas a ela inerentes — autonomia, emancipação e plena expansão dos indivíduos sociais;

II. Defesa intransigente dos direitos humanos e recusa do arbítrio e do autoritarismo;

VIII. Opção por um projeto profissional vinculado ao processo de construção de uma nova ordem societária, sem dominação, exploração de classe, etnia e gênero (CFESS, 1993).

II. O psicólogo trabalhará visando promover a saúde e a qualidade de vida das pessoas e das coletividades e contribuirá para a eliminação de quaisquer formas de negligência, discriminação, exploração, violência, crueldade e opressão;

VII. O psicólogo considerará as relações de poder nos contextos em que atua e os impactos dessas relações sobre as suas atividades profissionais, posicionando-se de forma crítica e em consonância com os demais princípios deste Código. (CFP, 2005).

O estudo psicológico e social é o momento em que as pessoas terão suas condutas e suas vidas avaliadas pelos operadores da justiça a partir de normas hegemônicas preestabelecidas. Os respectivos pareceres irão sistematizar os dados obtidos a partir destes e ganharão conotação de verdade, a depender de como são apresentados tais dados. Segundo Fávero (2007), os relatórios, enquanto instrumentos de poder, tornam-se uma verdade construída sobre os sujeitos.

Ainda que o acolhimento seja uma suspensão temporária do poder familiar, as observações decorrentes da prática profissional sinalizam que são "[...] experiências de ruptura e dor" (Rizzini; Rizzini, 2004, p. 76). Gera estresse não só na criança que teve o vínculo familiar abruptamente rompido pelo afastamento de sua família, mas também traz sentimentos de insegurança, ansiedade, angústia, dúvidas aos genitores diante da judicialização da vida familiar e pelo que pode vir pela frente, diante das dificuldades de acesso à justiça, por desconhecerem esse universo e seus procedimentos e se verem à mercê de decisões judiciais a cada audiência concentrada.

Essas audiências, respaldadas pelos parágrafos 1º e 2º, art. 19 do ECA, têm por objetivo reavaliar a permanência da criança na instituição ou seu retorno à família, sendo fundamental a participação da criança, do adolescente e da família. A rede que integra o Sistema de Garantia de Direitos é convocada a se reunir e apresentar seu olhar sobre a família, visto que se supõe que esta família acessou algumas políticas públicas para garantir seus direitos e poder reaver a guarda de seu filho. Todavia, o que se vislumbra é um momento em que o saber se expressa no mais absoluto poder sobre a família, cada um demonstrando seu saber numa tentativa de normatizar e disciplinar os padrões de vida daqueles sujeitos que ali estão e que nem sequer são ouvidos. Quem conduz as audiências são juízes que garantem e reiteram uma ordem capitalista com seus rituais, signos de distinção, poder econômico e políticos distintos dos demais trabalhadores (Mascaro, 2018).

Em uma instituição em que o controle e o poder são delineados não somente nas relações sociais que ali se estabelecem, mas em sua estrutura estética e arquitetônica, não é muito difícil os profissionais incorrerem em atuações técnicas que culpabilizam e desqualificam a família por supostas "negligências". Conforme salienta Rosa, as questões da infância e juventude acompanham as fantasias dos grupos sociais,

> [...] expressa nos enunciados, tomando, ao longo da história, alguns dos lugares ocupados pela criança e pelo jovem, lugares esses que produzem

discursos diferenciados que recaem sobre os sujeitos dependendo do extrato social que ocupa a família e de outras referências, como cor, religião, nacionalidade ou gênero (Rosa, 2018, p. 102).

O uso indiscriminado que é feito do termo negligência, por exemplo, como justificativa para acolher e manter a criança acolhida é um dos fatores de discriminação contra as famílias, visto que é comum não levar em consideração a questão social.

> No cotidiano da consolidação dessa legislação, a família pobre foi ganhando um novo estatuto: família negligente, categorização que passa a justificar a intervenção estatal e a continuidade da retirada de crianças e adolescentes de suas famílias. Em poucas palavras: não se retira por pobreza, mas por negligência, e são os pobres os considerados negligentes. [...] Definida pela negação, a família negligente é considerada "culpada" por suas estratégias de sobrevivência, autuada pelo que "não fez", por uma falta de ação no provimento das necessidades da criança (Nascimento, 2012, p. 40 e 43).

Mesmo que o acolhimento seja inevitável, é importante interpretar o contexto sociopolítico, analisando em que medida as condições de vida que engendraram o acolhimento podem ser desdobramentos de discriminações, racismo, exclusão socioeconômica, política, educacional e cultural, denunciando, desse modo, tais situações. É preciso considerar o quadro de violência social no qual a pobreza se insere, trazendo "[...] à tona aspectos da dimensão histórico-social da situação apresentada" (Fávero, 2007, p. 49), bem como o sofrimento produzido pelos processos de exclusão.

Rosa (2018), psicanalista, ao tratar da dimensão sociopolítica do sofrimento a partir de sua trajetória com sujeitos submetidos à violência social e propor o lugar da escuta do psicanalista face a essas situações, constata que as consequências da pobreza e da exclusão social nos sujeitos do modelo econômico neoliberal são apatia, solidão e emudecimento. O sofrimento não é uma questão individual e patológica, mas uma vivência traumática de fenômenos sociopolíticos.

Sawaia (2014), psicóloga social de orientação sócio-histórica, inspirada nos conceitos de Heller, Espinosa e Vygotsky sobre afetividade, no sentido daquilo que nos afeta, desenvolve o conceito de sofrimento ético-político para retratar o sofrimento provocado do processo de exclusão/inclusão em contextos de desigualdades sociais, atravessados pelas questões de gênero e raça/etnia. Diz ela que:

> O sofrimento ético-político abrange as múltiplas afecções do corpo e da alma que mutilam a vida de diferentes formas. Qualifica-se pela maneira como sou tratada e trato o outro na intersubjetividade, face a face ou anônima, cuja dinâmica, conteúdo e qualidade são determinados pela organização social. (Sawaia, 2014, p.106).

Segundo Sawaia (2006, 2014), os sentimentos dominantes de cada momento histórico são aqueles sentimentos apresentados como pertencentes à natureza humana, quando, na verdade, refletem modos de exploração e dominação. A ideologia autoritária mobiliza sentimentos como vergonha, medo e respeito à autoridade. O sofrimento ético--político é a dor em ser tratado como desqualificado, inferior, subalterno. É a discriminação social, o sentimento de desamparo (objetivo e subjetivo), a vivência cotidiana da desigualdade social, a negação imposta de apropriar-se da produção cultural, social e material, que paralisa o movimentar-se no espaço público e a expressão de desejos e afetos (Sawaia, 2014; Sawaia, 2006).

Por mais distante afetivamente que a família pareça de seus filhos e filhas que foram acolhidas/os, é preciso levar em consideração o quanto os valores dominantes estão introjetados, levando à sensação de incapacidade para cuidar de seus filhos por se considerarem inadequados. A atitude passiva das famílias para reaver os filhos "[...] pode revelar a internalização do sentimento de impotência e incompetência dessas mães e dessas famílias, despotencializadas e desvitalizadas diante de suas condições de existência" (Moreira, 2014, p. 35).

Qual então seria o afeto ideal que uma mãe e um pai manifestam por aquele filho? Como estabelecer o que é um caso de negligência ou não? Como definir o que são modos de vida mais adequados a crianças e adolescentes? Como avaliar quais seriam as razões para aco-lhimento e permanência de uma criança em instituição? São algumas indagações a serem feitas para que as concepções teóricas e pessoais de cuidado parental não se estabeleçam como formas de vigilância e disciplina em relação à família atendida, numa lógica moralizante e individual, descontextualizada dos processos de exclusão social e do sofrimento psíquico decorrente desses processos, transformando uma medida protetiva em punição à família.

É essencial uma atuação profissional que referendem ações éticas e transformadoras e um saber que seja utilizado como forma de resistên-cia às opressões e aos preconceitos e não como função normatizadora e culpabilizadora (Fávero, 2007). Uma intervenção técnica que analise "[...] a responsabilidade das políticas públicas para a viabilização dos direitos" e aponte como a ausência dessas políticas podem agravar as vivências ali colocadas (Fuziwara, 2018, p. 165).

Considerações finais

O acolhimento institucional de crianças e adolescentes é pautado por contradições, visto que, se por um lado, o paradigma da proteção integral garante direitos de acesso às políticas sociais e prioriza a convivência familiar e comunitária, por outro, observações apontam que a incidência da medida protetiva de acolhimento recai sobre as famílias pobres, numa tentativa de controle e disciplinamento, sem levar em conta o contexto de exclusão e desigualdade social, bem como o sofrimento ético-político, consequência do capitalismo e de políticas neoliberais. Talvez isso se altere quando a sociedade capi-talista for superada.

De todo modo, a família precisa superar as situações de vulnerabilidades que desencadearam o acolhimento institucional para que seus filhos possam retornar ao convívio familiar. Para tanto, é primordial a articulação da rede de proteção não só em relação à garantia de direitos da criança e do adolescente institucionalizado, mas na extensão desta mesma garantia à sua família, efetivando o acesso às políticas públicas. Todavia, é comum a imposição de uma série de cobranças aos genitores pelos profissionais que atendem a família, como contrapartida para que tenham assegurado o retorno de seus filhos aos seus cuidados, mas que não fazem muito sentido à família e não promovem o protagonismo e a autonomia.

Vale lembrar que o atual contexto social e político, de crise do capitalismo, agravado pelo conservadorismo e o neoliberalismo, tem vislumbrado um momento de desmonte das políticas sociais e das garantias de direitos humanos. Desse modo, cada vez mais o Estado se desresponsabiliza de cumprir sua função protetiva e as políticas públicas tornam-se mais fragilizadas e retraídas. No cotidiano profissional, é notória a identificação da ausência de acesso a políticas públicas por parte das famílias nos casos que ensejam acolhimento institucional de crianças e adolescentes.

As relações de trabalho cada vez mais precarizadas agravam ainda mais as condições de vida da população que já se encontra em situação vulnerável, alargando o fosso entre as classes sociais, ficando a população, atingida por essas condições, ainda mais sob o controle do Estado enquanto ente disciplinador.

Neste bojo, o ECA tem sido alvo de constantes ataques dessa política neoliberal, pois o que nele consta incomoda a classe dominante. Todos esses retrocessos podem refletir no modo de atuar do sistema de justiça, o qual integra o sistema capitalista, bem como de outras instituições de proteção à infância. Assim, práticas que se aproximam de formas passadas de intervenção podem se tornar mais frequentes. Nesta perspectiva, na intenção de proteger crianças e adolescentes, corre-se o risco de transformar o acolhimento em uma única medida, em detrimento das outras medidas protetivas.

É nessa direção que as ações das/os assistentes sociais e psicólogas/os, além de estarem articuladas com a Rede de Garantia de Direitos, precisam estar comprometidas eticamente com a garantia de direitos não apenas das crianças, mas também de suas famílias, denunciando as mazelas sociais do capitalismo, com ações que possam oportunizar um espaço de escuta de toda a família, de modo que esta tenha preservado seu direito de participação nesse processo e sua trajetória e singularidade respeitadas.

Referências

ARIÈS, Philipe. *História social da criança e da família.* Tradução de Dora Flaksman. 2. ed. Rio de Janeiro: LTC, 2016.

BADINTER, Elizabeth. *Um amor conquistado:* o mito do amor materno. Tradução de Waltersin Dutra. Rio de Janeiro: Nova Fronteira, 1985.

BAUMAN, Zygmunt. *O mal-estar na pós-modernidade.* 4. ed. Tradução de Mauro Gama, Cláudia Martinelli Gama. Rio de Janeiro: Zahar, 1998.

BRASIL. *Constituição da República Federativa do Brasil.* Brasília, DF: Senado Federal, 1988.

BRASIL. *Lei n. 8.069, de 13 de julho de 1990.* Dispõe sobre Estatuto da Criança e do Adolescente. Disponível em: http://www.planalto.gov.br/ccivil_03/leis/l8069.htm. Acesso em: julho 2020.

BRASIL. *Lei n. 12010, de 3 de agosto de 2009.* Altera a Lei n. 8.069, de 13 de julho de 1990 — Estatuto da Criança e do Adolescente e dá outras providências. Disponível em: http://www.planalto.gov.br/ccivil_03/_ato2007-2010/2009/lei/l12010.htm. Acesso em: julho 2020.

BRASIL. *Lei n. 13.509, de 22 de novembro de 2017.* Altera a Lei n. 8.069, de 13 de julho de 1990 — Estatuto da Criança e do Adolescente e dá outras providências Disponível em: http://www.planalto.gov.br/ccivil_03/_ato2015-2018/2017/lei/L13509.htm. Acesso em: julho 2020.

BRASIL. Ministério do Desenvolvimento Social e Combate à Fome. Secretaria Nacional de Assistência Social. *Resolução n. 145, de 15 de outubro de 2004.* Institui a Política Nacional de Assistência Social — PNAS, Norma Operacional Básica/ SUAS, Brasília, 2005.

BRASIL. Ministério do Desenvolvimento Social e Combate à Fome. Plano Nacional de Promoção. *Proteção e Defesa do Direito de Crianças e Adolescentes à Convivência Familiar e Comunitária.* Brasília (DF), 2006.

BRASIL. Conselho Nacional de Assistência Social. Tipificação Nacional dos Serviços Socioassistenciais. *Resolução n. 109, de 11 de novembro.* Brasília, 2009.

CARRETERO, Teresa, C. "A doença como projeto" — Uma contribuição à análise de formas de afiliações e desafiliações sociais. *In:* SAWAIA, Bader (org.). *As artimanhas da exclusão:* análise psicossocial e ética da desigualdade social, 14. ed. Petrópolis, RJ: Vozes, 2014. p. 89-97.

CONSELHO FEDERAL DE PSICOLOGIA. *Código de Ética Profissional do Psicólogo.* Resolução n. 010/2005. Disponível em: http://site.cfp.org.br/wp-content/ uploads/2012/07/codigo-de-etica-psicologia.pdf. Acesso em: jul. 2020.

CONSELHO FEDERAL DE SERVIÇO SOCIAL. *Código de Ética do/a Assistente Social.* Lei n. 8.662/93 de regulamentação da profissão. Disponível em: http:// www.cfess.org.br/arquivos/CEP_CFESS-SITE.pdf. Acesso em: jul. 2020.

DONZELOT, Jacques. *A polícia das famílias.* Tradução de M. T. da Costa Albuquerque. Rio de Janeiro: Edições Graal, 1980.

FÁVERO, Eunice T. *Questão social e perda do poder familiar.* São Paulo: Veras, 2007.

FEDERICI, Silvia. *Calibã e a bruxa.* Tradução Coletivo Sycorax. São Paulo: Elefante, 2017.

FOUCAULT, Michel. *A verdade e as formas jurídicas.* 4. ed. Tradução de Eduardo Jardim e Roberto Machado. Rio de Janeiro: Nau, 2013.

FOUCAULT, Michel. *Vigiar e punir:* o nascimento da prisão. 42. ed. Tradução de Raquel Ramalhete. Petrópolis-RJ: Vozes, 2014.

FUZIWARA, Aurea, S. Reflexões sobre a linguagem e a produção de documentos no trabalho social com famílias. *In:* GÓIS, Dalva, A. (org.). *Famílias e trabalho social:* trilhando caminhos no serviço social. Campinas, SP: Papel Social, 2018. p. 159-171.

GANDINI JUNIOR, Antônio. Breves considerações sobre o atendimento da Fundação Estadual do Bem-Estar do Menor aos Adolescentes Infratores no Estado de São Paulo. *Revista Fafibe on line*, Bebedouro, SP, n. 3, p. 1-6, ago. 2007. Disponível em: http://www.unifafibe.com.br/revistasonline/arquivos/revistafafibeonline/sumario/11/19042010102903.pdf. Acesso em: junho 2020.

MARX, Karl; ENGELS, Friederich. *O manifesto do partido comunista*. Edição Ridendo Castigat Mores. Versão para *e-book*, 1999. Disponível em: http://www.ebooksbrasil.org/adobeebook/manifestocomunista.pdf. Acesso em: set. 2016.

MASCARO, Alysson L. *Estado e formas jurídicas*. São Paulo: Boitempo, 2013.

MASCARO, Alysson L. *Crise e golpe*. São Paulo: Boitempo, 2018.

MIOTO, Regina C. T.; CAMPOS, Marta S.; CARLOTO, Cassia M. (orgs). *Familismo, direito e cidadania*: contradições da política social. São Paulo: Cortez, 2015.

MOREIRA, Maria I. C. Os impasses entre o acolhimento institucional e o direito à convivência familiar. *Psicologia e Sociedade*, v. 26, n. 2, p. 28-37, 2014. Disponível em: https://www.scielo.br/scielo.php?pid=S0102-71822014000600004&script=sci_abstract&tlng=pt. Acesso em: junho 2020.

MUSZKAT, Suzana. *Violência e masculinidade*. São Paulo: Casa do Psicólogo, 2011. (Coleção Clínica Psicanalítica)

NASCIMENTO, Maria L. Abrigo, pobreza e negligência: percursos da judicialização. *Psicologia e Sociedade*, v. 24, n. 2, p. 39-44, 2012. Disponível em: https://www.scielo.br/scielo.php?pid=S0102-71822012000400007&script=sci_arttext. Acesso em: junho 2020.

PEREIRA, Gênesis O. O preconceito e a prática profissional do assistente social: os valores e o projeto profissional crítico, *Serviço Social Revista*, Londrina, v. 18, n. 2, p.189-209, jan./jun. 2016. Disponível em: http://www.uel.br/revistas/uel/index.php/ssrevista/article/view/23638. Acesso em: jun.2020.

PEREIRA, José P.; OLIVEIRA, Maria C. F. *Adoção de crianças e adolescentes no Brasil*: suas trajetórias e realidades. Campinas, SP: Núcleo de Estudos de População "Elza Berquó", Unicamp, 2016. Disponível em: https://www.nepo.unicamp.br/publicacoes/textos_nepo/textos_nepo_74.pdf. Acesso em: abril 2018.

RIZZINI, Irene. *O século perdido:* raízes históricas das políticas públicas para a infância no Brasil. 3. ed. São Paulo: Cortez, 2011.

RIZZINI, Irene; RIZZINI, Irma. *A institucionalização de crianças no Brasil:* percurso histórico e desafios do presente. Rio de Janeiro: Ed. PUC-Rio; São Paulo: Loyola, 2004. *E-book* disponível em: http://www.editora.puc-rio.br/media/ebook_institucionalizacao_de_criancas_no_brasil.pdf. Acesso em: julho 2020.

ROSA, Miriam Debieux. *A clínica psicanalítica em face da dimensão sociopolítica do sofrimento.* 2. ed. São Paulo: Escuta/Fapesp, 2018.

SAFFIOTI, Heleieth. *Gênero patriarcado violência.* 2. ed. São Paulo: Expressão Popular: Fundação Perseu Abramo, 2015.

SAFFIOTI, Heleieth. Exploração sexual de crianças. *In:* AZEVEDO, Maria A.; GUERRA, Viviane N. A. (org.). *Crianças vitimizadas:* a síndrome do pequeno poder. 2. ed. São Paulo: Editora Iglu, 2007. p. 49-95.

SARAIVA, Vanessa C. S. Abrigo, prisão ou proteção? Violência estatal contra crianças e adolescentes negros abrigados. *Argumentum,* Vitória, v. 11, n. 2, p. 39-44, ago. 2019. Disponível em: http://10.18315/argumentum.v11i2.23813. Acesso em: junho 2020.

SAWAIA, Bader B. Dimensão ético-afetiva do adoecer da classe trabalhadora. *In:* LANE, Silvia T. M.; SAWAIA, Bader B. (org.). *Novas veredas da psicologia social.* 1. ed. São Paulo, SP: Brasiliense; Educ., 2006. p. 157-168.

SAWAIA, Bader B. Introdução: exclusão ou inclusão perversa. *In:* SAWAIA, Bader (org.). *As artimanhas da exclusão:* análise psicossocial e ética da desigualdade social, 14. ed. Petrópolis, RJ: Vozes, 2014. p. 7-27.

SAWAIA, Bader B. O sofrimento ético-político como categoria de análise da dialética exclusão/inclusão. *In:* SAWAIA, Bader (org.). *As artimanhas da exclusão:* análise psicossocial e ética da desigualdade social. 14. ed. Petrópolis, RJ: Vozes, 2014. p. 99-119.

SEGUNDO, Rinaldo. *Notas sobre o direito da criança.* jan. 2003. Disponível em: https://jus.com.br/artigos/3626/notas-sobre-o-direito-da-crianca/2. Acesso em: junho 2020.

SILVA, Maria L. Racismo no Brasil: questões para psicanalistas brasileiros. *In*: KON, Noemi M.; SILVA, Maria L.; ABUD, Cristiane C. (org.). *O racismo e o negro no Brasil:* questões para a psicanálise. São Paulo: Perspectiva, 2017. p. 71-89.

SOUZA, Jessé. *A elite do atraso:* da escravidão à Lava Jato. Rio de Janeiro: Leya, 2017.

WANDERLEY, Mariangela B. Refletindo sobre a noção de exclusão. *In*: SAWAIA, Bader (org.). *As artimanhas da exclusão:* análise psicossocial e ética da desigualdade social, 14. ed. Petrópolis, RJ: Vozes, 2014. p. 17-27.

CAPÍTULO 8

Judicialização de casos de recém-nascidos:
um olhar sobre o uso de substâncias psicoativas e seus impactos no direito à convivência familiar e comunitária

Izaura Benigno da Cruz
Jéssica dos Anjos Rodrigues de Jesus

Introdução

O capítulo apresenta a pesquisa sobre os casos de recém-nascidos cujas/os mães/pais fazem uso de substâncias psicoativas e foram judicializados, além de uma reflexão sobre essa demanda, considerando-se as diretrizes e normativas vigentes. Compreendeu-se como judicialização o encaminhamento do caso ao Sistema de Justiça, nesse caso, à Vara de Infância e Juventude (VIJ).

O levantamento dos dados foi realizado em atenção às atribuições dos assistentes sociais e psicólogos judiciários (Tribunal de Justiça de São Paulo, 2019), que prevê a realização de uma estatística anual das atividades desenvolvidas e a participação em projetos que visem à análise, ao estudo e ao diagnóstico das condições de trabalho, buscando o aperfeiçoamento e a qualificação do atendimento ao jurisdicionado. Objetiva-se compreender tanto a pertinência da judicialização desta demanda, quanto seus desdobramentos no Sistema de Justiça, além de levantar dados sobre as orientações da Saúde quanto à notificação de situação de risco, e propor reflexões a partir da análise dos dados e da bibliografia pesquisada.

A pesquisa foi realizada com base nos dados de uma Vara da Infância e Juventude de um Fórum Regional localizado na Zona Leste da cidade de São Paulo. A abrangência territorial desse Fórum Regional atende a população de sete distritos e parte de um oitavo distrito[1] da capital. Somando-se a população dos sete distritos, havia um total de 920.542 pessoas, no ano de 2019 (Prefeitura de São Paulo, 2019). A região conta com 05 Conselhos Tutelares, 12 SAICAS (Serviço de Acolhimento Institucional para Crianças e Adolescentes), 03 CAPS AD (Centro de Atenção Psicossocial Álcool e Drogas), 03 CAPS Adulto, 02 CAPS Infantojuvenil, 03 hospitais com maternidade, 03 CRAS (Centro de Referência da Assistência Social), 03 CREAS (Centro de Referência Especializado da Assistência Social).

Partiu-se do pressuposto da importância do fortalecimento e articulação da rede de serviços que atendem crianças, adolescentes e suas famílias, evitando-se a judicialização de situações sem que houvesse a efetiva atuação desses serviços. Assim, refletir sobre limites e possibilidades de gerar indicadores de avaliação quanto ao papel do Judiciário, em especial da Vara da Infância e Juventude, se faz premente, já que acaba por assumir funções do poder executivo quando acionada sem privilegiar as instâncias anteriores do Sistema de Garantia dos Direitos da Criança e Adolescente (SGDCA). Aguinsky

---

1. Segundo a divisão territorial do município, tal distrito pertence a outro bairro da divisão Leste 1. Os demais distritos atendidos pelo referido Fórum pertencem à divisão Leste 2. Disponível em: https://www.prefeitura.sp.gov.br/cidade/secretarias/upload/chamadas/o5_1400688031.pdf. Acesso em: 20 jul. 2020.

e Alencastro (2006, p. 22) demarcam a "[...] responsabilidade do Estado em responder às demandas colocadas pela questão social, sem que haja um privilegiamento do Poder Judiciário, em detrimento da responsabilização inicial dos Poderes Legislativo e Executivo".

As autoras ponderam ainda que "[...] o poder Judiciário tem [...] a obrigação ética de interpelar a instituição que for [...], entretanto, teria uma ação infinitamente mais impactante e transformadora nas relações sociais se agisse na prevenção dos conflitos sociais, detendo-se mais ao interesse coletivo" (Aguinsky; Alencastro, 2006, p. 22).

A judicialização gerou uma crescente demanda de trabalho para os assistentes sociais e psicólogos desta Vara da Infância e Juventude, uma vez que os bebês estavam internados quando do encaminhamento do caso. Esse atendimento, em caráter de urgência, é realizado no chamado "plantão"[2]. Os profissionais de ambos os setores se indagavam quanto à pertinência desta demanda sem, antes, efetivarem-se as garantias de promoção dos direitos dessas mães, pais, e de suas crianças recém-nascidas. Tudo isso, considerando-se o papel de cada um no SGDCA[3] e o protagonismo da Saúde e da Assistência Social nas intervenções com mães e pais usuários de substâncias psicoativas e suas famílias[4].

---

2. O artigo 808 das Normas de Serviço da Corregedoria Geral de Justiça tipifica as demandas do plantão: "Os Assistentes Sociais e os Psicólogos darão plantões diários, de segundas as sextas-feiras, no horário das 13h às 18h, no próprio recinto de cada fórum, ou onde designado, para atendimento e orientação dos interessados encaminhados por unidades judiciais com competência para matérias relativas à Infância e Juventude, Família e Sucessões, Violência Doméstica e Familiar contra a Mulher, Idosos que demandam medidas de proteção e Criminais, desde que necessário o depoimento especial, nos termos da Lei n. 13.431/2017".

3. Tais observações e indagações, a nosso ver, estão em estrita consonância com a resolução do CONANDA n. 113 de abril de 2006 que estabelece o SGD — Sistema de Garantia de Direitos; a alteração do ECA pela Lei 12.010/09; e os enunciados 01 e 02 do parecer CIJ n. 04/10 publicado em 27/08/2010 no DOJ do TJSP.

4. A nota técnica conjunta 01/2016 MDS/MSaúde diz: "Este documento direciona-se, especialmente, a gestores(as) e profissionais de saúde e de assistência social de todo o país, reconhecendo o protagonismo do Sistema Único de Saúde (SUS) e do Sistema Único de Assistência Social (SUAS) na atenção integral a esse público requerem uma abordagem multissetorial e interdisciplinar, dentre as quais estão inseridas a Saúde e a Assistência Social".

O posicionamento profissional pautado nas referências técnicas e éticas de seus respectivos conselhos de classe é fundamental para a superação de práticas preconceituosas e conservadoras em relação aos usuários de substâncias psicoativas, principalmente as ilícitas.

Em 2016, o Conselho Federal de Serviço Social (CFESS) publicou uma cartilha de orientação aos profissionais do serviço social no sentido de promover a autorreflexão sobre a profissão no que tange à intervenção perante a essa população. E, um de seus objetivos é: "[...] dar suporte aos/às assistentes sociais, para que se mantenham permanentemente vigilantes em seus posicionamentos éticos e políticos, de modo a transformá-los em ações que combatam as diversas manifestações de preconceito" (CFESS, 2016, p. 6).

O Conselho Federal de Psicologia (CFP, 2019) apresenta à categoria o documento Referências Técnicas para Atuação de Psicólogas(os) em Políticas Públicas de Álcool e Outras Drogas, que demarca o compromisso da Psicologia com a autonomia e dignidade da pessoa que faz uso ou abuso de substâncias psicoativas. O documento apresenta as boas práticas que vêm sendo desenvolvidas neste campo, orientadas pela lógica da redução de danos e centralidade nas(os) usuárias(os). Este documento foi produzido, inicialmente, em 2013, e teve sua segunda edição publicada em 2019, com atualização das políticas públicas que estão em constante mudança na área.

O uso de drogas é um fenômeno que se coloca presente ao longo da história da humanidade, sendo o proibicionismo uma prática mais recente, perpassado por motivações sociais, culturais e econômicas, e também fortemente marcado por uma perspectiva higienista, tendo como objetivo a abstinência (CFP, 2019). Em contrapartida, a perspectiva da Redução de Danos consiste em lidar com as singularidades de cada usuário, e avaliar as possibilidades de cada caso, não tendo a abstinência como objetivo, necessariamente. Trata-se de realizar intervenções sem julgamento moral, e buscando fazer um trabalho de vinculação e corresponsabilização com o usuário, estimulando sua participação e engajamento no projeto terapêutico (Brasil, 2003).

Assim, de modo geral, a equipe de assistentes sociais e psicólogas desta VIJ entendia que o fato de alguém utilizar substância psicoativa, por si só, não o faria "incapaz" de exercer poder familiar. Mas, ainda que isso se traduzisse em um impedimento — temporário ou não — indagava-se o motivo de, em muitos casos, a família extensa não ser acionada para assumir a guarda do recém-nascido, sem a judicialização. Assim, a própria família extensa, devidamente orientada sobre seus direitos, buscaria a regularização de guarda via Defensoria Pública ou advogado particular. Em paralelo, compreendia-se que, se a rede de saúde do território dos genitores fosse acionada, estes poderiam ter atenção necessária para cuidarem de si e, assim, ampliarem e fortalecerem suas capacidades protetivas no exercício do poder familiar.

A escolha por casos atendidos em plantão ocorreu devido à especificidade destes atendimentos. Os plantões técnicos da VIJ pesquisada se distinguem da chamada triagem, que se faz ao público em geral. A triagem é realizada exclusivamente por profissionais do Serviço Social[5] e geralmente envolve orientações ao público que, por vezes, fogem à competência do Serviço Social no campo sociojurídico ou da VIJ em especial[6]. No Manual de Procedimentos Técnicos elaborado pelo TJSP (2017), há referência a um "Livro de registro das pessoas atendidas sem processo" cuja descrição se assemelha à triagem aqui mencionada, porém com a nomenclatura de "plantão".

---

5. Embora a Portaria TJSP n. 9.796, de 14 de outubro de 2019, tenha atribuído a triagem também ao setor de Psicologia, não houve alteração na prática dos setores técnicos da VIJ no referido Fórum, devido à escassez de profissionais psicólogos.

6. As triagens são registradas diariamente pelos profissionais do Serviço Social em uma planilha própria. Em levantamento estatístico no qual foram tipificadas as triagens entre os meses de setembro de 2016 e março de 2017, verificou-se que, naquela ocasião, as demandas trazidas pelos usuários eram as mais diversas: orientação jurídica sobre guarda; adoção unilateral; recepção de casos agendados por outras colegas; informação sobre acolhimento de crianças; queixa de comportamento; orientação sobre vaga em creche; informação sobre adoção e apadrinhamento afetivo; informações sobre recém-nascidos *sub judice*, entre outras, as mais variadas.

Na busca por referências bibliográficas sobre triagem relacionada à prática do Serviço Social, o que se verifica é pouco estudo a esse respeito e, por vezes, tal prática se confunde com o atendimento em "plantão".

Se, por um lado, o plantão pode ser espaço de reprodução do imediato, por outro, Monteiro (2010) reflete que o plantão social é um "[...] espaço que permite uma aproximação com os usuários, com os seus problemas cotidianos e emergenciais, é um *locus* privilegiado de compreensão das formas de enfrentamento do usuário da questão social" (Monteiro, 2010, p. 23). A autora considera que o plantão possui, "[...] portanto, potencial para produzir ou gerar indicadores importantíssimos para a definição das políticas sociais, sendo também um espaço fundamental para trabalhar na perspectiva de fortalecimento de sujeitos" (Monteiro, 2010, p. 498).

Faz-se necessária uma breve reflexão quanto ao objetivo do plantão: as normas da corregedoria não exigem elaboração de estudos sociais e psicológicos, nomeados como "avaliações", mas tão somente "atendimento e orientação", diferentemente do que vem sendo realizado no referido Fórum Regional. Importa demarcar que a orientação e o encaminhamento se diferenciam da avaliação social ou psicológica, que exige aprofundamento e, portanto, não deve se realizar na imediaticidade[7] do que se denomina plantão. Em estudo da área da saúde, que historicamente faz uso dessa forma de organização do processo de trabalho, há ponderação de ser essa uma forma

---

7. "A prática profissional imediata, circunscrita à fenomenalidade dos processos sociais, que apreende apenas a realidade em sua aparência, deixa-se prender apenas à multiplicidade das atividades emergenciais cotidianas. Nessas condições, a prática profissional do assistente social restringe-se somente ao atendimento das demandas explicitadas pelos usuários, às rotinas e aos procedimentos estabelecidos no fluxograma institucional, amortece os conflitos e individualiza as sequelas da questão social. Trata-se de uma prática espontânea e reiterativa. A superação da imediaticidade ocorre no plano do pensamento, por meio da apropriação de um instrumental teórico-metodológico capaz de desvelar a realidade em sua essência, de apreender o movimento do real em suas múltiplas mediações" (Coelho, 2008, p. 324).

conservadora de atuação no imediato, a partir das demandas explicitadas pelos usuários: "[...] os profissionais que trabalham nessa perspectiva têm como objetivo apenas a orientação, o encaminhamento com o fim em si mesmo, o apoio e o aconselhamento, com a finalidade de adaptar o indivíduo ao meio" (Monteiro, 2010, p. 23).

No que concerne aos estudos sociais, importa frisar que há finalidades e objetivos específicos de acordo com o projeto ético-político da profissão de Serviço Social, como competência exclusiva do Assistente Social prevista na Lei n. 8662/93 (Brasil, 1993). Fávero (2005) afirma que o usuário é um "[...] indivíduo social, e a realidade social que condicionou sua história, bem como o fato que motivou a realização do estudo, devem ser trazidos à tona" (Fávero, 2005, p. 36). Assim, não se presta a tão somente responder a demanda imediata e mediata sem que haja inter-relação com a análise histórica, com a sociedade e a correlação de forças existentes, esclarecendo-se, em suma, o quanto a família acessa ou não os serviços de Saúde, Assistência Social, entre outros, como efetivo exercício de seus direitos constitucionais.

As avaliações psicológicas se norteiam pelas competências e atribuições do psicólogo, com base nos princípios fundamentais que direcionam o trabalho, conforme Conselho Regional de Psicologia, em seu Código de Ética Profissional (2005) e Resolução CFP 008/2010, e consideram que as questões de ordem psicológica têm determinações históricas, sociais, econômicas e políticas. Trata-se de um recorte específico da vida dos sujeitos envolvidos naquela demanda, correspondendo ao momento em que se dá a avaliação e considerando-se a natureza dinâmica, não definitiva e não cristalizada das relações intersubjetivas e dos processos psicológicos.

Assim, situa-se a relevância desta pesquisa na necessidade de analisar como a prática de judicialização de casos de recém-nascidos vem se delineando e quais seus desdobramentos jurídicos, sociais e psicológicos. Objetiva-se o fornecimento de subsídios para profissionais que atuam na área jurídica, socioassistencial e da saúde quanto ao tema em questão, auxiliando-os a refletir sobre sua própria intervenção e possibilitando caminhos para a desconstrução de práticas de trabalho cristalizadas.

O uso de substâncias psicoativas e o direito à convivência familiar e comunitária dos bebês recém-nascidos

Algumas pesquisas têm sido realizadas buscando promover reflexões sobre o exercício da maternidade quando há uma situação de uso e/ou abuso de substâncias psicoativas, entre outras vulnerabilidades (Souza, 2018; Gomes, 2017).

Souza (2018) faz uma reflexão, com base na análise foucaultiana, quanto ao controle dos corpos por parte do Estado que, por vezes, em vez de proteger, acaba violando direitos:

> As mães cujos corpos não sejam considerados suficientemente controlados pelo Estado serão então consideradas incompetentes para a maternagem, ou, ao menos, para uma certa maternagem esperada e preconizada para a formação dos corpos para o trabalho, por um Estado regente de uma sociedade de controle, sociedade de sequestro (Souza, 2018, p. 29).

A separação das mães de seus bebês, logo nas maternidades, é recorrente na vida de mulheres que vivenciam situações de vulnerabilidade social, como a pobreza extrema ou situação de rua, cumulada ou não com o uso de substâncias psicoativas, o que marca a trajetória institucional de muitas crianças (Gomes, 2017).

Há uma polarização, entre os profissionais da saúde, quanto à proteção do binômio mãe-bebê, sendo que ora se destina à mãe ora se destina ao bebê, não havendo uma compreensão quanto às diversas possibilidades de constituição da família:

> [...] quando não há posicionamento ético-político por parte dos trabalhadores de saúde de que estas duas vidas valem muito sem preponderância de uma sobre outra, a efetivação de políticas públicas como a do SUS é exposta ao processo de judicialização, deixando nas mãos do Estado ou do juiz a produção de verdades absolutas, que determinam homogeneidade para uma multiplicidade de existências (Souza, 2018, p. 35).

E ampliando a discussão, não apenas os profissionais que atuam na saúde, mas também os da rede socioassistencial e judiciário necessitam considerar a importância de olhar para a família que ali se constitui, as necessidades apresentadas, visando ao trabalho integrado que garanta o acesso aos direitos previstos. Não é possível olhar para o bebê desvencilhado de sua história, de sua família. Além disso, os primeiros anos de vida são críticos do ponto de vista do desenvolvimento e merecem a devida atenção e proteção (Spitz, 2013; Bowlby, 2015). O Marco Legal da Primeira Infância, previsto pela Lei n. 13.257 de março de 2016, delimita a primeira infância no período que abrange os seis primeiros anos de vida e estabelece uma série de políticas, planos e programas para atender às especificidades desta faixa etária (Brasil, 2016).

Ao longo dos primeiros meses de vida, a percepção afetiva e os afetos são as formas predominantes de experiência, havendo praticamente exclusão de todas as demais formas de percepção. Assim, a atitude emocional da mãe, seus afetos, serão utilizados para conferir qualidade de vida ao bebê. As demais pessoas que compõem o ambiente, e não apenas a mãe, têm também uma influência emocional para o bebê e sua constituição psíquica: "Mesmo o ambiente cultural e seus costumes têm influência sobre a criança, já no decorrer do primeiro ano de vida" (Spitz, 2013, p. 101).

Considerando-se a Psicologia do desenvolvimento, de acordo com a Teoria do Apego desenvolvida por Bowlby, o bebê nasce com uma forte inclinação a manter proximidade com um cuidador, e esta relação, sendo segura e estável, possibilitará o desenvolvimento de um apego seguro e, consequentemente, um desenvolvimento afetivo e social saudável. Numa situação extrema, onde esses laços não são formados ou se rompem precocemente, há risco de a criança desenvolver distúrbios emocionais (Bowlby, 2002).

Compreende-se que o olhar para esse período do desenvolvimento deve ser cuidadoso e, sendo o desenvolvimento infantil um fenômeno complexo, que ocorre ao longo de anos, exige também intervenções complexas, com envolvimento de diversos atores do SGDCA. É preciso considerar o contexto sócio-histórico e cultural da família, não limitando as possibilidades de ação a soluções simplistas e, por vezes, violadoras de direitos.

O Plano Nacional de Convivência Familiar e Comunitária apresenta uma discussão quanto aos diversos modelos familiares e a necessidade da superação de modelos estigmatizantes:

> A desnaturalização do conceito de família, a desmistificação de uma estrutura que se colocaria como ideal e, ainda, o deslocamento da ênfase da importância da estrutura familiar para a importância das funções familiares de cuidado e socialização, questionam a antiga concepção de "desestruturação familiar" quando abordamos famílias em seus diferentes arranjos cotidianos. Vimos, agora, surgir a imperiosa necessidade de reconhecimento do direito à diferença, desde que respeitado o referencial dos direitos de cidadania. Ou seja, a família nuclear tradicional, herança da família patriarcal brasileira, deixa de ser o modelo hegemônico e outras formas de organização familiar, inclusive com expressão histórica, passam a ser reconhecidas, evidenciando que a família não é estática e que suas funções de proteção e socialização podem ser exercidas nos mais diversos arranjos familiares e contextos socioculturais, refutando-se, assim, qualquer ideia preconcebida de modelo familiar "normal" (Conanda, 2006, p. 29).

Método

Foi realizado um levantamento quantitativo de todos os casos encaminhados à VIJ pelos hospitais e atendidos em plantão[8] pelos setores de psicologia e serviço social entre julho de 2017 e julho de 2019. Ao todo, foram 120 casos por determinação judicial[9]. Deste total, 97 casos tratavam de bebês recém-nascidos que a equipe do hospital entendeu estar em possível situação de risco, sendo este o objeto de análise e discussão.

Para o levantamento inicial, foi utilizada a planilha de controle de distribuição dos plantões aos setores, a qual contém o número dos processos. A partir dela, foi realizada leitura dos processos para obtenção das seguintes informações: nome dos recém-nascidos; nome da unidade hospitalar demandante; se houve ou não acionamento da rede pelo hospital; se havia notícia de uso de substâncias psicoativas por um dos genitores do recém-nascido; se o recém-nascido estava em alta hospitalar por ocasião da judicialização; se o pai da criança era conhecido; posicionamento/parecer dos profissionais do Judiciário após realização do estudo do caso; decisão judicial após plantão; quantas crianças foram acolhidas; quantas crianças permaneceram institucionalizadas até seis meses[10] após decisão judicial e destas, quantas foram entregues aos familiares (pais e/ou família extensa); dos que permaneceram acolhidos, quantos de seus pais e mães eram considerados usuários de substâncias psicoativas por ocasião da judicialização dos casos.

---

8. Um plantão geralmente significa um dia de trabalho que pode ser estendido quando o profissional solicita dilação de prazo para conclusão dos estudos.

9. Para esse levantamento em especial, foram considerados apenas os casos encaminhados por unidade hospitalar. Não foram considerados os demais casos de plantão, que ocorrem por demanda espontânea dos usuários.

10. Em seu artigo 19, o ECA institui que a reavaliação da situação de acolhimento institucional deve ser feita a cada três meses. Tendo em vista que a lei que alterou esse artigo (13509 de 22/11/2017) foi posterior ao período definido para a coleta de dados da pesquisa, optou-se por manter o tempo de até seis meses, anteriormente preconizado como máximo para as reavaliações.

A análise dos dados obtidos foi conduzida com base nas discussões que vêm sendo realizadas nos campos da Saúde e da Assistência Social, na interface com o Serviço Social e Psicologia no Judiciário.

Resultados e discussão

Considerando-se os 120 casos iniciais, 97 (81%) tratavam de recém-nascidos *sub judice*[11]; 15 (12%) referiam-se a "outros" assuntos, como situações de bebês ou crianças maiores em suspeita de violência intrafamiliar e, principalmente, de mãe ou pai menor de 14 anos sem guardião legal ou mãe sem documento pessoal, o que impossibilita o registro do recém-nascido; e os demais 08 casos (7%) tratavam de entrega voluntária.

É significativo, com relação ao total de casos encaminhados pelos hospitais, o percentual relativo a recém-nascidos, o que corrobora o observado empiricamente no cotidiano de trabalho das equipes de serviço social e psicologia, quanto ao volume de atendimentos com esta demanda específica.

Quanto à entrega voluntária, prevista pelo Estatuto da Criança do Adolescente (Brasil, 1990), em seu artigo 19-A: "A gestante ou mãe que manifeste interesse em entregar seu filho para adoção, antes ou logo após o nascimento, será encaminhada à Justiça da Infância e da Juventude", configura-se como a menor demanda em comparação às demais. Esta tem sido realizada de acordo com a referida legislação, como parte de um fluxo que visa à garantia de direitos da criança recém-nascida e da mulher que decide pela entrega.

Com a identificação da maior demanda de casos encaminhados à referida VIJ, foi fundamental a compreensão do fluxo de

---

11. *Sub Judice na VIJ em comento significa:* em análise pelo Juízo, que ainda será julgado. Nos casos específicos sobre os quais discorreremos, o recém-nascido não podia ser liberado pelo hospital, mesmo com alta médica, a quem quer que fosse, até que houvesse determinação judicial.

encaminhamento de situações de violação de direitos ao Judiciário. O município de São Paulo elaborou um *Caderno de violência doméstica e sexual contra crianças e adolescentes* (São Paulo, 2007). Neste caderno são definidos os tipos de violência que merecem atenção dos profissionais de saúde e estabelecidos alguns critérios para sua comunicação a partir da sugestão de protocolos. Por sua vez, o estado de São Paulo publicou em seu site um texto de orientação chamado "Violência contra crianças e adolescentes", que promove orientações básicas e define os tipos de violência a serem considerados. No mesmo site, o estado de São Paulo publicou uma cartilha do Ministério da Saúde tratando da mesma temática (Brasil, 2010).

Basicamente, os tipos de violência apresentados nestes documentos são parecidos: física; sexual; psicológica; negligência. A cartilha do Ministério da Saúde identifica negligência junto ao abandono dessa forma: negligência/abandono. A do município de São Paulo acrescenta outros tipos de violência como: Síndrome de Münchausen por Transferência e *Bullying.*

Nos documentos citados, há referência sobre a obrigatoriedade da notificação quando há suspeita ou confirmação de maus-tratos à criança e ao adolescente, e definem a quem devem ser feitas tais notificações. No caso do município de São Paulo, há referências também à legislação estadual (São Paulo — cidade, 2007):

> Notificação pode ser definida como a informação emitida pelo setor da saúde ou por qualquer outro órgão ou pessoa para o Conselho Tutelar ou a Vara da Infância e Juventude, com a finalidade *de promover cuidados sócio-sanitários voltados à proteção de crianças e adolescentes vítimas de maus-tratos.* [...] *Nas localidades onde o Conselho Tutelar é inoperante, a comunicação pode ser feita diretamente à Vara da Infância e Juventude da localidade de moradia da vítima.* [...] *No ano 2000, o Estado de São Paulo, através da Lei n. 10.498, estabeleceu a notificação compulsória de maus-tratos contra crianças e adolescentes* (São Paulo, 2007, p. 36, grifo nosso).

O Decreto Municipal n. 44.142, de 20 de novembro de 2003, determina que os casos de violência contra crianças e adolescentes serão comunicados pelas Secretarias Municipais ao Ministério Público e ao Conselho Tutelar (São Paulo, 2007, p. 37).

Foram identificados três hospitais, todos situados na jurisdição da VIJ em questão, como principais demandantes do Judiciário. Do total de 97 casos, o Hospital 01 foi o que mais realizou encaminhamentos, com 45 processos (47%); o Hospital 02 foi responsável por 30 processos (31%); e o hospital 03 foi responsável por 13 processos (13%). Já os demais hospitais, situados em outras jurisdições, foram responsáveis pelo encaminhamento de um total de 09 casos (09%).

Segundo o CONANDA (2006), que formalizou as competências dos serviços que compõem o SGDCA, os serviços de saúde se enquadram no eixo da promoção dos direitos humanos e devem realizar o atendimento da população em articulação com os demais serviços (outras esferas da saúde, assistência social, trabalho, educação etc.). Desse modo, foi fundamental saber se o demandante acionou tais políticas, de modo que funcionem como medidas protetivas em eventual suspeita de violação de direitos. Para tanto, foi utilizada a informação contida nos relatórios técnicos de assistentes sociais que trabalham nos plantões dos hospitais sobre realização ou não de contato com o conselho tutelar, rede socioassistencial ou outro serviço, antes de encaminhar o caso ao Judiciário.

Do total de casos encaminhados pelos demandantes (97), verificou-se que, em apenas 21 deles (22%), houve acionamento da rede de proteção antes da judicialização do caso. Assim, tal resultado sugere ser fundamental a reflexão das equipes que atuam no hospital, na atenção a essa demanda específica, quanto ao seu papel no fortalecimento do SGDCA e na perspectiva dos direitos humanos. Em caso de eventual indício de violação de direito, compreende-se que o conselho tutelar, com papel reconhecido pelo ECA, em seu artigo 262 e como protagonista na aplicação primária de medidas protetivas, poderia colaborar ativamente na adoção de condutas, associando-as às políticas indicadas ao caso[12].

---

12. O artigo 100 do ECA preconiza a atenção às "necessidades pedagógicas, preferindo-se aquelas que visem ao fortalecimento dos vínculos familiares e comunitários", e, em seu artigo 101,

Faz-se importante destacar que o trabalho realizado em rede parte da compreensão do indivíduo como um ser integral e complexo, realiza-se na intersetorialidade e compreende que nenhuma política é capaz de atender, sozinha, a todas as demandas que se apresentam (Vasconcelos, 2009).

Nesse ponto, questiona-se a precocidade da notificação à Vara da Infância e Juventude nos casos avaliados sem a notificação a um dos cinco conselhos tutelares que atendem o território, haja vista que todos estão operantes. Também se faz necessário refletir em que tipo de violência se enquadra o caso encaminhado pelo demandante. Considerando-se as orientações dos documentos acima citados, o uso de substâncias psicoativas é sinônimo, por si só, de violência à criança em alguma das formas apresentadas? A motivação para a comunicação está assentada no receio de algum risco relacionado ao uso passado e/ou presente de substâncias psicoativas?

Fazendo uma análise comparativa entre a quantidade de casos encaminhados *versus* acionamento prévio da rede, foi possível observar que o maior demandante do Judiciário, Hospital 01, acionou a rede em apenas 17% dos casos (08 de 46); o Hospital 02 acionou a rede em 29% dos casos (10 de 31); e, por fim, o Hospital 03 acionou a rede em 7% dos casos (01 de 12).

A pesquisa Primeira Infância e Maternidade nas ruas da cidade de São Paulo (2017), realizada pela Clínica de Direitos Humanos da Faculdade de Direito da Universidade de São Paulo, pesquisou 29 maternidades da capital de São Paulo (dados coletados entre 2016 e 2017), e traz informações quanto à articulação intersetorial da rede de serviços. Tal pesquisa revelou que em 67% dos casos, não havia articulação com as demais redes de saúde ou assistência pelas maternidades, e que 22% dos casos eram encaminhados diretamente ao Judiciário (p. 50).

---

que trata das medidas de proteção aplicáveis esclarece, no inciso IV, a "inclusão em serviços e programas oficiais ou comunitários de proteção, *apoio e promoção da família*, da criança e do adolescente" (grifo nosso).

Como exposto, a comunicação pelos hospitais de casos diretamente à Vara da Infância e Juventude é recorrente em boa parte das instituições na capital paulista, corroborando a manutenção dessa prática sem que haja reflexão sobre os papéis profissionais e institucionais.

A nota técnica do MDS/MSaúde n. 001/2016 trata das "Diretrizes, fluxo e fluxograma para atenção integral às mulheres e adolescentes em situação de rua e/ou *usuárias de álcool e/ou crack/outras drogas e seus filhos recém-nascidos"* (grifo nosso). Como o foco de análise são os casos de recém-nascidos, cujas/os mães e pais sejam usuários de substâncias psicoativas, frisa-se que, em tal nota, as ações têm como protagonistas o SUS e SUAS, e não o Judiciário (item 3, p. 2 da nota):

> Necessidades decorrentes do uso de álcool e/ou crack/outras drogas requerem uma abordagem multissetorial e interdisciplinar, dentre as quais estão inseridas a Saúde e a Assistência Social. Devido à complexidade das necessidades que produzem as demandas, que envolvem tanto aspectos relacionados à saúde quanto à exclusão social, e por compreender que estas se encontram fortemente relacionadas, entende-se que para alcançar maior efetividade no atendimento é imprescindível uma ação integrada dos dois sistemas, bem como de outros atores dos Sistemas de Garantia de Direitos Humanos (MDS/MSaúde, 2016, p. 2).

Com base em tal resultado, indaga-se quais os fatores que podem interferir nas possibilidades de análise e interlocução do profissional do hospital com outros atores da rede de atendimento, de modo a garantir a efetividade das proposições do SGDCA. Seriam a falta de conhecimento, a emergência do plantão associadas a eventuais e precárias condições de trabalho (como número reduzido de profissionais), falta de atuação multi e interdisciplinar, entre outras?

Ao pesquisar sobre o plantão social em hospitais no Rio de Janeiro, Monteiro (2010) reflete sobre a importância do papel do assistente social na efetivação da garantia de direitos, ainda que diante da necessidade de notificação de casos suspeitos de violência contra crianças e adolescentes, que surjam na rotina de atendimentos dos plantões em urgências e emergências. Trabalhar na perspectiva da garantia de direitos como preconizado no Código de Ética do Serviço Social é fundamental. Para ela,

> [...] é necessário então um olhar aprofundado do profissional para desvelar a demanda implícita que o sujeito apresenta. Mas esse desnudamento do real não é tarefa fácil, pois requer uma análise diferenciada e baseada num arcabouço teórico que a oriente. Uma das problemáticas que envolve essa questão do desvendamento da violência é a falta de conhecimento e competência teórica e técnica desse profissional que está atendendo, seja pela não inserção dessa temática nos currículos dos cursos de graduação dos profissionais de saúde, seja pela falta de comprometimento do profissional. Em qualquer um dos casos, o principal prejudicado é o usuário, ao qual será negado o direito à promoção de sua saúde e da sua qualidade de vida (Monteiro, 2010, p. 487).

Monteiro (2010) reflete sobre o fato de o plantão social ser visto como espaço desprivilegiado de possibilidades na promoção de direitos pelos profissionais, realizando-o por meio de ações isoladas, não articuladas e planejadas que podem significar o não acesso dos usuários aos serviços de saúde e ao atendimento de qualidade. Em contraposição, sugere a sistematização do trabalho de modo a, dentre outros aspectos do trabalho interno, trabalhar demandas de questões coletivas.

Para além do acionamento de algum ator do sistema de garantia de direitos, Monteiro (2010) considera a importância da integração entre as competências, ou seja, a necessidade de que cada um atue de forma complementar e integrada: "[...] nos casos de violência contra crianças e adolescentes, é preciso discutir e tomar como imprescindível a sistematização, a referência, a contrarreferência e a integralidade do atendimento" (Monteiro, 2010, p. 488).

No relatório de pesquisa intitulado "Primeira Infância e Maternidade nas ruas da cidade de São Paulo" (Gomes, 2017), há reflexões de fundamental importância no que tange a garantir os direitos de mães em situação de rua. A pesquisa revela dados do fluxo, nem sempre sistemático, por onde passam as mães gestantes em situação de rua e as motivações que impelem profissionais dos hospitais a realizarem comunicações ao Poder Judiciário, frequentemente ensejando a separação entre mães e seus bebês. Além das questões refletidas acima, a pesquisa sugere que o medo de ser responsabilizado pode ser um dos fatores determinantes aos profissionais (Gomes, 2017, p. 55).

No citado relatório, observou-se a dificuldade em delimitar critérios para avaliar a "capacidade" das mães no cuidado e indica haver uma "[...] dificuldade de delimitação acerca do que é negligência e como deve ocorrer a intervenção nestes casos coloca-se inclusive como um desafio ético para as profissionais do serviço social [...]" (Gomes, 2017, p. 56).

As demandas de recém-nascidos advindas de hospital apresentam a particularidade da urgência de decisão judicial, pois muitas vezes a alta médica já ocorreu. Entretanto, a liberação de recém-nascido é condicionada ao que se costuma intitular como "alta social"[13] na rotina de alguns hospitais.

Do total de 97 dos processos analisados, em 50 deles (52%) os bebês estavam em alta médica e permaneceram internados por ocasião da judicialização do caso. Faz-se imprescindível indagar qual o objetivo imediato da demanda ao Judiciário em relação às necessidades individuais dos recém-nascidos, haja vista que até o desfecho da

---

13. Essa prática de condicionar a saída do bebê da maternidade a alta social, o que muitas vezes antecede à decisão de judicializar a situação parece ser comum na Vara da Infância pesquisada, e a pesquisa "Primeira Infância e Maternidade nas ruas da cidade de São Paulo" faz uma descrição semelhante: "A alta médica da mulher e da bebê nem sempre é compatível com a 'alta social' da bebê, que permanece no berçário até que a equipe do hospital decida se é possível que a mãe saia da maternidade com a criança. É importante frisar que não há um protocolo fixo sobre a avaliação dessa capacidade, havendo, em regra, menção a interesse ou capacidade para a amamentação, formação de vínculos com a criança e o não uso de drogas, para além da existência de uma rede de apoio familiar. Ou seja, como avaliar o risco psicossocial, qual mulher pode ou não sair da maternidade com seu bebê é, hoje, exclusivamente uma decisão institucional de cada maternidade e cada equipe de atendimento" (p. 56).

situação judicial permanecem expostos a riscos de saúde, tais como infecções hospitalares e ao adiamento do exercício da convivência familiar e comunitária.

Em decorrência da judicialização, são demandadas avaliações em caráter de urgência aos profissionais dos setores técnicos do juízo, cujos relatórios/laudos servirão de auxílio à tomada de decisão por parte do magistrado quanto à situação legal desse bebê. Isso pode aumentar o tempo de espera após a alta hospitalar.

Quanto às avaliações sociais e psicológicas, conforme já ponderado, elas são realizadas a partir de diretrizes técnicas e éticas, que demandam planejamento das intervenções. Assim, o profissional pode valer-se do uso de diversos instrumentos técnico-operativos como entrevistas, observações, visita domiciliar, discussão de caso, reunião com a rede de serviços etc. A urgência inerente a este formato de atendimento, considerando-se a alta médica, pode limitar, por vezes, que sejam realizadas todas as intervenções possíveis para compreensão do caso, interferindo na análise realizada pelos profissionais.

Foi possível apreender, ao longo da pesquisa, que as mulheres em situação de vulnerabilidade social, associada ou não ao uso de substâncias psicoativas e com vínculos familiares fragilizados ou rompidos, são as mais evidenciadas nos documentos enviados pelos hospitais, principalmente relatórios técnicos do serviço social. Apesar de haver menção ao pai dessa criança recém-nascida, de um modo geral, são as mulheres e sua família extensa as que mais fornecem elementos para estudo do caso.

Constatou-se que em 72 dos 97 casos (74%), os pais eram conhecidos. Para esse dado, foi considerada apenas a menção do pai nos relatórios do demandante, independentemente de ele ter ou não assumido a paternidade ou a guarda do bebê ou, ainda, se convivia ou não com a mãe do recém-nascido por ocasião da judicialização do caso.

De acordo com Fávero (2007), no que concerne à informação da existência do pai da criança nos processos judiciais de destituição do poder familiar:

É frequente a ausência de registros de abordagens mais detalhadas no sentido de consegui-las, o que sugere que nesse âmbito da prática profissional tende-se a reproduzir as relações desiguais de gênero existentes no meio social. Relações que, dentre outros aspectos, constrói a culpabilização social da mulher/mãe pelos não-cuidados adequados (Fávero, 2007, p. 146).

Em muitas situações, as mulheres são as mais exigidas a adotar posturas de mudança sem que, efetivamente, o genitor da criança seja corresponsabilizado e implicado nesse processo de intervenção, tanto sob a perspectiva da garantia do direito dos recém-nascidos, quanto deles próprios, o que pode ser compreendido como reflexo de uma organização machista da sociedade, que reforça apenas a mulher como central nos cuidados com a prole.

[...] aos homens não se pergunta se possuem filhos, e tampouco há informações de homens acolhidos com seus filhos, reforçando a noção de que é a mulher a protagonista do conceito de família e dos cuidados com as crianças nas ruas (Gomes, 2017, p. 27).

O MDS publicou em 2017 as "Diretrizes Nacionais para o atendimento a crianças e adolescentes em situação de rua" (Brasil, 2017). Neste documento, são realizadas reflexões a respeito do atendimento a essa população em que podem estar inseridos mães e pais usuários de substâncias psicoativas e sugere, em seu documento, diretrizes de *"Atenção Integral à saúde das mulheres e das adolescentes em situação de rua e/ou usuárias de crack/outras drogas e seus filhos recém-nascidos"* (grifo nosso).

Tendo em vista que, em 74% dos casos o pai era conhecido, indaga-se quanto às possibilidades de intervenção junto a eles, pelos atores do SGDCA, em uma abordagem multidisciplinar desde o hospital, tendo em vista a necessidade de considerar a família como um todo.

Fávero (2008) publicou uma pesquisa realizada com famílias de crianças e adolescentes acolhidos na Cidade de São Paulo e verificou que a maior parte dos responsáveis pelos então acolhidos era majoritariamente de mulheres, sugerindo que, no trabalho realizado no sistema sociojurídico, esta é uma realidade comum que pode refletir que a mulher "[...] permanece vinculada aos filhos, o que geralmente não ocorre com os homens" (Fávero, 2008, p. 45). Na mesma pesquisa chama atenção que:

> A não responsabilização paterna, muitas vezes, ocorre desde o período da gravidez da mulher, quando o companheiro a 'abandona' [...] e aprofunda-se com a ausência de cuidados e proteção por parte do pai aos filhos, o que pode resultar no acolhimento institucional se a rede social e pessoal da mãe não puder ampará-la (Fávero, 2008, p. 45).

Quanto ao uso de substâncias psicoativas, verificou-se que, de um total de 97 casos, em 72 deles (74%) há menção ao uso de substâncias psicoativas no relatório do hospital por pelo menos um dos genitores. Esse dado corrobora o que era observado empiricamente pelos profissionais da VIJ pesquisada no trabalho cotidiano.

A questão do uso de psicoativos é algo que aflige sobremaneira a sociedade, afetando a saúde do indivíduo e refletindo nas relações familiares e sociais. Segundo Fávero (2013), "[...] a dependência de entorpecentes não aparece sozinha e, sim, no interior de processos de exclusão e apartação social vividos por mãe e pai e família extensa" (Fávero, 2013, p. 57)

O Estatuto da Criança e do Adolescente, em seu artigo 19, previa:

> Toda criança ou adolescente tem direito a ser criado e educado no seio da sua família e, excepcionalmente, em família substituta, assegurada a convivência familiar e comunitária, em ambiente *livre da presença de pessoas dependentes de substâncias entorpecentes* (ECA, grifo nosso).

Entretanto, o artigo foi alterado pela Lei n. 13.257/2016 (que institui o Marco Legal da Primeira Infância) e passou a vigorar com a seguinte redação:

> É direito da criança e do adolescente ser criado e educado no seio de sua família e, excepcionalmente, em família substituta, assegurada a convivência familiar e comunitária, *em ambiente que garanta seu desenvolvimento integral* (Marco Geral da Primeira Infância, 2016, grifo nosso).

Ante a existência de marcos normativos nacionais e internacionais que compreendem a mulher e as crianças como sujeitos de direitos e com o advento do Marco Legal da Primeira Infância mais recentemente, é preciso afirmar, nas práticas profissionais, a garantia de acesso às mães e aos pais e às crianças recém-nascidas à efetiva convivência familiar e comunitária e o acesso às demais políticas sociais e de saúde que favoreçam a manutenção da criança em sua família.

Segundo Brites (2017), a "[...] ilegalidade dessa prática social não retira a condição de sujeito de direitos de seus (suas) consumidores" (Brites, 2017, p. 188), ou seja, é importante contextualizar esse uso/abuso no contexto histórico daquele indivíduo/grupo familiar frente às ineficientes ou ausentes políticas de proteção à família.

Como já mencionado, o estudo social e psicológico na condição de "plantão" sugere uma imediaticidade, que se traduz na necessidade posta de "resolver" a situação da criança, cuja vida traduzida em processo, está em análise no Judiciário. Tal imediaticidade impõe limitações pelo reduzido tempo para análise de um indivíduo social, visto através de rótulos como o de usuário (a) de drogas, negligente[14],

---

14. Berberian (2015) discute o termo negligência, sua apropriação pelo Serviço Social e a quase ausência de referências bibliográficas que sustentem o uso dessa terminologia que não é exclusividade do Serviço Social. Ela reflete em sua pesquisa que: "[...] nos parece é ser a negligência um termo viciado de conteúdo moral, pois, ao mesmo tempo em que pode representar desatenção, também se mostra como sinônimo de desleixo e preguiça, por exemplo, trazendo inevitavelmente consigo conteúdos valorativos negativos, reforçando um perfil estereotipado e

entre outros. Segundo Sierra e Reis (2018), "[...] o profissional precisa se qualificar para conhecer a realidade [...] é na articulação das competências ético-política, teórico-metodológica e técnico-operativa que se constrói um fazer profissional aliado aos interesses da população usuária" (Sierra; Reis, 2018, p. 149).

A partir da demanda exigida com a judicialização dos casos, considerou-se compreender qual o posicionamento profissional em decorrência da elaboração do estudo social e psicológico no Judiciário, ante as limitações já discutidas, para a permanência ou não dos recém-nascidos com suas famílias. Para tanto, considerou-se a conclusão da avaliação/do estudo a partir da leitura dos relatórios.

O posicionamento profissional também é permeado pela concepção de família que se assenta na relação com a população usuária. Tal posicionamento pode significar ou não um olhar mais atento às potencialidades daquele grupo familiar e das políticas sociais existentes e se estas são efetivas ou não. Para além da busca de "soluções", será preciso considerar qual a concepção de família, pela ótica da própria população atendida, e questionar, segundo Sarti (2007): "Qual a concepção de pobreza dessas políticas?". A autora afirma, ainda: "[...] trabalhar com famílias requer a abertura para uma escuta, a fim de localizar os pontos de vulnerabilidade, mas também os recursos disponíveis" (Sarti, 2007, p. 41).

Assim, com base na leitura dos relatórios/laudos dos assistentes sociais e psicólogos, apreendeu-se que, de um total de 97 casos, em 91 deles, foram realizados estudos pelo setor de serviço social e/ou pela psicologia da Vara da Infância e Juventude, excluindo-se os 06 casos de não comparecimento ao atendimento no Fórum. Dos estudos realizados, em 47 (52%) dos casos, houve a sugestão de entrega do recém-nascidos aos genitores/família extensa. Em 28 dos casos (31%), houve sugestão de acolhimento institucional e, em 16 dos casos (17%), não houve sugestão de medida protetiva.

---

preconceituoso sobre o outro (p. 54). E, como resultado de suas reflexões diz: "[...] ratificamos a sugestão de utilização, por parte do Serviço Social, do termo desproteção em substituição a negligência" (Berberian, 2015, p. 62).

Destacamos que o fato de não haver "sugestão" ao final do laudo/relatório, não expressa a inexistência de parecer técnico/conclusão[15] após uma análise fundamentada frente aos princípios éticos de cada profissão. Aqui, considera-se "sugestão" a indicação ao juízo da medida protetiva considerada apropriada frente ao contexto familiar avaliado. A decisão quanto a levantar esse dado foi resultante dos diálogos entre os profissionais das equipes a respeito do tema, ou seja, sugerir ao Juízo ou não o que fazer já que, em princípio, compete ao magistrado decidir qual medida protetiva mais adequada, após a manifestação do Ministério Público. O fato é que, ao exercer o preconizado em suas profissões, assistentes sociais e psicólogas também respondem ao determinado no artigo 151 do ECA ao ter garantida a "livre manifestação do ponto de vista técnico".

Cumpre observar o significativo número de sugestões de entrega da criança aos seus genitores e família extensa, o que está de acordo com as diretrizes e normativas estabelecidas (Resolução n. 113 Conanda) e Plano Nacional de Promoção, Proteção e Defesa do Direito de Crianças e Adolescentes à Convivência familiar e Comunitária (Conanda, 2006), privilegiando a família como central em contraposição à indicação do acolhimento institucional, que deve ser excepcional, conforme artigo 19, parágrafo 3º do ECA.

Vale pontuar que a sugestão de entrega do bebê à família pelas equipes de serviço social e psicologia do Juízo considera, se necessário for, a atuação da rede de serviços junto a essa família, garantindo

---

15. No caso do Serviço Social, Fávero (2005) esclarece que o "[...] parecer social diz respeito a esclarecimentos e análises, com base em conhecimento específico do Serviço Social, a uma questão ou questões relacionadas a decisões a serem tomadas. Trata-se de exposição sucinta, enfocando-se objetivamente a questão ou situação social analisada, e os objetivos do trabalho solicitado e apresentado; a análise da situação, referenciada em fundamentos teóricos, éticos e técnicos, inerentes ao Serviço Social — portanto, com base em estudo rigoroso e fundamentado — e uma finalização, de caráter conclusivo ou indicativo" (Fávero, 2005, p. 47). Para a Psicologia, a resolução CFP 06/2019 esclarece que o relatório psicológico é finalizado com o item "conclusão", em que o profissional descreve suas conclusões a partir da análise realizada, considerando a natureza dinâmica e não cristalizada de seu objeto de estudo, podendo constar os encaminhamentos e orientações realizados, bem como sobre a necessidade de continuidade do atendimento.

acesso às políticas de promoção e proteção dos direitos das crianças recém-nascidas e suas mães e pais. Entretanto, tal sugestão não garantirá que a atuação dos serviços do SGDCA ocorrerá, haja vista possíveis dificuldades de interlocução entre si, sendo necessário o estabelecimento de fluxos de referência e contrarreferência.

Os estudos sociais e psicológicos, por vezes, são inconclusivos pela impossibilidade de entrevistas complementares com outras pessoas da família ou relacionadas àquele grupo familiar, ou da utilização de outro recurso como a visita domiciliar. Por outro lado, a opção do profissional em complementar o estudo poderá significar a permanência da criança no hospital por mais tempo, ou ainda, o acolhimento institucional determinado pelo Juízo até que se concluam os estudos. De qualquer modo, apresentar um trabalho bem elaborado, respeitando-se as orientações de seus conselhos de classe de um lado, o que exige mais tempo, e do outro, ver a criança acolhida para que esse trabalho seja concluído, se apresenta como um dilema profissional. Sierra e Reis (2018) propõem a manutenção da atenção aos princípios éticos-políticos e a observância quanto aos fins institucionais:

> A limitação do trabalho ao demandado, ao prescrito institucionalmente, promove o distanciamento dos interesses dos usuários e do próprio projeto e acaba formando um círculo vicioso de fazer pelo fazer, sem crítica e sem possibilidade de superação [...]. Além disso, observa-se que a violência institucional, muitas vezes banalizada no senso comum, deita suas raízes na criminalização da pobreza, e na retificação de práticas autoritárias — outro desafio de grande porte para qualquer profissional que atua com as instituições do sociojurídico (Sierra; Reis, 2018, p. 150).

Sem perder de vista o projeto ético-político, mas considerando o papel da equipe interdisciplinar na assessoria do Juízo da Infância e Juventude prevista no artigo 150 do ECA e com o fim maior de promover a defesa do direito da criança e do adolescente, avaliou-se a importância de, também, vislumbrar a partir de um dado recorte, o impacto das decisões judiciais nos casos pesquisados.

Assim sendo, das decisões judiciais, verificou-se que, em 52 delas (54%), as crianças foram entregues à família (genitores ou família extensa). Nas demais, 45 crianças recém-nascidas (46%) foram acolhidas. Isso significa que a opção para garantir o direito à convivência familiar e comunitária de forma imediata aos recém-nascidos ocorreu em mais da metade dos casos, embora o acolhimento institucional ainda tenha ocorrido em número significativo.

Em apenas um dos casos de entrega à família extensa, houve acesso a advogado particular antes da decisão judicial. Quando a família é informada pelo hospital que o recém-nascido só será liberado com ordem judicial, é comum que o serviço social do Judiciário seja procurado para orientações na triagem. Assim, assistentes sociais judiciários verificam se há ação judicial em andamento e realizam orientações e encaminhamentos dos familiares, inclusive para a Defensoria Pública.

Nesse cenário de pouco acesso imediato à defesa pelas famílias e buscando compreender quais foram os desdobramentos para as crianças que foram acolhidas, decidiu-se pesquisar a situação delas em até seis meses após o acolhimento.

Assim, do total de 45 acolhidos, 16 (36%) retornaram à família (genitores ou família extensa) em até seis meses após a institucionalização, 23 crianças (51%) permaneceram acolhidas, 05 (11%) foram adotados, 01 permaneceu acolhida, mas a jurisdição do processo foi transferida (2%).

Compreendendo que, em 36% dos casos, os bebês chegaram a ser acolhidos e retornaram para a família em até seis meses, é fundamental refletir sobre os impactos da separação precoce entre mãe e bebê, e compreender essa prática como potencial violadora dos direitos de ambos:

> A ausência de cuidados nos primeiros dias de vida, a impossibilidade de amamentação, a falta de cuidados na transição entre a vida intra e extra-uterina pode causar danos ainda desconhecidos na vida adulta, mesmo no caso de adoção rápida e bem-sucedida (Gomes, 2017, p. 52).

Considerando o período de até seis meses[16] após a decisão judicial, restaram 23 crianças acolhidas, o que representa 51% do total inicial de crianças acolhidas (45). Desses 23 casos que permaneceram em situação de acolhimento institucional, 17 (74%) tinham indicação no relatório inicial do hospital de que ao menos um dos genitores dessas crianças fazia uso de substâncias psicoativas, o que nos faz indagar se, após a medida protetiva aplicada, esses pais e mães puderam acessar os serviços de saúde desde a abordagem do caso no hospital e se ela foi efetiva no sentido de aplicar o previsto nas normativas aqui indicadas.

Por fim, decidiu-se verificar o panorama geral da situação dessas crianças em relação ao seu direito à convivência familiar e comunitária, compilando os dados anteriores, considerando-se as decisões desde a realização pelos estudos de ambos os setores técnicos da VIJ. Com isso, buscou-se verificar também se, de fato, a judicialização dos casos seria necessária no sentido de garantir a proteção da criança apenas pela via judicial, sem a conexão com as outras medidas de proteção em instâncias anteriores.

Considerando os 97 casos iniciais, verificou-se que, após o acionamento da VIJ pelo hospital, a grande maioria dos recém-nascidos, 68 (70%), tiveram sua situação jurídica definida, ou seja, foram entregues a família (genitores ou família extensa), imediatamente após o plantão ou após um período de acolhimento institucional. Considerando-se o período de até seis meses após a judicialização, 23 crianças ainda permaneciam acolhidas (24%), 05 crianças foram adotadas (5%), e teve 01 (1%) caso em que a criança permaneceu acolhida, mas o processo foi transferido de jurisdição.

Como se vê, 70% das crianças recém-nascidas permaneceram com suas famílias de origem/extensa. Assim, questiona-se o quanto o trabalho de proteção das famílias antes da judicialização poderia ter evitado o afastamento de algumas dessas crianças do convívio familiar, gerando prejuízos desnecessários como a dificuldade na amamentação,

---

16. Conforme consulta realizada em dezembro de 2019.

o desgaste emocional das famílias, entre outros aspectos. Os resultados reforçam a importância de a população exigir o cumprimento das políticas protetivas do poder, consolidando seu papel.

Considerações finais

A preocupação com a qualidade do trabalho por parte das equipes de serviço social e psicologia da VIJ em questão tem sido constante no que se refere às implicações éticas de um trabalho realizado frequentemente na imediaticidade, como têm sido os atendimentos de plantão.

Considerando-se as diretrizes que norteiam o trabalho de proteção integral às crianças e aos adolescentes, e os dados apresentados e amplamente discutidos nesta pesquisa, evidencia-se a necessidade da integração do trabalho da rede de proteção. Com base na atuação integrada e voltada para a proteção da família e de sua saúde, viabiliza-se a ampliação de sua capacidade protetiva em relação ao recém-nascido de modo ao exercício pleno dos cuidados com a prole, considerando-se suas limitações e possibilidades.

Sem a devida articulação e o fortalecimento da rede de proteção, o que se observa é o aumento significativo de judicialização de casos, sem que haja, como demonstrado na pesquisa, uma prévia atuação do Executivo no sentido de promoção e garantia de direitos. Por vezes, o histórico pregresso do uso de substâncias psicoativas se apresenta como o único motivo para a judicialização dos casos, sem que se efetive um trabalho de atenção à saúde dessas mães e desses pais. Além disso, tem havido prejuízo ao imediato exercício da convivência familiar e comunitária dos bebês recém-nascidos.

Os dados apresentados evidenciam que há uma assunção de demandas por parte do Judiciário que são de competência do poder executivo (da rede socioassistencial e de saúde). Faz-se necessária, então, a fomentação de espaços e alternativas para uma reflexão acerca dos impactos dessa prática na garantia de direitos dos recém-nascidos e suas famílias.

Dessa forma, o Judiciário tem um papel de suma importância junto ao trabalho da rede socioassistencial e de saúde, garantindo a execução dos parâmetros legais estabelecidos nas leis, resoluções, portarias, protocolos, entre outros, atuando em prol do interesse coletivo das crianças que vêm tendo seus direitos violados desde a primeira infância.

É de suma importância que sejam tomadas iniciativas pelo Ministério Público junto ao Poder Judiciário na propositura de medidas que visem garantir a permanência dos bebês junto à família. Em caso de absoluta necessidade de separação do bebê de sua família, que ela não ocorra antes que sejam esgotadas todas as possibilidades de fortalecimento do vínculo familiar e de se considerar a proteção integral da genitora e do bebê juntos·

Sob essa perspectiva, os dados levantados na referida VIJ foram compilados e apresentados ao Juízo com sugestão de articulação com os principais atores do SGDCA envolvidos na demanda apresentada como Hospitais, Supervisões Técnicas de Saúde, CAPS Álcool e Drogas, Conselhos Tutelares, CREAS, CRAS, Judiciário, Ministério Público, Defensoria Pública, entre outros. Objetivou-se, com a apresentação desses dados, promover uma reflexão sobre os fluxos de trabalho que vêm sendo realizados e viabilizar um caminho de diálogo e articulação entre Judiciário, Assistência Social e Saúde, visando à desconstrução das práticas cristalizadas e conservadoras e à efetivação da garantia de diretos às crianças e suas famílias.

Referências

AGUINSKY, Beatriz G.; ALENCASTRO, Ecleria H. Judicialização da Questão Social: rebatimentos nos processos de trabalho dos assistentes sociais no Poder Judiciário, *Revista Katálysis*, Florianópolis, v. 9, n. 1, jan./jun. 2006.

BERBERIAN, Thais P. Serviço Social e avaliações de negligência: debates no campo da ética profissional. *Revista Serviço Social e Sociedade*, São Paulo, n. 21, jan./mar. 2015.

BOWLBY, John (1969). *Apego e perda*. Vol. 1. São Paulo: Martins Fontes, 2002.

BOWLBY, John *Formação e rompimento dos laços afetivos*. 5. ed. São Paulo: Martins Fontes, 2015.

BRASIL. *Lei n. 8.069, de 13 de julho de 1990*. Dispõe sobre o Estatuto da Criança e do Adolescente e dá outras providências.

BRASIL. *Lei n. 8.662, de 07 de junho de 1993*. Dispõe sobre a profissão do Assistente Social e dá outras providências.

BRASIL. Ministério da Saúde. *A política do Ministério da Saúde para Atenção Integral a Usuários de Álcool e Outras Drogas*. Brasília, DF: Ministério da Saúde, 2003.

BRASIL. Ministério da Saúde. Secretaria de Atenção à Saúde. Departamento de Ações Programáticas Estratégicas. *Linha de cuidado para a atenção integral à saúde de crianças, adolescentes e suas famílias em situação de violências*: orientação para gestores e profissionais de saúde. Brasília: Ministério da Saúde, 2010. Disponível em: http://www.saude.sp.gov.br/resources/ses/perfil/cidadao/homepage-new/outros-destaques/violencias/violencia-infantil/linha_cuidado_criancas_familias_violencias.pdf. Acesso em: 02 jul. 2020.

BRASIL. *Lei 13.257, de 08 de março de 2016*. Dispõe sobre as políticas públicas para a primeira infância e altera a Lei n. 8.069, de 13 de julho de 1990 (Estatuto da Criança e do Adolescente), o Decreto-Lei n. 3.689, de 3 de outubro de 1941 (Código de Processo Penal), a Consolidação das Leis do Trabalho (CLT), aprovada pelo Decreto-Lei n. 5.452, de 1º de maio de 1943, a Lei n. 11.770, de 9 de setembro de 2008, e a Lei n. 12.662, de 5 de junho de 2012.

BRASIL. Ministério do Desenvolvimento Social e Combate à Fome. *Nota Técnica. 01/2016/MDS/MSAÚDE, Diretrizes, Fluxo e Fluxograma para a atenção integral às mulheres e adolescentes em situação de rua e/ou usuárias de álcool e/ou crack/outras drogas e seus filhos recém-nascidos*. Brasília: 2016. Disponível em: http://www.mds.gov.br/webarquivos/legislacao/bolsa_familia/nota_tecnica/nt_conjunta_01_MDS_msaude.pdf. Acesso em: 30 jul. 2020.

BRASIL. Ministério dos Direitos Humanos. *Diretrizes nacionais para o atendimento a crianças e adolescentes em situação de rua.* 2017. Disponível em: https://www.direitosdacrianca.gov.br/publicacoes/DIRETRIZESNACIONAISsituaoderua.pdf. Acesso em: 02 jul. 2020.

BRITES, Cristina. *Psicoativos (drogas) e Serviço Social*: uma crítica ao proibicionismo. São Paulo: Cortez, 2017.

COELHO, Marilene Aparecida. *Imediaticidade na prática profissional do assistente social.* Tese (Doutorado em Serviço Social) — Universidade Federal do Rio de Janeiro, Rio de Janeiro, 2008.

CONSELHO FEDERAL DE PSICOLOGIA. *Código de Ética Profissional do Psicólogo.* Brasília: CFP, 2005.

CONSELHO FEDERAL DE PSICOLOGIA. *Resolução n. 008, de 30 de junho de 2010.* Dispõe sobre a atuação do psicólogo como perito e assistente técnico no Poder Judiciário. Brasília: CFP, 2010.

CONSELHO FEDERAL DE PSICOLOGIA. Referências técnicas para atuação de psicólogas(os) em políticas públicas de álcool e outras drogas. 2. ed. Brasília: CFP, 2019.

CONSELHO NACIONAL DOS DIREITOS DA CRIANÇA E DO ADOLESCENTE. CONANDA. *Plano Nacional de Promoção, Proteção e Defesa do Direito de Crianças e Adolescentes à Convivência Familiar e Comunitária.* Brasília: Conanda/Cnas, 2006.

CONSELHO NACIONAL DOS DIREITOS DA CRIANÇA E DO ADOLESCENTE. CONANDA. Secretaria Especial dos Direitos Humanos. *Resolução n. 113, de 19 de abril de 2006.* Dispõe sobre os parâmetros para a institucionalização e fortalecimento do Sistema de Garantia dos Direitos da Criança e do Adolescente. Brasília: Conanda, 2006.

DUARTE, Joana das F. *Meninas e território* — criminalização da pobreza e seletividade jurídica. São Paulo: Cortez, 2018.

FÁVERO, Eunice T. O Estudo social: fundamentos e particularidades de sua construção na Área Judiciária. *In:* CFESS. Conselho Federal de Serviço Social. *O estudo social em perícias, laudos e pareceres técnicos*, 4. ed. São Paulo: Cortez, 2005.

FÁVERO, Eunice T. (org.). *Famílias de crianças e adolescentes abrigados*: quem são, como vivem, o que pensam, o que desejam. São Paulo: Paulus: 2008.

FÁVERO, Eunice T. (coord.) *Realidade social, direitos e perda do poder familiar:* desproteção social x direito à convivência familiar e comunitária. Dissertação (Mestrado em Políticas Públicas) — Pontifícia Universidade Católica de São Paulo, São Paulo, 2013.

GOMES, Janaína Dantas Germano (coord.). *Primeira infância e maternidade nas ruas da cidade de São Paulo*. São Paulo: Lampião Conteúdo e Conhecimento, 2017.

MONTEIRO, Fernanda de O. Plantão social: espaço privilegiado para identificação/notificação de violência contra crianças e adolescentes. *Serviço Social e Sociedade*, São Paulo, n. 103, p. 476-502, jul./set. 2010.

PREFEITURA DE SÃO PAULO. Observatório de indicadores da cidade de São Paulo. Disponível em: http://observasampa.prefeitura.sp.gov.br/populacao. Acesso: 27 maio 2020.

SÃO PAULO (Cidade). Secretaria da Saúde. *Caderno de violência doméstica e sexual contra crianças e adolescentes*. Coordenação de Desenvolvimento de Programas e Política de Saúde — CODEPPS. São Paulo: SMS, 2007. Disponível em: https://www.prefeitura.sp.gov.br/cidade/secretarias/upload/saude/arquivos/crianca/Adolescente.pdf. Acesso em: 02 jul. 2020.

SÃO PAULO (sem data). *Violência contra crianças e adolescentes*. Disponível em: http://www.saude.sp.gov.br/resources/ses/perfil/cidadao/homepage-new/outros-destaques/violencias/violencia-infantil/violencia_contra_criancas.pdf. Acesso em: 02 jul. 2020.

SARTI, C. A. Famílias enredadas, *In:* ACOSTA, A. R.; VITALE, M. A. F. (org.), *Família*: redes, laços e políticas públicas. 7. ed. São Paulo: Cortez/Instituto de Estudos Especiais — PUC-SP, 2007.

SIERRA, Vânia Morales; REIS, Josélia Ferreira. *Poder Judiciário e Serviço Social*. 1. ed. São Paulo: Saraiva, 2018 (Série Gestão Estratégica de Saúde).

SOUZA, Cristiana Mariana Barros *et al*. Mães órfãs: o direito à maternidade e a judicialização das vidas em situação de vulnerabilidade. *Revista Saúde em Redes*, v. 4, p. 27-36, 2018.

SPITZ, René A. *O primeiro ano de vida*. 4. ed. São Paulo: WMF Martins Fontes, 2013.

TRIBUNAL DE JUSTIÇA DO ESTADO DE SÃO PAULO. *Atuação dos profissionais de Serviço Social e Psicologia — Infância e Juventude — Manual de Procedimentos Técnicos*. Núcleo de Apoio Profissional de Serviço Social e Psicologia. São Paulo, 2017. Disponível em: https://www.tjsp.jus.br/Download/Corregedoria/pdf/manual_de_procedimentos.pdf. Acesso em: 02 jul. 2020.

TRIBUNAL DE JUSTIÇA DO ESTADO DE SÃO PAULO. *Pedidos de Providência — diretrizes para adequação procedimental para observância do devido processo legal, especialmente o contraditório e a ampla defesa na Infância e Juventude*. Coordenadoria da Infância e Juventude. São Paulo, 2010. Disponível em: http://www.tjsp.jus.br/Download/CoordenadoriaInfanciaJuventude/Pdf/parecer_04-10.pdf. Acesso em: 30 jul. 2020.

TRIBUNAL DE JUSTIÇA DO ESTADO DE SÃO PAULO. Secretaria de Gestão de Pessoas. Portaria n. 9.796, de 14 de outubro de 2019. Dispõe sobre a alteração dos anexos I e II da portaria 9.277/2016. *Diário da Justiça Eletrônico*, São Paulo, 23 out. 2019, caderno administrativo, p. 03.

VASCONCELOS, Eduardo Mourão. Epistemologia, diálogos e saberes: estratégias para práticas interparadigmáticas em saúde mental. *Cadernos Brasileiros de Saúde Mental*, Florianópolis v. 1, n. 1, maio 2009.

CAPÍTULO 9

Entrega voluntária em adoção:
algumas reflexões

Ana Lúcia Oliveira Ramos
Michelle Cavalli
Ana Luísa de Marsillac Melsert

Introdução

O Tribunal de Justiça do Estado de São Paulo, através da Coordenadoria da Infância e Juventude, em parceria com a Secretaria Estadual da Saúde, Secretaria Estadual do Desenvolvimento Social e Grupo de Apoio à Adoção de São Paulo, instituiu uma comissão para discutir o processo de entrega voluntária em adoção considerando o contexto em que mulheres deixam os(as) filhos(as) recém-nascidos(as) em vias públicas ou nos hospitais e maternidades. Uma das ações que integram as atividades da comissão foi a elaboração da cartilha "Política de Atenção à Gestante: apoio profissional para uma decisão amadurecida sobre permanecer ou não com a criança", lançada no final de 2015.

Em análise da cartilha proposta e, em circulação, restaram-nos algumas inquietações, aqui brevemente apontadas em relação ao processo de entrega voluntária em adoção realizada por mulheres diversas nas Varas da Infância e Juventude, em especial, no que se refere à rotina de atendimentos na VIJ de Santo Amaro. Mas, antes, é de fundamental importância que ampliemos nosso olhar sobre a questão da materni-dade e de como as políticas sociais voltadas para as mulheres que não desejam assumir o exercício da maternidade se estruturam no Brasil.

O mito do amor materno

Antes de falarmos da "Terra Tupiniquim", vale destacar que Elisabeth Badinter, em *Um amor conquistado: o mito do amor materno*, de 1981, discutiu a chamada vocação natural para a maternidade, afirmando que o amor materno não é um sentimento inerente à condição de ser mulher, mas se constitui como sentimento humano sujeito às mais diversas determinações e variações relacionadas ao momento histórico, social, político e econômico em que a sociedade está inserida.

A autora demonstra num percurso histórico como a maternidade era vivenciada na Europa, principalmente durante os séculos XVII, XVIII, XIX e XX.

> Ao se percorrer a história das atitudes maternas, nasce a convicção de que o instinto materno é um mito. Não encontramos nenhuma condu-ta universal e necessária à mãe. Ao contrário, constatamos a extrema variabilidade de seus sentimentos, segundo sua cultura, ambições e frustrações. Como, então, não chegar à conclusão, mesmo que ela pareça cruel, de que o amor materno é apenas um sentimento e, como tal, essencialmente contingente? Esse sentimento pode existir; ser e desaparecer. Mostrar-se forte ou frágil. Preferir um filho ou entregar-se a todos. [...]. Não, não há uma lei universal nessa matéria, que escapa ao determinismo natural. O amor materno não é inerente às mulheres. É "adicional" (Badinter, 1985, p. 364).

Percebemos nas constatações de Elisabeth Badinter a percepção da possibilidade de ausência do amor materno e, principalmente, como o contexto histórico, social, cultural, econômico e político interfere em como a sociedade trata e vivencia a maternidade. Ou, indo além, como a maternidade é, de diferentes formas e em diferentes contextos, determinada como uma das características do feminino. O que nos indica como a decisão por realizar a entrega voluntária do filho em adoção pode ser complexa e permeada de estereótipos, preconceitos e sofrimento ético-político[1].

Uma história brasileira

No Brasil, o fenômeno de mulheres que, de alguma forma, abrem mão do exercício da maternidade se expressa desde o período imperial, quando crianças eram deixadas em locais públicos.

Tais situações já demandavam preocupação do Estado em relação à infância "enjeitada" no Brasil e eram tratadas em ações assistencialistas desenvolvidas pelas Câmaras Municipais e pelas Santas Casas de Misericórdia.

As Santas Casas atuavam na assistência à pobreza com uma perspectiva de caridade cristã e mantinham as *Rodas dos Expostos*[2] como meio para receber as crianças "enjeitadas", sem que suas famílias

---

1. "Em síntese, o sofrimento ético-político abrange as múltiplas afecções do corpo e da alma que mutilam a vida de diferentes formas. Qualifica-se pela maneira como sou tratada e trato o outro na intersubjetividade, face a face ou anônima, cuja dinâmica, conteúdo e qualidade são determinados pela organização social. Portanto, o sofrimento ético-político retrata a vivência cotidiana das questões sociais dominantes em cada época histórica, especialmente a dor que surge da situação social de ser tratado como inferior, subalterno, sem valor, apêndice inútil da sociedade" (Sawaia, 2001, p. 104).

2. Formadas por uma caixa dupla em formato cilíndrico e adaptadas no muro das instituições caridosas. Com a janela aberta para o lado externo, um espaço dentro da caixa recebia a criança, e após rodava-se o cilindro para o interior dos muros, desaparecendo assim a criança aos olhos externos (Santa Casa de Misericórdia, 2018).

fossem identificadas. Também recebiam os(as) filhos(as) de mulheres escravizadas, ora por suas mães serem escolhidas como amas de leite para os(as) filhos(as) dos "senhores", ora pelos proprietários que não desejavam se responsabilizar pelos encargos da criação da prole de seus(suas) escravizados(as) ou na tentativa das mães de livrarem seus(suas) filhos(as) da escravidão (Civiletti, 1991, p. 34).

Em sua pesquisa, Maria Vittoria Pardal Civiletti encontra informações sobre a quantidade de crianças recebidas na Roda dos Expostos do Rio de Janeiro, entre os anos de 1738 e 1899. A autora conclui que a diminuição do número de crianças atendidas se dá, provavelmente, em decorrência da Lei do Ventre Livre (1871) e, posteriormente, com a abolição (Civiletti, 1991, p. 35).

Já as Câmaras Municipais tinham como prerrogativa o acompanhamento e avaliação das ações realizadas por instituições de caridade e de cuidados em saúde.

Conforme aponta Martinez (2003), o Estado brasileiro quase não intervinha nessas questões, mas reservava-se ao papel de fiscalizador no cuidado com os pobres. Essa afirmação nos ajuda a compreender quais as perspectivas de intervenção junto aos pobres "enjeitados" atribuídas à filantropia.

A responsabilidade pelo trato das questões relacionadas à entrega de crianças "indesejadas" e mesmo a prestação de serviços no âmbito da saúde não possuíam nenhuma regulamentação ou sistematização e estavam sujeitas aos diversos acordos entre a esfera pública e a privada, de forma que a criança era desprovida de humanidade e direitos em um período histórico no qual o Estado, basicamente, se constituía na figura do imperador e sem políticas sociais institucionalizadas.

A partir da década de 1930, como descreve Boschetti (2006, p. 10), é que o Estado brasileiro passa a intervir de forma efetiva e sistemática na regulação das relações de trabalho e na área social — esta última também se configurando como seu objeto de atuação em um contexto de intensa modernização do setor urbano industrial. O que não ocorre por acaso, se considerarmos que o Estado é produto da divisão social do trabalho (Mandel, 1988, p. 333), com a função de proteger a reprodução da estrutura social e manter a ideologia da classe dominante[3].

A partir dessas modificações no modo de produção — que deixou de ser baseado na escravidão e passou a ser constituído por relações de trabalho com o homem livre, branco e imigrante — altera-se também a esfera da reprodução das relações sociais.

Nesse contexto, a imagem da mulher branca é colocada como ser supremo, responsável pelo bem-estar da família e que deve permanecer em casa, cuidando do lar, como forma de garantir a reprodução da força de trabalho e de sujeitos "de boa índole".

É esse um dos discursos que contribui para atribuir à mulher a educação e o cuidado com a prole, por meio de um processo de romantização e idealização da figura materna. No século XX, a figura da ama de leite já não existe mais, e os intelectuais, junto às classes dominantes, adeptos da eugenia, visavam reformular a conduta das mulheres das classes abastadas em relação aos filhos (Civiletti, 1995, p. 35), ao mesmo tempo em que se preocupavam em disciplinar os trabalhadores. O objetivo era preparar o país para o desenvolvimento. A pobreza foi associada à promiscuidade, ao vício, à ignorância e, portanto, à incapacidade para cuidar das crianças, futuro da nação. O governo brasileiro, então, estabelece legislações com o intuito de "[...] salvar a família, para proteger a criança" (Rizzini; Pilotti, 2011, p. 270).

É esse um dos discursos que contribui para atribuir à mulher a educação e o cuidado com a prole, por meio de um processo de romantização e idealização da figura materna. Mas ainda assim, o aumento de crianças "abandonadas" se mantém. E assim, o governo brasileiro estabelece legislações com o intuito de "[...] salvar a família, para proteger a criança" (Rizzini; Pilotti, 2011, p. 270).

---

3. As principais funções do Estado para Mandel (1982, p. 15) são: 1.) Criar as condições gerais de produção que não podem ser asseguradas pelas atividades privadas da classe dominante; 2.) Reprimir qualquer ameaça das classes dominadas ou de frações particulares das classes dominantes ao modo de produção através do exército, polícia, do judiciário e sistema penitenciário; 3.) Integrar as classes dominadas, garantindo que a ideologia da sociedade continue sendo a da classe dominante, fazendo com que as classes exploradas aceitem sua própria exploração sem o uso de modos repressivos.

Em meio ao emergente conflito de classes e processos de reivindicações que marcam o início da República, foi criado o *Juizado de
Menores* e, pouco tempo depois, o *Código de Menores*[4], voltado para o
atendimento de crianças em "situação irregular" ou de "abandono".

Pereira (1992, p. 18) demonstra que:

> Em 1940, o governo criou uma política de proteção materno-infantil,
> tendo como meta a preparação do futuro cidadão, de acordo com a
> concepção de cidadania da época, isto é, a formação do trabalhador
> como "capital humano" do país, através do preparo profissional, e
> o respeito à hierarquia através da educação da criança (*apud* Rizzini;
> Pilotti, 2011, p. 262).

O Decreto-lei n. 2.024 de 17/02/1940 era responsável por "[...]
fixar as bases da organização da proteção à maternidade, à infância
e à adolescência em todo o País", em pleno Estado Novo. Antes
disso, porém, o Código de Menores de 1926 já destinava atenção aos
"infantes expostos"[5].

Essas crianças eram encaminhadas para as instituições assistenciais, e as mães que realizavam a entrega voluntária não eram obrigadas a se identificar ou assinar nenhuma documentação no processo
de entrega. Porém, aqui, já havia a possibilidade de serem atendidas
por funcionários(as) da instituição e fornecerem informações sobre a
criança e, principalmente, se inicia a obrigatoriedade do registro de
seu nascimento.

Embora o Código de Menores já falasse sobre adoção (simples
e plena) e sobre a destituição do "pátrio poder", não há nenhuma
menção acerca do atendimento às mulheres que desejassem abrir mão
do filho e entregá-lo de forma voluntária à adoção. O que se percebe,

---

4. O Juizado de Menores era o responsável pelas instituições de internação que realizavam
os atendimentos dos "menores abandonados". O Código de Menores foi instituído pela Lei
n. 6.697, de 10 de outubro de 1979.

5. Eram considerados "infantes expostos" todas as crianças de até 7 anos encontradas em
estado de "abandono".

apenas, é a direção correcional-repressiva do Estado, visando à manutenção da ordem e à responsabilização do "menor", da família ou de seus responsáveis em relação à "delinquência juvenil" e ao crescente número de "abandonos".

Em meados da década de 1970, o mundo observou a chamada "crise do modo de produção capitalista". A intervenção crescente do Estado na economia num cenário de profunda crise do processo de acumulação dá origem à reação neoliberal, o que por si só propõe mudanças no papel e na atuação do Estado a partir dos preceitos de "flexibilização", "desregulamentação" e "privatização"[6], contribuindo para que o capital financeiro pudesse ultrapassar as fronteiras dos Estados (Netto, 2012).

No Brasil, as determinações desse processo econômico já se manifestam durante a abertura democrática pós-ditadura militar, cuja estrutura legal e institucional se dá pela força coercitiva no intuito de garantir as relações de propriedade do capitalismo, seu complexo aparelho contratual e suas transações financeiras.

Esse processo contribui para importante crise econômica no país em meio à abertura política, elaboração da Constituição de 1988 e diante do processo de mobilização da classe trabalhadora.

A Constituinte nasce como fruto de disputa entre os interesses das classes dominantes e da classe trabalhadora, num contexto de abertura democrática, cheio de contradições e projetos distintos de Brasil, no qual alguns preceitos foram preservados, como a afirmação dos direitos sociais de crianças e adolescentes[7] e, consequentemente, as condições para as mudanças jurídico-legais sobre a infância no país e a possibilidade de avanço em relação à entrega voluntária em adoção.

---

6. Para Netto (2012), ocorre a flexibilização dos processos produtivos e das relações trabalhistas, uma desregulamentação comercial-financeira e a privatização do patrimônio estatal.

7. Diversas forças políticas se fizeram presente durante o processo de elaboração da Constituinte de 1988, como movimentos da classe trabalhadora e de múltiplos seguimentos da sociedade civil. Dentre estes, ONGs e militantes de serviços de atendimento voltados à infância, no intuito de promoverem a visibilidade para a questão da infância no país. Esse movimento, assim como a nova postura político-econômica voltada para as convenções internacionais, contribuiu para a inclusão da pauta no Art. 227 da Constituição.

Entrega voluntária, políticas sociais e VIJ Santo Amaro

No curso da história, observamos que as mudanças jurídico-legais se dão em resposta às modificações do pensamento e das vivências sociais. Com o avanço dos pressupostos liberais, não apenas na economia ou na política, mas também no âmbito jurídico e mesmo das relações sociais, observamos o avanço situacionista do Estado ao considerar a maternidade como uma escolha e, assim, fornecer respaldo legal para a entrega voluntária do filho em adoção.

É importante destacar que, na década de 1990, em meio ao início de um movimento de contrarreforma pautado no "enxugamento" do Estado e voltado para o mercado, importantes legislações são aprovadas no âmbito das políticas sociais, entre elas o Estatuto da Criança e do Adolescente (ECA)[8].

A nova legislação voltada para o atendimento de crianças e adolescentes, embora inovadora e regulamentando ações de proteção à maternidade, inicialmente não se referia especificamente à entrega voluntária de crianças em adoção. Ao mesmo tempo, em seu Art. 238, o ECA qualifica como crime "prometer ou efetivar a entrega de filho ou pupilo a terceiro, mediante paga ou recompensa" sob pena de reclusão.

Já em 1991, a legislação sofre sua primeira modificação/atualização. A Lei n. 8.185, de 14 de maio de 1991, na Seção V, Art. 29, § III e § IV, estabelecia que, à então Vara de Órfãos e Sucessões, caberia "praticar os atos relativos à tutela de órfãos" e "praticar os atos de jurisdição voluntária necessários à proteção de órfãos e à guarda e administração de seus bens".

---

8. A Lei n. 8.069, de 13 de julho de 1990, em substituição ao Código de Menores, é fundamentada na doutrina da proteção integral e na perspectiva de crianças e adolescentes enquanto sujeitos de direito e em desenvolvimento. Ela ainda atribui à família, à sociedade e ao Estado a responsabilidade em relação à efetivação dos direitos da criança e do adolescente, rompendo com a lógica de culpabilização das famílias, pelo menos do ponto de vista normativo.

Nota-se que a legislação se limitava à regulamentação em relação às crianças órfãs, sem referência explícita à entrega voluntária em adoção. O que só se observa, na legislação brasileira, a partir da Lei n. 12.010, de 03 de agosto de 2009.

Mas antes de nos referirmos à lei propriamente dita, é importante salientar que aqui, não falamos de "abandono" ou "doação", mas partimos do conceito de entrega voluntária em adoção como o ato que consiste na desistência da mãe de criar o(a) filho(a) que espera ou que já concebeu e entregá-lo(a) para que outros o façam em seu lugar [...] livre de juízos de valor moral sobre a pessoa da mãe que entrega o(a) filho(a) em adoção, a partir de um direito garantido por lei (Motta, 2015, p. 59-60).

Dessa forma, com a inclusão do conceito de entrega voluntária no arcabouço jurídico, é possível que uma gestante ou mãe entregue seu(sua) filho(a) em adoção através de processo promovido pela Vara da Infância e da Juventude. Nesse sentido, ao proceder com os trâmites previstos em lei, tal mulher tem sua conduta assegurada e, por isso, não comete crime, uma vez que a entrega visa garantir e preservar os direitos e interesses da criança no contexto de um país em que a interrupção voluntária da gestação é criminalizada.

O Art. 8 do ECA, em seus § 4º e § 5º, define, respectivamente, que "[...] incumbe ao poder público proporcionar assistência psicológica à gestante e à mãe, no período pré e pós-natal, inclusive como forma de prevenir ou minorar as consequências do estado puerperal" e "a assistência referida no § 4º deste artigo deverá ser também prestada a gestantes ou mães que manifestem interesse em entregar seus filhos para adoção". Já o Art. 13, em seu Parágrafo Único, dispõe que "[...] as gestantes ou mães que manifestem interesse em entregar seus filhos para adoção serão obrigatoriamente encaminhadas à Justiça da Infância e da Juventude".

A Lei n. 12.010, que traz importantes alterações no ECA, principalmente em relação ao processo de adoção no Brasil, ainda fala sobre o atendimento das mulheres no âmbito do Judiciário, dos serviços de saúde e dos demais programas de atendimento vinculados às políticas sociais, quando manifestarem o desejo pela entrega voluntária do(a) filho(a) em adoção. E, após quase dois séculos da criação da roda dos expostos, a entrega voluntária passa a figurar em meio à normatização vigente no país, agora, na perspectiva de direito e vinculada às instituições oficiais do Estado como forma de proteger a criança — evitando sua exposição ao "abandono" — e a mulher, garantindo seu direito de "abrir mão do(a) filho(a)" com todo o amparo das políticas sociais.

Conforme a legislação, a mulher que deseja realizar a entrega voluntária do(a) filho(a) em adoção poderá manifestar esse desejo ainda durante a gestação e, segundo a política estabelecida, deverá receber apoio no processo de reflexão para "[...] uma decisão amadurecida sobre permanecer ou não com a criança" (TJSP, 2015).

Em 2017 assistimos à nova modificação/atualização do ECA com a vulgarmente chamada "Nova Lei de Adoção". A Lei n. 13.509, de 22 de novembro de 2017, define no Art. 19-A que a gestante ou mãe que manifeste interesse em entregar o(a) filho(a) em adoção deverá ser encaminhada para atendimento na Justiça da Infância e Juventude. A legislação ainda traz inovações ao se referir ao atendimento da mulher pelos profissionais da equipe interprofissional da Justiça da Infância e da Juventude, conhecida como Setor Técnico, formada por assistentes sociais e psicólogos.

A última alteração ainda versa sobre o direito da mãe biológica ao sigilo em relação ao nascimento do bebê e traz outras determinações acerca da possibilidade de suspensão do poder familiar e prazos para a busca de família extensa, quando for o caso.

A política prevê a intervenção das Políticas de Saúde, Assistência Social e do Poder Judiciário de forma integrada para garantir o atendimento dessas mulheres. Mas será isso um avanço na garantia de direitos? Considerando o contexto de agudização das desigualdades, avanço do neoliberalismo e do processo de enxugamento das políticas sociais, será que podemos enfim dizer que a entrega voluntária em adoção é de fato uma decisão voluntária, espontânea e genuína?

Tomar como certa a participação no processo de decisão torna-se entretanto impossível quando sabemos que muitas mães sofrem pressões de diferentes níveis, seja no social, no institucional ou no familiar. As pressões costumam atuar em duas direções opostas, o que as impede de trabalhar seus sentimentos ambivalentes, intensificando-os e afastando-as da oportunidade de uma elaboração de sua decisão (Motta, 2015, p. 57).

E é neste cenário em que a Vara da Infância e Juventude do Foro Regional II Santo Amaro realiza atendimentos às mulheres gestantes ou puérperas — que procuram, espontaneamente, ou encaminhadas por instituições hospitalares e serviços da rede socioassistencial — que manifestam o desejo pela entrega do filho em adoção.

As gestantes são atendidas no plantão do Setor Técnico por uma dupla de profissionais composta por um(a) assistente social e um(a) psicólogo(a). A equipe realiza a escuta e orientações/reflexões com a mulher, considerando a manifestação do desejo pela entrega voluntária do(a) filho(a) em adoção e a motivação para tal escolha. Se o desejo pela entrega voluntária se confirma de forma aparentemente segura, o processo jurídico é aberto e a mulher orientada quanto à necessidade de retornar ao Setor Técnico após o nascimento da criança para realizar a entrega em audiência ou, caso ocorra a desistência, informar sobre o desejo de permanecer com a criança para que o processo seja arquivado.

Os(as) profissionais propõem às mulheres, quando ainda gestantes ou após o parto, o encaminhamento para atendimento nos serviços de saúde e assistência social de referência, quando se identifica a necessidade. Cabe ressaltar que, durante a gestação, o apoio e a assistência adequados podem contribuir para um processo de reflexão com maior qualidade e segurança e, consequentemente, na busca por alternativas que podem resultar na mudança desse "desejo".

Dando continuidade ao estudo social e psicológico — iniciado durante a gestação e retomado no retorno da puérpera à VIJ —, quando reafirmado seu desejo, a mulher é encaminhada para audiência com a presença de magistrado ou magistrada, representante do Ministério Público e defensor(a) público(a) para que possa manifestar em juízo, mais uma vez, o seu desejo, além de ser novamente informada sobre os trâmites legais do processo de adoção, especialmente sobre a sua irrevogabilidade.

Na Vara da Infância e Juventude do Foro II Regional Santo Amaro (VIJ Santo Amaro), até meados de 2018 não havia, no Setor Técnico (Serviço Social e Psicologia), registros sobre a quantidade de mulheres que procuraram a instituição para manifestar o desejo de entrega voluntária dos(as) filhos(as) em adoção. Tampouco se localizou, até esse período, a quantidade de mulheres que concluíram a decisão pela entrega voluntária ou quantas mudaram seu posicionamento após os atendimentos/acompanhamentos realizados na VIJ ou propostos na rede de atendimento de saúde e socioassistencial, sem que houvesse a audiência.

Entre o período de agosto de 2018 e o mês de abril de 2019, foram registrados os atendimentos referentes a vinte mulheres que manifestaram o interesse pela entrega voluntária em adoção.

Com base nas análises dos atendimentos realizados, observamos que, entre as principais motivações para a entrega voluntária em adoção, estão: dificuldades financeiras, conflitos familiares — principalmente entre mulheres adolescentes e jovens e seus pais —, ausência do pai da criança, ausência do desejo pela maternidade e gravidez indesejada. Após as diferentes intervenções e os atendimentos realizados pelos(as) assistentes sociais e psicólogos(as) do Setor Técnico, as vinte mulheres decidiram pela confirmação da entrega voluntária em audiência.

No entanto, em relação ao período de janeiro a março de 2020, identificamos que sete mulheres buscaram a VIJ Santo Amaro solicitando a entrega voluntária em adoção. Ao especificar o principal motivo que as levou a tomar a decisão pela entrega voluntária, identificamos que duas alegaram ausência de vínculo afetivo com a criança, uma sofreu estupro, três alegaram dificuldades financeiras e problemas na dinâmica familiar e uma relatou uso intensivo e crônico de substâncias psicoativas lícitas e ilícitas.

Não localizamos informações de quantas dessas mulheres foram encaminhadas para atendimento das diferentes políticas sociais. Em um esforço para obter mais informações junto à equipe técnica, identificamos que não houve pedido de retratação nesse período, por isso houve o encaminhamento para família substituta das vinte crianças entregues voluntariamente pela genitora.

Não há registros de dados que permitam a ampliação da análise quantitativa e qualitativa dessas questões, nem mesmo a análise mais aprofundada sobre elas, o que se configura como um importante entrave para a produção de avanços e propostas efetivas para o atendimento dessas mulheres e crianças na perspectiva emancipadora.

Apesar de o trabalho ser desenvolvido pelo Setor Técnico com considerável regularidade, observamos uma deficiência na coleta dos dados referentes aos atendimentos realizados junto às mulheres que manifestam o interesse pela entrega voluntária do(a) filho(a) em adoção, o que trouxe importante prejuízo ao caminho reflexivo proposto neste capítulo. Por outro lado, a insuficiência de informações nos chama a atenção para a importância da sistematização do trabalho profissional como ferramenta para identificação, análise e proposição diante das diversas expressões da questão social que se apresentam no cotidiano, como defende Fávero (2005):

> Ao estudo do passado, enquanto possibilitador de compreensão das práticas do presente e orientador de um futuro que busque concretizar práticas compromissadas com a competência técnica, política e ética e com a consequente garantia de direitos de cidadania, deve se alinhar novos estudos sobre o presente, com indicações de propostas concretas para tal exercício — já que esse é um campo em que a profissão é necessária — para, entre outas, possibilitar explicações mais amplas da realidade e contribuir para a garantia de direitos. Campo no qual tem possibilidades de se expandir, pelas exigências reais e também legais (Fávero, 2005, p. 126-127).

Observamos, no contexto de trabalho do Setor Técnico da Vara da Infância e Juventude do Foro Regional II Santo Amaro, que recentemente a equipe passou a organizar uma forma de coleta de dados acerca dos atendimentos realizados, o que nos proporcionou as informações iniciais trazidas anteriormente.

A mudança em relação à coleta de dados está em fase de implantação e, consequentemente, de aprimoramento.

A legislação garante à mulher o direito de retratação[9] de sua decisão, mas não especifica o prazo para que isso ocorra. Todavia prevê que as crianças não procuradas por sua família em até trinta dias sejam encaminhadas para adoção.

Contudo, conforme se percebe na própria cartilha elaborada pelo TJSP (2015, p. 9);

> Não serão, entretanto, todas as mulheres que necessitarão de atendimento. Várias já estão seguras de sua decisão e deverão ser respeitadas, sendo encaminhadas à Justiça. Outras precisarão de suporte para superar suas condições desfavoráveis e poder assumir consequentemente seu papel como mãe ou para que compreendam a entrega judicial como a melhor escolha para o bem-estar de sua criança (TJSP, 2015, p. 9).

A dificuldade na coleta de informações, assim como o processo de precarização das diversas políticas sociais e de saúde, nos fazem refletir sobre os limites e possibilidades em relação ao processo de entrega voluntária em adoção e da própria intervenção profissional dos(as) assistentes sociais e psicólogos(as) no âmbito das Varas da Infância e Juventude.

Percebemos, nos últimos anos, um aumento na veiculação de notícias e informações na mídia sobre a possibilidade de mulheres

---

9. Conforme definição do *Dicionário Jurídico DireitoNet*: "[...] trata-se de termo que significa voltar atrás no que disse, assumir o erro ao fazer uma imputação a alguém". Segundo o *Dicionário Michaelis*: "[...] ato ou efeito de retratar-se, de desdizer-se. Confissão de erro. Desmentido".

realizarem a entrega voluntária do(a) filho(a) em adoção, como um direito reconhecido pela legislação brasileira. Todavia, a percepção na rotina de atendimentos é o quanto essa informação ainda chega a um grupo seleto de mulheres.

A entrega voluntária em adoção — apesar de se configurar como importante direito para mulheres em um país cujo marco legal criminaliza a interrupção gestacional sem indicação clínica ou pelo livre desejo da mulher — pode se caracterizar como alternativa às mulheres que, por questões econômicas e conflitos familiares, abrem mão do exercício da maternidade.

Nesse sentido, ressaltamos a importância da intervenção precoce e conjunta do Poder Judiciário e das Políticas Sociais, através dos diversos serviços de atendimento[10], no intuito de garantir à mulher a possibilidade de refletir de forma segura sobre a entrega voluntária ou a busca por alternativas que lhe garantam o direito de assumir os cuidados do(a) filho(a), se assim for seu desejo, apesar de situações de conflitos familiares ou de pobreza.

A equipe do Setor Técnico da Vara da Infância e Juventude do Foro Regional II Santo Amaro, após a identificação dessas dificuldades, passou a se organizar para sistematizar a coleta de informações acerca dos atendimentos realizados junto às mulheres que manifestam o interesse pela entrega voluntária do(a) filho(a) em adoção.

Ao mesmo tempo, a equipe, de forma autônoma e com a organização de uma gestão coletiva, implantou um grupo de estudos local para discutir as diferentes expressões da questão social e emocionais, com as quais nos deparamos durante os atendimentos realizados, refletir e propor possibilidades inovadoras de intervenção profissional de acordo com os pressupostos ético-políticos do Serviço Social, em consonância com o Código de Ética Profissional da Psicologia e, consequentemente, para contribuir com a produção científica sobre

---

10. Unidades Básicas de Saúde (UBSs), Hospitais, Centros de Referência de Assistência Social (CRAS), Centros de Referência Especializados de Assistência Social (CREAS), Ministério Público, Defensoria Pública, Varas da Infância e Juventude, entre outros.

temas que envolvem a prática profissional das duas áreas no Poder Judiciário brasileiro, no âmbito da Justiça da Infância.

Embora seja possível notar um esforço em desmistificar o processo de entrega voluntária como "abandono" e o elevar ao *status* de direito — tanto da mulher como da criança —, o que observamos, no cotidiano dos atendimentos no âmbito do Judiciário, é que a operacionalização da política se faz de modo pouco reflexivo e efetivo frente ao campo reduzido da ação das políticas sociais e, por vezes, imprime ao papel do Estado a legitimação da reprodução social por meio de intervenções coercitivas e sutis.

Em outras palavras, há, por vezes, a reprodução de uma intervenção judicial que promove a "expropriação consentida" das crianças de mulheres pobres — reconhecendo a ausência de acesso às políticas sociais como fator determinante ou influenciador para a entrega de seus(suas) filhos(as) em adoção.

Além das dificuldades de atuação no Judiciário, vemos, também, as dificuldades de atuação nas políticas sociais diante das tendências neoliberais, que as atingem.

> As consequências do ajuste neoliberal para a política social, por sua vez, são enormes, não só porque o aumento do desemprego leva ao empobrecimento e ao aumento generalizado da demanda por serviços sociais públicos, mas porque se corta gastos, flexibiliza-se direitos e se propõe, implícita ou explicitamente, a privatização dos serviços [...] (Telles, 1998, *apud* Behring, 2008, p. 161-162).

Apesar do aparente avanço em relação às políticas voltadas para alguns segmentos da população (mulheres, negros(as), LGBTQIA+ etc.), a proposta de atendimento a estas mulheres é ainda questionável, principalmente no que se refere à política de saúde e de assistência social[11].

---

11. A saúde, atualmente fragmentada e terceirizada, não alcança seu caráter universal, o que contribui para a ausência de atendimento integral de segmentos populacionais cada vez

E é nesse contexto neoliberal, de mercantilização e financeirização dos direitos sociais e da vida, de aprofundamento da exploração e expropriação das classes subalternas por parte do capital, que as mulheres devem "refletir para ter uma decisão amadurecida" em relação à entrega do(a) filho(a) em adoção. Será que, ainda assim, podemos afirmar que essa entrega realmente é voluntária?

Considerações finais

Ao longo do tímido levantamento realizado acerca do histórico das políticas voltadas para a infância "abandonada", verificamos que, apesar da disseminação do mito do amor materno e da idealização da figura materna, a entrega voluntária de crianças em adoção é um fator presente na sociabilidade humana. No Brasil, a prática chegou a mobilizar o que podemos considerar como uma das primeiras políticas sociais voltadas para a infância no país, a implantação das *Rodas dos Expostos*.

Após a abertura democrática no Brasil, com o fortalecimento da disputa entre projetos das diferentes classes, houve importante avanço das políticas sociais, o que se percebe também em relação à legislação voltada para a regulamentação da entrega voluntária de crianças em adoção.

Com o avanço do neoliberalismo e o processo de mercantilização das políticas sociais, ao mesmo tempo que a legislação avança no intuito de promover às mulheres o direito de abrir mão do exercício da maternidade de forma legal e segura, o que se vê é um sistema de atendimento que contribui para a expropriação das crianças das classes empobrecidas, atualmente entregues para a satisfação de outros

---

mais pauperizados. O que também se percebe em relação à assistência social, restrita aos programas de transferência de renda, na lógica de mercantilização e financeirização dos serviços.

grupos que atuam, fortemente, pressionando o Estado por medidas que facilitem o processo adotivo no país. Esse movimento, por si só, contribui grandemente para o mecanismo de criminalização da pobreza, responsabilização do indivíduo e a crença de que os pobres não reúnem condições para educar e cuidar dos(as) filhos(as).

Nesse sentido, é importante que o olhar do(a) profissional da equipe técnica das Varas da Infância e Juventude, empenhado no atendimento de mulheres que manifestam o desejo pela entrega de seus(suas) filhos(as) em adoção, esteja voltado para a compreensão das reais motivações que levam estas mulheres a procurar a instituição. E ainda mais, que esses(as) profissionais estejam comprometidos(as) com uma prática profissional emancipadora.

Nem todas as situações significam o real desejo da mulher pela entrega do(a) filho(a) em adoção. Em muitos casos, o atendimento inicial que tinha como desejo a entrega voluntária, resulta em processos de orientações e encaminhamentos para trabalho de fortalecimento de vínculos, reflexão sobre as condições da maternidade e maternagem, inserção em políticas sociais que garantam acesso aos direitos essenciais que possibilitem à mulher melhores condições econômicas e sociais para assumir os cuidados do(a) filho(a), se assim for seu desejo.

Importante, contudo, destacar as dificuldades e os desafios para as intervenções profissionais no âmbito da Vara da Infância e das Políticas Sociais, no intuito de aprofundar a discussão sobre a entrega voluntária e viabilizar um trabalho efetivo junto às mulheres que declinam desse "desejo" — antes ou depois da audiência. Nesse sentido, a articulação entre os serviços da Assistência Social, Saúde, Educação e Poder Judiciário é essencial na garantia do direito dessas mulheres de cuidar dos filhos.

No tocante ao trabalho da Vara da Infância e Juventude do Foro Regional II Santo Amaro, destacamos como grande desafio a obtenção de dados sobre a temática que nos possibilitem análises mais aprofundadas sobre a questão aqui apresentada e, consequentemente, proporcione condições para a construção de alternativas para um atendimento que, de fato, se traduza em ampliação de acesso aos direitos e respeito à liberdade de sujeitos e sujeitas.

Como já apontado, a insuficiência de dados, além de dificultar o entendimento sobre o trabalho realizado, limita a construção de uma compreensão qualificada sobre o aumento, ou não, da procura de mulheres para entrega voluntária do(a) filho(a) em adoção na Vara da Infância e Juventude.

Ainda há muito o que se compreender sobre as determinações que incidem sobre a entrega voluntária em adoção. Se essa busca está atrelada à ampliação das informações quanto ao direito das mulheres de abrir mão do exercício da maternidade de forma segura. Por outro lado, essa demanda se coloca em um contexto de recrudescimento da pobreza em conjunto com a precarização e dificuldade de acesso da população às Políticas Sociais. E, principalmente, como as questões de classe social, gênero e raça/etnia atravessam as narrativas e o cotidiano das mulheres que buscam o Judiciário com essa demanda.

Uma vez superada a discussão sobre a existência do racismo estrutural[12] na sociabilidade brasileira, torna-se imperioso que os(as) profissionais que atuam no atendimento direto à população, em todos os serviços e esferas de atendimento, principalmente no âmbito das Políticas Sociais, se apropriem dessa questão como forma de contribuírem para a superação do racismo institucional e para a construção de práticas antirracistas.

Temos a percepção, como equipe técnica que atua nessa temática, que as mudanças na conjuntura política, econômica e social, nos

---

12. Não é nosso objetivo, neste capítulo, aprofundar as discussões sobre a formação econômico-social e política da sociedade brasileira, nem refletir sobre como o racismo estrutural baliza o capitalismo dependente e a forma como o Brasil se constitui como nação. Para avançar nesses estudos, veja: Nascimento (2016), Moura (1988), Santos (2002), Souza (1988), González (2018), entre tantos outros trabalhos ainda pouco referenciados na produção científica.

últimos anos, influenciaram o aumento da procura de mulheres para entrega voluntaria do(a) filho(a) em adoção, no entanto, apresentamos tal percepção apenas como hipótese. Por outro lado, é inegável que a divulgação e crescente articulação do Judiciário com os demais serviços da rede proporcionam melhores condições para o atendimento de mulheres que, de fato, não se identificam com a maternidade nem desejam assumir os cuidados da criança que gestaram.

O compromisso profissional deve permear as questões aqui elucidadas na busca pela compreensão do fenômeno e, principalmente, dos sujeitos e sujeitas expostos às várias expressões da questão social, que compareçam diariamente para atendimento na Vara da Infância e Juventude. Nesse sentido, parafraseamos Fávero (2005):

> [...] é necessário conhecer o pensamento e a posição da população "objeto" das ações do Juizado de Menores. Como participa e como vê sua participação — passiva e/ou ativa — nessas relações de saber-poder. Viabilizando o uso da voz àqueles sobre os quais habitualmente se fala, torna-se possível ampliar o conhecimento dos "segredos" encravados nas práticas judiciárias e contribuir para o avançar em direção ao novo, as novas formas de práticas que impliquem na conquista de maiores espaços de autonomia e de liberdade (Fávero, 2005, p. 126).

Assim, concluímos nossas reflexões propondo um aprofundamento dos estudos e pesquisas sobre a entrega voluntária em adoção, considerando as questões de classe social, gênero e raça/etnia que levam mulheres a buscar esse atendimento nas Varas da Infância e Juventude, bem como acerca das respostas das Políticas Sociais e do próprio Poder Judiciário.

Só assim, após analisar a multiplicidade de fenômenos que atravessam essa manifestação de desejo, os(as) profissionais poderão desenvolver práticas e intervenções que respeitem as escolhas das mulheres — convergindo na busca pela ampliação do acesso a seus direitos, bem como na proteção das crianças.

Referências

BADINTER, Elisabeth. *Um amor conquistado:* o mito do amor materno. Rio de Janeiro: Nova Fronteira, 1985.

BEHRING, Elaine Rossetti. *Brasil em contrarreforma:* desestruturação do Estado e perda dos direitos. 2. ed. São Paulo: Cortez, 2008.

BOSCHETTI, Ivanete. *Seguridade social e trabalho:* paradoxos na construção das políticas de previdência e assistência social no Brasil. Brasília: Editora UnB, 2006.

BRASIL. *Decreto n. 5.083,* de 1º de dezembro de 1926.

BRASIL. *Decreto-Lei n. 2.024,* de 17 de fevereiro de 1940.

BRASIL. *Lei n. 4.513,* de 1º de dezembro de 1964.

BRASIL. *Lei n. 6.697,* de 10 de outubro de 1979.

BRASIL. *Constituição da República Federativa do Brasil,* 1988.

BRASIL. *Lei n. 8.069,* de 13 de julho de 1990.

BRASIL. *Lei n. 8.185,* de 14 de maio de 1991.

BRASIL. *Lei n. 12.010,* de 3 de agosto de 2009.

BRASIL. *Lei n. 13.509,* de 22 de novembro de 2017.

CIVILETTI, Maria Vittoria Pardal. O cuidado às crianças pequenas no Brasil escravista. *Cadernos de Pesquisa,* São Paulo, n. 76, p. 31-40, fev. 1991. Disponível em: http://publicacoes.fcc.org.br/ojs/index.php/cp/article/view/1052. Acesso em: 10 março 2020.

DICIONÁRIO JURÍDICO DireitoNet. Disponível em: https://www.direitonet. com.br/dicionario/exibir/1242/Retratacao. Acesso em: 14 jan. 2019.

DICIONÁRIO MICHAELIS. Disponível em: http://michaelis.uol.com.br/busca?id=qOZwZ. Acesso em: 14 jan. 2019.

FÁVERO, Eunice Teresinha. *Serviço Social, práticas judiciárias, poder:* implantação e implementação do serviço social no juizado da infância e da juventude de São Paulo. São Paulo: Editora Veras, 2005.

FUNABEM. Uma palavra da FUNABEM. *Psicol. cienc. prof.* Brasília, v. 8, n. 1, p. 6-7, 1988. Disponível em http://www.scielo.br/scielo.php?script=sci_arttext&pid=S1414-98931988000100003&lng=en&nrm=iso. Acesso em: 14 jan. 2019.

MANDEL, Ernest. *O capitalismo tardio.* São Paulo: Abril Cultural, 1982.

MARTINEZ, Paulo Henrique. *Estado e amparo social no Império do Brasil (1822--1831).* Disponível em: https://periodicos.ufpb.br/index.php/abet/article/view/15670/8946. Acesso em: 14 jan. 2019.

MOTTA, Maria Antonieta Pisano. *Mães abandonadas:* a entrega de um filho em adoção. 4. ed. São Paulo: Cortez, 2015.

NETTO, José Paulo. Crise do capital e consequências societárias. *Serv. Soc. Soc.,* São Paulo, n. 111, p. 413-429, 2012. Disponível em: http://www.scielo.br/scielo.php?script=sci_arttext&pid=S0101-66282012000300002&lng=en&nrm=iso. Acesso em: 14 jan. 2019.

RIZZINI, Irene; PILOTTI, Francisco (org.). *A arte de governar crianças:* a história das políticas sociais, da legislação e da assistência à infância no Brasil. 3. ed. São Paulo: Cortez, 2011.

SANTA CASA DE MISERICÓRDIA DE SÃO PAULO. Disponível em: https://www.santacasasp.org.br/portal/site/quemsomos/museu/curiosidades>. Acesso em: 1º maio 2018.

SAWAIA. Bader Burian. O sofrimento ético-político como categoria de análise da dialética exclusão/inclusão. *In:* SAWAIA. Bader Burian (org.). *As artimanhas da exclusão:* análise psicossocial e ética da exclusão social. 2. ed. Petrópolis: Vozes, 2001.

Tribunal de Justiça do Estado de São Paulo. *Política de Atenção à Gestante: apoio profissional para uma decisão amadurecida sobre permanecer ou não com a criança.* São Paulo, 2015.

PARTE III

TRABALHO PROFISSIONAL DE ASSISTENTES SOCIAIS E PSICÓLOGAS/OS E SUA INTERFACE COM O JUDICIÁRIO E O DIREITO

CAPÍTULO 10

A escuta profissional e seus atravessamentos no contexto da perícia em vara de família

Carlos Renato Nakamura
Sabrina Renata de Andrade

Introdução

"Para mim, Deus é isto: a beleza que se ouve no silêncio. Daí a importância de saber ouvir os outros: a beleza mora lá também. Comunhão é quando a beleza do outro e a beleza da gente se juntam num contraponto." É assim que o filósofo Rubem Alves fala sobre a singeleza e a humanidade da ação de escutar. Para ele, a verdadeira escuta ocorre sob a condição básica de um silenciamento de si, pois a aproximação ao mundo que o outro apresenta exige que, nesse encontro, se sustente uma atitude contemplativa e respeitadora — e, nesse sentido, também uma ética —, sem o furor de responder ou falar algo em retorno.

A escuta é atributo recorrentemente associado a práticas de atendimento, em que o encontro com a singularidade se destaca no fazer e
no agir profissionais. Porém, diferentemente da instrumentalidade de
uma entrevista, da normatividade de uma oitiva, ou mesmo da cientificidade de uma avaliação, a escuta fala mais da descoberta do outro
e menos de uma informação que eventualmente dele se espera obter.

No contexto de um referencial *psi*, a escuta é associada ao acolhimento e a formas de participação do outro, enquanto uma atitude
profissional é inerente a um campo do qual a própria entrevista psicológica em si emerge (Bleger, 1980, 1993). Nesse sentido, a escuta
no campo da Psicologia transcende o conteúdo verbalizado e ganha
características de apreensão de sentidos muitas vezes não ditos e até
não mentalizados. Assim, "quando você escuta o outro, está dizendo
para ele: eu tenho um lugar para você em mim. Esse lugar que já
está em cada um de nós agora pode receber um nome. É o lugar de
tudo que é estranho, incompreensível e enigmático em nós" (Dunker;
Thebas, 2019, p. 103).

O Serviço Social é definido por Mendes (2015) como "[...] uma
profissão de caráter sociopolítico, crítico e interventivo, que se utiliza de
instrumentos técnico-operativos para análise e intervenção nas diversas
refrações da questão social[1]" (Mendes, 2015, p. 144), matéria-prima de
trabalho do assistente social. Este acessa, observa e escuta a realidade
concreta dos sujeitos por meio de diversos instrumentais, incluindo a
entrevista. Magalhães (2019) observa que esse instrumental requer uma
postura atenta, compreensiva e isenta de paternalismo: o trato com
o usuário deve ser permeado por delicadeza, sendo imprescindível
ouvi-lo e compreendê-lo na condição de sujeito de direitos. A autora
também expõe que a linguagem se expressa para além da comunicação

---

1. Aqui, nesta acepção: "[...] a manifestação política de expressões da desigualdade social — mediadas por relações desiguais de gênero e étnico-raciais — decorrentes do processo
de produção/acumulação capitalista e da sua inerente contradição entre capital e trabalho, em
que a riqueza socialmente produzida é apropriada pelos possuidores dos meios de produção,
enquanto amplos contingentes de trabalhadores, que dependem da venda de sua força de
trabalho, não têm acesso a meios dignos de sobrevivência" (Meneghetti, 2015, p. 157).

verbal, salientando a importância de observar e respeitar os silêncios que podem emergir na interação.

A prática e a utilização dos instrumentais para a operacionalização da ação não se sustentam solitariamente em virtude da indissociabilidade entre a dimensão técnico-operativa e as dimensões teórico-metodológica e ético-política (Ramos, 2018). Isso porque, no Serviço Social, "[...] a capacitação instrumental é importante, mas são os valores e os fundamentos da profissão que lhe possibilitam ter legitimidade e efetividade em torno das demandas sociais" (Fuziwara, 2012, p. 118).

Como assistentes sociais e psicólogos atuantes na distribuição da justiça por meio de atendimentos e colaborações técnicas nos espaços sócio-ocupacionais do Tribunal de Justiça de São Paulo (TJSP), é comum pensar na escuta como algo basilar para a prática profissional. De fato, quando há demandas por aproximações com o modo de vida de pessoas e grupos, com diversas visões de homem e de mundo, com a expressão da subjetividade (e sua constituição em processos intersubjetivos, sociais, econômicos e culturais) e com a singular forma de ser e existir dos que acorrem ao Poder Judiciário (ou a ele são encaminhados) para a solução de conflitos legais e interpessoais, a escuta emerge como competência constitutiva da práxis profissional.

Mas de que escuta, afinal, se fala? Dos sujeitos e usuários e seus pleitos e demandas? Da criança e do adolescente e seus interesses pessoais e superiores? Da família e suas formas de organização? Da sociedade e dos fatores transversais que incidem sobre a forma como ela se organiza e se divide? Das instituições que mantêm e reproduzem discursos e valores? Ou das representações construídas e mantidas por todo esse conjunto? A resposta depende, é claro, do referencial. Historicamente, os processos definidores de quem se escuta, da forma de proceder a essa escuta, e para que ou para quem se promove essa escuta, expressam lutas e disputas no âmbito do Serviço Social e da Psicologia. Na estrutura do Judiciário, hierarquizada, normatizada e atravessada por relações de poder, esse tensionamento não é menos determinante.

Por parte da instituição, há inegável primazia quanto à manutenção de um modelo de atuação baseado na figura da perícia judicial, o que é positivado pelo texto das normas da organização judiciária, resgatando a previsão processual da prova técnica nas áreas cíveis e criminais (art. 803 das Normas de Serviço da Corregedoria Geral de Justiça de São Paulo). Mas, enquanto a instituição judiciária busca harmonizar a demanda sobre o trabalho dos assistentes sociais e psicólogos às prescrições das legislações processuais brasileiras, tal aspecto tem sido abordado criticamente pelas respectivas profissões ao longo de décadas, como imposição de um modelo de "busca pela verdade" na produção de laudos sociais e psicológicos, e pela manutenção e sustentação de prescrições pretensamente técnicas, que nada mais fazem do que naturalizar processos e movimentações sociais, históricas e culturais, habilitando o Estado como controlador de segmentos da população.

O atendimento às demandas e prescrições do Direito também se evidencia na história do Serviço Social e da Psicologia no TJSP, conforme cronologia resgatada por Bernardi (1999), que localiza nas décadas de 1940 e 1950 as primeiras e informais inserções desses profissionais nos quadros da instituição. Os primeiros em serviços de "colocação familiar" para "famílias carenciadas" e os últimos em unidades de "recolhimento de menores" e de "observação feminina", com tarefas como avaliação clínica e diagnóstico. Muito embora a autora concentre seu trabalho retrospectivo quanto ao cargo de psicólogo judiciário, seus apontamentos são extensíveis à trajetória do assistente social judiciário no que se refere aos conflitos entre propostas e identidades profissionais que se davam no âmbito da instituição pelo questionamento das funções de controle social, que a perícia judicial e outras demandas institucionais suscitavam. Além da contradição entre uma formação profissional voltada ao desenvolvimento da autonomia de indivíduos e a ação institucional restritiva dessa mesma autonomia. Nesse sentido, ela destaca que o *locus* da ação profissional das equipes técnicas foi desenvolvido paulatinamente sob transformações legislativas, políticas, da organização do poder público, e da expansão e especialização do Poder Judiciário, numa trajetória que revela a luta de ambos os projetos de profissão e traz as marcas de um projeto de sociedade.

A essa altura, algumas questões emergem: entre dispositivos legais, processuais e institucionais de "detecção" e "verificação" de fatos, de um lado, e, de outro, da especificidade dos atributos dos que, por sua formação, promovem de forma qualificada a apreensão da singularidade dos sujeitos atendidos. Quais são as possíveis formas de escuta que assistentes sociais e psicólogos operam no tecido da organização judiciária? As "provas" constituídas por documentos produzidos pelas equipes técnicas dizem mais sobre o direito ou sobre as pessoas e grupos de pessoas titulares desse mesmo direito? Em meio a mudanças legislativas que incidem na prática dos assistentes sociais e psicólogos, qual tipo de escuta esses profissionais têm legitimado?

Perante a Psicologia, tais questões se apresentam no curso do desenvolvimento da profissão no Brasil. Há registros de que a Psicologia brasileira se prestava a um olhar individualizador do fenômeno psicológico, enfatizando o aspecto tecnicista contido no primeiro projeto profissional da categoria, com leituras biologizantes e acríticas sobre expressões da subjetividade (CRP-SP, 2018). Tanto assim que a própria lei que regulamenta a profissão atribui como função do psicólogo a utilização de técnicas com o objetivo de solucionar "problemas de ajustamento". Promulgada em 1962, ela espelhava um país que se afirmava capitalista e industrial, e que, portanto, recorria à Psicologia para testagem psicológica e à escolha do "homem certo no lugar certo" para encontrar melhores trabalhadores. Para Bock (2009), isso tornou a Psicologia uma profissão "corretiva", pois servia para dar suporte ao "natural" e corrigir "desvios", alienando-se da realidade social para pensar o fenômeno psicológico como biológico, instituindo uma profissão que não fazia referência a processos sociais e culturais.

Dessa forma, uma profissão emancipatória, que excedesse os limites privados dos consultórios particulares e pudesse se assumir crítica perante processos sociais e políticos, só surgiu entre as décadas de 1980 e 1990, com os debates que guindaram o compromisso social e a defesa dos valores que embasam a Declaração Universal dos Direitos Humanos para o centro dos princípios fundamentais do Código de Ética atualmente vigente, de 2005.

No que se refere às atividades da Psicologia na interface com a Justiça, tais transformações no projeto da profissão foram significativas. Até então, os três Códigos de Ética do Psicólogo (1975, 1979 e 1987) traziam explícita referência a dispositivos periciais em seções nomi- nadas "das relações com a Justiça", como se a perícia fosse a única forma de colaborar nesse campo. Assim, se a falta de compromisso social manteve a Psicologia com um olhar cientificista sobre processos políticos, sociais e culturais, e se o projeto profissional foi por décadas mantenedor da identidade do psicólogo testador-examinador-diagnos- ticador, desponta que o forte apreço à perícia psicológica foi construída não só pela instituição judiciária ou pelos dispositivos normativos, mas também pelos próprios psicólogos que correspondiam a uma demanda de controle por meio de suas avaliações em instituições jurídicas. Não à toa, pesquisadores como Sampaio (2017) referem que a prática da perícia psicológica adquire centralidade no encontro Psi- cologia-Direito, de forma que essa atividade pode ser incorretamente assumida como a totalidade das ações desempenhadas pelo psicólogo nesse campo. Isso resulta de processos de manutenção de vigilância em que o laudo pericial é solicitado e tomado como "operador da verdade" (Shine, 2010), prescrevendo condutas (Brito, 1993), criando categorias de subjetivação (Santos, 2011), tudo com vistas a preservar, por meio de forte tutela sobre vidas (Fávero; Melão; Jorge, 2015), e do controle sobre atos socialmente considerados desviantes (Paiva, 2004), uma prática comprometida com a opressão (Oliveira, 2011).

Para Brandão (2016), essas demandas subjacentes impõem li- nhas de força, que fazem a perícia psicológica (e o micropoder que a reveste) parecer sedutora para psicólogos. Arantes (2007) aponta que a disputa sobre a definição do beneficiário da ação profissional produz um "mal-estar". De toda forma, o que se observa é que esse tensionamento interroga aos psicólogos judiciários menos sobre sua escuta e mais sobre os sentidos por ela construídos.

Especificamente quanto ao Serviço Social, Fávero (2013) observa a estreita relação entre o surgimento da profissão no Brasil e a inserção de assistentes sociais no TJSP: apenas treze anos separam esses eventos. Os assistentes sociais iniciaram seu trabalho no antigo Juizado de Menores, em 1949 através de atividade que hoje se assemelharia ao programa família acolhedora, quando a profissão se sustentava teórica e eticamente na Doutrina Social da Igreja Católica, perspectiva do Código de Ética de 1947, o primeiro da profissão. Segundo Yazbek (2009), isso implicava na abordagem da questão social como problema moral e religioso, que exigia intervenção centrada na formação da família e do indivíduo, cabendo ao assistente social trabalhar os comportamentos dos usuários (à época, "clientes"), com o intuito de integrá-los à sociedade. Com o propósito de aperfeiçoar tecnicamente profissão, as premissas religiosas foram complementadas pela influência norte-americana que, apoiada em teorias positivistas e funcionalistas, conferia uma nova roupagem ao velho propósito de ajustamento dos sujeitos à ordem burguesa vigente.

Esforços e tentativas de repensar a profissão e suas bases teóricas resultaram em releituras do conservadorismo. A ruptura desse viés teve início nos anos 1980 e se materializou na década seguinte com a aprovação do atual Código de Ética do/a assistente social que invoca princípios éticos, como a defesa da liberdade e dos direitos humanos e a construção de uma nova ordem societária. Sob a perspectiva materialista histórico-dialética, o Serviço Social passa a reconhecer a centralidade das condições (e contradições) inerentes ao modo de produção e ao tempo histórico em que é situado o homem/sujeito. Admitindo que o motor da história é a luta de classes, a profissão firma compromisso com os explorados visando fortalecê-los com base em valores emancipatórios (Barroco, 2009; Sousa, 2018).

Tal período foi marcado também pela produção de legislações relevantes, desdobramentos da Constituição Federal de 1988. Em 1990, foi promulgado o Estatuto da Criança e do Adolescente (ECA), mesmo ano em que foi aprovada a Lei 8.080/1990, que estabelece o Sistema Único de Saúde (SUS), materializando a saúde pública nas relações entre a sociedade e o Estado. Três anos mais tarde promulgou-se a Lei Orgânica da Assistência Social (Lei 8.742/1993), que instituiu a assistência social como direito do cidadão e dever do poder público. Fávero (2013) aponta que avanços ocorreram também no universo específico do assistente social do Judiciário paulista citando a ampliação no quadro de profissionais e a organização política formal da Associação dos Assistentes Sociais e Psicólogos do TJSP (AASPTJ-SP), época em que tiveram início as pesquisas acadêmicas referentes a esse espaço sócio-ocupacional. Auspicioso em alguns âmbitos, esse período também trouxe reveses decorrentes do avanço do neoliberalismo, expresso pela precarização do trabalho e majoração de pobreza e violência, cenário que impactou sobremaneira a atuação do assistente social judiciário, principalmente na década seguinte, quando foi necessária a resistência da categoria na luta pelos próprios direitos e pelos dos usuários.

Quanto ao cenário atual, observa-se o recrudescimento do conservadorismo que, no contexto macro, aparece por meio do ataque/encolhimento de direitos e políticas públicas tendo como consequência a fragilização da democracia. Juntamente com questões afetas ao trabalho — sobretudo a ausência do acesso a esse direito — são circunstâncias que repercutem direta e duplamente no cotidiano do assistente social, porque adensam e complexificam seu substrato de trabalho — a questão social — ao mesmo tempo que expõem os próprios assistentes sociais às precarizações trabalhistas (Yazbek; Degenszjan; Paz, 2019). Esse panorama desafia os assistentes sociais atuantes no Poder Judiciário, espaço institucional pouco flexível e permeável. É cotidiano o esforço para materializar o projeto ético-político que prevê a construção de uma nova ordem societária no bojo de uma instituição que se propõe a tratar com igualdade sujeitos que vivem realidades socioeconômicas, culturais e familiares díspares. Ademais, muito embora o Serviço Social tenha uma direção hegemonicamente sustentada por teorias críticas e pela luta vinculada à classe trabalhadora, o contexto atual demonstra a existência de tensões nesse sentido, revelando uma tendência à revisitação do conservadorismo, até por parte da própria categoria.

Assim, apesar de tanto o Serviço Social e a Psicologia darem centralidade a procedimentos e instrumentos pautados em formas de proporcionar escuta, há importantes conflitos, deslizamentos e disputas sobre como (e para quem) exercer essa atividade.

Método

O objetivo deste capítulo é desenvolver reflexões e discutir criticamente a escuta profissional do assistente social e do psicólogo no espaço sócio-ocupacional do TJSP com base na genealogia da perícia judicial na intersecção com os conhecimentos e práticas das referidas profissões e as possibilidades (e impossibilidades) do atendimento ao jurisdicionado.

Trata-se de estudo teórico, referente a um aspecto da atividade profissional em constante questionamento e atravessamento de sentidos, e cuja atualidade se expressa por revisões legislativas com incidência direta nos Setores Técnicos, como as decorrentes da Lei n. 13.509/2017, que alterou o ECA incluindo a previsão de atuação de peritos judiciais privados no lugar das equipes técnicas do Poder Judiciário e reduziu prazos para procedimentos técnicos; da Lei n. 13.431/2017, que instituiu o "Depoimento Especial", cuja implantação reabriu debates marcados pela polissemia do termo "escuta"; e o Novo Código de Processo Civil, em vigor desde 2016, que atualizou artigos sobre a prova técnica e instituiu o "banco de peritos".

Escute: o multívoco e o singular

De forma ampla, é fácil reconhecer que assistentes sociais e psicólogos são profissionais que exercem ativamente funções relacionadas à escuta de sujeitos e grupos. No entanto, inexiste uma concepção unívoca do que seja essa escuta. A indefinição conceitual desse objeto fica ainda mais desafiadora quando se contempla o encontro entre a atividade judiciária e o conhecimento da Psicologia e do Serviço Social, pois suas diferentes acepções extrapolam a dinâmica da interdiscipli-naridade e fazem interlocução com demandas de toda sorte. A escuta é viabilizada por quais procedimentos técnicos? Ela contempla a ma-terialidade do que é dito em termos de acurácia de um testemunho, ou extrapola o verbal e permite entrever níveis menos explícitos de comunicação? Em que especificamente a escuta profissional dos téc-nicos do Judiciário difere de outros "tipos" de escuta ("qualificada", "especializada", "flutuante", "psicanalítica" etc.)? Nota-se que, muito embora a escuta seja recorrentemente referida, ela parece escapar a uma definição prevalecente, por isso, talvez, seja necessário falar não em escuta, mas em *escutas*.

No contexto brasileiro, o sistema jurídico é romano-germânico e, como tal, o princípio da legalidade é central (Gonçalves, 2020). Por esse motivo, é natural que o *locus* institucional dos assistentes sociais e psicólogos judiciários seja fortemente normativo, impondo-lhes enquadramento legal em seus atos. Essa tradição guarda referência a um dado fartamente observado: o papel da perícia judicial como uma das primeiras possibilidades de inserção profissional no Judi-ciário e, nesse sentido, do advento de uma forma institucionalizada de escuta.

Como já resgatado neste capítulo, a inserção de assistentes sociais e psicólogos no TJSP se deu ao longo de várias décadas do século XX. Se, num primeiro momento, as profissões respondiam a estruturas e serviços de controle e de forte tutela (Bernardi, 1999), outras formas de atuação surgiram com o advento de legislações protetivas e de afirmação da cidadania. Na atualidade, a atividade do Serviço Social e da Psicologia, na interlocução com o Direito, conta com notável grau de desenvolvimento, tendo já emergidos os conhecimentos específicos e o reconhecimento dessa práxis perante a sociedade. De forma geral, reconhece-se que os assistentes sociais judiciários atuam precipuamente na "área sociojurídica" (Borgianni, 2013), enquanto os psicólogos judiciários estão posicionados sob a especialidade da Psicologia Jurídica (CFP, 2007). Concorrentemente a essa evolução, contudo, percebe-se a permanência da centralidade da perícia judicial nas tarefas de assistentes sociais e psicólogos, tanto pela demanda por parte do Judiciário, quanto pela forma como cada profissão responde a ela.

No caso da Psicologia, a tradição em avaliação psicológica, psicodiagnóstico e teorias de enfoque clínico ajuda a entender o quanto a perícia psicológica é até hoje vista como uma demanda natural a psicólogos no Sistema de Justiça. A crítica a esse dispositivo ainda convive com a ampla aceitação do mesmo, como analisado por Sampaio (2017). Brandão (2016) chega a falar que a Psicologia Jurídica no Brasil vivencia uma crise, pelo fato de a perícia psicológica ter estabelecido uma força de atração tão grande, que outras formas de atuação no Sistema de Justiça não conseguiram se estabelecer e demover procedimentos periciais de sua centralidade. O autor, em trabalho posterior, destaca o risco de a própria Psicologia Jurídica ser judicializada, sequestrada por mecanismos de manutenção do poder sobre vidas (Brandão, 2020).

É sabido que o mundo jurídico é atraído por evidências e pela objetividade científicas, pois estas dão legitimidade a suas determinações. Shine (2010) discorre sobre o poder de dizer sobre a verdade que o Direito deposita na produção da prova técnica, como se essa verdade pudesse ser reconstruída no processo. Essa confiança no referencial científico age em favor do poder do próprio Direito, pois o saber baliza a realização desse poder. Para Foucault (1973/2013), o saber se expressa como poder não somente por impor vigilância e controle, mas também por produzir conhecimento sobre aquele que é vigiado. Assim, haveria uma atração da Psicologia para funcionar nesse lugar de poder, com produção de provas e na manutenção de uma atuação capaz de prescrever condutas e definir vidas, como Mello e Patto (2012) já tiveram oportunidade de denunciar. Tal atração se dá num jogo de disputa pela verdade, no qual pessoas em litígio se colocam à disposição da decisão de uma terceira instância: o poder judiciário materializado na figura do juiz, que produzirá, por fim, o veredito — ou *veredictum*, o "verdadeiramente dito" — ao qual se atribui o valor de desenlace do conflito. É em um lance desse jogo que, não raro, se recorre ao perito que, com a neutralidade que o discurso científico supostamente confere a suas palavras, deverá contribuir, dentro de sua especialidade, para esclarecer os fatos nos quais se apoiará a decisão judicial. Ele ocupa assim um lugar estratégico no jogo de sedução do poder e da justiça, pois é supostamente capaz de produzir uma certa verdade que, enfim, dissipará a subjetividade das demais provas e dará um cunho científico à medida judicial (Ortiz, 2018, p. 112).

Na genealogia do poder de dizer a verdade, não há um lugar verdadeiro para a Psicologia, já que esse tipo de controle não atende aos objetivos da profissão. Dessa forma, o debate crítico sobre a perícia psicológica surge em meio a avanços de práticas judiciárias e penais que afrontam diretrizes da profissão, algo que se avoluma nos anos 2000 com o chamado Depoimento Especial e o exame criminológico no sistema prisional, ambos dispositivos eticamente incompatíveis com a Psicologia, e que foram implementados à força de decisões judiciais. Hoje, há interrogações sobre a prática psicológica no Judiciário baseada apenas no modelo pericial. Aliás, há a recomendação expressa para que as demandas processuais não sejam literalmente aceitas como demandas psicológicas (CFP, 2019), estando a perícia psicológica num campo de tensão entre a produção da prova e a busca de modelos interventivos.

No Serviço Social, Mioto (2001) define a perícia social como "[...] um processo através do qual um especialista, no caso o assistente social, realiza o exame de situações sociais com a finalidade de emitir um parecer sobre a mesma" (Mioto, 2001, p. 146). É atividade típica da área sociojurídica e se concretiza por meio do estudo social, conceituado por Fávero (2014), como um processo metodológico específico do Serviço Social, que objetiva conhecer crítica e profundamente determinada situação ou expressão da questão social, principalmente nos aspectos socioeconômicos e culturais. De acordo com Gois e

Oliveira (2019), não é possível precisar o início das perícias sociais no contexto do Judiciário, sendo fato que a demanda ganhou força nos derradeiros anos da década de 1950. A formalização da atuação profissional junto às Varas de Família ocorreu três décadas depois, sendo que:

> A implantação do Serviço Social na Justiça de Família deu-se num contexto normativo patriarcal, marcado pela desigualdade do poder familiar entre homem e mulher, cujas relações eram legisladas pelo Código Civil de 1916 e pelo não reconhecimento da criança e do adolescente como sujeitos de direitos, típico da legislação menorista. No âmbito profissional, embora o Serviço Social estivesse vivenciando avanços do Movimento de Reconceituação, prevalecia a orientação positivista-funcionalista (Gois; Oliveira, 2019, p. 24).

Naquele contexto, Pismel (1979) *apud* Gois e Oliveira (2019) expõe que o estudo social era visto como uma "[...] contribuição na busca da verdade, resultando positivamente para o desenvolvimento e o aperfeiçoamento do conhecimento judicial sobre os fatos e a lide a ser julgada" (Pismel, 1979, *apud* Gois; Oliveira, 2019, p. 25). Hoje, na perspectiva alinhada ao projeto ético-político da profissão, a intervenção deve ter outro propósito. O assistente social define o objetivo de seu estudo e os instrumentais que utilizará para conhecer a realidade dos sujeitos, abordando aspectos como trajetória de vida, o acesso (ou não) aos direitos sociais e às políticas públicas, a forma de organização da família para o atendimento de suas necessidades, a (in)existência de rede social de apoio e a convivência comunitária e familiar, considerando as relações de classe, gênero, etnia e os processos de socialização e sociabilidade, que se dão num determinado espaço temporal, político e cultural e são forjados pelo modo de produção capitalista (Barison, 2008; Fávero; Franco; Oliveira, 2020). Ainda de acordo com as referidas autoras, a intervenção deve articular as situações singulares vivenciadas pelos sujeitos à totalidade social, relacionando-as às dimensões sociais, políticas, econômicas e culturais, que conformam a reprodução objetiva e subjetiva no cotidiano dos sujeitos. Desse cenário, exsurge que:

> O assistente social não trabalha com fragmentos da vida social, mas com indivíduos sociais que se constituem na vida em sociedade e condensam em si a vida social. As situações singulares vivenciadas pelos indivíduos são portadoras de dimensões universais e particulares das expressões da questão social, condensadas na história de vida de cada um deles (Iamamoto, 2010, p. 272).

Refletir sobre a prática do assistente social judiciário exige a compreensão das especificidades do seu espaço de trabalho. Nesse sentido, Borgianni (2013) traz apontamentos iluminados pela perspectiva lukacsiana, expondo que o Direito surge a partir do estabelecimento da sociedade de classes com vistas à manutenção do *status quo*: o ordenamento jurídico contribui para a preservação de uma ordem societária desigual, revestindo-a (e revestindo-se) de aparente igualdade. Aponta ainda a contradição ("polaridade antitética"[2]) inerente ao sistema judiciário, uma vez que "[...] ao mesmo tempo que esse é o campo da proteção jurídica dos direitos, ele é também o campo onde se ergue um sistema de responsabilização judicial, dimensão da qual não é possível escapar" (Borgianni, 2012, p. 168).

O direcionamento institucional para a preservação da ordem é inegável, mas não é imutável, porque as relações da sociedade capitalista são atravessadas por contradições que abrem brechas para sua superação, de modo que "[...] o direito é também permeável à atuação das forças que pretendem nele incidir em busca de novos ordenamentos das relações sociais, e não só à manutenção do estado de coisas" (Borgianni, 2013, p. 422). Reconhecer contradições e potencialidades

---

2. Nas palavras de Borgianni (2012), a polaridade antitética "[...] é a convivência numa mesma totalidade de duas determinações que são antagônicas, embora complementares" (Borgianni, 2012, p. 167). A autora ainda exemplifica a polaridade antitética no modo de produção capitalista, que abriga concomitantemente tanto a produção de riquezas quanto a de desigualdades.

do *locus* sociojurídico é importante para distinguir os objetivos da instituição dos da profissão, sendo primordial que o assistente social questione e reinterprete as demandas institucionais à luz do projeto profissional (Fávero; Franco; Oliveira, 2020).

Se, em sua origem, o Serviço Social ancorava-se em uma visão ajustadora — similar à do Poder Judiciário — seu percurso histórico favoreceu reflexões que culminaram na ruptura com essa diretriz. Independentemente do espaço de atuação, uma intervenção compatível com as diretrizes éticas da profissão pressupõe a finalidade precípua de garantir direitos, afastando práticas que reivindiquem o passado e sejam controladoras/censuradoras ou que tenham pretensão de obtenção/aferição da "verdade", até porque, numa perspectiva crítica, as verdades não são absolutas; elas são históricas e, portanto, passíveis de transformações de acordo com a ação humana (CFESS, 2014). Os instrumentais técnicos utilizados pela profissão são os mesmos desde sua gênese. A diferença é que, numa visão condizente com os princípios éticos contemporâneos, a dimensão técnico-operativa deve conjugar-se às demais dimensões. O instrumental dá concretude à prática e essa não é esvaziada de finalidades já que "[...] toda intervenção encontra-se imbuída de um conjunto de valores e princípios que permitem ao assistente social escolhas teóricas, técnicas, éticas e políticas" (Guerra, 2017, p. 65).

A esta altura, uma nova questão desponta: o que seria uma "verdadeira" escuta, respeitadora dos parâmetros éticos do Serviço Social e da Psicologia?

Na Psicologia, apesar da pertinência da escuta como parte da práxis, pouco há em termos de uma conceituação. O Conselho Federal de Psicologia chegou a instituir a chamada "escuta psicológica" por meio de resolução que foi suspensa judicialmente e que inibia a demanda pela participação de psicólogos no "Depoimento Sem Dano" (atual Depoimento Especial), vedando-lhes o papel de inquiridor e promovendo um modelo de escuta acolhedor, problematizador da demanda, e respeitador do desejo de participação. Mesmo suspensa, a norma traz uma referência conceitual da escuta, que "[...] consiste em oferecer lugar e tempo para a expressão das demandas e desejos da criança e do adolescente: a fala, a produção lúdica, o silêncio e expressões não verbais, entre outros" (CFP, 2010). Dessa acepção, observa-se que a escuta psicológica não é, em si, um procedimento técnico. É nesse sentido que Augusto (2018) aborda a escuta de psicólogos no TJSP, enquanto Ariolli (2018) a associa a uma "postura" que sustenta "[...] uma empatia, uma abertura para ouvir o outro" (Ariolli, 2018, p. 199). Arantes (2011), por sua vez, destaca que a escuta é orientada por demandas e desejos do sujeito no contexto interacional. Logo, a escuta está mais afeta à dimensão ética do que à esfera instrumental.

Para a Psicologia, é bem sabido que as entrevistas respondem como o instrumental mais frequente no ambiente forense. Tal dado, que é facilmente constatado no cotidiano das equipes técnicas, foi observado em pesquisa de Lago e Bandeira (2008). Porém, há uma diversidade significativa sobre os tipos de entrevista, podendo variar de propostas baseadas num campo projetivo para a emergência da subjetividade do sujeito, até modalidades estruturadas, como a chamada "entrevista investigativa", por exemplo.

Há setores, no entanto, que se habituaram a nomear a entrevista psicológica no ambiente jurídico de "entrevista forense", designação que reforça a acepção de que haveria uma categoria da avaliação psicológica própria para perícias. No campo da Psicologia Jurídica, tem havido produções de um forte resgate ao modelo pericial clássico e de elaboração de provas.

> A entrevista forense tem sua utilidade destacada em ambientes em que se faz necessário aplicar medidas judiciais e que tenham a finalidade pericial. Ela é parte de um processo amplo e complexo de investigação [...]. As informações obtidas com a entrevista forense podem auxiliar a tomada de decisão de profissionais investidos de poder para requerer, aplicar ou executar medidas próprias do sistema de justiça que tenham implicação na promoção da proteção das vítimas de violações de direitos e/ou a eventual responsabilização da(s) pessoa(s) suspeita(s) de violar os direitos fundamentais de outros (Tavares; Alves Jr., 2020, p. 71).

Outros pesquisadores, como Bull, Feix e Stein (2009), apontam ainda que a entrevista forense permite "detectar mentiras" e "dissimulações". Nota-se que a designação e os possíveis usos da "entrevista forense" têm como finalidade menos o conhecimento psicológico e mais a atividade-fim de um processo judicial, em que até mesmo a atribuição de responsabilidade criminal é elencada como objetivo da ação profissional (finalidade no mínimo questionável para uma profissão que se define emancipatória). Desponta, nesse sentido, uma espécie de lógica "contratualista" da atividade de avaliação, regida pela demanda do juiz (neste caso convertido a cliente destinatário do dado psicológico) e não pelo próprio sujeito em avaliação.

Suannes (2019), num outro lado desse espectro, defende que o Judiciário permite a escuta da subjetividade, mesmo num modelo pericial. A autora destaca que o termo "entrevista" suscita no sujeito que vai ao encontro avaliativo a ideia de que se trata de ocasião para prestar esclarecimentos e informações, mas que esse sentido não precisa determinar esse momento por parte dos técnicos, que podem organizar o enquadre da avaliação para uma escuta não pautada em fatos ou aspectos objetivos. Nessa perspectiva, também se encontra Miranda Jr. (2010), para quem o enquadramento pericial não inviabiliza a escuta do discurso do sujeito em avaliação, podendo-se endereçar a demanda do caso para uma "subversão da posição do sujeito frente a seu dizer" (Miranda Jr., 2010, p. 275), confrontando "veracidade" e "equivocidade", de modo a surpreender o avaliando quanto ao que ele próprio diz — em outras palavras, para que ele também possa se ouvir.

Tal como a visita domiciliar, a entrevista não é instrumental técnico exclusivo do Serviço Social: ambas são ferramentas utilizadas por outras profissões consoante finalidades específicas. A observação do trabalho do assistente social permite afirmar que a entrevista é utilizada em todas as áreas de atuação, integrando o arcabouço instrumental da profissão desde sua origem. Lavoratti (2016) aponta que, na perspectiva tradicional, a ênfase repousava na forma como a entrevista se concretizava, concorrendo para seu êxito, entre outros, as relações interpessoais que o profissional firmava com o "cliente" bem como o ambiente em que a interação ocorria. De acordo com essa autora, numa concepção contemporânea:

> Entende-se que, muito mais do que um conjunto de regras e técnicas destinadas a resolver os problemas dos usuários, a entrevista é um instrumental técnico-operativo que permite realizar uma escuta qualificada e estabelecer uma relação dialógica intencional com o usuário, através da qual se busca conhecer a realidade social, econômica, cultural e política onde este está inserido e que incide direta ou indiretamente sobre as suas demandas (Lavoratti, 2016 p. 82).

Lewgoy e Silveira (2007) abordam a entrevista no Serviço Social como um instrumento que possibilita "[...] a tomada de consciência pelos assistentes sociais das relações e interações que se estabelecem entre a realidade e os sujeitos, sendo eles individuais ou coletivos" (Lewgoy; Silveira, 2007, p. 235). Sua operacionalização requer planejamento e clareza quanto aos objetivos, demandando conhecimentos acerca da população usuária, da instituição, legislações etc. As autoras também expõem que a entrevista é constituída por estágios que se entrecruzam, assinalando a diferença entre o ouvir (uma capacidade orgânica/biológica) e o escutar (um trabalho intelectual).

Segundo Magalhães (2019), um bom entrevistador fala pouco e ouve muito, é fundamental que o profissional seja compreensível através de uma linguagem acessível e clara. Ela expõe que a linguagem transcende a comunicação verbal e está carregada de estruturas simbólicas, de forma que "[...] certos maneirismos, modos de falar, de olhar ou de se vestir passam a ser característicos de grupos sociais específicos, comunicando ainda seu estrato social e até mesmo sua inserção na divisão sociotécnica do trabalho" (Magalhães, 2019, p. 29), o que demanda atenção do entrevistador à linguagem não verbal, gestos, olhares, tom de voz e silêncios.

Por tudo isso, é importante que se estabeleça uma relação de confiança entre o profissional e o sujeito, pois, segundo Mikoski (2019),

"[...] quando dizemos que o assistente social precisa 'escutar' o que o sujeito fala e traduzir este discurso em um documento, queremos dizer que esta deve ser uma escuta sensível, a qual precisa primar pela empatia e estabelecer vínculos" (Mikoski, 2019, p. 172). Numa perspectiva freiriana, a entrevista pode ser vista como um espaço dialógico, horizontal e de mútuo aprendizado, constituindo ainda uma mediação, pois possibilita ao profissional "[...] direcionar o seu acervo de conhecimentos em favor das demandas dos usuários, contribuindo para o acesso aos seus direitos e para estimular processos de reflexão, de organização e mobilização sociopolítica" (Faermann, 2014, p. 317).

Oportuno retomar que o exercício profissional competente é aquele sustentado pela articulação e indivisibilidade entre as dimensões teórico-metodológica, ético-política e técnico-operativa, de modo que "[...] a instrumentalidade, e consequentemente a utilização da entrevista, enquanto síntese dialética, articula essas três dimensões e com isso torna-se central e campo concreto para uma prática crítica, propositiva e reflexiva" (Craveiro, 2018, p. 85). Isso não significa negligenciar conhecimentos sobre o aspecto técnico-prático, mas tê-lo conjugado aos demais âmbitos, uma vez que "[...] não é possível pensar um instrumento de trabalho como se ele pudesse ser mais importante do que os objetivos do Assistente Social" (Sousa, 2008, p. 131).

Se a escuta é contemplativa de subjetividades e modos de vida, ao mesmo tempo que se constitui como matéria atitudinal e ética das profissões, tal questão interpela o Serviço Social e a Psicologia de forma particular quando se consideram as possibilidades de atendimento do sujeito criança e adolescente, amplamente presente nas demandas de trabalho.

O advento de espaços de escuta de crianças e adolescentes nas instituições jurídicas guarda importante relação com o surgimento do ECA e a condição de sujeito de direitos que a lei lhes afirma. Sob os fundamentos da Proteção Integral, não são mais as crianças e os adolescentes forçados a se adequar à capacidade de compreensão dos adultos; estes é que devem construir formas de garantir a participação infantojuvenil. Igualmente, o Estado se modifica de tutor de pessoas para se tornar tutor de direitos (Sêda, 1999), conjuntura que demandou, inclusive, que o Poder Judiciário se instrumentalizasse por meio de equipes técnicas.

Para a ciência psicológica, a escuta de crianças e adolescentes é tema recorrente e, de alguma forma, mais antigo que a própria profissão se considerarmos obras clássicas como as de Freud e de Piaget (só para citar alguns poucos exemplos), existindo inúmeras propostas de intervenção e de avaliação junto a esses sujeitos. Tal multiplicidade se dá muito em razão de que toda teoria psicológica, por definição, é também uma teoria do desenvolvimento, contemplando o sujeito criança e adolescente necessariamente e de forma especial.

No contexto da Psicologia e sua interface com a Justiça, a posição central da criança e do adolescente como titulares de direitos e destinatários de prestações de adultos tem concitado a categoria a reflexões sobre como responder a esse protagonismo, tanto do ponto de vista ético quanto técnico. Um marco importante dessa discussão vem de Théry (2007), sobre os conflitos interpretativos da proteção integral, especificamente sobre o direito à participação de crianças e adolescentes em ações judiciais que lhes digam respeito, dado internacionalmente pela Convenção sobre os Direitos da Criança, de 1989. A autora resgata que a Convenção aglutinou duas tradições: a mais antiga, da Declaração dos Direitos da Criança de 1959, que pensa a proteção pela vulnerabilidade, e uma corrente mais recente, que classifica a proteção como uma forma de opressão, pois manteria crianças e adolescentes como seres subalternos aos adultos. Nesse embate, sobressaem interrogações sobre a autonomia de crianças e adolescentes em procedimentos judiciais: eles teriam direito à menoridade jurídica e, consequentemente, serem desresponsabilizados nos conflitos que as envolvem? Ou teriam a autonomia jurídica para manifestar suas opiniões equiparados a adultos? Tais questões desafiam o tipo de escuta que os técnicos do Judiciário oferecem a crianças e adolescentes. Nesse sentido, Brito (1999) faz importante confronto a práticas avaliativas abusivas de técnicos que limitam seus laudos à opinião expressa de crianças e adolescentes. Para ela, meramente repassar à criança e ao adolescente a pergunta de interesse do processo ("com quem você quer morar?") seria a "pesquisa do óbvio".

A produção de conhecimento e literatura a respeito do atendimento de crianças e adolescentes é temática rarefeita no Serviço Social. Tal constatação é paradoxal, já que, em diversos espaços sócio-ocupacionais, o assistente social trabalha diretamente com o público infantojuvenil: é o caso dos serviços de acolhimento institucional, execução de medidas socioeducativas e também atividades determinadas pelo Judiciário. A contradição também se revela diante do arcabouço legal vigente, afirmativo da condição de sujeito de crianças e adolescentes, de maneira que:

> A palavra "sujeito" traduz a concepção da criança e do adolescente como indivíduos autônomos e íntegros, dotados de personalidade e vontade próprias que, na sua relação com o adulto, não podem ser tratados como seres passivos, subalternos ou meros "objetos", devendo participar das decisões que lhes dizem respeito, sendo ouvidos e considerados em conformidade com suas capacidades e grau de desenvolvimento (Conanda/CNAS, 2006, p. 26).

Se, durante longo período, as particularidades da infância foram ignoradas, no fim do século passado esse cenário muda radicalmente, ao menos no plano jurídico-legal. Antes coisificados, a criança e o adolescente passam a ser considerados pessoas em condição peculiar de desenvolvimento, sob ótica da proteção integral, que exige sua participação tanto na esfera coletiva (no exercício da cidadania) quanto nas situações particulares que lhes concernem, o que "[...] impõe uma ruptura com a ideia da ausência de um lugar de fala de crianças e adolescentes (objetos não têm opinião) para a de promoção de sua participação com protagonismo e a necessidade de serem devidamente considerados" (Nakamura, 2020, p. 28).

Essa nova perspectiva surge a partir de reflexões internacionais, materializadas em tratados que se tornaram referências sobre o tema, inspirando legislações específicas sobre o assunto, a exemplo do ECA no Brasil. Dada a correlação com o tema ora abordado, destacamos o direito de exprimir opinião bem como o de participar no processo decisório que lhe diga respeito, ambos afirmados no artigo 12 da Convenção sobre os Direitos da Criança de 1989.

Observa-se que o ECA incorpora (ao menos parcialmente) essas diretrizes. O § 1º, art. 28, prevê que a criança ou o adolescente seja ouvida/o por profissional da equipe técnica nos casos de colocação em família substituta e tenha sua opinião considerada, situação similar quando da mudança de prenome na adoção (§ 6º, art. 47) e à aplicação de medidas protetivas (conforme incs. XI e XII, art. 100). A elaboração do Plano Individual de Atendimento (PIA) também deve considerar a opinião da criança ou do adolescente acolhidos institucionalmente, havendo previsão análoga para adolescente que esteja em cumprimento de medida socioeducativa de regime de prestação de serviços à comunidade, liberdade assistida, semiliberdade ou internação, conforme a Lei 12.594/2012, que institui o Sistema Nacional de Atendimento Socioeducativo.

Resta nítido que a fala é direito incontestável de crianças e adolescentes, extensível, por analogia, a qualquer ocasião em que são discutidos assuntos referentes a esse público, o que inclui as demandas processuais de Vara de Família. O direito à fala imputa a alguém a responsabilidade/dever para recepcioná-la. Contudo, uma observação empírica da realidade revela que essa prática não é unânime por parte dos assistentes sociais, provocando indagações a respeito do estranhamento dos profissionais para com esse tipo de atendimento. Será pela compreensão de que essa escuta não é de sua competência? Isso pode decorrer da autopercepção de despreparo para a atividade? Ainda que seja admissível (e até provável) a existência de lacunas na formação profissional quanto à temática específica, o atendimento da criança ou do adolescente é um dever do assistente social comprometido com o projeto ético-político. Parece incoerente trabalhar numa perspectiva de defesa intransigente dos direitos humanos, de ampliação e consolidação da cidadania e aprofundamento da democracia desconsiderando a contribuição do público infantojuvenil. Torna-se ilógico buscar a construção de uma sociedade isenta de qualquer tipo de relação de dominação e exploração excluindo uma parcela significativa da população. O compromisso com crianças e adolescentes é materializado em princípio ético fundamental: "Exercício do Serviço Social sem ser discriminado/a, nem discriminar, por questões de inserção de classe social, gênero, etnia, religião, nacionalidade, orientação sexual, identidade de gênero, *idade* e condição física" (CFESS, 1993, grifo nosso).

Qualquer tipo de esforço para efetivar a condição de sujeito de direitos do público infantojuvenil que não considere escutá-lo diretamente é incongruente. Se nas demandas de Vara de Família são discutidos assuntos que se referem diretamente à vida desses sujeitos em formação, é essencial que eles participem ativamente desses processos, o que pode ser favorecido por meio da escuta nas perícias sociais. Discorrendo sobre a autonomia do assistente social na escolha dos instrumentais para a realização do estudo social, Fávero (2009) aduz que:

> É importante que o profissional sempre mantenha contato com a criança, independentemente de sua faixa etária. A observação de seu dia a dia, suas reações, suas relações, sua fala, sempre que possível, é fundamental para se colher elementos possibilitadores de ações que lhe garantam o direito à proteção integral (Fávero, 2009, p. 626).

Ao tratar dos documentos produzidos pelo profissional de Serviço Social em contexto pericial, Mikoski (2019) registra a preocupação em compreender as expectativas e anseios da criança ou do adolescente e documentá-las de maneira a não fomentar o litígio nas relações familiares.

A realização da escuta requer clareza quanto aos objetivos da atividade, que devem privilegiar o desvelamento do cotidiano, os vínculos familiares e comunitários e o acesso a direitos e percepção/opinião sobre o assunto debatido judicialmente, afastando-se de qualquer intenção de procura da verdade ou comprovação de fatos.

Na construção de conhecimento que subsidie a lida com o público infantojuvenil, o Serviço Social pode se valer de respaldo teórico-literário em outras áreas do saber, revelando-se importante dedicar atenção ao processo de socialização de crianças e adolescentes uma vez que ele:

É o espaço privilegiado da transmissão social dos sistemas de valores, dos modos de vida, das crenças e das representações, dos papéis sociais e dos modelos de comportamento. Este processo de aprendizagem varia de acordo com o universo de socialização, forçosamente diferente segundo a origem social da criança, definida pela sociedade onde ela vive, pela classe social a que pertence e pelo grupo familiar (Belloni, 2007, p. 59).

Fávero (2012) ressalta a imprescindibilidade do conhecimento sobre o processo de socialização da criança ou do adolescente — suas relações familiares e influências do meio social — pois tais circunstâncias são determinantes em seu processo de desenvolvimento. Sobre o aspecto prático, Paulino (2016) traz alguns indicativos para o atendimento de crianças, observando a necessidade de atenção e preocupação com o tempo, com o ambiente e com a linguagem (verbal e corporal), expondo que a interação pode ser facilitada por jogos, colagens, pinturas etc. Pontua como indispensável conhecer a expectativa da criança sobre a interação, constituindo dever do profissional esclarecê-la sobre o procedimento.

Sopesando a particularidade de cada caso, o assistente social precisa se planejar para o atendimento da criança ou do adolescente. Talvez um único contato não seja suficiente, bem como ser mais produtivo que a interação não se dê na instituição, ou apenas nesta. Pode ser valioso interagir com a criança ou com o adolescente nos espaços desses, onde se supõe que estarão mais à vontade. Em qualquer situação, é importante que a interação seja perpassada por reciprocidade. Nesse sentido, há acordo com Sarmento (2016), que aponta que:

As crianças têm sido colocadas no lugar de quem escuta e não no lugar de quem fala. E é importante esse esforço. Não no sentido de inverter esses lugares, mas no sentido de torná-los recíprocos. A criança tanto fala quanto escuta, assim como o adulto simultaneamente deve tanto falar quanto escutar nessa relação (Sarmento, 2016, p. 09).

Friedmann (2016) ensina que "[...] escutar é uma possibilidade de conhecer as crianças e reconhecer, em cada uma e em cada grupo, seu ser, sua essência, seus saberes, seus jeitos singulares de criar, recriar e ressignificar a vida" (Friedmann, 2016, p. 17), e que a disposição para as escutas demanda abertura para acolher o espontâneo e o imprevisível, inexistindo receitas prontas.

A partir das reflexões acerca do que seria uma escuta no sentido de compatibilidade ética, verifica-se a existência de outras modalidades que, embora proponham algum tipo de escuta, fazem-no sob rupturas a práticas consolidadas e de forma cindida à ética profissional. O Serviço Social e a Psicologia veem-se fortemente interpelados sobre os rumos propostos (ou impostos) quanto a modalidades de escuta dos usuários de seus serviços.

A já mencionada Lei 13.431/2017 instituiu no âmbito das equipes técnicas o chamado Depoimento Especial (DE), ato processual que, apesar de ser eminentemente jurídico, é executado por "profissional especializado" (no caso do TJSP, imposto a psicólogos e assistentes sociais). O DE surge nesse cenário como um agravamento do modelo pericial: se, com a perícia, se pretendia reger a instrumentalidade e a finalidade dos atendimentos, no DE toda a pauta da interação entre técnico e usuário fica governada por protocolos e questões de interesse de juízes, promotores e advogados. Objeto de estudo e crítica, tal atividade é vista como alheia às duas profissões por razões que vão desde o questionamento sobre sua eficácia protetiva, a função que atribui à fala de crianças e adolescentes, e o caráter inconciliável entre esse ato e os preceitos éticos da Psicologia e do Serviço Social pela subversão da escuta na condição de matriz ética do atendimento.

Considerações finais

De tudo quanto exposto, sobressai que a atuação de assistentes sociais e psicólogos se dá num espaço institucional contraditório, que tanto age tanto numa perspectiva protetiva quanto punitiva, circunstância que exige atenção para que as intervenções não reproduzam essa lógica binária. Um cenário cuja complexidade é intensificada por muitos fatores pode favorecer um fazer profissional mecânico e irrefletido, desvirtuando o objetivo final — que é o asseguramento do direito de todos os sujeitos envolvidos — e simplificando a atuação na busca pela verdade que leva à construção de papéis fixos dos jurisdicionados frente ao que os levam ao Sistema de Justiça.

O caráter paradoxal inerente a esse terreno de ação permite o fortalecimento de um ou outro projeto. Assim, é fundamental ter-se claro com qual orientação ética e política de que cada ato profissional é investido: se fortalece o polo da garantia de direitos ou o da punição. Em outras palavras, o tipo de escuta que o profissional sustenta perante o usuário que atende espelha uma visão específica não apenas da prática materializada em seus atendimentos, mas da própria profissão e de sua ligação com compromissos que ela, como sujeito coletivo, lhe atribui.

Uma prática compatível com a ética carece, entre outras coisas, da distinção entre os objetivos institucionais e os profissionais. Isso não significa descurar das atribuições que assistentes sociais e psicólogos possuem no espaço sócio-ocupacional do Judiciário, mas ter como horizonte norteador os preceitos éticos das profissões, que, como bem esmiuçado, amadureceram durante todo o percurso desde sua inserção no Tribunal de Justiça de São Paulo.

Esse compromisso deve se refletir nos atendimentos dos processos de Vara da Família a partir de uma escuta que contemple todos os sujeitos envolvidos, o que inclui crianças e adolescentes. É determinante que essa escuta esteja ancorada em princípios éticos e se revista de caráter dialógico, democrático e empático, o que requer flexibilidade e sensibilidade, além de consideração à peculiaridade das situações e à heterogeneidade dos sujeitos atendidos.

Em tempo recente, que contextualizou a elaboração do presente capítulo, a sociedade e o poder público se viram às voltas com as consequências e implicações da pandemia do novo coronavírus. As regras de distanciamento social repercutiram diretamente na prestação jurisdicional, com fechamento de fóruns e conversão do expediente normal para o modelo de teletrabalho, contexto que trouxe sugestões e debates sobre práticas de atendimento mediado por tecnologias da informação, não reconhecido para o estudo social e grandemente prejudicado para a avaliação psicológica em contexto forense. Esse debate ilustra algumas das questões colocadas neste capítulo, pela forma como o empuxo institucional é capaz de incidir fortemente na prática profissional, oportunizando cenário preocupante, marcado pela relativização ética e pelo resgate da visão de que psicólogos e assistentes sociais, no Judiciário, limitam seu trabalho à coleta de falas.

Efetivar a condição de sujeito de direitos por meio da escuta ainda é tarefa em andamento com a qual deve haver compromisso ético. Na prática profissional, isso demanda a capacidade e a disponibilidade para verdadeiramente escutar a partir de uma perspectiva ética e, exatamente por isso, descolada de intenções verificatórias e de comprovação de fatos.

Referências

ARANTES, E. M. de M. *Mediante quais práticas a Psicologia e o Direito pretendem discutir a relação?* Anotações sobre o mal-estar [2007]. Disponível em: http://www.aasptjsp.org.br/sites/default/files/arquivos-artigos38-1285183711.pdf. Acesso em: janeiro de 2019.

ARANTES, E. M. de M. O Depoimento Sem Dano. *In:* AZAMBUJA, M. R. F. de; FERREIRA, M. H. M. (org.). *Violência sexual contra crianças e adolescentes.* Porto Alegre: Artmed, 2011. p. 79-87.

ARIOLLI, A. C. G. A capacidade de escuta do psicólogo judiciário como ferramenta de auxílio no desabrochar dos cuidados maternos: pensando sobre *holding*, *revêrie* e contratransferência. *In:* LEVINZON, G. K.; LISONDO, A. D. de (org.). *Adoção — desafios da contemporaneidade.* São Paulo: Blucher, 2018. p. 181-201.

AUGUSTO, C. R. R. B. A adoção e a continuidade do ser. *In:* LEVINZON, G. K.; LISONDO, A. D. de (org.). *Adoção — desafios da contemporaneidade.* São Paulo: Blucher, 2018. p. 169-179.

BARISON, M. S. O trabalho do assistente social no Poder Judiciário: a realização do estudo social e a elaboração do parecer técnico. *Cadernos UniFOA*, Volta Redonda, v. 3, n. 6, p. 49-62, 2008.

BARROCO, M. L. S. Fundamentos éticos do Serviço Social. *In:* CONSELHO FEDERAL DE SERVIÇO SOCIAL/CFESS; ASSOCIAÇÃO BRASILEIRA DE ENSINO E PESQUISA EM SERVIÇO SOCIAL/ABEPSS (org.). *Serviço Social:* direitos e competências profissionais. Brasília: CFESS, 2009. p. 165-184.

BELLONI, M. L. Infância, mídias e educação: revisitando o conceito de socialização. *Perspectiva*, Florianópolis, v. 25, n. 1, 57-82, jan./jun. 2007.

BERNARDI, D. C. F. Histórico da inserção do profissional psicólogo no Tribunal de Justiça do Estado de São Paulo — um capítulo da Psicologia Jurídica no Brasil. *In:* BRITO, L. M. T. de (org.). *Temas de Psicologia Jurídica.* Rio de Janeiro: Relume Dumará, 1999. p. 103-131.

BLEGER, J. *Temas de Psicologia* — entrevista e grupos. São Paulo: Martins Fontes, 1980/1993.

BOCK, A. M. B. Psicologia e sua ideologia: 40 anos de compromisso com as elites. *In:* BOCK, A. M. B. (org.). *Psicologia e o compromisso social.* 2. ed. São Paulo: Cortez, 2009. p. 15-28.

BORGIANNI, E. Identidade e autonomia do trabalho do/a assistente social no campo Sociojurídico. *In:* CONSELHO FEDERAL DE SERVIÇO SOCIAL/CFESS. *II Seminário Nacional: o Serviço Social no Campo Sociojurídico na perspectiva da concretização de Direitos.* Brasília, 2012. p. 164-176.

BORGIANNI, E. Para entender o Serviço Social na área sociojurídica. *Serv. Soc. Soc.*, São Paulo, n. 115, p. 407-442, 2013.

BRANDÃO, E. P. Uma leitura da genealogia dos poderes sobre a perícia psicológica e a crise atual na Psicologia Jurídica. *In:* BRANDÃO, E. P. (org.). *Atualidades em Psicologia Jurídica.* Rio de Janeiro: Nau, 2016. p. 35-52.

BRANDÃO, E. P. Os riscos de judicialização da Psicologia Jurídica. *In:* DARÓS, L.; BUENO, M. (org.). *Escritos sobre políticas públicas e diversidade.* Curitiba: Editora CRV, 2020. p. 73-82.

BRITO, L. M. T. de. *Separando* — um estudo sobre a atuação do psicólogo nas Varas de Família. 3. ed. Rio de Janeiro: Relume Dumará, 1993.

BRITO, L. M. T. de. De competências e convivências: caminhos da Psicologia junto ao Direito de Família. *In:* BRITO, L. M. T. de. (org.). *Temas de Psicologia Jurídica.* 4. ed. Rio de Janeiro: Relume Dumará, 1999. p. 171-186.

BULL, R; FEIX, L. da F.; STEIN, L. M. Detectando mentiras em entrevistas forenses. *In:* ROVINSKI, S. L. R.; CRUZ, R. M. (org.). *Psicologia Jurídica* — perspectivas teóricas e processos de intervenção. São Paulo: Vetor, 2009. p. 75-87.

CONSELHO FEDERAL DE PSICOLOGIA/CFP. *Resolução 13/2007* — institui a consolidação das resoluções relativas ao título profissional de especialista em Psicologia e dispõe sobre normas e procedimentos para seu registro. Brasília: CFP, 2007.

CONSELHO FEDERAL DE PSICOLOGIA/CFP. *Resolução 10/2010* — institui a regulamentação da escuta psicológica de crianças e adolescentes envolvidos em situação de violência, na rede de proteção. Brasília: CFP, 2010.

CONSELHO FEDERAL DE PSICOLOGIA/CFP. *Referências técnicas para atuação de psicólogas(os) em Varas de Família.* 2. ed. Brasília: CFP, 2019.

CONSELHO FEDERAL DE SERVIÇO SOCIAL/CFESS. Resolução 273/1993 — institui o Código de Ética Profissional dos (das) Assistentes Sociais e dá outras providências. Brasília: CFESS, 1993.

CONSELHO FEDERAL DE SERVIÇO SOCIAL/CFESS. *Atuação de assistentes sociais no sociojurídico:* subsídios para reflexão. Brasília: CFESS, 2014.

CONSELHO NACIONAL DOS DIREITOS DA CRIANÇA E DO ADOLESCENTE/CONANDA; CONSELHO NACIONAL DE ASSISTÊNCIA SOCIAL/CNAS. *Plano Nacional de Proteção, Promoção e Defesa do Direito de Crianças e Adolescentes à convivência familiar e comunitária.* Brasília, 2006.

CONSELHO REGIONAL DE PSICOLOGIA DE SÃO PAULO/CRP-SP. O Conselho Regional de Psicologia de São Paulo e a defesa da Proteção Integral de crianças e adolescentes: uma breve aproximação histórica de um percurso de lutas que criam. *Cadernos da Defensoria Pública do Estado de São Paulo*, São Paulo, v. 3, n. 19, p. 110-123, 2018.

CRAVEIRO, A. V. *A entrevista no Serviço Social*. Curitiba: Nova Práxis Editorial, 2018.

DUNKER, C.; THEBAS, C. *O palhaço e o psicanalista*. São Paulo: Planeta, 2019.

FAERMANN, L. A. A processualidade da entrevista no Serviço Social. *Textos & Contextos*. Porto Alegre, v. 13, n. 2, p. 315 — 324, jul./dez. 2014.

FÁVERO, E. T. Instruções sociais de processos, sentenças e decisões. *In:* CONSELHO FEDERAL DE SERVIÇO SOCIAL/CFESS; ASSOCIAÇÃO BRASILEIRA DE ENSINO E PESQUISA EM SERVIÇO SOCIAL/ABEPSS (org.). *Serviço Social:* direitos e competências profissionais. Brasília: CFESS, 2009. p. 609-636.

FÁVERO, E. T. Serviço Social e proteção de direitos de crianças vítimas de violência sexual. *In:* ASSOCIAÇÃO DOS ASSISTENTES SOCIAIS E PSICÓLOGOS DO TRIBUNAL DE JUSTIÇA DO ESTADO DE SÃO PAULO/AASPTJ-SP; CONSELHO REGIONAL DE SERVIÇO SOCIAL DO ESTADO DE SÃO PAULO/CRESS-SP (org.). *Violência sexual e escuta judicial de crianças e adolescentes — a proteção de direitos segundo especialistas*. São Paulo: AASPTJ-SP/CRESS, 2012. p. 165-184.

FÁVERO, E. T. O Serviço Social no Judiciário: construções e desafios com base na realidade paulista. *Serv. Soc. Soc.*, São Paulo, n. 115, p. 508-526, 2013.

FÁVERO, E. T. O Estudo Social — fundamentos e particularidades de sua construção na Área Judiciária. *In:* CONSELHO FEDERAL DE SERVIÇO SOCIAL/CFESS (org.). *O Estudo Social em perícias, laudos e pareceres técnicos:* debates atuais no judiciário, no penitenciário e na previdência social. 11. ed. São Paulo: Cortez, 2014. p. 13-64.

FÁVERO, E. T.; FRANCO, A. A. P.; OLIVEIRA, R. C. S. Processo de trabalho e documentos em Serviço Social: reflexões e indicativos relativos à construção, ao registro e à manifestação da opinião técnica. *In:* CONSELHO FEDERAL DE SERVIÇO SOCIAL/CFESS (org.). *Atribuições privativas do/a assistente social em questão*, v. 2. Brasília: CFESS, 2020.

FÁVERO, E. T.; MELÃO, M. J. R.; JORGE, M. R. T. *O Serviço Social e a Psicologia no Judiciário — construindo saberes, conquistando direitos*. 5. ed. São Paulo: Cortez, 2015.

FOUCAULT, M. *A verdade e as formas jurídicas*. Rio de Janeiro: Nau, 1973/2013.

FRIEDMANN, A. A arte de adentrar labirintos infantis. *In:* MAPA DA INFÂNCIA BRASILEIRA (org.). *Quem está na escuta?* Diálogos, reflexões e trocas de especialistas que dão vez e voz às crianças. São Paulo, 2016. p. 16-22.

FUZIWARA, A. S. Escuta ou inquirição? O desafio de efetivar os direitos humanos da criança e do adolescente no novo milênio. *In:* ASSOCIAÇÃO DOS ASSISTENTES SOCIAIS E PSICÓLOGOS DO TRIBUNAL DE JUSTIÇA DO ESTADO DE SÃO PAULO/AASPTJ-SP; CONSELHO REGIONAL DE SERVIÇO SOCIAL DO ESTADO DE SÃO PAULO/CRESS-SP (org.). *Violência sexual e escuta judicial de crianças e adolescentes* — a proteção de direitos segundo especialistas. São Paulo: AASPTJ-SP/CRESS, 2012. p. 101-141.

GOIS, D. A.; OLIVEIRA, R. C. S. *Serviço Social da Justiça de Família:* demandas contemporâneas do exercício profissional. São Paulo: Cortez, 2019 (Coleção Temas Sociojurídicos).

GONÇALVES, V. C. O Sistema de Justiça brasileiro. *In:* HUTZ, C. S. *et al.* (org.). *Avaliação psicológica no contexto forense*. Porto Alegre: Artmed, 2020. p. 19-29.

GUERRA, Y. A dimensão técnico-operativa do exercício profissional. *In:* SANTOS, C. M.; BACKX, S.; GUERRA, Y. (org.). *A dimensão técnico-operativa no Serviço Social:* desafios contemporâneos. 3. ed. São Paulo: Cortez, 2017. p. 49-76.

IAMAMOTO, M. V. Questão Social, família e juventude: desafios do trabalho do assistente social na área sociojurídica. *In:* SALES, M. A.; MATOS, M. C.; LEAL, M. C. (org.). *Política social, família e juventude:* uma questão de direitos. 6. ed. São Paulo: Cortez, 2010. p. 261-298.

LAGO, V. M. de; BANDEIRA, D. R. As práticas em avaliação psicológica envolvendo disputa de guarda no Brasil. *Avaliação Psicológica*, Porto Alegre, v. 7, n. 2, p. 223-234, 2008.

LAVORATTI, C. A entrevista no Serviço Social: características, usos e significados. *In:* LAVORATTI, C.; COSTA, D. (org.). *Instrumentais técnico-operativos no Serviço Social:* um debate necessário. Ponta Grossa: Estúdio Texto, 2016. p. 79- 102.

LEWGOY, A. M. B.; SILVEIRA, E. C. A entrevista no processo de trabalho do assistente social. *Textos & Contextos*, Porto Alegre, v. 6, n. 8, p. 233-251, jul./dez., 2007.

MAGALHÃES, S. M. *Avaliação e linguagem:* relatórios, laudos e pareceres. 5. ed. Campinas: Papel Social, 2019.

MELLO, S. L. de; PATTO, M. H. S. Psicologia da violência ou violência da Psicologia? *In:* PATTO, M. H. S. (org.). *Formação de psicólogos e relações de poder — sobre a miséria da Psicologia.* São Paulo: Casa do Psicólogo, 2012. p. 17-21.

MENDES, S. L. de M. A importância do Estudo Social no contexto da instrumentalidade do Serviço Social. *In:* AMARO, S. (org). *Dicionário crítico de Serviço Social.* Rio de Janeiro: Autografia, 2015. p. 144-152.

MENEGHETTI, G. Questão Social — afinal, do que se trata? *In:* AMARO, S. (org). *Dicionário crítico de Serviço Social.* Rio de Janeiro: Autografia, 2015. p. 154-164.

MIKOSKI, V. D. A produção de documentos técnicos do Serviço Social no poder judiciário: reflexões práticas no contexto das varas de família. *In:* MIKOSKI, V. D.; HORST, A. C. (org.). *Psicologia e Serviço Social:* referências para o trabalho no judiciário. Vol.1. Curitiba: Nova Práxis Editorial, 2019. p. 158-177.

MIOTO, R. C. T. Perícia social: proposta de um percurso operativo. *Serv. Soc. Soc.,* São Paulo, n. 67, p. 145-158, set. 2001.

MIRANDA JR., H. C. de. *Um psicólogo no Tribunal de Família:* a prática na interface Direito e Psicanálise. Belo Horizonte: ArteSã, 2010.

NAKAMURA, C. R. O mito do superior interesse da criança e do adolescente. *In:* CONSELHO REGIONAL DE PSICOLOGIA DE SÃO PAULO/CRPSP. *Cristalização, patologização e criminalização na vida no sistema de Justiça:* "Alienação Parental" e a atuação da/o psicóloga(o). São Paulo: CRPSP, 2020. p. 27-40.

OLIVEIRA, R. T. Psicologia, Direito e crítica: a constituição de um campo. *In:* BEMFICA, A. G. (org.). *Psicologia Jurídica:* ética, transmissão e política. Rio de Janeiro: Imago, 2011. p. 63-82.

ORTIZ, M. C. M. A produção do laudo em Varas de Família à luz da análise institucional do discurso (AID). *In:* LOURENÇO, A. da S.; ORTIZ, M. C. M.; SHINE, S. K. (org.). *Produção de documentos em psicologia:* prática e reflexões teórico-críticas. São Paulo: Vetor, 2018. p. 105-122.

PAIVA, L. D. de. *Adoção — significados e possibilidades.* São Paulo: Casa do Psicólogo, 2004.

PAULINO, S. E. *A entrevista com crianças nos processos de trabalho do/a assistente social*. *In*: CONGRESSO BRASILEIRO DE ASSISTENTES SOCIAIS, 15. 2016, Olinda. *Anais* [...] Olinda: 2016. 1 CD-ROM.

RAMOS, A. Dimensão técnico-operativa do Serviço Social: notas introdutórias sobre instrumentos e técnicas e o projeto ético-político. *In*: RAMOS, A.; SANTOS, F. H. C. dos (org.). *A dimensão técnico-operativa do trabalho do assistente social*: ensaios críticos. Campinas: Papel Social, 2018. p. 21-43.

SAMPAIO, C. R. B. Psicologia e Direito: o que pode a Psicologia? Trilhando caminhos para além da perícia psicológica. *In*: THERENSE, M. *et al.* (org.). *Psicologia Jurídica e Direito de Família* — para além da perícia psicológica. Manaus: UEA Edições, 2017. p. 17-59.

SANTOS, É. P. da S. S. Desconstruindo a menoridade: a Psicologia e a produção da categoria "menor". *In*: GONÇALVES, H. S.; BRANDÃO, E. P. (org.). *Psicologia Jurídica no Brasil*. Rio de Janeiro: Nau, 2011. p. 43-72.

SARMENTO, M. J. Retrato em positivo. Entrevistadora: Gabriela Romeu. *In*: MAPA DA INFÂNCIA BRASILEIRA (org.). *Quem está na escuta?* Diálogos, reflexões e trocas de especialistas que dão vez e voz às crianças. São Paulo, 2016. p. 05-13.

SÊDA, E. *A criança e sua Convenção no Brasil*. São Paulo: CRP-SP, 1999.

SHINE, S. *A espada de Salomão* — a Psicologia e a disputa de guarda de filhos. São Paulo: Casa do Psicólogo, 2010.

SOUSA, C. T de. A prática do assistente social: conhecimento, instrumentalidade e intervenção profissional. *Emancipação*, Ponta Grossa, v. 8, n. 1, p. 119-132, 2008.

SOUSA, C. T de. Serviço Social, instrumentalidade e estudos sociais. *In*: RAMOS, A.; SANTOS, F. H. C. dos (org.). *A dimensão técnico-operativa do trabalho do assistente social*: ensaios críticos. Campinas: Papel Social, 2018. p. 45-85.

SUANNES, C. A escuta analítica onde não há demanda de análise: considerações sobre a função simbolizante do processo judicial. *In*: BRANDÃO, E. P. (org.). *Psicanálise e Direito* — subversões do sujeito no campo jurídico. Rio de Janeiro: Nau, 2019. p. 95-103.

TAVARES, M; ALVES JR., R. T. Entrevista clínico-forense. *In*: HUTZ, C. S. *et al.* (org.). *Avaliação psicológica no contexto forense*. Porto Alegre: Artmed, 2020. p. 70-90.

THÉRY, I. Novos direitos da criança — a poção mágica? *In:* ALTOÉ, S. (org.). *A lei e as leis* — Direito e Psicanálise. Rio de Janeiro: Revinter, 2007. p. 135-161.

YAZBEK, M. C. Fundamentos históricos e teórico-metodológicos do Serviço Social. *In:* CONSELHO FEDERAL DE SERVIÇO SOCIAL/CFESS; ASSOCIA-ÇÃO BRASILEIRA DE ENSINO E PESQUISA EM SERVIÇO SOCIAL/ABEPSS (org.). *Serviço Social:* direitos sociais e competências profissionais. Brasília, 2009. p. 143- 163.

YAZBEK, M. C.; DEGENSZAJN, R. R.; PAZ, R. D. O. da. Desafios para o Serviço Social em tempo de avanços do conservadorismo. *Serv. Soc. Soc.*, São Paulo, n. 134, p. 7-12, 2019.

CAPÍTULO 11

A casa fala:
reflexões interdisciplinares sobre visitas domiciliares

Clarissa Medeiros
Martha Regina Albernaz
Rita C. S. Oliveira

A visita domiciliar para a Psicologia e o Serviço Social

No campo do pensar e do fazer interdisciplinar do Serviço Social e da Psicologia no Tribunal de Justiça do Estado de São Paulo — TJSP, escolhemos comunicar uma prática sobre a qual não encontramos referências em textos ou artigos e que vem sendo por nós experimentada como oportunidade fértil de trabalho: as visitas domiciliares realizadas ou discutidas em conjunto.

Partimos do princípio de que a avaliação pericial feita por assistentes sociais e psicólogos visa ampliar e aprofundar a compreensão a respeito das relações intrafamiliares com o território, os recursos pessoais e de acesso a bens e serviços, os limites, as necessidades, as expectativas e as dinâmicas estabelecidas pelas famílias envolvidas nos processos judiciais. Para isso, utilizamos diferentes procedimentos metodológicos de trabalho, tais como entrevistas, leitura de autos, discussões de caso ou de material bibliográfico e visitas domiciliares.

No rol das atribuições profissionais das categorias, aprovadas pelo TJSP em 2004 e revistas em 2016[1], consta que psicólogos devem "[...] realizar estudo de campo, através de visitas domiciliares, em abrigos, internatos, escolas e outras instituições, buscando uma discussão multiprofissional, intra e extra equipe, para realizar o diagnóstico situacional e a compreensão da psicodinâmica das pessoas implicadas na problemática judicial em estudo". Para o Serviço Social, podemos considerar que sua realização aparece implícita ao "[...] proceder à avaliação dos casos, elaborando estudo ou perícia social, com a finalidade de subsidiar ou assessorar a autoridade judiciária no conhecimento dos aspectos socioeconômicos, culturais, interpessoais, familiares, institucionais e comunitários".

Sabemos, porém, que a visita domiciliar é um instrumento técnico-operativo em certa medida corriqueiro para o Serviço Social que, na maior parte dos casos, é a área que geralmente faz essa escolha metodológica e, muitas vezes, é demandada especificamente a realizá-la. Cabe ressaltar, porém, que a visita domiciliar não deve ser considerada privativa do assistente social, podendo ser realizada por e com profissionais de outras áreas. No caso específico, com profissionais da Psicologia.

A pesquisa realizada com profissionais do Tribunal de Justiça do Estado de São Paulo, registrada no livro *O Serviço Social e a Psicologia no Judiciário: construindo saberes, conquistando direitos* (Fávero; Melão; Jorge,

---

1. Portaria n. 9.277/2016 — TJSP, de 23.03.2016, que dispõe sobre as atribuições dos cargos de Assistente Social Judiciário. Alterada pela Portaria n. 9.796/2019, de 14 de outubro de 2019. Disponível em: https://esaj.tjsp.jus.br/gcnPtl/abrirDetalhesLegislacao.do?cdLegislacaoEdit=144170&flBtVoltar=N. Acesso em: 30 jul. 2020.

2005), aponta que, enquanto assistentes sociais em sua maioria realizam visitas domiciliares, na Psicologia esse instrumento é utilizado, em "[...] situações consideradas especiais, as quais se reportam, sobretudo, a ações relativas a Varas de Família" (Fávero; Melão; Jorge, 2005, p. 124).

No contexto da pandemia (Covid-19) que impõe o isolamento social como medida indispensável para a manutenção da saúde das pessoas, a utilização desse instrumento foi colocada em suspenso. Os limites para a realização do trabalho presencial, no contexto da pandemia (Covid-19), contribuíram ainda mais para refletirmos sobre a riqueza desse instrumento na perspectiva de aproximação do cotidiano dos sujeitos envolvidos nas avaliações demandadas no sistema judiciário.

Para o Serviço Social, a discussão sobre a dimensão operativa se torna fragilizada sem o debate sobre o estudo social e os conteúdos históricos, teóricos e metodológicos que os fundamentam. No marco da intenção de ruptura da profissão com o conservadorismo, os estudos e as pesquisas focalizaram o âmbito dos fundamentos da vida social e, com isso, temas relacionados à intervenção profissional deixaram de ser objeto de investigação. Mais recentemente, a profissão vem realizando essa discussão a partir do pressuposto da unidade entre as dimensões teórico-metodológicas, ético-políticas e técnico-operativas.

A visita domiciliar, direcionada para aferir a real necessidade dos serviços institucionais, foi muito valorizada na origem da profissão para conhecer o modo de vida das pessoas que recorriam a eles. Oliveira (2010) reflete sobre a incompatibilidade dessa herança com o projeto profissional contemporâneo que se pauta na defesa da liberdade, na participação e na autonomia dos usuários. Fávero, Franco e Oliveira, em recente publicação do CFESS (2020), que sistematiza e analisa denúncias éticas julgadas e que tiveram recurso, apontam para o rigor ético necessário para realizar a entrada profissional na esfera privada familiar.

No campo da Psicologia Jurídica, não encontramos nas bases de dados pesquisadas referências mais detalhadas quanto à atuação dos psicólogos através de visitas domiciliares, as quais são apenas citadas como uma das possibilidades de instrumento avaliativo (Silva;

332 ADEILDO VILA NOVA (org.)

Fontana, 2011; Quirino; Menezes, 2017). Tal procedimento é apontado como método de trabalho, porém não observamos tentativas de
discuti-lo como foco de investigação, mas sim em suas aplicações.
Muniz (*et al.*, 2015) menciona o uso da visita domiciliar na avaliação
psicológica envolvendo contexto judicial de crianças com deficiência
intelectual que teriam sofrido abuso sexual. Lima (*et al.*, 2012) relata
visitas domiciliares psicossociais como intervenções verificatórias
e preventivas para mulheres que sofrem violência doméstica e são
atendidas na Defensoria Pública. Lima (2014) menciona e relata visitas domiciliares na atuação de psicólogos judiciários na Promotoria
do Idoso. Os trabalhos citados usam as visitas domiciliares como
procedimento da avaliação psicológica em contexto judicial, mas não
propõem discussões a respeito dessa ferramenta em si.

Encontramos ainda relatos de experiências vinculando a Psicologia às visitas domiciliares no campo da saúde mental como manejo
interventivo interdisciplinar em conjunto com médicos, enfermeiros,
assistentes sociais e outras especialidades visando adesão a terapêuti-
cas e profilaxias (Aron; Santos, 2017; Rocha *et al.*, 2017; Pietroluongo;
Resende, 2007).

Como já dissemos, as visitas no ambiente das pessoas envolvidas
nos processos costumam ser realizadas pelo assistente social, porém
sua utilização em conjunto nos casos de maior complexidade favoreceu a constatação da riqueza de tal instrumento em nossa prática
interdisciplinar. Por questões concretas, tais como incompatibilidade
de agendas ou limitação de uso do automóvel institucional, ainda
não foi possível usar esse procedimento em todos os casos que gostaríamos. Fazemos a visita domiciliar conjunta após as entrevistas
paralelas no ambiente do fórum, tentando priorizar processos judiciais
percebidos como altamente complexos. Quando a própria visita não
é feita em dupla, procuramos discutir detalhadamente a experiência
como oportunidade de aprimorar nosso olhar e nossa escuta a respeito
das famílias, que, esbarrando dolorosamente em limites biográficos
e contextuais, têm decisões fundamentais a respeito de suas vidas
atribuídas ao Poder Judiciário.

Nossas experiências interdisciplinares nos conduziram a reflexões a respeito da lapidação do olhar investigativo nos campos social e psicológico, buscando-se priorizar a dimensão sensível que cada formação profissional possibilita perceber. Tentamos privilegiar um modo de olhar nas visitas domiciliares pouco afeito a construir conceitos, fundamentado na tentativa de apreender o campo sensível além da superfície, isto é, na tentativa de ver para além de enxergar. Cardoso (1988) diferencia olho de olhar:

> [...] o olho se turva e se embaça concentrando sua vida na película lustrosa da superfície para fazer-se espelho. [...] Com o olhar é diferente. Ele remete, de imediato, à atividade e às virtudes do sujeito, e atesta a cada passo nessa ação a espessura da sua interioridade. Ele perscruta e investiga, indaga a partir e para além do visto, parece sempre originar-se da necessidade de ver de novo (ou ver o novo) como intento de olhar bem. [...] Como se irrompesse sempre da profundidade aquosa e misteriosa do olho para interrogar e iluminar as dobras da paisagem [...] (Cardoso, 1988, p. 348).

Buscando organizar e compartilhar as potencialidades e os registros de nossa prática, convidamos o leitor a nos acompanhar por algumas casas e suas histórias, ambientes habitados e vivos que nos permitiram construir perguntas norteadoras para nos guiar nesses caminhos e constatar que, muitas vezes, as casas falam. Nossos olhares permitiram a abertura de mapas de indagações, bússolas norteadas no campo do sensível, no percurso aberto e interminável do conhecer.

Ô de casa! — a casa se abre?

As entradas são plurais e já dão tom à visita. Nossa chegada pode ter que ser anunciada por palmas, campainhas ou seguranças particulares uniformizados. Quem nos recebe? A casa se abre diante de nossa presença ou se mantém impenetrável, difícil de ser encontrada, atenta a seus espaços secretos? Curiosamente, quando estamos em dupla, uma de nós se ocupa naturalmente da interação com o anfitrião direto, enquanto a outra permanece mais livre para observar o espaço e seus habitantes. Faz diferença em uma primeira impressão sermos recebidas por pais ou mães, por empregados, pelas próprias crianças ou, em alguns lugares, por pessoa nenhuma, situação embaraçosa de adentrar o espaço do outro quando ele mesmo falha ou tarda em ocupá-lo.

Uma vez, na chegada à visita agendada, fomos recebidos pelo menino de 4 anos no portão lateral da mansão em que morava com os avós paternos. Ali ele se deliciava em observar o trabalho do amolador que, montado em sua bicicleta, afiava os objetos apresentados pela empregada. Ao nos identificarmos, o menino prontamente nos perguntou: vocês sabiam que, se eu escolher ficar aqui, vou ganhar o presente que eu quiser?

Aprendemos muito com as crianças. Num determinado processo que era acompanhado por uma colega que se aposentou, em atendimento à determinação de estudo social após a reintegração de cinco filhos que estiveram acolhidos institucionalmente por muito anos, decidimos iniciar o trabalho pela visita domiciliar. Como não constava telefone, seguimos sem avisá-los. Ao encontrar mãe e filhos, fomos percebendo dificuldade na fluência da entrevista. As adolescentes olhavam com expressão de raiva para a mãe. Não respondiam nossas perguntas. A mãe também se mostrava monossilábica. Por fim, quando perguntamos diretamente a razão disso, pudemos compreender a tensão posta que evidenciou a inadequação de realizarmos a visita domiciliar como primeira abordagem e sem aviso prévio. Na véspera, a mãe tinha ameaçado seus filhos: caso não melhorassem o comportamento, iria chamar a "assistente social do juiz" para que fossem acolhidos novamente. Reduzida a tensão, com os fatos esclarecidos, descobrimos ainda que duas das crianças estavam escondidas embaixo da cama de tanto medo.

Afastando-nos cada vez mais de uma perspectiva policialesca e coercitiva e na busca constante por uma prática comprometida com os direitos sociais e humanos dos sujeitos que atendemos, é preciso lembrar sempre que o domicílio é espaço privado, regido por seus moradores de modo particular, determinado pelo ser e estar desses sujeitos na sociedade e no mundo. O aproximar-se desse espaço privado deve ser autorizado. Observamos a necessidade de se combinar, sempre que possível, a visita com o sujeito a ser visitado, bem como a necessidade de se esclarecer a finalidade da visita que deve ser realizada com olhar atento, mas respeitoso e ético, pois "[...] na visita, devemos estar aptos para encontrar a verdade daquela realidade, não a verdade que acreditamos ou que queremos ver" (Amaro, 2007, p. 23).

Na maior parte das vezes, somos bem recebidas nas visitas que raramente acontecem sem prévio agendamento, o que somente ocorre quando não há condição de contato. Na verdade, observamos que parte considerável dos sujeitos envolvidos nos processos aguarda demanda a visita, chegando mesmo a cobrá-la quando não a incluímos em nosso planejamento de avaliação, como se existisse um roteiro a ser seguido, portanto qualquer avaliação estaria incompleta caso ela não fosse realizada. Isso certamente é resultado da identidade atribuída ao assistente social, legado do histórico conservador e fiscalizatório que, inclusive, é muito presente nos filmes americanos e também em novelas brasileiras.

Observar de que maneira a casa se abre ou não à nossa entrada já inaugura a apresentação dos moradores frente a uma interferência, seja ela planejada ou imprevista. Nossa recepção no espaço privado do outro pode comunicar, por meio da articulação espontânea dos elementos temporais e espaciais não controlados pelas pessoas no aqui e agora, contextos individuais e coletivos daquele núcleo que nem sempre são percebidos pelos próprios moradores, que podem ser anteriores à nossa visita e sinalizam expectativas e concepções a respeito dos vínculos.

A sala — de que é feito o espaço comum?

O lugar onde geralmente permanecemos em interação com um ou diferentes membros da família exerce a função de espaço comum, podendo acontecer em salas, cozinhas, quartos ou quintais. Nele podemos procurar sinais da presença de diferentes pessoas que se mostram em fotografias, computadores ou outros instrumentos de trabalho, brinquedos, programas com ou sem som na televisão ligada, xícaras esvaziadas e esquecidas em mesas, bitucas de cigarro e objetos decorativos. O espaço compartilhável da casa pode comunicar o que é do âmbito de todos e como o grupo se organiza para estar ou não junto.

Quando uma casa tem na sala de estar o espaço comum, mas os brinquedos das crianças se restringem ao quarto de dormir e não são vistos em qualquer outro lugar, inferimos uma divisão entre o mundo adulto e o infantil, que nos é comunicada pelo ambiente, assim como uma possível rigidez que pode até mesmo extrapolar os espaços de vivência. Tal organização difere, por exemplo, de cozinhas adotadas pelo grupo como espaço comum, onde adultos se ocupam com atividades domésticas ao mesmo tempo que crianças desenham ou imitam tais tarefas em faz de conta. As diferenças não precisam ser reduzidas ou julgadas, mas sinalizam necessidades e referências tanto sociais como psicológicas importantes para a compreensão de seus moradores.

Conhecemos uma casa em que a sala na qual a família compartilhava suas refeições era adornada com dezenas de fotografias de uma criança que falecera em um acidente alguns anos atrás. Nas paredes, a umidade brotava feito choro para acolher ou sinalizar a dor que nenhum dos familiares adultos se permitia expressar com clareza, estampando no lugar a atmosfera de luto que ainda envolvia a todos diariamente. Nesse contexto, ganha amplo sentido a recusa de uma menina de lá pernoitar sob a alegação de temer fantasmas...

Não é incomum observarmos que grandes alterações na moradia foram realizadas para nossa chegada. Os sujeitos procuram adequar a casa não de acordo com a necessidade do grupo familiar, mas de acordo com o que acreditam ser a nossa expectativa a respeito da moradia e do modo como vivem. Se não nos atentarmos, deixamo-nos levar apenas pela aparência e reforçar o entendimento de que é ela que importa em detrimento de qualquer aspecto imaterial do vivido.

Experiência interessante nesse sentido foi a visita à casa de um pai que solicitava a guarda unilateral de dois filhos, um adolescente de 13 anos e uma criança de 8 anos, que estavam na moradia paterna por ocasião da visita domiciliar. Incontáveis fotos das crianças espalhadas por todos os ambientes do apartamento, inclusive no banheiro. As fotos gigantes em todas as portas, incluindo a de entrada, gritavam exagero e aparentavam cenário especialmente preparado para a visita. O constrangimento foi explicitado pelos filhos na entrevista, denunciando que a "exposição" fora montada às vésperas da visita.

Também por esse motivo entendemos que a visita não deve, a nosso ver, reduzir-se a apreensão do que se vê no interior da moradia em termos de instalações e mobiliários, mas precisa ser ampliada pela observação e conhecimento das relações e dinâmicas percebidas ali, além das características do território que a cerca e a relação do grupo familiar com esse território e sua comunidade.

Na busca pela superação do que é aparente, a visita pode se apresentar como instrumento privilegiado de acolhimento, escuta, interação, observação e apreensão de realidades.

> É preciso, baseando-se na vida cotidiana, na qual o profissional se depara com os dados empíricos, buscar aproximações sucessivas para se chegar a um contexto mais amplo que forneça elementos para compreensão e a explicação desse cotidiano. O que implica também na facilitação aos usuários da reflexão sobre suas vidas e da complexidade que as permeiam, compreendidos como seres inseridos em um processo social em contínua transformação (Fávero et al., 2010, p. 1).

Os espaços comuns, geralmente compartilhados entre os moradores e também usados para reunir os visitantes, são feitos de interações,
nas quais estão ativas as concepções dessas pessoas a respeito umas
das outras, o que pode ser interessante na construção do cenário
familiar. O que esses moradores imaginam que será privilegiado no
olhar do outro? Os objetos de decoração, a limpeza, o trabalho sobre
a mesa, as habilidades das crianças? Revele ou não a intenção de
controlar o que será percebido pela equipe do Judiciário, tudo o que
se faz no espaço da casa traz consigo a presença de seus moradores.
Nós também não conseguimos nos furtar de flagrar nossa própria
subjetividade nesses contextos, a qual transborda sob a forma de
sensações muitas vezes passíveis de serem mais bem articuladas ou
verbalizadas apenas durante discussão interdisciplinar posterior: um
estranhamento em relação à disposição de objetos, uma impressão de
cena ensaiada, um bem-estar frente ao fluxo de vizinhos que entram
e saem, uma nostalgia que não sabemos se vem de dentro ou de fora,
um desejo de ficar um pouco mais ou de ir embora logo...

O quarto — de que é feito o espaço privado?

O quarto de dormir pode representar o espaço privado, isto é, o
local de descanso, de retiro e individualidade que pode estar presente
ou não em cada lar. São lugares onde se pedem mais licenças para
entrar, para os quais somos levadas por apenas um ou dois membros
da família. Marcados por objetos pessoais e conversas mais íntimas,
o quarto marca também o limite entre as pessoas que compõem o
grupo familiar. Quando existem, esses ambientes convidam nosso
olhar a pousar sobre elementos tais como brinquedos nunca retirados de suas embalagens, frascos de perfume vazios enfileirados,
desenhos nas paredes, portas quebradas, almofadas bordadas à mão,
cada um deles oferecendo e escondendo, ao mesmo tempo, narrativas

biográficas que não costumam ser lembradas ou abordadas durante as entrevistas no fórum.

Em uma ocasião, fomos conduzidas por uma avó ao espaço íntimo da casa, concretizado pelo quarto onde ela dormia com o neto. Enquanto conversávamos a respeito da escolarização e da vida social do garoto, ela passou a abrir portas de guarda-roupas e gavetas para nos dar acesso a seus conteúdos, apesar de nossa comunicação sobre aquilo não ser necessário, reassegurando nosso desconforto com uma possível invasão de sua vida à revelia. Nesse contexto, o olhar daquela senhora se dirigiu espontaneamente para marcas na porta do dormitório sugestivas de chutes e golpes, seguindo-se seu silenciamento. Fomos indagadas pela idosa, constrangida, se faríamos alguma pergunta a respeito daquilo. Sem esperar resposta diferente de nosso sorriso discreto, a avó iniciou um desabafo aliviado e por nós não diretamente provocado a respeito de narrativas de violência doméstica naquele ambiente, datadas de quando ainda era casada. Contou-nos sobre a tentativa do filho de trocar a porta do quarto quando o avô se foi, ocasião em que foi por ela impedido. A senhora queria preservar a porta e as marcas como símbolo de sua sobrevivência e celebrava o fato de ter sido ouvida e respeitada pelo filho, encontrando, diante do filhote de seu agressor, um lugar transformado de mulher. Essa cena nos presenteou com elementos vivos, fundamentais para nossa compreensão a respeito da dinâmica transgeracional dos vínculos daquele núcleo familiar.

As crianças costumam eleger como compartilhamento de intimidade os seus quartos (quando os têm), mas também seus animais de estimação e os brinquedos favoritos. Já fomos conduzidas por uma garota até seu coelho que ficava nos fundos do quintal da casa, local no qual ela se sentou tranquilamente e, em voz baixa, como se contasse segredos, falou sobre os cuidados necessários ou desejados pelo pequeno animal. Conversando sobre o coelho, a menina nos indicava suas expectativas e concepções de cuidado, explanação interrompida pela chegada do avô e da mãe que, sem suspeitar, rompiam a delicadeza da fronteira do espaço íntimo da criança durante a visita. Em outra ocasião e em outra casa, um menino fechou a porta do quarto conosco do lado de dentro para mostrar seus brinquedos favoritos longe dos olhos e ouvidos da família. Retirou caixas de debaixo da cama contendo miniaturas de cavalos emborrachados com longas crinas coloridas, as quais ele e a mãe procuravam desembaraçar quando brincavam juntos. Inevitável reparar na semelhança dos cabelos dos pôneis com os longos cabelos do garoto, observação que, uma vez expressa na intimidade do quarto, foi gatilho para outras histórias e brinquedos escondidos que sinalizavam uma tentativa do filho de corresponder aos desejos maternos de que ele tivesse nascido uma menina.

O espaço físico dos ambientes mais privativos da casa serve de sustentação para narrativas cujo disparador está estreitamente ligado a esses ambientes. Uma vez que entramos com a pessoa em tais lugares, encontramos de modo inesperado histórias que poderiam ter permanecido ocultas, não por clara intenção de seus narradores, mas porque não florescem com tal naturalidade nos espaços da instituição.

Calçadas — de que é feito o fora daqui?

As calçadas representam o exterior do espaço doméstico que ainda não adquiriu o sentido público de rua, fazendo-se fronteira de convivência com o território comunitário numa troca de mão dupla. Nelas podem estar a escola, a praça, o posto de saúde, a sede religiosa, a casa da vizinha, a quitanda... Apesar de não ficar dentro da casa, tais ambientes aos quais conferimos o valor simbólico de calçadas funcionam como extensões da vida doméstica, podendo participar cotidianamente da dinâmica familiar dos moradores, tendo papéis destacados em suas narrativas e contendo amplo ou nenhum investimento social e afetivo.

Nas calçadas, é possível observar como se dão as relações e a vivência entre as pessoas no território onde vivem os sujeitos que estão sendo avaliados, podemos perceber quais as possibilidades e impossibilidades impostas pelas condições estruturais ali existentes. Um olhar ampliado, portanto, não reducionista, é capaz de identificar recursos e vulnerabilidades do território habitado por esses sujeitos, se as condições promovem inclusão ou exclusão social das famílias que residem ali e qual o impacto desses aspectos na vida dos sujeitos.

Nas visitas domiciliares, compreendemos se é possível caminhar até a escola, se a família é disponível para conviver com outros moradores não necessariamente amigos, se confia na rede de saúde mais próxima, se vive a vizinhança como rede de apoio, de vigilância ou de oposição, por exemplo. Algumas vezes, observamos que as calçadas apresentadas pelas crianças diferem daquelas vivenciadas pelos adultos, sinalizando, a depender do contexto relacional, uma aposta na autonomia das crianças e dos adolescentes nesse território ou alguma negligência nas possibilidades de cuidar.

Ao olhar as calçadas, é possível enxergar se um grupo familiar é permeável aos elementos exteriores ou estrangeiros ao espaço privado imediato, o qual pode também ser sentido como inadequado ou ameaçador, dependendo de condições concretas do território e da flexibilidade dos moradores. É curioso notar quando um grupo de filhos é facilmente localizado e reconhecido no discurso de vizinhos e agentes comunitários, sinalizando uma condição de pertencimento e acolhida, ao contrário de crianças sobre quem a escola, a vizinhança ou a igreja não parecem ter o que conversar. O mesmo pode ser notado em condomínios, onde, nas áreas comuns, algumas crianças demonstram claramente não se inserir.

As calçadas ampliam nossa compreensão a respeito da inserção e da permeabilidade das famílias, apontando, inclusive, direções a partir das quais possíveis intervenções judiciais podem ser melhor ou pior recebidas.

O caminho — como a criança transita na casa?

É comum em nossas visitas domiciliares que, após o reconhecimento mútuo inicial, solicitemos às próprias crianças que nos mostrem, sem a presença do adulto, o lugar onde moram.

Tal pedido é um convite às vezes ignorado pelos pais que, sem abrir mão do controle, seguem ditando o ritmo e a ordem para entrarmos em contato com o ambiente. Por outro lado, há situações em que as crianças escolhem espontaneamente o caminho que será percorrido durante a visita, indicando suas prioridades, guardando o melhor para o final, excluindo cômodos ou objetos que não tenham significado para elas. Permitir-se guiar pelos pequenos é sempre uma aventura sobre como a criança vivencia o lar e também sobre como ela gostaria que sua casa fosse por nós olhada.

Já experimentamos situações em que o caminho escolhido pela criança era clara ou veladamente impedido pelos adultos, como, por exemplo, um pai que insistia em nos levar para uma brinquedoteca aparentemente exibicionista em uma casa luxuosa, enquanto o menino insistia em entrar no ambiente onde havia objetos da madrasta que ele queria euforicamente nos mostrar. As irmãs gêmeas não conseguiam se entender, até que decidiram partir ao meio a visita que seria conjunta, levando cada qual uma profissional por caminhos, cômodos, ritmos e narrativas diferentes e particulares. Um garoto tentou inserir a casa da vizinha em seu caminho. Crianças envolvidas em acusações de abuso sexual já retiraram de seus percursos o cômodo onde o abuso teria supostamente acontecido ou adentraram esses espaços sem nenhum sinal de incômodo, trazendo novos elementos não verbais para as avaliações. Alguns meninos e meninas não conseguem espontaneamente percorrer caminhos próprios na casa, demandando orientação dos adultos e sugerindo dinâmicas de dependência. É interessante perceber como alguns caminhos de crianças são curtos comparados à grandeza de suas residências, assim como alguns caminhos são longos frente à pequenez de espaços exíguos de metros, mas largos de pontos que capturam o interesse. Há também os caminhos intermináveis daquelas crianças que não conseguem se despedir, estendendo a interação em direção a alguma experiência que parece fundamental e ainda não vivida.

O percurso escolhido pela criança no ambiente domiciliar pode enriquecer nossa compreensão, iluminando como se dá a conversa entre a criança e a casa, entre a criança e a família, e mostrando suas necessidades e peculiaridades.

Considerações para a despedida

Procuramos oferecer ao leitor uma amostra do que temos compartilhado em nossas visitas domiciliares conjuntas, as quais procuramos realizar inseridas em um posicionamento não fiscalizatório, mas aberto a diferentes dimensões do sensível que nos permitam melhor compreender e nos surpreender.

Nessa perspectiva, vivenciamos aspectos interdisciplinares em diferentes camadas do trabalho.

A companhia concreta de outro profissional no trabalho de campo personifica especificidades do olhar orientado pelo social e pelo psicológico, tornando frequente tanto a descoberta de afinidades e diferenças entre ambos, como a ampliação daquilo que julgávamos de nossas alçadas particulares. As trocas não são apenas complementações de um ou outro saber, mas, uma vez explicitadas, permitem que cada um dos próprios saberes avance em seu próprio eixo, provocado e estimulado pela percepção e reflexão do outro. Uma observação que é comunicada pela psicólogo pode ser redirecionada a partir de uma percepção explicitada pelo assistente social e vice-versa, não apenas no espaço de intersecção entre as áreas, mas também nas produções de saber dentro de cada seara.

Paralelamente, os momentos de discussão posteriores às visitas domiciliares são oportunidades preciosas de nomeação e articulação de sensações muitas vezes difusas vividas no concreto, que tomam formas inteligíveis e aproveitáveis apenas na comunhão daquilo que foi vivido como possível de ser pensado por todas. As discussões interdisciplinares são momentos de intenso aprendizado, nas quais pudemos refletir sobre a tendência do Serviço Social expandir a avaliação para fora dos sujeitos, enquanto a Psicologia tende a aprofundar seu olhar para dentro desses sujeitos. Pensando no diálogo dinâmico e ininterrupto entre a subjetividade individual, o fenômeno social, a dinâmica familiar e a intervenção institucional, acolher a vida dessas famílias em terreno interdisciplinar parece oferecer a esses usuários dos serviços de perícia judicial uma chance de ser mais bem compreendidos, buscando garantir que as crianças, tão frequentemente invisibilizadas em meio às demandas dos adultos, sejam genuinamente vistas.

Nossas experiências interdisciplinares em visitas domiciliares nos permitem afirmar que as casas, seu entorno e o território, em que estão inseridas, falam. E, no encontro com nossos olhares plurais, inspirados por conhecimentos que se fundem e se separam em espirais, algumas vezes, somos capazes de ouvir.

Referências

AMARO, Sarita. *Visita domiciliar*: guia para uma abordagem complexa. 2. ed. Porto Alegre: AGE Editora, 2007.

ARON, Mariana Luzia; SANTOS, Nanci Cosme Damiã. Atuação do psicólogo na visita domiciliar. *Revista Gestão & Políticas Públicas*, v. 5, n. 1, 2017. Disponível em: http://www.revistas.usp.br/rgpp/article/view/102706. Acesso em: 26 jul.2020.

CARDOSO, Sérgio. O olhar viajante. *In:* NOVAES, Adauto *et al. O olhar*. São Paulo: Companhia das Letras, 1988.

CFESS. *Sistematização e análise de registros da opinião técnica emitida pela(o) assistente social em relatórios, laudos e pareceres, objetos de denúncias éticas presentes em recursos* disciplinares julgados pelo Conselho Federal de Serviço Social. 2020. Disponível em: http://www.cfess.org.br/arquivos/registros-opiniao-tecnica.pdf. Acesso em: 26 jul. 2020.

CFESS. O estudo social em perícias, laudos e pareceres técnicos: contribuição ao debate no Judiciário, Penitenciário e na Previdência Social. 3. ed. São Paulo: Cortez, 2004.

FÁVERO, Eunice Teresinha et al. Sobre o Estudo Social. Artigos AASPTJ-SP, AASP-TJ-SP, p. 1-1, 15 mar. 2010. Disponível em: http://www.aasptjsp.org.br/antigo/artigo/sobre-oestudosocial. Acesso em: 25 jun. 2020.

FÁVERO, Eunice Teresinha; MELÃO, Magda Jorge Ribeiro; JORGE, Maria Rachel Tolosa. O Serviço Social e a Psicologia no Judiciário: construindo saberes, conquistando direitos. São Paulo: Cortez, 2005.

KOGA, Dirce; ALVES, Vanice Aparecida. Território: lugar de desafios para a proteção social. IV Jornada Internacional de Políticas Públicas. São Luís, Maranhão. Anais [...] Maranhão: Universidade Federal do Maranhão, 2009. Disponível em: http://www.joinpp.ufma.br/jornadas/joinppIV/eixos/12_seguridade/territorio-lugar-de- desafios-para-a-protecao-social.pdf. Acesso em: 21 jun. 2020.

LIMA, Jamile Santana et al. Visitas domiciliares psicossociais como intervenções preventivas para mulheres que sofrem violência doméstica. Encontro Revista de Psicologia, n. 15, v. 22, 2012. Disponível em file:///C:/Users/BOT/Downloads/2484-Texto%20do%20artigo-9568-1-10-20150715.pdf. Acesso em: 26 jul. 2020.

LIMA, Maria Lídia. A atuação do psicólogo jurídico na promotoria do idoso. Amazônia em Foco, v. 5, n. 3, 2014. Disponível em: https://www.academia.edu/18824126/A_atua%C3%A7%C3%A3o_do_Psic%C3%B3logo_Jur%C3%ADdico_no_Minist%C3%A9rio_P%C3%BAblico_Promotoria_do_Idoso_2015. Acesso em: 26 jul. 2020.

MUNIZ, Camila et al. Avaliação psicológica de crianças com deficiência intelectual vítimas de violência sexual. Psicologia Argumento, v. 82, n. 33, 2015. Disponível em: https://periodicos.pucpr.br/index.php/psicologiaargumento/article/view/19755. Acesso em: 26 jul. 2020.

OLIVEIRA, R.C.S. Relatório de caso na abordagem social. In: Bernardi, Dayse C.F. Cada caso é um caso: a voz de crianças e adolescente em situação de abrigamento.

São Paulo: NECA e Instituto Fazendo História, 2010. Disponível em: https://www.neca.org.br/wp-content/uploads/Livro5.pdf. Acesso em: 26 jul. 2020.

PIETROLUONGO, Ana Paula da Cunha; RESENDE, Tania Inessa Martins. Visita domiciliar em saúde mental: o papel do psicólogo em questão. *Psicologia, Ciência e Profissão*, v. 1, n. 27, 2007. Disponível em: https://www.scielo.br/scielo. php?script=sci_arttext&pid=S1414-98932007000100003. Acesso em: 26 jul. 2020.

QUIRINO, Daniela Moroni Ribeiro; MENEZES, Jaileila de Araújo. Estado da arte em custódia infantil em teses e dissertações de universidades brasileiras. *Tendências em Psicologia*, v. 3, n. 25, 2017. Disponível em: https://www.google. com/search?q=quirino+estado+arte+cust%C3%B3dia+infantil&rlz=1C1AVFC_ enBR911BR911&oq=quirino+estado+arte+cust%C3%B3dia+infantil&aqs=chrome..69i57.15277j0j4&sourceid=chrome&ie=UTF-8. Acesso em: 26 jul. 2020.

ROCHA, Kátia Bones *et al.* A visita domiciliar no contexto da saúde: uma revisão de literatura. *Psicologia, Saúde e Doenças*, v. 1, n. 18, 2017. Disponível em: http://www.scielo.mec.pt/scielo.php?script=sci_arttext&pid=S1645-00862017000100015. Acesso em: 26 jul. 2020.

SILVA, Marjorie Cristina Rocha; FONTANA, Elisandra. Psicologia jurídica: caracterização da prática e instrumentos utilizados. *Estudos Interdisciplinares em Psicologia*, v. 1, n. 2, 2011. Disponível em: http://pepsic.bvsalud.org/scielo. php?script=sci_arttext&pid=S2236- 64072011000100005. Acesso em: 26 jul. 2020.

TJSP. *Portaria n. 9.277/2016, de 23.03.2016*, que dispõe sobre as atribuições dos cargos de Assistente Social Judiciário. Alterada pela Portaria n. 9.796/2019, de 14 de outubro de 2019. Disponível em: https://esaj.tjsp.jus.br/gcnPtl/abrirDetalhes-Legislacao.do?cdLegislacaoEdit=144170&flBtVoltar=N: Acesso em: 30 jul. 2020.

CAPÍTULO 12

Psicologia e Serviço Social na interface com a Justiça:
considerações sobre a tentativa de construir uma prática menos mortífera

Aline Lima Tavares
Helena Cristina de Souza Figuti
Viviane Souza da Silva

Introdução

Há mais de dez anos exercendo nossa práxis na interface com a Justiça, observamos que, frequentemente, as sentenças dos/as magistrados/as, as manifestações do Ministério Público e até mesmo as documentações produzidas pelas equipes técnicas (formadas por assistentes sociais e psicólogos/as) embasam-se muito mais em preconceitos e julgamentos morais que nos princípios do ordenamento jurídico-social, nas sustentações teóricas e/ou nos códigos profissionais vigentes. Essas produções técnicas acabam por construir uma Justiça que, longe de sustentar a existência das/os cidadãs/ãos, contribui para que vidas caminhem por direções mortíferas.

Se, em um primeiro momento, criticávamos os/as profissionais do Direito por pouco entenderem o que está em jogo em seu trabalho e pela resistência em compreender o que tentávamos transmitir, logo percebemos que nossas críticas poderiam se estender à maior parte dos/as psicólogos/as e assistentes sociais que trabalham na interface com a Justiça, isto é, não somente aqueles/as que estão lotados/as nos Tribunais de Justiça, uma vez que profissionais da área sociojurídica, como os que atuam nos Centros de Referência Especializado de Assistência Social (CREAS), serviços de acolhimento institucional e de cumprimento de medidas socioeducativas também proferem discursos e confeccionam relatórios direcionados aos/às magistrados/as.

O presente capítulo visa questionar a responsabilidade de psicólogos/as e assistentes sociais na construção do Judiciário Paulista tal qual ele é: racista, segregador e alienante, bem como fomentar as possibilidades de contribuição desses/as profissionais, por meio de uma atuação ética, comprometida e qualificada, na qual a escuta dos sujeitos e a prática interdisciplinar, possam considerar, de fato, a vida das pessoas que acessam ao Sistema de Justiça

Existe Justiça sem sujeito?

Recentemente, o filme *The Children Act*, dirigido por Richard Eyre, demonstrou a ineficácia a que está submetido qualquer Tribunal de Justiça quando não leva em conta as questões relativas ao sujeito e ao mundo no qual ele se constitui.

Fiona Maye, dedicada juíza de uma das mais importantes cortes da Inglaterra, atravessando dificuldades em seu relacionamento conjugal, precisa julgar o caso de Adam Henry, adolescente de 17 anos cuja leucemia avançada exige imediata transfusão de sangue. Adam, assim como seus pais, segue a religião Testemunha de Jeová, motivo pelo qual se opõe ao procedimento médico, o que levou o hospital a recorrer ao Judiciário para autorizar a transfusão, a despeito da vontade do paciente e de sua família.

Em audiência, a juíza escuta tanto os argumentos médicos quanto os dos pais do jovem, tomando uma decisão inédita: dirigir-se ao hospital para escutar Adam, antes de pronunciar a sentença. Nesse encontro, a magistrada observa algo para além da recusa de realizar o procedimento médico, já que, sobre a cama do jovem, havia um violão que ele assinalou ter sido do avô e que havia começado a aprender a tocar recentemente: em quatro semanas, sabia dez acordes.

Na decisão proferida, Fiona destacou que, pela Lei, o bem-estar da criança e do adolescente é prioridade, motivo pelo qual autorizava o hospital a realizar todos os procedimentos necessários para salvar a vida de Adam. Após a transfusão, contudo, ocorre algo absolutamente inesperado sob o ponto de vista da juíza: o jovem passa a demandá-la. Envia mensagens telefônicas e, não obtendo resposta, passa a tentar encontrá-la, seguindo-a no caminho do trabalho. Quando se dá conta da presença do adolescente, Fiona o interpela: "O que você quer?". Adam diz que as brigas com os pais estão frequentes, que "sua cabeça está explodindo e várias coisas estão saindo" — referindo-se aos poemas que está escrevendo — "Podemos conversar?". É pela via burocrática que a juíza lhe responde: "Quero que entenda uma coisa, para mim, seu caso acabou. Agora tenho outros".

A magistrada não se dá conta de que Adam estava a lhe contar que o mundo, no qual cabia antes da sentença dela, não existe mais e que, portanto, não sabe o que fazer. O jovem a demanda como se dissesse: já que me deixou vivo, me ensine como viver. Em uma das cartas que escreve à juíza, pergunta: "O que te sustenta na vida? Aposto que não é Deus". Seria possível pensar que, sendo Fiona uma profissional da área do Direito, não teria elementos para responder à demanda de Adam. Entretanto, frequentemente, escutamos respostas de psicólogos/as e assistentes sociais que trabalham no Tribunal de

Justiça, na mesma direção daquela proferida pela juíza. Ignorando os efeitos de suas intervenções ao longo do processo que denominam "perícia", quando procurados/as após a entrega do relatório/laudo/parecer confeccionado, recusam-se a escutar as pessoas que os/as demandam, orientando-as a procurar um/a psicólogo/a clínico/a ou mesmo outros profissionais, contribuindo para que circulem de um serviço ao outro na busca de respostas, sem fornecer orientação precisa quanto a isso. É como se dissessem: "Agora estão por sua conta e risco. Meu trabalho era fazer um parecer para o juiz".

Retomando *The Children Act*, após nova discussão com os pais, Adam volta a demandar a juíza. Dessa vez, segue-a até outra cidade, após ler nos jornais e verificar onde ela estaria trabalhando. Fiona, ao se deparar com o jovem, pergunta se precisa ter medo, momento em que ele lhe responde: "Não sou mais o mesmo". Em seguida, explica que, quando ela foi visitá-lo no hospital, sentia-se preparado para a morte, para o sacrifício em nome de Deus. Acreditava que morreria sendo amado e admirado pelos seus. Agora, embora tivesse aprendido a tocar Bach, lesse poemas de Yeats e estivesse encenando uma peça de teatro, estava atormentado: como seus pais poderiam amá-lo se tinham aceitado perder o único filho ao preço de não romper com a Igreja?

Quando Fiona assinala que vai chamar um táxi para levá-lo embora, Adam a interpela: "Por que você foi ao hospital? Eu pesquisei que o Tribunal sempre se posiciona a favor da transfusão. O que você queria indo ao hospital, me perturbando, lendo poemas e cantando comigo?". A partir de uma escuta atravessada pelo que nos ensina a psicanálise, sabemos que Adam estava a perguntar: "Se você não iria me ajudar a sustentar a vida, a reinventá-la, por que foi até lá, me arrancar do mundo em que eu vivia?". Embora impactada com as palavras e os atos do jovem, que foi até outra cidade, sob chuva, para falar com ela, Fiona decide "não querer saber".

O adolescente não mais procura a juíza e, quando sua doença retorna, ele já havia completado 18 anos. Sem que o Estado tenha mais o direito de intervir sobre suas decisões, Adam opta pela morte.

A película deixa evidente que um Direito que pouco entende sobre a vida daqueles que julga, mesmo quando tecnicamente bem executado (a juíza Maye era uma profissional dedicada, seu casamento estava na berlinda porque ela passava os finais de semana e noites lendo processos, tentando dar conta da demanda de trabalho), mostra-se pouco eficaz para dar conta do mal-estar implicado nos autos, do "pedaço de real dependurado sob suas franjas"[1], o que nos alerta sobre a relevância do trabalho das equipes técnicas no Judiciário e o impacto que causa na vida das pessoas.

Contudo, como assinalamos anteriormente, muitas vezes assistentes sociais e psicólogos/as também decidem "não querer saber", o que culmina, sobretudo, em discursos que desqualificam famílias, crianças e adolescentes submetidas à violência estrutural (Pantuffi; Garcia, 2018; Oliveira; Silva, 2018; Adami; Reis, 2018; Zamora, 2016). Nesse contexto, consideramos importante questionar: o que leva tantos juízes, promotores, psicólogos e assistentes sociais a não querer saber? O que se mostra tão difícil de ouvir? Como pode funcionar uma Justiça cega e surda?

Direito, sociedade e violência

Em 1973, ao pronunciar uma série de conferências intituladas *A verdade e as formas jurídicas* no auditório da PUC-Rio, Michel Foucault traçou uma genealogia das práticas jurídicas no Ocidente, tendo demonstrado que a Justiça, tal qual a conhecemos hoje, não surgiu em razão de uma pretensa humanidade ou do desejo de igualdade entre os homens, mas sim de relações de poder, jogos de força política.

---

1. Expressão utilizada por Barros-Bisset (2011) para assinalar que o Direito não funciona como fora sonhado, sua aplicação no mundo da vida tem de considerar um pedaço de real que não cede ao formalismo, restando informalizável.

Assinalou que a passagem do direito bárbaro — baseado no sistema de provas, considerado arcaico e irracional[2] — ao inquérito ocorreu quando as monarquias nascentes se deram conta de que, ao se apropriar do direito de ordenar e controlar a contestação judiciária, poderiam fazer circular e acumular riquezas. A partir de então, a Justiça deixou de ser uma disputa entre duas pessoas, tornando-se ofensa ao Estado, o que a tornou um poder exterior que se impôs como poder judiciário e político, visando estabelecer uma verdade através do inquérito. Por esse motivo, segundo Foucault (1973), o inquérito é um saber-poder, uma maneira de exercício do poder por meio da instituição judiciária.

Posteriormente, com o surgimento do capitalismo, da necessidade de proteger a riqueza que passou a se acumular em forma de mercadoria armazenada, instaurou-se um novo tipo de saber-poder, denominado exame, derivado da necessidade de controle contínuo sobre o comportamento dos mais pobres, isto é, controle ao nível das virtualidades, que se exerce não somente sobre o que se fez, mas também sobre o que se pode vir a fazer. Como esse controle não pode ser efetuado pela própria Justiça, uma série de poderes laterais — polícia, escolas, hospitais, fábricas — se desenvolveu em torno dela para assumir a função de controle dos cidadãos. Passou-se a exercer uma vigilância constante sobre as pessoas por alguém que exerce sobre elas um poder — professor, médico, assistente social, psicólogo, diretor de prisão — e que, enquanto exerce esse poder, constrói sobre aqueles que vigia um saber.

Nessa perspectiva, as ciências humanas surgem historicamente como ponto de apoio para novas técnicas de gestão das massas e o modo de absorção ou dissolução das diferenças e contradições nas

---

2. Na Alta Idade Média, quando uma pessoa portava uma reivindicação, acusando outra, o litígio era resolvido por meio de uma série de provas (sociais, verbais, físicas ou mágico-religiosas) aceitas por ambas. Esse sistema não se caracterizava por uma pesquisa da verdade, mas sim por um jogo de estrutura binária (ganhar-perder), no qual uma autoridade só intervinha como testemunha da regularidade do procedimento da prova. O único modo de escapar à prova e chegar a um acordo era por meio de um pacto que envolvia uma transação econômica.

sociedades passa a ser a normalização técnica, pela qual se pretende racionalizar a vida social e o comportamento das pessoas, o que não se dá sem um ônus de violência, especialmente num país como o Brasil, marcado por profundas desigualdades econômicas e sociais. Nele, espaços em que o esquadrinhamento disciplinar se deu de modo mais ou menos generalizado, convivem com outros onde a repressão violenta, sem sutilezas, segue sendo a forma de que o Estado se vale para sua preservação (Rauter, 2013).

O documentário *Juízo*, dirigido por Maria Augusta Ramos, é exemplar para ilustrar o que falamos: nele nos são apresentadas cenas de audiências realizadas na cidade do Rio de Janeiro com adolescentes que cometeram algum ato infracional. É impossível não observar o modo como a magistrada se dirige aos jovens em conflito com a lei: "Você estuda, você faz o que da vida?", pergunta para a maioria deles. Quando um adolescente lhe diz que trabalha, "trabalha numa carroça de tirar entulho", ela o indaga mais uma vez, "Vai querer fazer isso o resto da vida? Se tu não estudar, vai fazer isso o resto da vida! Já devia estar estudando!".

Considerando que é através de jogos de poder e saber que ocorre a transformação do tempo e do corpo dos homens em força produtiva, Foucault (1973) conclui que o sistema capitalista penetra profundamente em nossas existências, enfatizando que, para haver sobrelucro, é preciso haver subpoder:

> [...] é preciso que, ao nível mesmo da existência do homem, uma trama de poder político microscópico, capilar, se tenha estabelecido fixando os homens ao aparelho de produção, fazendo deles agentes da produção, trabalhadores. A ligação do homem ao trabalho é sintética, política; é uma ligação operada pelo poder. Não há sobrelucro sem subpoder (Foucault, 1973, p. 122).

Nesse contexto, ele nos lembra que o saber das ciências humanas surgiu por meio de instituições que objetivavam disciplinar os corpos, motivo pelo qual faz-se necessário questioná-lo: "[...] a destruição do sobrelucro implica necessariamente o questionamento e o ataque ao subpoder; o ataque ao subpoder se liga forçosamente ao questionamento das ciências humanas" (Foucault, 1973, p. 123).

Nesse sentido, questionamos: como assistentes sociais e psicólogos/as, que lugar ocupam nossas práticas no Judiciário paulista? Que discursos são proferidos em nome da Psicologia e do Serviço Social na área jurídica, trinta anos após a promulgação do Estatuto da Criança e do Adolescente?

Retrato(s) do Judiciário Brasileiro

Juliel[3] é um adolescente de 13 anos. Desde os 7 foi criado exclusivamente pelo avô materno. Sua mãe, Joana, transitava pelo estado de São Paulo sem informar paradeiro fixo, havia deixado os dois filhos, ainda bebês, aos cuidados de seus pais. Contudo, a avó de Juliel faleceu quando ele tinha seis anos.

Alguns meses antes de iniciarmos o acompanhamento desse adolescente, Joana, de passagem pela cidade na qual residia sua família, soube que os dois filhos frequentavam uma região denominada "fluxo", na qual adolescentes se prostituíam e usavam drogas. Ao receber tal notícia, pensou ser necessário "fazer alguma coisa": o destino de seus filhos não poderia ser como o seu. Nesse contexto, retornou para a casa paterna e, posteriormente, a família (avô, filha e netos) mudou-se para uma cidade vizinha com o objetivo de afastar Juliel e sua irmã do "fluxo".

Após retomar a convivência com a mãe, Juliel decidiu contar que era sexualmente abusado pelo avô há anos. Joana foi à delegacia e registrou boletim de ocorrência, contudo, ao mesmo tempo, culpou

---

3. Os nomes próprios foram alterados.

o filho pelo abuso em razão de seu modo de ser "afeminado". Em consequência da denúncia, o avô de Juliel, que era a principal fonte de renda da família, retornou para sua cidade de origem, deixando-os sem recursos, fator que acirrava os conflitos entre mãe e filho.

Em decorrência desse acirramento, a vida com a mãe se tornou insuportável para Juliel, que solicitou acolhimento institucional no CREAS, sendo concretizado na articulação com o serviço de alta complexidade. Joana se recusava a visitar o filho, acusava-o de ingrato, "depois de tudo que eu fiz por ele", dizia, referindo-se à denúncia que havia formalizado contra o próprio pai.

Ao ser judicializada, a situação de Juliel contou com a avaliação inicial e emergencial do Setor Técnico de Serviço Social e da Psicologia do Judiciário, que se manifestou favorável à manutenção da medida de proteção ao adolescente, o que gerou a propositura pelo Ministério Público do pedido de acolhimento institucional. Mesmo com a indicação técnica para que a situação retornasse para a realização dos estudos social e psicológico, esses novos autos foram encaminhados apenas ao Serviço Social, que posteriormente apresentou, em reunião de equipe, a necessidade da contribuição da Psicologia. Importante assinalar que a Psicologia pouco contribuiria se seu trabalho estivesse orientado por uma lógica burocratizante que visa apenas produzir instrumentos para subsidiar o magistrado. A intervenção da Psicologia estava atrelada à aposta de que Juliel desejasse vir aos atendimentos e, assim, pudesse falar sobre sua história, suas marcas, seus afetos, única possibilidade de compreender o que o levava a se mover em tal ou qual direção. A esse respeito, desde 1999, Brito nos ensina:

> Ao reduzir as funções do psicólogo no sistema jurídico [...] ao papel de perito, propõe-se uma atuação onde, na verdade, a contribuição é fornecida primordialmente ao sistema jurídico e muito pouco ao sujeito que busca na Justiça a solução para suas dificuldades. [...]. A Justiça existe em função dos homens e da sociedade, e a Psicologia neste âmbito deve centrar-se no mesmo objeto, não deslocando seu serviço apenas ao aparelho Judiciário (Brito, 1999, p. 113).

Nesse contexto, e considerando que o atendimento psicológico indicado para Juliel no serviço de atenção à saúde mental infantojuvenil ocorria em grupo, o adolescente passou a ser escutado pela Psicologia do Judiciário. Em seus primeiros atendimentos, falava da relação com a figura materna: questionava-se por que Joana amava mais a filha do que a ele; ressentia-se, pois a mãe se trancava no quarto com seu novo companheiro e a filha, o que o fazia se sentir excluído e rejeitado.

Um ano após o início dos atendimentos, o jovem demandava cada vez menos um amor materno idealizado e investia cada vez mais na própria vida: estudava com empenho, fazia curso profissionalizante, havia sido aprovado em um conceituado curso de teatro, potencialidade essa para as artes cênicas identificada desde o primeiro contato do Setor Técnico com o adolescente.

Repentinamente, sem grandes explicações, Joana compareceu à instituição de acolhimento solicitando a retomada do convívio com o filho. O adolescente se angustiou: "O que ela quer? Por que veio me procurar agora?". Foi transmitida para a equipe da instituição de acolhimento a angústia de Juliel e a cautela necessária na retomada da relação com a mãe. Apesar disso, apoiados no próprio Estatuto da Criança e do Adolescente, na garantia da convivência familiar e comunitária, os/as técnicos/as do acolhimento "empurraram" Juliel para casa materna de sexta a domingo, o que permitiu ao adolescente se inteirar do drama que Joana estava vivendo: a filha mais velha estava dormindo com o padrasto. Tal como a mãe quando retorna para casa paterna, Juliel pensou que "era preciso fazer alguma coisa". No entanto, quanto mais se empenhava nesse sentido, mais mortiferamente se comportava em relação à própria vida.

Também tramitava na Justiça um processo para o reconhecimento da paternidade de Juliel. Quando o adolescente questionou sobre o resultado do exame de DNA feito por seu suposto pai, conjuntamente com o Serviço Social, pesquisamos seu nome no sistema de processos. Foi quando descobrimos que o Ministério Público havia aberto uma ação contra Joana exigindo que ela pagasse pensão para o filho que estava institucionalizado. Foi essa a razão pela qual ela demandou retomar a convivência com Juliel.

As denúncias realizadas contra o avô do adolescente por abuso sexual resultaram em um processo criminal cuja decisão foi proferida no turbulento momento em que ocorria a retomada da convivência mãe-filho. O avô de Juliel foi condenado a quinze anos de prisão em regime fechado.

Sobre a condenação, o adolescente dizia achar "bem feito para aquele velho safado", mas falava do ódio da família que agora recaía sobre ele e também que, pela primeira vez, cenas de seu passado retornavam à sua cabeça e lhe atormentavam, impediam de pensar. Estava em curto-circuito. Perdeu a vaga no curso de teatro, abandonou os estudos. Quando comparecia aos atendimentos, falava em fugir, mudar de cidade, virar mendigo em outro lugar.

Diante desse quadro, as visitas à casa materna foram judicialmente suspensas. Por ter furtado um desodorante e agredido outro adolescente que residia na instituição de acolhimento, Juliel foi desligado do acolhimento institucional. Passou a residir nas ruas da cidade, pois, ao tentar retornar para casa materna, Joana havia se internado numa clínica para tratamento de dependência química e era o padrasto quem estava morando com sua irmã.

Algumas semanas após seu desligamento institucional, Juliel veio nos procurar. Estava sujo, com fome, sentia dores pelo corpo. Demandava retornar para a instituição de acolhimento e dizia que "ao chegar no fundo do poço", conseguiu pensar, se deu conta de que não precisava estar naquela situação. Como nos ensina Lacan, "[...] para além do circuito mortífero, a vontade de destruição representa não só vontade de destruição, mas também vontade de Outra-coisa, de recomeçar a novos custos" (Lacan, 1959-60, p. 257). Contudo, o adolescente teve seu retorno à instituição de acolhimento negado pelos operadores do Direito, que haviam condicionado a permissão para sua entrada à nova ordem judicial. Em contato telefônico, um deles nos disse: "O lugar deste adolescente é na Fundação Casa", unidade de internação do sistema socioeducativo. O discurso imperativo era que o próprio adolescente não correspondia ao caráter protetivo da medida.

Tentativas de intervenção pelo Serviço Social também foram realizadas no sentido de garantir, não somente a aplicação devida da medida de proteção necessária ao adolescente, mas também a publicização das violências e violações proferidas pelo próprio Estado.

Vale assinalar que o período final do acolhimento de Juliel foi muito turbulento, pois não apenas ele como também outros adolescentes padeciam com a incompreensão do serviço acerca de seus sofrimentos subjetivos, o que acarretava frequentes insurgências dos jovens na instituição por motivos banais, as quais eram resolvidas pela direção do serviço acionando membros da guarda municipal para "dar um jeito"[4] nos jovens. Certa vez, Juliel, acompanhado de outras adolescentes, chegou a buscar abrigo e proteção nas dependências do Setor Técnico. Na ocasião, os membros da guarda municipal lá compareceram para "apreender" os jovens. Tal tentativa de apreensão, ilegítima e equivocada, foi barrada pelo movimento das assistentes sociais que se colocaram em atitude impeditiva dos guardas adentrarem o local.

Diante da impossibilidade de retorno à instituição de acolhimento pelo impedimento jurídico, a equipe técnica do CREAS e membros do Conselho Tutelar passaram a fazer uma articulação com a Secretaria de Habitação visando uma moradia para Joana, na ilusão de que tudo ficaria resolvido no momento em que ela tivesse um lugar para residir com o filho.

Juliel, após passar 40 dias internado num Centro de Atenção Psicossocial — Álcool e Drogas (CAPS-AD) destinado a adultos — único lugar em que foi acolhido/admitido quando estava morando nas ruas da cidade —, foi residir com a mãe quando receberam uma

---

4. "Dar um jeito" implicava, sobretudo, o uso de agressões verbais e físicas desferidas pelos membros da guarda municipal contra os adolescentes.

casa da prefeitura. Nunca mais conseguiu vir com frequência aos atendimentos. Esporadicamente, comparece ao nosso Setor em horários variados para nos dizer, parafraseando o poeta, "vou levando como posso", ocasiões em que nos diz sobre as peripécias e dificuldades na convivência com a mãe. Retomou os estudos, mas, no momento, desistiu do teatro: "Deixei esse sonho por último na fila dos sonhos, se eu conseguir um trabalho comum, já está ótimo".

A situação de Juliel nos ensina muito sobre o funcionamento do Judiciário em nosso país ao evidenciar que a lógica de proteger as crianças e adolescentes é um engodo. Observamos que, certamente, não são apenas os operadores do direito que tratam nossos adolescentes sob a lógica *menorista*[5], produto da medicalização e psicologização da sociedade, que legitima ideologicamente a marginalização socioeconômica e engendra práticas de exceção e de punição.

Assim, longe de terem suas vidas sustentadas pela Justiça, nossos jovens, quando são pobres, negros, homossexuais, vivem nas periferias, são segregados e até mesmo sentenciados como criminosos em processos cujo assunto principal é denominado "medida de proteção". Como já havia constatado Alberti (2004), ao se referir à chacina da Candelária[6]: há, em relação a nossos adolescentes brasileiros, muito mais um desejo de morte que de vida.

Nesse sentido, observa-se uma lógica conservadora, preconceituosa, racista, xenófoba e alimentada, segundo Cardoso e Torres (2016), por um ciclo de intolerâncias étnicas, de gênero, de classe, entre outras, criando um processo de desumanização que se manifesta em sucessivas violações de direitos.

---

5. No Brasil, as primeiras menções à expressão *menor* estão presentes no Código Criminal do Império, definindo as penas aplicáveis no caso de cometimento de crimes por "menores de idade". A expressão resvalou do universo jurídico para o social, passando a designar as crianças nascidas nas camadas mais baixas da pirâmide social. Nesse trajeto, a expressão assumiu conotação de controle, pois, ao segmentar setores sociais, foram criadas categorias de crianças consideradas "suspeitas" ou "potencialmente perigosas", associando perigo e pobreza (Santos, 2015).

6. Ocorrida na década de 1990 no Rio de Janeiro.

Eventualmente, uma carta chega a seu destino

Foi após ouvir reiteradas vezes a frase "eu não dou chance para mãe prostituta", proferida por profissionais que trabalham em uma Vara da Infância e Juventude, que decidimos fazer ecoar, neste capítulo, a voz de Juliana e suas filhas.

Segundo Miranda Júnior (1998), durante muito tempo, os/as psicólogos/as que trabalhavam para a Justiça executaram um trabalho centrado na análise da subjetividade individual descontextualizada, isto é, sem uma escuta crítica, o que implicava o risco de cair na psicologização de todo ato considerado socialmente "desviante".

Nesse sentido, ele nos lembra que "[...] o desviante é portador da mensagem de que algo não vai bem no social, de que algo precisa mudar. O sistema social não tem ouvidos para isto. Alguns profissionais, entre eles o psicólogo, tem hoje a árdua missão de fazer ouvir o que querem calar" (Miranda Júnior, 1998, p. 32).

Já as/os assistentes sociais, segundo Fávero (2013), são inseridos na Justiça com objetivo de promover justiça social, mas sob o viés da doutrina social da Igreja Católica, que visava ao controle social e à defesa da moral e dos bons costumes. Embora essa prática profissional conservadora com o decorrer do tempo tenha sido aparentemente superada, ainda hoje nos deparamos com discursos preconceituosos e punitivos, o que pode incorrer em pré-julgamentos e pré-condenações muito antes da sentença do Juiz. Nesse escopo, cabe o desafio aos/às assistentes sociais de desvelar criticamente a realidade social daquele sujeito, sob a perspectiva da defesa de direitos e de emancipação humana.

Conhecemos Juliana quando recebemos designação judicial para atuar no processo que tratava da destituição do poder familiar de suas duas filhas mais novas, Nathália e Beatriz, que contavam 3 e 4 anos de idade. Nathália era criada por uma tia materna — a única irmã biológica de Juliana —, que havia acabado de falecer. Beatriz era criada com três irmãos mais velhos por outra tia, irmã adotiva de sua genitora, que falecera também naquele mesmo mês.

Diante desses falecimentos, os cinco filhos de Juliana foram divididos do seguinte modo: os três mais velhos ficaram aos cuidados de sua única irmã adotiva ainda viva. Nathália e Beatriz ficaram aos cuidados de outros parentes, porém, após denúncias de negligência em relação aos cuidados com as meninas, elas foram institucionalizadas e o Ministério Público abriu processo de destituição do poder familiar com vistas a futura adoção.

Num primeiro momento, Juliana, que residia no mesmo endereço em que trabalhava como profissional do sexo, referiu não poder se responsabilizar pelas filhas e preferir que fossem adotadas a criadas por seus parentes, pois havia sido criada junto a eles e "olha o meu destino, não querem cuidar das minhas filhas, mas fazê-las de empregadas domésticas, vão dar comida e as colocar para fazer os serviços da casa, lavar, passar, limpar, não posso desejar isso para elas".

Em *Nota sobre a criança*, Lacan (1969) enfatiza que a função exercida pela família destaca uma transmissão que não é a da vida segundo a satisfação das necessidades, mas uma de outra ordem, uma transmissão de uma constituição subjetiva que implica um desejo que não seja anônimo. Nesse sentido, segundo Nominé (2001), quando a criança não é objeto do narcisismo daqueles que se responsabilizam por seus cuidados, rapidamente é abandonada na rua e colocada a serviço do gozo, "[...] as meninas se tornam prostitutas e os meninos se armam" (Nominé, 2001, p. 37).

Quando encontramos Juliana pela segunda vez, Nathália e Beatriz já estavam na instituição de acolhimento havia alguns meses. Devido à sua fala inicial de que não poderia se responsabilizar pelas filhas, o magistrado havia determinado que as crianças não deveriam receber visitas da mãe ou de outras pessoas da família. Entretanto, essa ordem judicial não chegou ao serviço de acolhimento, de modo que, desde sua institucionalização, as meninas vinham recebendo visitas maternas semanalmente, aos sábados e domingos. De acordo com o relato da equipe da instituição, as visitas eram bastante proveitosas para as crianças, pois Juliana era bastante atenciosa com as filhas, levava bolos e quitutes que preparava, lia e brincava, o que também pudemos observar quando acompanhamos algumas das visitas.

Quando pôde contar sua história, Juliana disse que sua mãe biológica também era profissional do sexo e que havia falecido quando ela tinha apenas um ano de idade. Nessa ocasião, junto com sua única irmã biológica, foi adotada por um casal que residia próximo à genitora e que tinha três filhas adultas. Aos 9 anos de idade, diante do falecimento da mãe adotiva, seu pai foi morar com uma mulher. Relatou que ela fazia uso excessivo de bebidas alcoólicas e tinha ciúmes das filhas dele, motivo pelo qual preferiu continuar residindo com as irmãs adotivas. Segundo Juliana, a partir desse momento de sua vida, passou a se sentir como o vento, "que cada hora sopra para um lado", pois passava períodos na casa que morava com as irmãs, períodos na casa do pai ou mesmo de outras pessoas, quando começou a trabalhar, aos 11 anos de idade. Referiu que sua relação com as irmãs adotivas sempre foi conturbada, pois apanhava muito por motivos banais.

Aos 16 anos, teve seu primeiro filho. Referiu que, diante da falta de fraldas e de outros itens para a criança, passou a trabalhar como profissional do sexo. Assinalou que, quando suas irmãs descobriram, expulssaram-na de casa, tendo ficado o bebê aos cuidados delas. Durante três anos, viveu de modo errante. Depois, estabeleceu-se numa pequena cidade, onde se casou e teve mais dois filhos. Quando o pai das crianças foi preso, precisou retornar para casa das irmãs. Iniciou novo relacionamento e foi então que nasceu Nathália. Devido a um desentendimento com uma prima que morava no terreno familiar, foi mais uma vez expulsa de casa. Afirma que seus parentes não permitiram que ela levasse os filhos consigo, pois literalmente não tinha para onde ir.

Para Juliana, a separação dos três filhos dos quais conseguiu cuidar desde o nascimento, foi bastante difícil. Iniciou um processo de errância que a fez sofrer muito: iniciou consumo de *crack*, morou na rua, foi violentada. Foi nesse momento de sua vida que teve Beatriz. Por saber que não poderia cuidar dela, deixou-a, logo após a alta da maternidade, na casa de sua única irmã biológica. Afirma que esta era muito afetuosa, diferente das irmãs adotivas.

Como alternativa para deixar de viver nas ruas, foi morar no local em que passou a trabalhar como profissional do sexo. Visitava os filhos esporadicamente, quando podia. Ao saber, no entanto, do acolhimento institucional de Nathália e Beatriz, assinalou que se viu diante da necessidade de retomar as rédeas de sua vida: precisava ter as filhas de volta! Não admitia concordar com a ideia da adoção. Assim, emocionada, disse que seu segundo filho a conhece melhor que ninguém e que apenas deixou de visitar suas crianças no terreno familiar quando, há alguns meses, ao tentar vê-los, foi mais uma vez expulsa do terreno de seus parentes de modo violento. Explicou que, a cada vez que ficava grávida, sentia uma alegria imensa, pois cada nova vida lhe dava força para continuar a viver a sua.

Assim, logo após receber a primeira entrevista na ocasião do acolhimento institucional das filhas, começou a se movimentar. Com ajuda de um cliente, alugou uma casa, passou a fazer quitutes para vender e iniciou as visitas às filhas na instituição de acolhimento. Referiu a vivência de momentos muito especiais ao lado de Nathália e Beatriz, recuperando e construindo os laços com elas. Também falava da vontade de retomar o contato com os três filhos mais velhos, que estavam sob os cuidados de sua única irmã adotiva ainda viva, porém, tinha uma relação bastante conflitiva com esta.

Em entrevista com os filhos mais velhos de Juliana, observamos que eles tinham muitas saudades de Nathália, com quem moravam até o falecimento da tia que cuidava de todos, exceto de Beatriz. Nathália, por sua vez, em um de nossos primeiros encontros na instituição de acolhimento, quando perguntamos quem vinha visitá-la, disse: "Meu pai Lucas". Ao que respondemos: "Mas Lucas não é seu pai, é seu irmão", e ela, entre o espanto e a admiração, perguntou:

"Você conhece ele?". Vale assinalar que, até essa ocasião, Nathália havia recebido apenas uma visita dos irmãos, pois eles consideravam muito difícil vê-la institucionalizada e aceitar a separação. Importante assinalar ainda que também Lucas se dizia e considerava pai dela, pelos cuidados que dedicava à irmã desde que ela era bem pequenina. Sendo assim, entendemos a fala de Nathália sobre a visita frequente do irmão como uma *fabulação*, uma maneira de dizer o que queria, o que gostaria que ocorresse, tal como nos ensina Freud (1913) no texto *Duas mentiras contadas por crianças*.

Escutar as falas de Nathália, Beatriz e de seus irmãos, que ansiavam por estar juntos, escutar Juliana e sua história, assim como não ser surda a seus movimentos na vida para estar com as filhas, não nos permitia assentir com a hipótese de uma destituição do poder familiar com vistas a futura adoção. De que adianta ouvir, se é para ignorar os ditos? Alguns colegas técnicos, no entanto, nem mesmo se dividiam ao escutar nosso relato: tinham certeza de que a destituição do poder familiar era *o melhor* para aquelas crianças — "com esse histórico, e se ela cair nas drogas novamente?".

Na presente situação, felizmente, "uma carta chegou a seu destino", isto é, as mensagens transmitidas por Juliana e seus filhos puderam ser ouvidas pelos operadores do Direito a partir de nossos relatórios técnicos, o que demonstra a potência deles quando não silenciam acerca do contexto mais amplo — histórico, social, político, econômico, cultural — em que está inserida a família, assim como sobre as capacidades desta e a responsabilidade do poder público nesse quadro.

Faz-se urgente, portanto, que o trabalho das equipes técnicas nos Tribunais de Justiça possa distanciar-se de valores e ideais de conduta, da moral entendida como conjunto de regras que funciona como sistema de coerção social. Ao trabalhar nas instituições jurídicas, precisamos nos dispor a escutar, na singularidade de cada situação, única maneira de fazer uso de nossas profissões como instrumento de apoio e de defesa para uma posição democrática, espaço de construção do direito à cidadania.

Para não concluir

Historicamente, Psicologia e Serviço Social não foram criados visando à justiça social e à defesa de direitos, pelo contrário, o surgimento de nossas profissões está atrelado à necessidade de disciplinar corpos, numa espécie de ortopedia social que visava à criação de cidadãos úteis (trabalhadores) à sociedade capitalista (Foucault, 1973).

O Serviço Social, especificamente, surgiu nos meandros de grupos da Igreja Católica para resolução imediata dos "problemas sociais"[7], oriundos da sociedade operária que se instalava no Brasil (Iamamoto, 2004). Sua inserção formal no Tribunal de Justiça do Estado de São Paulo ocorreu no final dos anos 1940, início dos anos 1950, no então denominado Juizado de Menores, para intervenção junto aos considerados abandonados e/ou desajustados, provenientes das camadas pobres da população (Fávero, 2005). Tinha como matriz teórica o Positivismo, que se pautava em um projeto profissional conservador, tendo como suporte a filosofia tomista, que defendia valores como a "caridade".

A construção da Psicologia como saber no Brasil esteve, desde o início, atravessada por demandas judiciais e morais: "[...] as primeiras ideias *psi* estão associadas ao encontro com práticas jurídicas, seja no universo da tipificação do louco/criminoso nas primeiras décadas do século XX, seja na classificação e exame dos 'menores' por psicologistas" (Santos, 2015, p. 45). Assim, embora a inserção formal de psicólogos tenha ocorrido apenas na década de 1980 no Tribunal de Justiça de São Paulo, esses profissionais já se ocupavam da realização de perícias, em geral baseadas na análise subjetiva individual descontextualizada, desde a década de 1930.

Atualmente, portanto, impõe-se para nós, no cotidiano de nosso trabalho, o desafio de construir/(re)inventar uma prática que se

---

7. Os conflitos sociais, uma das expressões da luta de classes, são "enquadrados" como dificultadores para o progresso e o crescimento econômico, tornando-se para a classe dominante um obstáculo, portanto, um problema que precisa ser imediatamente controlado.

localiza na tensão entre o que foram as retrógradas práticas de assistentes sociais e de psicólogos/as (que ainda hoje ecoam infelizmente) e o fazer valer uma nova direção social das profissões, embasada nas teorias críticas, nas legislações que as regulamentam e nos códigos de ética que as sustentam. Conhecer esse contexto nos exige responsabilidade ética, política e profissional, pois, advertidas de tais questões, faz-se fundamental buscar exercer, apesar de todas as pressões, uma práxis comprometida com os valores éticos expressos tanto em nossos códigos profissionais quanto no ordenamento jurídico-social, como a Constituição Federal e o Estatuto da Criança e do Adolescente.

Resistimos politicamente em um contexto predominantemente violador dos direitos, seja dos/as usuários/as dos serviços, seja dos/as próprios/as trabalhadores/as quando visam atuar em favor destes/as, dentro do paradigma da Doutrina da Proteção Integral, motivo pelo qual o trabalho interdisciplinar tem se apresentado para nós como importante estratégia de atuação, que nos auxilia a sustentar nossa práxis de forma ética e comprometida, evitando posições excessivamente simplistas e isoladas.

Ao sustentar uma lógica de trabalho que questiona o *status quo* jurídico e social, muitas vezes nossa subjetividade é colocada em xeque, pois, assim como nossos usuários são etiquetados (como "prostituta", "delinquente", "menor", "drogado"), também nós, ao tentar amplificar suas vozes, somos tomados/as por um traço: "coração mole", "aquele/a que não deveria trabalhar no Judiciário", "aquele/a que defende bandidos" etc.

O agir interdisciplinar "dá trabalho", por isso exige de nós disponibilidade para um movimento contínuo de construção e reconstrução, o que nem sempre está em consonância com a dinâmica acelerada da própria vida cotidiana. Trata-se de uma postura profissional, com possibilidade de ampliar a perspectiva do conhecimento, contrapondo-se à lógica da fragmentação.

Conforme nos alerta Carvalho (2019, p. 176), "[...] não se faz interdisciplinaridade sem desconfortos". Portanto, dispor-se a incluir em nossa pauta cotidiana de atuação a escuta, o diálogo, a ampliação do ponto de vista, ao mesmo tempo que se constitui uma abundante experiência, demanda esforços no sentido de abandonar as próprias seguranças e de se abrir ao movimento mútuo de contribuições.

Assim, é o trabalho interdisciplinar uma das possibilidades que tem nos permitido sustentar a esperança e a utopia, conforme definidas por Fávero (2005):

> Ainda que o cotidiano pesado e muitas vezes opressivo e violento da prática crie situações que possam embaçar a nossa visão, não nos permitindo ver as ações gratificantes que esse mesmo cotidiano propicia, ou não nos permitindo perceber que ajudamos a construir a história e que, portanto, temos poderes para movimentá-la, nós que nos relacionamos no dia a dia com uma população quase sempre excluída de direitos materiais e afetivos, necessitamos nos conceder o direito à esperança e à utopia. Esperança e utopia enquanto comportamento possível enquanto um projeto que considere criticamente os limites — para reduzi-los — e possibilidades — para ampliá-los (Fávero, 2005, p. 128).

Por fim, consideramos importante assinalar que, para Lacan (1968--69), é possível operar uma disjunção entre saber e poder a partir da escuta do sujeito, destacando que, ao fazê-lo, se derruba "antigos sistemas de projeção", importante passo para mudar a realidade histórica.

Eis, portanto, onde se situa nossa aposta para sustentar um trabalho menos mortífero no contexto judiciário: escuta do sujeito somada ao trabalho interdisciplinar, para além das demandas que se apresentam cotidianamente. Uma aposta de um trabalho criativo, crítico, propositivo e renovador.

A superação de uma prática no Judiciário restrita à execução de perícias e exclusivamente atrelada ao atendimento da lógica de produção de subsídios à Magistratura implica no movimento desafiador de se dispor a perceber e a receber as pessoas em sua integralidade.

As documentações técnicas produzidas expressam a trajetória do exercício profissional realizado, portanto elas contribuem para um

Judiciário menos mortífero as/os assistentes sociais e psicólogas/os que ousam persistir no caminho da valorização do que tem a dizer os sujeitos que chegam até nós e na coragem de sustentar, em seus discursos e ações, a opção pela vida. Como nos ensina Galeano (2011):

> O sistema encontra seu paradigma na imutável sociedade das formigas. Por isso se dá mal com a história dos homens, pela frequência com que muda. E porque na história dos homens cada ato de destruição encontra sua resposta, cedo ou tarde, num ato de criação (Galeano, 2011, p. 396).

Referências

ADAMI, Maria C. S; REIS, Mariana Sato dos. Superando a Imediaticidade: entre a materialidade da ética e o acesso à justiça — um caso da Vara da Infância e Juventude. *In:* BORGIANNI, Elisabete; MACEDO, Lilian M. de. (org.). *O Serviço Social e a Psicologia no universo judiciário.* Campinas: Papel Social, 2018. p. 215-234.

ALBERTI, Sonia. *O adolescente e o Outro.* Rio de Janeiro: Jorge Zahar, 2004.

BARROS-BISSET, Fernanda O. "Passageira clandestina": a orientação lacaniana no campo da psicologia jurídica. *In:* CONSELHO FEDERAL DE PSICOLOGIA (org.). *Psicologia em interface com a Justiça e os Direitos Humanos.* Brasília: CFP, 2011. p. 19-40.

BRITO, Leila M. T. de. *SE-PA-RAN-DO:* Um estudo sobre a atuação do psicólogo nas Varas de Família. Rio de Janeiro: Relume Dumará: UERJ, 1993.

CARDOSO, Priscila F. G; TORRES, Andrea A. Rupturas, desafios e luta por emancipação: a ética profissional no Serviço Social brasileiro. *In:* OLIVEIRA E SILVA, Maria Liduína de (org.). *Serviço Social no Brasil:* história de resistências e de ruptura com o conservadorismo. São Paulo: Cortez, 2016. p. 183-208.

CARVALHO, Fabiana A. de. A Intervenção do Serviço Social e a Interdicisplinaridade no TJSP. *In:* SÁ, Jeanete L. M. de. *Serviço Social e Interdisciplinaridade.* São Paulo: Cortez, 2019. p. 159-179.

CFESS. *Código de Ética do Assistente Social e Lei 8.662/93 de Regulamentação da Profissão*. 10. ed. revista e atualizada. Brasília: CFESS, 2012.

FÁVERO, Eunice Terezinha. *Serviço Social, práticas judiciárias, poder*: implantação e implementação do Serviço Social no Juizado da Infância e da Juventude de São Paulo. 2. ed. São Paulo: Veras Editora, 2005.

FOUCAULT, Michel. *A verdade e as formas jurídicas*. Rio de Janeiro: Nau, 1973/2013.

FREUD, Sigmund. Duas mentiras contadas por crianças. *In:* FREUD, Sigmund. *ESB Obras completas*. Rio de Janeiro: Imago. 1913/1970. p. 385-389.

GALEANO, Eduardo. *As veias abertas da América Latina*. Porto Alegre: L&PM, 2011.

IAMAMOTO, Marilda; CARVALHO, Raul de. *Relações sociais e Serviço Social no Brasil*: esboço de uma interpretação histórico-metodológica. 16. ed. São Paulo: Cortez/Celats, 2004.

LACAN, Jacques. Nota sobre a criança. *In:* LACAN, Jaques. *Outros escritos*. Rio de Janeiro: Jorge Zahar, 1969/2003. p. 369-370.

LACAN, Jacques. *O Seminário, livro 7*: a ética da psicanálise. Rio de Janeiro: Jorge Zahar, 1959-60/2008.

LACAN, Jacques. *O Seminário, livro 16*: de um Outro ao outro. Rio de Janeiro: Jorge Zahar, 1968-69/2008.

MIRANDA JÚNIOR, Hélio. Psicologia e Justiça: a psicologia e as práticas judiciárias na construção do ideal de justiça. *In: Psicologia, Ciência e Profissão*, Brasília, v. 18, n. 1, 1998.

NOMINÉ, Bernard. Adolescência ou a queda do anjo. *Revista Marraio*, n. 1. Da infância à adolescência. Rio de Janeiro, 2001. p. 10-21.

OLIVEIRA, Vanessa de; SILVA, Juliana B. da. Serviço Social e Psicologia no Judiciário: transformações e perspectivas com foco no direito à convivência familiar e comunitária. *In:* BORGIANNI, Elisabete; MACEDO, Lilian M. de (org.). *O Serviço Social e a Psicologia no universo judiciário*. Campinas: Papel Social, 2018. p. 167-188.

PANTUFFI, Luciana A; GARCIA, Viviane S. D. Destituição do Poder Familiar: apontamentos sobre a produção da família incapaz. *In:* BORGIANNI, Elisabete;

MACEDO, Lilian M. de (org.). *O Serviço Social e a Psicologia no universo judiciário.* Campinas: Papel Social, 2018. p. 31-62.

RAUTER, Cristina. *Criminologia e subjetividade no Brasil.* 2. ed. Rio de Janeiro: Revan, 2013.

SANTOS, Érika P. dos. Desconstruindo a menoridade: a Psicologia e a produção da categoria menor. *In:* BRANDÃO, Eduardo; GONÇALVES, Hebe (org.). *Psicologia Jurídica no Brasil.* 3. ed. Rio de Janeiro: Nau. p. 43-72.

ZAMORA, Maria Helena. Conselhos Tutelares: defesa de direitos ou práticas de controle das famílias pobres? *In:* BRANDÃO, Eduardo (org.). *Atualidades em Psicologia Jurídica.* Rio de Janeiro: Nau, 2016. p. 97-116.

Filmes

EYRE, Richard. *The children act.* Nation Entertainment/BBC Films. 2017.

RAMOS, Maria Augusta. *Juízo:* o maior exige do menor. Diler & Associados e Nofoco Filmes. 2007.

CAPÍTULO 13

Psicologia, Serviço Social e Direito:
sobre (des)articulações

Ana Paula Hachich de Souza
Luize Predebon

Introdução

Em tempos de negacionismo e de ataque às ciências, especialmente às ciências humanas, torna-se fundamental a revelação do premente e crescente desrespeito das instituições jurídicas, por meio de suas normativas e decisões, à Psicologia e ao Serviço Social, tratando-as não como auxiliares da Justiça, mas como subordinadas ao Direito.

Não obstante a garantia de autonomia técnica prevista no art. 151 do Estatuto da Criança e do Adolescente (ECA), a partir de 2010, com a Recomendação n. 33 do Conselho Nacional de Justiça (CNJ), que sugere a implantação de sistema de depoimento videogravado para crianças e adolescentes com a participação de "profissional especializado" (CNJ, 2010), o sistema de Justiça vem tentando impor às duas profissões tarefas e ações que não são condizentes com os princípios fundamentais e seu projeto ético-político.

Tal ingerência teve início com a inclusão, a despeito do posicionamento dos Conselhos que regulam as profissões, de Psicologia e Serviço Social na realização do Depoimento Especial. Apesar das diversas possibilidades de colaboração das duas categorias, seja na capacitação de profissionais de outras áreas, seja na prevenção do fenômeno de abuso sexual por meio da proposta e análise da eficácia das políticas públicas já existentes, tais manifestações não foram levadas em consideração.

O Serviço Social, e mais ainda a Psicologia, foram impositivamente colocados ora no lugar de quem "sabe falar com crianças e adolescentes", ora no lugar de extratores de uma suposta verdade. Frente a suposições tão errôneas acerca dos exercícios profissionais, os órgãos de regulamentação da profissão, bem como a Associação dos Assistentes Sociais e Psicólogos do Tribunal de Justiça do Estado de São Paulo (AASPTJ-SP), adiantaram-se para defender ambos os projetos profissionais, mas até mesmo resoluções, *conforme garantido pelas leis que instituem os dois Conselhos*, foram suspensas e revogadas, como se o Direito tivesse mais a dizer sobre a Psicologia e o Serviço Social do que elas próprias.

Nessa conjuntura, é importante resgatar o contexto de surgimento e criação de duas profissões, a fim de apresentar as conquistas e as mudanças de atuações que tiveram, em sua origem, o condão de atender às necessidades do sistema capitalista, no sentido de ajustamento e assujeitamento dos indivíduos para adequá-los às demandas do mercado e torná-los produtivos e disciplinados (no caso da Psicologia), e de promover o assistencialismo a famílias expropriadas e vulnerabilizadas, desresponsabilizando o Estado da oferta e garantia de políticas públicas e individualizando a questão social, no caso do Serviço Social.

Com o passar do tempo, as profissões conseguiram se descolar e se distanciar dessas origens, alcançando um lugar de defesa dos indivíduos sem perder de vista sua contextualização na sociedade, ou seja, por meio do compromisso social que estabeleceram, buscando a responsabilização do Estado e a defesa intransigente dos direitos humanos de forma a abranger todos os segmentos sociais. Já o Direito traz em seu bojo, a partir de uma leitura marxista, a função de garantir a liberdade e a igualdade, mas trata-se de uma liberdade de estabelecer contratos de negócios e de trabalho partindo da premissa de que todos são iguais perante a lei, desconsiderando que alguns poucos apresentam os meios tanto de garantir a própria subsistência quanto de explorar outros seres humanos. Seu ponto central é o direito à propriedade privada, ignorando que, na sociedade, alguns têm e outros não.

Atualmente, no contexto da pandemia de Covid-19, há uma revivescência dos ataques às duas profissões pela tentativa de imposição de que a atuação profissional se dê por meio de atendimentos realizados virtualmente. Novamente, diante dos posicionamentos contrários do Conselho Regional de Psicologia de São Paulo (CRPSP) e do Conselho Regional de Serviço Social de São Paulo (CRESS-SP), o Tribunal de Justiça de São Paulo (TJSP) dá início a um novo movimento de redução das profissões, como se as atuações se resumissem a coletas de dados e conversas com as pessoas.

Diante desses contínuos ataques, por meio de reflexões sobre as funções do Direito na sociedade, de explanações acerca das atribuições fundamentais de psicólogas e assistentes sociais, seja no contexto judicial, seja no âmago das profissões, bem como da análise de publicações tanto de órgãos do TJSP quanto dos Conselhos Profissionais de Psicologia e Serviço Social, pretende-se mostrar que há um movimento de desqualificação e descaracterização, que desconsidera a construção histórica no sentido de se tornarem referências na defesa dos direitos humanos e de uma vida digna para todos, e também coloca em risco não só a qualidade dos serviços prestados, mas também o futuro das duas profissões.

Para que serve o Direito em nossa sociedade?

Para discorrer sobre o papel do Direito no capitalismo, parece pertinente abordar desde a função do Estado e as instâncias jurídicas até a noção de justiça e a importância da ideologia, com fundamento nas reflexões de Alysson Leandro Mascaro, Evguiéni Pachukanis, Ernest Mandel e Nicos Poulantzas, expoentes de leituras marxistas da realidade.

Com base em premissas marxistas, é necessário inicialmente estabelecer a relação entre o Direito e o modo de produção capitalista, porque, conforme nos alerta Pachukanis, é com o advento do capitalismo que se dão as condições necessárias para que as relações sociais sejam determinadas pelos constructos jurídicos, advertindo que a análise profunda e atenta dos fundamentos jurídicos desnuda o processo de desenvolvimento histórico da sociedade burguesa. Sendo o modo de produção de uma época a combinação entre os fatores "trabalhador" e "meios de produção", a qual define a estrutura social, esse deve ser o foco para a compreensão dos caminhos do Direito. Independentemente da combinação desses fatores, o modo de produção é sempre determinado pelo fator econômico. Nas palavras de Marx (1875) *apud* Poulantzas:

> É sempre na relação imediata entre os proprietários dos meios de produção e o produtor direto que é preciso procurar o segredo mais profundo, o fundamento oculto do edifício social e, consequentemente, da forma política assumida pela relação de soberania e dependência, em suma a base da forma específica que o Estado reveste em um dado período (Marx, 1875, *apud* Poulantzas, 1977, p. 27).

Partindo da importância das relações sociais de produção, destaca-se que, no fim da Idade Média, houve uma grande mudança na combinação entre a classe trabalhadora e os meios de produção na Europa. Com o crescimento populacional, surge a necessidade de aumentar a produção, da qual decorre a exploração dos servos pelos senhores feudais com o uso da força, o que passou a provocar revoltas por parte dos camponeses, agravadas pelo aumento do preço dos alimentos. Além disso, o século XIV também foi marcado pelo surgimento de novos ofícios urbanos e pela peste negra. Assim, na passagem do feudalismo para o mercantilismo (ou seja, do trabalho destinado ao consumidor para o trabalho destinado ao comerciante), deu-se origem ao modo de produção capitalista (Pachukanis, 2017).

Com o fim do feudalismo, em que a servidão era justificada prioritariamente pela religião, e com a consequente separação entre o produtor direto e as suas condições naturais de trabalho (os meios de produção), o próprio trabalhador é transfeito em um elemento do capital e o trabalho é convertido, portanto, em mercadoria. Não apresentando outro meio de sobrevivência, o trabalhador precisa então vender sua força de trabalho, não havendo necessidade de intervenção de razões extraeconômicas, como no escravagismo ou no feudalismo. O Estado passa a ter um papel importante, por meio das três funções. A primeira seria "criar as condições gerais de produção que não podem ser asseguradas pelas atividades privadas dos membros da classe dominante", mas não será abordada por não ser foco deste capítulo. A segunda diz respeito à repressão das classes dominadas por meio do Exército, da polícia, do sistema judiciário e penitenciário. A partir da segunda metade do século XIX, o Direito passa a buscar fundamentação para a coercitividade das normas. "Cria-se uma peculiar mistura de historicismo e positivismo jurídico que se reduz à negação de qualquer direito além do oficial" (Pachukanis, 2017, p. 84). O autor expõe que, nas sociedades determinadas pelos modos de produção pré-capitalistas, as relações eram reguladas prioritariamente de forma extrajurídica, tendo a religião um papel importante.

Mas, por ora, trataremos da terceira função, que é, por meio da ideologia, "[...] garantir [...] que as classes exploradas aceitem sua própria exploração sem o exercício direto da repressão contra eles (porque acreditam que isso é inevitável, ou que é 'dos males o menor', ou 'a vontade suprema', ou porque nem percebem a exploração)" (Mandel,

1985, p. 333-334). De acordo com Poulantzas (1997), é ela quem possi-bilita que o Estado seja visto como defensor dos interesses gerais do povo. Algumas das ações estatais permitem conquistas eventuais por parte da classe trabalhadora, por meio de lutas políticas e econômicas. O autor ressalta, entretanto, que, embora tais conquistas possam sig-nificar perdas econômicas pontuais para as classes dominantes, nunca colocam em risco seu poder político, ou seja, não alteram as estruturas do capitalismo e as relações de produção. Nas palavras de Mandel, "[...] a função do Estado burguês de proteger institucionalmente e legitimar juridicamente a propriedade privada é algo que impregna necessariamente a estrutura típica de crenças e comportamentos da grande maioria da população em tempos 'normais'" (Mandel, 1985, p. 346).

Para Marx e Engels (2007), a ideologia burguesa está atrelada à existência do modo capitalista de produção e à sua legitimidade na sociedade. "A ideologia diz respeito ao mundo no qual vivem os homens, às suas relações com a natureza, com a sociedade, com os outros homens, com a sua própria atividade, inclusivamente a sua atividade econômica e política" (Poulantzas, 1997, p. 201). Para ocultar a dominância do econômico e as contradições do modo de produção capitalista, ela se mantém opaca quanto às formas de exploração.

Mascaro (2018a) expõe que as contradições presentes no modo de produção capitalista não se revelam à primeira vista em virtude da ideologia, que "[...] se traveste de valores universais, tidos como bons e eternos, escondendo o seu caráter histórico e suas contradições" (Mascaro, 2018a, p. 283). Em vez de perceber a situação de expropria-ção em que se encontra, o trabalhador se percebe como consumidor, num processo de individualização e competitividade que dificulta a consciência de classe e a coletivização das lutas. Apesar de a subje-tividade do homem atual ser forjada a partir da ideologia burguesa, "[...] o caráter ideológico de um conceito não elimina aquelas relações reais e materiais que este exprime" (Pachukanis, 2017, p. 89).

Poulantzas (1997) estabelece que a ideologia se dá em diferentes "regiões" e que, de acordo com a época histórica e as relações sociais de produção, uma delas se torna dominante. Ele dá o exemplo do feudalismo, quando a ideologia dominante era a religiosa. Para o autor, a ideologia dominante se torna sempre a referência, ainda que o seja para a oposição contra si própria. Além disso, expõe que, apesar da presença de outras ideologias (cultural, política etc.), sempre coexistindo em relação à ideologia dominante. Para ele, a região dominante no modo de produção capitalista é a jurídico-política. Surgem expressões como filosofia do Direito ou filosofia política. "Liberdade, igualdade, direitos, deveres, reino da lei, Estado de direito, nação, indivíduos-pessoas, vontade geral, em suma, as palavras de ordem sob as quais a exploração burguesa de classe entrou e reinou na história foram diretamente importadas do sentido-jurídico-político" (Poulantzas, 1997, p. 206).

Essa dominância tem sua justificativa nas condições necessárias para a acumulação de riquezas por meio do mais-valor, da exploração dos trabalhadores. Com base nos conceitos de liberdade individual e igualdade, transforma a classe trabalhadora em indivíduos livres e iguais, e possibilita que a força de trabalho seja vendida e comprada, por meio de contratos de trabalho, dissimulando a subsunção da classe trabalhadora aos interesses da classe dominante e privando os trabalhadores da liberdade plena e da igualdade de condições.

Tanto o Estado quanto as classes dominantes são apresentadas como representantes da vontade popular e dos interesses gerais da sociedade, o que não acontecia nas sociedades pré-capitalistas, nas formações escravagistas ou feudais, quando o funcionamento de classes era justificado como natural ou sagrado, respectivamente. Já o modo de produção capitalista uniformiza os indivíduos, travestindo a realidade com a condição de igualdade de direitos e oportunidades. As trabalhadoras e os trabalhadores são individualizados ao mesmo tempo que são unificados sob o conceito de nação e se tornam dependentes do Estado, justificando- se, assim, todo tipo de intervenção estatal, atendendo ao "interesse geral".

Assim, é na ambiência da contraposição entre os interesses dos proprietários dos meios de produção e da classe trabalhadora explorada, presente nas relações econômicas, que se torna necessária a regulamentação jurídica. "A forma da mercadoria engendra a forma do direito" (Pachukanis, 1997, p. 97). Transformado em sujeito de direitos, é por meio do jurídico que o indivíduo vai reivindicar o que a ele pertence por lei. Assim, não obstante os atos judiciais pareçam independentes, refletem sobremaneira a determinação do econômico.

Na medida em que o Direito garante por meio de sua atuação as regras para o trabalho assalariado, ele o faz em contraposição à possibilidade de que o homem trabalhe de forma livre e emancipatória (Marcuse, 1978), porque demanda que a força de trabalho seja realizada em benefício do empregador, por meio da extração de mais-valor, garantindo aos trabalhadores apenas o fundamental para sua própria sobrevivência e, muitas vezes, nem isso, conforme mostram os números de mortes mundiais causadas pela fome — de acordo com os dados, até 12 mil pessoas podem morrer por fome diariamente até o final de 2020 (Oxfam, 2020). Nas palavras de Mascaro, "[...] o homem, afastado de suas possibilidades plenas, está alienado de si. Assim sendo, tratando-se especificamente do presente, revela-se a *alienação* como uma das mais nítidas condições do homem no sistema capitalista" (Mascaro, 2018, p. 281). A liberdade garantida pelo Direito se traveste de justiça, quando, na verdade, a única coisa que garante é a liberdade do indivíduo de ser explorado. Desta feita, o Direito garante as condições materiais para que o homem seja transformado em mercadoria, sendo despido de sua humanidade e convertido no meio necessário para a produção e a acumulação de capital.

Além disso, por meio da garantia da propriedade privada, nega a apropriação e o uso dos recursos naturais de forma coletivizada, possibilitando que o 1% mais rico da população detenha mais que o dobro da riqueza de quase toda a população do planeta (Carta Campinas, 2020). Torna-se patente o fato de que os ordenamentos jurídicos estão na base da defesa dos interesses da classe dominante. Nas palavras de Facchini Neto: "[...] alerta-se que a ideologia de um corpo judiciário, o conjunto dos valores subjacentes às decisões judiciárias em um determinado contexto histórico, não pode deixar de espelhar o sistema de valores hegemônicos até aquele momento na sociedade" (Facchini Neto, 2010, p. 269).

O Direito, definido por Pachukanis, com base em Stuchka, como um sistema de relações serve, assim, ao capitalismo por funcionar como mediador das relações de produção, necessitando, para tanto, de "[...] critérios precisos, leis e a interpretação destas, uma casuística, tribunais e o cumprimento coercitivo de decisões" (Pachukanis, 2017, p. 65). Consideramos, diante do exposto, que está elucidado que o modo de produção vigente é o que está no fundamento da ideologia e, também, portanto, das instâncias políticas e jurídicas de uma época.

Santos (2015) aponta como os tribunais são organizados — mencionando que os cidadãos e cidadãs se sentem intimidados pela linguagem, as vestimentas cerimoniais e os edifícios esmagadores — e como provoca um distanciamento cada vez maior entre a população atendida e a Justiça. O caráter elitista dos Tribunais de Justiça também é apontado por Venturelli (2010). Mandel (1985), por sua vez, alerta para a escolha dos membros que comporão as altas hierarquias, ressaltando que o acesso a tais cargos só é permitido a pessoas que se adequem às normas gerais da burguesia, assertiva corroborada por Souza e Bernardi (2019), que mencionam o afastamento do corpo da magistratura da população em geral atendida pelo Poder Judiciário. Conforme nos alerta Pereira (2011), tal condição não é um acaso, já que é papel do Estado nesta sociedade garantir as condições necessárias para a manutenção da dominação de classes por meio da regulação das forças laborais pauperizadas.

Diante do que foi, até aqui, apresentado, ressaltamos que, neste capítulo, algumas das críticas acerca do Direito partem de profissionais da área, com os quais compartilhamos nossas ideias. No entanto, também com base neles, consideramos fundamental apresentar outra noção de justiça, que coaduna com os ideais de nossas profissões.

Mascaro afirma que "[...] a filosofia do direito indaga a respeito da legitimidade do estado em ditar normas" (Mascaro, 2018, p. 13) e, para isso, deve levar em conta a relação com aspectos políticos, econômicos, culturais etc., para além da tecnicidade das normas e legislações, podendo, então, apresentar reflexões e contribuições sobre o que é justiça. Em curso ministrado no TJSP intitulado *A noção de justiça na história da Filosofia*, o filósofo do Direito historia as concepções de justiça, descrevendo as correntes que se formaram desde o fim da Idade Moderna e a concepção hegemônica do que é justo na atualidade.

Dada a aparente indissociabilidade na sociedade entre Direito e Justiça, consideramos importante, assim como faremos a seguir acerca de nossas profissões, resgatar, de modo resumido, alguns aspectos da noção de justiça na história, com base no referido curso.

Um dos maiores filósofos de todos os tempos, Sócrates, a partir da crítica do posicionamento dos sofistas de que a justiça deveria ser definida pela opinião da maioria, afirmava que a opinião unânime de uma sociedade pode fazer com que a injustiça vire justiça. Platão, que o sucede, também afirmava que a justiça pode contrastar com a opinião da maioria. Para ele, os bens devem ser comuns a todos e todas, em igualdade de condições.

Discípulo de Platão, portanto estudioso de suas ideias, Aristóteles desenvolve a noção de justiça, resumindo que "Justiça é dar a cada um o que é seu", ou seja, uma justa divisão das coisas, levando em consideração se tal distribuição acontece entre semelhantes ou dessemelhantes, considerando, no entanto, que a semelhança era a excepcionalidade. Lembremo-nos de que o filósofo vivia em uma sociedade que, embora escravocrata, era considerada democrática (à época de Platão, 7% da população era de homens livres).

Uma das grandes contribuições que ele trouxe foi o verbo utilizado ao se tratar do que é justo, que é "dar", tornando a justiça, relacionada no passado a deusas ou deuses, uma ação humana intencional. Além disso, ele baseia a noção de justo na abundância ou carência do que será distribuído e ressalta a importância da casualística, denominada atualmente justiça situacional. Por causa dela, Aristóteles afirma que "a justiça é a arte do bem e da equidade".

Tal assertiva vai de encontro às prerrogativas atuais, de uma sociedade que privilegia a todo custo o produtivismo. Essa exigência do modo de produção capitalista atinge também os operadores do

Direito, demandando sentenças e decisões cada vez mais rápidas e padronizadas. Esse fenômeno dificulta a importante flexibilidade na análise dos processos, a possibilidade de leitura das nuances de cada situação, e, ao mesmo tempo, não promove reflexões sobre a importância da coletivização das demandas sociais, resultando em individualismo, mas não na individualização necessária para julgar os casos concretos.

Mascaro (2018b), com base em Aristóteles, afirma que se a tecnologia de uma sociedade permite que comida seja levada a todo canto do mundo, alguém passar fome é injustiça. Na sociedade atual, entretanto, diferentemente da noção de justiça em Aristóteles, justiça passa a ser defender os códigos normativos. Não obstante, há posicionamentos divergentes. Os teóricos marxistas do Direito visam à transformação social, a fim de tornar o futuro melhor que o presente, livre de exploração (Mascaro, 2018b).

Um dos maiores obstáculos que se impõe à luta de classes é que as tentativas de superação dessas condições de existência se dão no próprio sistema de dominação. Pachukanis (2017) aponta, entretanto, que o momento em que a ideologia, sob ataque, não mais conseguir ocultar as relações sociais de produção é o indicativo de seu fim e da possibilidade de um novo começo. Além disso, Marx aponta, conforme Pachukanis nos elucida, que o Direito ainda será necessário na almejada transição do socialismo para o comunismo, a fim de mediar as relações, aplicando temporariamente a igualdade formal como critério de justiça, até o momento em que não mais será necessário, porque cada um dará à sociedade de acordo com suas possibilidades e receberá de acordo com suas necessidades (Marx, 2012).

> A extinção do direito, e com ela a do Estado, acontece apenas, de acordo com Marx, "quando o trabalho tiver deixado de ser mero meio de vida e tiver se tornado a primeira necessidade vital" [Marx. *Crítica do Programa de Gotha*, p. 31]; quando cada um trabalhar livremente nessas condições ou, como diz Lenin, quando estiver ultrapassado "'o estreito horizonte jurídico burguês' [Lenin, *O Estado e a Revolução*], (Pachukanis, 2017, p. 79).

Quanto ao papel do Direito na sociedade capitalista, essa perspectiva permite refletir que, embora o Serviço Social e a Psicologia, mesmo tendo como horizonte uma nova forma de sociabilidade, busquem em seu cotidiano profissional a diminuição das mazelas humanas provocadas por esse modo de produção, o que poderia ser visto como uma aproximação a posições reformistas e conciliatórias, distanciam-se de uma parcela do Direito que tem como diretriz política, via de regra, a manutenção das desigualdades. Mas Mascaro (2018a, 2018b) afirma que o tempo dos juristas marxistas é o futuro. Nessa perspectiva:

> O direito pode tanto produzir discursos de aproximação com a estrutura hegemônica, consolidando por meio das normas jurídicas modelos de sujeição aos interesses em voga, como também pode se aliar a práticas que escapem aos dizeres hegemônicos, no reconhecimento das múltiplas realidades sociais, culturais e subjetivas que estão sempre em constante transformação (Santos, 2016, p. 280).

Aqui reside a justificativa deste estudo. Na proposição de mudanças que tenham como horizonte distante comum a profunda transformação social, mas também de mudanças que promovam a articulação das áreas de saber de forma a lutar pela garantia de que a classe trabalhadora, cada vez mais expropriada e vulnerabilizada, tenha acesso à Justiça e ao atendimento de qualidade enquanto não alcançamos o objetivo final.

Psicologia e Serviço Social: história, diretrizes atuais e ética

A fim de possibilitar uma análise das relações entre Psicologia, Serviço Social e Direito na atualidade, é imprescindível resgatar o histórico da Psicologia como ciência e profissão e do Serviço Social como profissão, buscando apresentar nossa leitura acerca das diretrizes atuais de atuação, bem como do desenvolvimento da interação entre as profissões.

Não obstante possamos encontrar discussões sobre questões da Psicologia desde a Antiguidade, a partir das preocupações de expoentes da Filosofia como Sócrates, Platão e Aristóteles, passando pela Idade Média e Renascimento, muitas vezes debatida pelos mesmos teóricos e estudiosos que promoveram as discussões sobre a noção de justiça, é no século XIX que se intensificam os estudos, bastante aproximados das ciências naturais, e a Psicologia começa a adquirir *status* de ciência. Esse reconhecimento da cientificidade está diretamente associado à possibilidade de mensuração dos fenômenos psicológicos e ao distanciamento da Filosofia (Schultz; Schultz, 2019). Surgem preocupações como a busca pela neutralidade e a possibilidade de comprovação dos dados obtidos.

A atuação da Psicologia, atendendo às demandas do capitalismo, se concentra em procedimentos que permitam a classificação das pessoas, o desenvolvimento de habilidades e a adequação às normas vigentes, com grande associação à Medicina — nos estudos sobre a "loucura", ao Direito — quanto à veracidade dos testemunhos, e à Educação — no que se refere à aprendizagem e desenvolvimento de habilidades (Schultz; Schultz, 2019; CRP, 2011; Jacó-Vilela; Ferreira; Portugal, 2005). Ou seja, o surgimento da Psicologia tem relação com as demandas de controle da conduta humana, promovendo a individualização. Nas palavras de Souza e Bernardi (2019), com base em Coimbra (2010), "[...] a Psicologia se forja, assim, como apolítica, neutra, científica e objetiva, dotada de um arsenal para lidar com doença, desequilíbrios e desajustes buscando correções do campo intrapsíquico" (Coimbra, 2010, *apud* Souza; Bernardi, 2019, p. 327).

No Brasil, com a atuação nas áreas da educação, da clínica e do trabalho, "[...] a Psicologia se consolida como uma ciência capaz de formular teorias, técnicas e práticas para orientar e integrar o processo de desenvolvimento demandado pela nova ordem política e social"

(CRP, 2011, p. 12). Há um alcance gradual de autonomia com relação às outras ciências, culminando na regulamentação da profissão em 1962 (Lei n. 4.119) — estabelece entre as funções privativas o diagnóstico psicológico e a "solução de problemas de ajustamento".

Por um lado, a atuação individualizada nos consultórios particulares continua sendo uma área almejada pelas profissionais, mantendo um processo de elitização da profissão. "O discurso intimista forjado nesses anos é aceito pelas famílias que culpam os filhos e a si mesmas por sua 'desestruturação', 'crises' e 'desvios', sem perceber as relações de determinação sócio-histórica na constituição do psiquismo" (CRP, 2011, p. 12). Por outro, mesmo em meio à ditadura militar, profissionais da Psicologia passam a buscar novas formas de atuação e desenvolver uma Psicologia crítica, tendo como motes o enfrentamento à criminalização e estigmatização da loucura, a busca pela compreensão da influência do contexto político, social e econômico na construção das subjetividades, entre outros.

A trajetória rumo a uma Psicologia acessível a todos/as culmina no Código de Ética Profissional de 1987, que tem como base a Declaração Universal dos Direitos Humanos. Esse compromisso se mantém até hoje, presente no Código de Ética Profissional do Psicólogo vigente (CFP, 2005), nos Princípios Fundamentais que regem a profissão, e também na luta cotidiana pela garantia de oferta de políticas públicas de qualidade a toda a sociedade.

O ingresso da Psicologia no sistema de Justiça é similar ao seu desenvolvimento como profissão, pois também se dá pelo controle de comportamentos indesejados, muitas vezes por meio da patologização dos indivíduos, seja no âmbito da área criminal, seja nas questões de família, dada a concepção vigente até o advento do ECA de que algumas crianças e adolescentes representavam um risco para o desenvolvimento do projeto de nação, portanto necessitavam ser tutelados pelo Estado (Patto, 2012; Rizzini, 2011). É possível observar, assim, que, em seu nascedouro, a Psicologia no âmbito jurídico se dá de forma subordinada às demandas do Direito e das instituições judiciárias.

Em São Paulo, o ingresso de psicólogas no TJSP se dá em meados do século XX, por meio de voluntariado, com atuação nos chamados Juizados de Menores. Vigia, então, a responsabilização das famílias pelas condições precárias em que viviam e havia uma cultura de assistencialismo, e não de direito às políticas sociais. Com o passar do tempo, as intervenções foram assumidas pelo Poder Executivo e as profissionais que atuavam no TJ passaram a assessorar magistrados na tomada de decisões (Coimbra, 2010; TJSP, 2017).

A partir do ingresso por meio de contratações temporárias, houve mobilização para a construção de diretrizes para atuação nessa área, culminando no primeiro concurso para a categoria em 1985. Já se observava um incômodo de algumas profissionais acerca do papel imposto, com a busca de possibilidades nessa interface. "Em um exercício permanente de alargar fissuras do sistema, buscava-se criar espaço para ações transformadoras, desejando trazer um novo olhar e uma nova escuta para as pessoas que esperavam encontrar no Judiciário o resgate de direitos violados" (Souza; Bernardi, 2019, p. 333).

A busca era por um lugar que permitisse à Psicologia atuar de acordo com os princípios fundamentais da profissão, para além, portanto, da realização de diagnósticos isolados. O advento do ECA, em 1990, possibilita essa perspectiva, uma vez que atribui ao trabalho das psicólogas e assistentes sociais um caráter interdisciplinar e intersetorial.

Importante ressaltar, entretanto, que o debate acerca do direcionamento da atuação para um viés pericial ou para um viés interventivo não se esgota. Tornam-se cada vez mais fundamentais questionamentos contínuos sobre a serviço de que e de quem a Psicologia se coloca; se tem como proposta escutar e acolher o sofrimento das pessoas que, por algum motivo, buscam ou "foram buscadas" pela Justiça, numa perspectiva de totalidade com relação ao contexto em que vivem, ou se tem como diretriz, prioritariamente, fornecer subsídios para uma decisão judicial, retornando ao lugar de ciência auxiliar, não autônoma.

Agora, passaremos a abordar as origens do Serviço Social, que:

Surge como profissão no final do século XIX na Europa atrelado às necessidades da sociedade capitalista, sendo o profissional que, na linha de frente do atendimento — via Estado — às mazelas trazidas pela nova organização social capitalista, iria auxiliar no processo de enquadramento e ajustamento social dos mais afetados por tal realidade (Ortiz, 2019, p. 140).

Como mostra Netto (2011), o surgimento do Serviço Social como profissão é indissociável da ordem monopólica, que cria e funda a profissionalidade do Serviço Social. Segundo ele, com a emersão e a consolidação do capitalismo monopolista, dão-se as condições para o surgimento de todo um "novo elenco de profissões", entre elas o Serviço Social. O início da ordem monopólica no Brasil traz o aumento das desigualdades sociais e a consequente necessidade de legitimação do Estado, para que possa controlar a capacidade de revolta da classe operária e garantir a manutenção das relações sociais de produção, bem como a retomada da influência da Igreja Católica pela importância do assistencialismo.

Segundo Iamamoto e Carvalho (2005), o Serviço Social brasileiro se origina e legitima como profissão como demanda das classes dominantes, sendo sua maior especificidade a ausência quase total de uma demanda das classes ou grupos a que se destina prioritariamente. A profissão (e sua institucionalização) data das décadas de 1930 e 1940, e nasce com forte cunho confessional, influenciada pela Igreja Católica, acrítico e ajustador, ou seja, a atuação inicial se pauta por práticas individualizantes que corroboram para o ajustamento e a subordinação dos sujeitos, com base em uma visão religiosa, assistencialista e punitivista.

O fazer profissional pautado na individualização, controle e assistencialismo vai se tornando cada vez mais útil às instituições, sejam públicas, entre elas as judiciárias, sejam filantrópicas. Assim, o Serviço Social surge como profissão para atuar nas mazelas do capitalismo, auxiliando na manutenção das condições para a reprodução da força de trabalho.

No tocante ao Serviço Social no Brasil e o Poder Judiciário, conforme aponta Fávero (1995 *apud* TJSP, 2017), logo após o surgimento da primeira Escola de Serviço Social em 1936, em São Paulo, assistentes sociais e estagiárias passaram a integrar o quadro de comissárias do Judiciário como voluntárias. A primeira contratação, ao que tudo indica, foi de uma aluna de Serviço Social, ocorrida em 1937, mas não há informações sobre como se deu essa atuação. No ano de 1948, o Serviço Social começou a fazer parte do quadro funcional do Judiciário, mas o primeiro concurso público foi realizado apenas em 1967 (TJSP, 2017).

O Serviço Social brasileiro, que até meados da década de 1960 tinha como discurso predominante "[...] adaptar-se às preocupações das classes dominantes e às suas demandas" (Iamamoto; Carvalho, 2005, p. 362), inicia um "movimento de reconceituação" em toda a América Latina. No fim da década de 1970, o contexto sócio-histórico possibilita o início da construção de um projeto profissional crítico. As assistentes sociais passam a desenvolver concepções e propostas que se afastam da sua herança conservadora e assistencialista, trazendo a pauta de enfrentamento da exploração e da desigualdade social. Conforme aponta Iamamoto (2008), a efervescência política desse momento de luta pela redemocratização do país, do qual o Serviço Social participou ativamente, exigiu da categoria novas respostas profissionais. Esse movimento de "renovação crítica" leva à elaboração do Código de Ética de 1986 e culmina na década de 1990 com a construção do aparato legal e teórico que compõem o atual projeto ético-político: Código de Ética (1993), Lei de Regulamentação da Profissão (1993) e Diretrizes Curriculares da ABEPSS (1996).

Na mesma década, o ECA é promulgado e traz novas possibilidades de atuação para as categorias, a partir do comprometimento de todas com a proteção integral.

A regulação da Psicologia e do Serviço Social no Poder Judiciário atualmente tem como diretrizes legais o disposto no ECA, no Código de Processo Civil (CPC) e, em São Paulo, nas Normas Judiciais da Corregedoria Geral de Justiça do Tribunal de Justiça (NJCGJ). De acordo com o ECA, estão entre as atribuições das equipes técnicas, além de fornecer subsídios por escrito, "[...] desenvolver trabalhos de aconselhamento, orientação, encaminhamento, prevenção e outros" (Brasil, 1990). Os debates acerca tanto da forma quanto do destinatário e da finalidade do Serviço Social e da Psicologia no Judiciário são contínuos e divergentes, controvérsias que decorrem seja da diversidade teórica, seja das diferentes formações e concepções acerca da Justiça.

A perícia está definida no CPC, em seu art. 464, como "exame, vistoria ou avaliação" (Brasil, 2015). Logo, a/o perita/o vai tratar de conhecer seu objeto de estudo por meio do uso de técnicas e, a partir disso, produzir um documento escrito acerca do que observou naquele objeto, atuação que se distancia de uma prática que busca, para além de conhecer, construir com o sujeito por meio de uma atuação interventiva e interligada ao contexto social, político, econômico e cultural no qual atua. No caso, trata-se de utilizar a avaliação da Psicologia e do Serviço Social como uma forma de identificar as demandas e assim pautar a atuação e os encaminhamentos para garantir o acesso e a efetivação de direitos pelos usuários.

Há, portanto, uma realidade multívoca: de um lado, o desenvolvimento ético-político da Psicologia e do Serviço Social e, de outro, uma instituição hierarquizada, conservadora, que posiciona os profissionais em determinadas relações de poder.

Os conselhos de classe e a ingerência judicial nas profissões

Neste tópico, buscamos apresentar um histórico acerca das publicações referentes ao hoje chamado depoimento especial e ao atendimento por meio de TICs, com revisão das publicações — provimentos, notas técnicas, resoluções etc., tanto dos Conselhos Profissionais quanto das instituições judiciárias, a fim de possibilitar amplitude na análise das relações estabelecidas entre o Serviço Social, a Psicologia e o Direito.

A história do depoimento especial, anteriormente denominado Depoimento sem Dano (DSD), tem início em 2003, no Rio Grande do Sul, quando uma Promotora de Justiça propôs que as crianças passassem a prestar depoimento em salas separadas, a fim de não serem expostas à presença do suposto agressor. A proposta ganhou o apoio de um magistrado que implantou o DSD no estado. Cientes da ideia de ampliação do projeto, os Conselhos Federais de Serviço Social e Psicologia publicaram, em 2009 e 2010, respectivamente, normativas para regular a atuação das categorias com relação a essa atividade. A AASPTJ-SP também promoveu articulações e, a partir dessa movimentação, teria havido manifestação por parte do TJSP, durante uma reunião com desembargadores, de que o DSD não seria implementado em São Paulo se os órgãos de regulamentação da profissão se mantivessem contrários.

A Resolução CFESS 554/2009, de forma bastante diretiva, veda a "atuação de assistentes sociais em metodologias de inquirição de crianças e adolescentes como vítima e/ou testemunha em processos judiciais", por considerar que tal atividade não se encontra entre as atribuições da categoria. No entanto, a normativa foi suspensa em 2013.

A Resolução CFP 10/2010 regulamenta a escuta psicológica de crianças e adolescentes envolvidos em situação de violência, na rede de proteção. Tendo como base os princípios fundamentais e as prescrições do Código de Ética, ressalta a autonomia teórica, técnica e metodológica da/o psicóloga/o, pela qual não se deve "[...] confundir o diálogo entre as disciplinas com a submissão de demandas produzidas nos diferentes campos de trabalho e do conhecimento" (CFP, 2010). Aponta que a escuta psicológica deve respeitar o tempo de fala da criança/adolescente, consistindo em um procedimento de cuidado e acolhimento, em que a manifestação é um direito, e não um dever. "Diferencia-se, portanto, da inquirição judicial, do diálogo informal, da investigação policial, entre outros" (CFP, 2010). Por fim, veda à psicóloga o papel de inquiridor de crianças e adolescentes em situação de violência.

No entanto, rapidamente passam a ocorrer uma sucessão de eventos no âmbito jurídico que vão criando fraturas institucionais para implantar o Depoimento Especial (DE), ainda que de forma paralegal. Nesse sentido, ainda em 2010, o CNJ publica a Recomendação n. 33, que "[...] orienta os Tribunais de Justiça em todo o Brasil a criar serviços especializados destinados à escuta de crianças e adolescentes vítimas ou testemunhas de violência nos processos judiciais". Pouco mais adiante, o TJSP publica um Protocolo (TJSP, CIJ n. 00066030/11) que institui o "[...] atendimento não revitimizante" (denominação utilizada até então) com um projeto-piloto em cinco Varas no estado. Por fim, em 2012, o Ministério Público Federal em dois estados ajuizou ação judicial requerendo a suspensão imediata da aplicação e dos efeitos da Resolução CFP 10/2010, sob o argumento de que o CFP contrariava a Constituição Federal ao impor limites à atuação profissional, o que não procede. De forma análoga, o CFP também já proibiu a quiropraxia por psicólogos, mas não pelo mérito da prática quanto a seus benefícios ou malefícios, mas pelo simples fato de que ela não pertence à Psicologia. Igualmente, a discussão sobre o DE neste capítulo está para além do mérito da capacidade protetiva do procedimento, mas de como foi imposto à profissão.

Pelisoli, Dobke e Dell'Aglio (2014) afirmam que um dos motivadores para a ideia do DSD foi a dificuldade dos operadores do Direito de conduzir as "entrevistas", as quais, então, deveriam passar a ser realizadas por profissionais de outras áreas. "Em razão da obrigatoriedade da nova metodologia, advém a obrigatoriedade da interdisciplinaridade, do diálogo entre os saberes, que possibilita a construção de estratégias para se garantir o direito das crianças e adolescentes" (Pelisoli; Dobke; Dell'aglio, 2014, p. 33). Mas, aqui, cabe a ressalva de que a proposta da interdisciplinaridade é a complementariedade e a troca de saberes, e não o uso de uma profissão ou ciência para suplantar as dificuldades de outra.

Outra questão que, em nossa concepção merece centralidade, é quanto ao papel que se espera da Psicologia e do Serviço Social e sobre o reducionismo das profissionais a "intérpretes" ou "mediadoras" em um depoimento. O que nos propomos a debater, aqui, é a intervenção das instituições judiciárias no que se refere não só à competência dos Conselhos para regular as profissões, mas, principalmente, à violação dos princípios que as fundamentam, e a desconsideração da autonomia profissional e dos parâmetros éticos e também técnicos do Serviço Social e da Psicologia. Apesar de haver leis federais que delegam aos Conselhos a competência e prerrogativa de disciplinar, ou seja, de legislar sobre a profissão (Lei n. 5.766/71 e Lei n. 3252/57), as instituições judiciárias têm continuamente subordinado, não hierarquicamente, mas técnica e eticamente a Psicologia e o Serviço Social. Os argumentos baseados nos Códigos de Ética das profissões para que as profissionais não fossem obrigadas a participar desses procedimentos foram desconsiderados a partir da sujeição de uma categoria profissional à outra.

Santos (2016) aponta que o Direito vem exercendo cada vez mais domínio sobre outras ciências, desconsiderando suas premissas e seus discursos. Complementamos com Menezes (2012), para quem "[...] o psicólogo e o assistente social devem cuidar para que suas atuações não sejam 'engolidas' por demandas dos operadores do direito" (Menezes, 2012, p. 110).

Ou seja, é preciso atenção para que a prática psicológica e do Serviço Social não seja colocada a serviço da legitimação de discursos e ações excludentes, que promovam mais opressão, exploração e violência, desconsiderando o sofrimento que a forma de sociabilidade atual produz nas pessoas atendidas, e que as profissionais levem em consideração "[...] as relações de poder nos contextos em que atua e os impactos dessas relações sobre as suas atividades profissionais, posicionando-se de forma crítica" (CFP, 2005).

A Resolução CFP 10/2010 foi suspensa liminarmente em 2012. Em 2016, o voto da desembargadora federal, nomeada relatora no processo, contém alguns trechos que demandam especial consideração:

• o psicólogo judiciário auxilia o Judiciário e o Ministério Público como intérprete das particularidades da linguagem da criança e do adolescente, o que não importa em delegação de competência privativa do órgão julgador;

• o psicólogo em momento algum faz a inquirição em Juízo da criança ou do adolescente, atuando previamente como colaborador e facilitador do magistrado e do Ministério Público;

• a vedação da contribuição da psicologia jurídica para a busca da verdade material e da efetividade processual, ofende não apenas os direitos das crianças e adolescentes, como os direitos da sociedade de forma geral na adequada prestação jurisdicional (TRF2, 2016).

Tais disposições dispensariam análise, dada a explicitude do lugar em que as profissionais são colocadas — como intérpretes, sendo função não menos digna, mas que não se aplica à profissão, dado que se procede, neste campo, à leitura das condições psicológicas da pessoa atendida, não atuando como colaboradoras, e sim como profissionais que respeitam os preceitos éticos e técnicos de sua profissão, trabalhando interdisciplinarmente, mas preservando a autonomia. Por fim, frente ao argumento de óbice à busca da verdade material, torna-se necessário ressaltar que a verdade real de que trata a Psicologia não é a dos fatos, ocupando-se, sim, da verdade intersubjetiva.

Expõe o CFP (2012), em seu site, acerca da suspensão, que "[...] a inquirição é um procedimento jurídico, constitui-se em um interrogatório, cujo objetivo é levantar dados para instrução de um processo judicial, visando à produção de prova, sendo as perguntas feitas à criança e ao adolescente orientadas pelas necessidades do processo", enquanto a Psicologia tem como horizonte a dimensão subjetiva, sempre na perspectiva dos Direitos Humanos.

O protocolo do TJSP sobre o depoimento especial também sugere que, caso assistentes sociais e psicólogas continuem se opondo à participação do DE, seja revista a contratação dessas profissionais pela instituição. A AASPTJ-SP ingressa, então, com Pedido de Providências no CNJ, requerendo a anulação do protocolo. Por ocasião do arquivamento do pedido pela perda de mérito, constava na decisão que, para encaminhamento dessas questões, os Conselhos Profissionais deveriam ser consultados.

Em 2017, após tramitação legislativa sem o devido debate com os conselhos profissionais, é promulgada a Lei n. 13.431/17, que regulamenta o depoimento especial, sem especificar quais profissionais serão responsáveis pela inquirição. Não obstante, no ano seguinte, o TJSP publica o Provimento CG 17/18, que altera as NJCGJ do TJSP para incluir, entre as atribuições das duas categorias, a participação no depoimento especial, em face da recorrente postura de resistência por parte da categoria, demonstrada, inclusive, durante a capacitação obrigatória promovida pelo Poder Judiciário.

Foi impetrada, então, uma ação no CNJ por um conjunto de entidades que compõem um coletivo de enfrentamento ao depoimento especial, entre elas algumas associações de servidores públicos. Os Conselhos Federais e Regionais de São Paulo das duas profissões compuseram a ação como terceiros interessados. A ação findou em dezembro de 2019, com a concessão de apenas dez minutos de fala para as oito entidades em audiência do órgão julgador, com parecer desfavorável ao pedido de que fosse garantida a autonomia das profissionais diante das determinações judiciais para atuação das categorias nesses casos.

As providências tomadas pelas instituições judiciárias ao longo dos anos no que se refere às especificidades de cada profissão não só demonstram o desconhecimento por parte do Direito quanto aos preceitos técnico-metodológicos da Psicologia e do Serviço Social, mas também a falta de vontade para conhecê-los. Consideramos que, na atual conjuntura, possa estar havendo uma reedição das violências sofridas pelo Serviço Social e pela Psicologia quanto a seus projetos ético-políticos.

Tão logo a condição de disseminação da Covid-19 foi declarada como pandemia, com indicação de medidas de distanciamento social, o CNJ e o TJSP instituíram o teletrabalho para juízes, desembargadores e servidores.

As profissionais dos Setores Técnicos do TJSP logo encontraram novas formas de atuação, a fim de dar prosseguimento a casos em andamento — sem suporte institucional, passaram a fazer reuniões virtuais, discussões de caso por telefone, bem como acompanhamentos de casos por videochamadas, utilizando recursos próprios. Alguns casos urgentes foram atendidos de forma presencial, também se utilizando equipamento de proteção caseiros; algumas entrevistas foram feitas a partir de visitas domiciliares, com uso de carro próprio. A categoria, de forma geral, se mobilizou para continuar acompanhando alguns casos por meios remotos, mas, de forma geral, demonstrou restrições quanto à realização das avaliações por meio das tecnologias da informação e comunicação (TICs), revelando alinhamento com o posicionamento dos Conselhos.

Os Conselhos de Psicologia passaram a orientar a categoria acerca da atuação nesse novo contexto. Uma das primeiras deliberações do CFP foi a publicação da Resolução 04/2020, que trata da prestação de serviços psicológicos por meio de TICs durante a pandemia. A fim de atender às orientações sanitárias quanto ao evitamento de circulação de pessoas, foram flexibilizadas algumas normas para os atendimentos remotos. Ela incide sobre a Resolução CFP 11/2018, que regulamenta o uso de TICs na prestação de serviços psicológicos, suspendendo alguns de seus artigos para possibilitar o atendimento em casos de emergências e desastres. A normativa traz o alerta, entretanto, de que as TICs podem ser utilizadas, mas que a atenção e o respeito ao Código de Ética devem ser mantidos.

Foi a partir dessa preocupação que o CRP-SP, em 14/04/2020, publicou em seu site orientações para a atuação da categoria no contexto judiciário, apontando a importância da garantia da autonomia profissional quanto à decisão de quais atendimentos são passíveis de serem feitos por meio de TICs e quais demandam atendimentos presenciais. No mesmo mês, o Conselho Federal de Serviço Social (CFESS) envia aos Tribunais de Justiça do país, bem como a todos os Conselhos Regionais, ofício acerca do exercício profissional das assistentes sociais no âmbito sociojurídico durante a pandemia. O documento apresenta diretrizes para os atendimentos remotos e a primeira orientação aponta para a excepcionalidade na utilização de recursos virtuais para atendimentos. Nas duas orientações, consta o alerta de que diversos fatores devem ser levados em conta para que a decisão sobre o formato de atendimento embase uma atuação que garanta a ética e a importância da autonomia por parte das profissionais na escolha da forma de atendimento, ressaltando que tais decisões devem ser tomadas preferencialmente de forma coletiva.

Aspectos como a litigiosidade, a involuntariedade do atendimento psicológico e o sigilo são abordados como fundamentais para se refletir sobre a viabilidade do atendimento remoto. Além disso, as publicações alertam também sobre a influência do próprio contexto atual — distanciamento social, número crescente de mortes, aumento expressivo na taxa de desemprego, perda de entes queridos — diante das condições psicológicas das pessoas envolvidas.

Cerca de um mês depois, o CFP enviou aos Conselhos Regionais o Ofício-Circular n. 63/2020/GTec/CG-CFP com recomendações para a atuação no Poder Judiciário nesse período. O documento também aponta que os atendimentos devem acontecer "[...] dentro das possibilidades tecnicamente comprovadas e eticamente seguras" (CFP, 2020), diferenciando a avaliação nesse contexto da avaliação no âmbito clínico. São diversas as semelhanças com as orientações acima citadas. Indica que é responsabilidade da/o psicóloga/o verificar se as variáveis envolvidas poderão vir a comprometer a fidedignidade dos resultados obtidos no processo avaliativo e, em caso positivo, manifestar-se de forma a acrescentar as justificativas quanto à inviabilidade do controle das variáveis. Recomenda que as TICs sejam utilizadas para atividades profissionais que "[...] não levem a conclusões técnicas ou qualquer outra forma de decisão decorrente dos dados psicológicos, global ou parcialmente" e que seja feito atendimento presencial nos casos mais urgentes. Por fim, refere que atendimentos em casos nos quais já houve avaliação presencial podem ser feitos por meio de TICs e que os documentos produzidos devem contar com a devida contextualização da conjuntura atual.

Em maio de 2020, o CRESS SP corrobora as orientações do CFESS trazendo preocupações quanto à dificuldade de apreensão de elementos objetivos e subjetivos a partir de um atendimento não presencial e apontando que "[...] as conclusões decorrentes dependem da análise de elementos e circunstâncias concretas da realidade social, que não podem ser inferidos, exclusivamente, por meio da análise documental, dependendo também de outros procedimentos técnicos que devem ser operacionalizados" (CRESS, 2020). Conclui pela não recomendação de estudos sociais por videoconferência ou outros meios virtuais.

Tanto a Psicologia quanto o Serviço Social, em seus documentos, demonstram receio quanto ao aumento da desigualdade no acesso à justiça, pela característica de vulnerabilização de grande parte da população atendida.

Em 01/06/2020, o CRP SP divulga Nota Técnica acerca do exercício profissional do Poder Judiciário, por demandas de orientação diante da continuidade do teletrabalho, que vinha se renovando. A Nota apresenta considerações acerca da horizontalidade entre as áreas do saber, da necessidade de garantia do padrão técnico-científico nos serviços psicológicos e as graves consequências que podem decorrer de uma atuação que não garanta a qualidade e fidedignidade de seus resultados. Acrescenta que, de acordo com o CNJ (Res. 314/2020), admite-se que atos processuais inviáveis por meio eletrônico ou virtual serão devidamente justificados nos autos e adiados para oportuna execução e que, de acordo com publicação no Diário da Justiça Eletrônico do TJSP em 30/04/2020, em resposta à consulta da AASPTJ-SP, várias são as atividades possíveis aos Setores Técnicos para além da realização de entrevistas.

Em reação ao ofício do CFESS, não obstante o próprio TJ tenha anteriormente listado diversas possibilidades de atuação por parte da categoria para além das entrevistas de avaliação, foi publicado o Parecer 173/2020 (CGJ, 2020a), aprovado pelo Corregedor Geral de Justiça, no que consideramos uma patente desconsideração às preocupações expostas pelo Conselho. Da mesma forma como ocorreu com relação ao depoimento especial, as preocupações com a garantia da qualidade e da ética na prestação de serviço ao juridiscionado são transmutadas pela instituição para uma postura de descompromisso com a população ou, ainda, de indolência. Afirma que a recusa à realização de entrevistas virtuais representa a conivência com as possíveis violações que estejam ocorrendo, ignorando que a própria avaliação por meio de TICs também pode ser tanto uma violência quanto uma violação.

O parecer, logo após mencionar que, apesar da pandemia, violações de direitos continuam ocorrendo, ressalta que todos devem se esforçar para a continuidade dos atendimentos e da garantia de direitos "por meio da adaptação aos meios disponíveis para atendimento e prestação de um serviço minimamente eficaz e protetivo", afirmando que os atos virtuais são, no momento, os mais adequados. Ressaltamos, entretanto, que tal assertiva pode ser verdadeira (e consideramos que, neste momento de pandemia, e apenas neste momento, o é) para grande parte das atividades necessárias para o andamento processual. No entanto, no que diz respeito a outras profissões, são exatamente os conselhos profissionais que têm a prerrogativa de corroborar ou não tal proposição.

Posteriormente, em resposta a documento enviado pelo Núcleo de Apoio Profissional de Serviço Social e Psicologia do TJSP (setor que presta assessoria aos magistrados da Coordenadoria da Infância e Juventude) recomendando que fossem criadas diretrizes para a atuação de psicólogas e assistentes sociais em teletrabalho, novamente o posicionamento da instituição caminha para a descaracterização das profissões, aludindo que a liberdade de manifestação técnica, garantida pelo ECA (art. 151) e pelas NJCGJ (art. 802, § 1º), se restringe aos documentos escritos produzidos, e não à escolha dos formatos para os atendimentos. No entanto, conforme nos apontam Marasca *et al.*(2020, p. 9), "[...] considerando os recursos disponíveis, é possível que a AP (avaliação psicológica) on-line seja administrável, neste momento, de maneira limitada e em situações pontuais", indicando a necessidade de pesquisas que garantam a confiabilidade da avaliação psicológica on-line.

A determinação de realização de estudos por meio virtual força as categorias a escolherem entre colocar sua profissão em risco, dada a pressão para que sejam feitos por meios remotos, ou sofrer um processo administrativo pelo descumprimento de suas funções.

Mas uma das questões principais é que, mesmo frente às demandas de celeridade e produtividade, que parecem caber ao Direito, no que se refere à Psicologia e ao Serviço Social, as cautelas apresentadas não representam uma recusa ao trabalho, pois decorrem da preocupação efetiva com as consequências que avaliações com resultados não fidedignos podem ter para a população atendida. Sem as condições adequadas para uma avaliação, a/o profissional pode chegar a uma conclusão incorreta, conduzindo a/o magistrada/o a decisões equivocadas, colocando em risco as pessoas atendidas.

Esse posicionamento, mais uma vez, indica a desconsideração do Direito pela Psicologia e pelo Serviço Social. A obrigatoriedade da realização de entrevistas por meio de TICs revela novamente não só a tentativa de descaracterização das profissões, mas também o lugar menor em que são colocadas pelo Direito. Não seria imaginável, por exemplo, que o Direito determinasse a um médico usar um determinado instrumento ou técnica.

Considerações finais

Ao se referir à culpabilização das famílias que têm seus filhos acolhidos por não contarem com políticas públicas que garantam as condições básicas de emprego, habitação, saúde, educação, entre outras, Souza e Augusto afirmam, com base em Pereira (2011), que

"[...] nenhum cidadão pode ser cobrado pelo descumprimento de suas obrigações se não tem acesso ao necessário para desempenhá-las, devendo, inclusive, ser ressarcido por essa falha" (Pereira, 2011, *apud* Souza; Augusto, 2018, p. 25).

Embora esse parágrafo inicial possa parecer descontextualizado em virtude do tema escolhido para este capítulo, sua escolha foi proposital. Facilmente pode-se fazer a transposição dessa assertiva para a condição de submissão à qual tem sido empuxadas a Psicologia e o Serviço Social. Consideramos que têm sido negadas às nossas profissões as condições básicas para que sejam exercidas de forma a garantir direitos, retiradas suas autonomias e responsabilizadas pelo que não lhes cabe, ignorando-se aquilo que podem ofertar.

> O direito como um fenômeno social objetivo não pode esgotar-se na norma nem na regra, seja ela escrita ou não. A norma como tal, ou seja, o conteúdo lógico, ou deriva diretamente de uma relação já existente ou, se é dada na forma de uma lei do estado, representa apenas um sintoma por meio do qual é possível prever com certa probabilidade o surgimento em um futuro próximo das relações correspondentes (Pachukanis, 2017, p. 98-99).

Sendo de profissões que partem da análise crítica da realidade, observamos que a persistente recusa do sistema de Justiça em reconhecer pareceres e recomendações técnicas e científicas emitidas pelos órgãos competentes, além de demonstrar o autoritarismo do Judiciário brasileiro, revela proximidade com a tendência de negacionismo da ciência, marca de um tempo presente que provavelmente entrará para a história como um momento em que dúvidas sobre a esfericidade do planeta, remédios sem evidência de cura e "históricos de atleta" orientaram mais a ação do Poder Público do que a ciência na luta contra um vírus mortal no início do século XXI.

Santos (2016) aponta que se observa cada vez mais o aumento da supremacia do Direito sobre as outras ciências, com a consequente "[...] despotencialização política dos outros discursos" (Santos, 2016,

p. 281). A partir dessas considerações, torna-se fundamental pensarmos, então, qual a relação estabelecida entre a Psicologia, o Serviço Social e o Direito, se, no contexto judicial, estão posicionadas numa estrutura hierárquica, enquanto deveriam horizontalizar-se no que se refere às ciências, garantindo o respeito e a autonomia técnica de cada categoria.

O que percebemos, entretanto, é que os documentos das instituições jurídicas têm mostrado um conhecimento muito singularizado da atividade da psicóloga e da assistente social, revelador de uma visão parcial dessas profissionais, mais em função das necessidades do Direito do que das reais possibilidades da Psicologia e do Serviço Social. Dessa forma, a própria prática se torna objeto de tutela do Direito e, assim, pode não mais corresponder aos pressupostos que originalmente a determinaram como produto de acúmulo e construção de conhecimento técnico e científico. Menezes (2012, p. 110) adverte, acerca do tema, que "[...] o psicólogo e o assistente social devem cuidar para que suas atuações não sejam 'engolidas' por demandas dos operadores do direito".

Ressaltamos, entretanto, que, apesar de todos os apontamentos feitos, ainda apostamos na interdisciplinaridade com o Direito, esperançosas pela afirmação de que:

> O direito pode tanto produzir discursos de aproximação com a estrutura hegemônica, consolidando por meio das normas jurídicas modelos de sujeição aos interesses em voga, como também pode se aliar a práticas que escapem aos dizeres hegemônicos, no reconhecimento das múltiplas realidades sociais, culturais e subjetivas que estão sempre em constante transformação (Santos, 2016, p. 280).

Não se pode ignorar a força da coerção do Direito sobre a Psicologia e o Serviço Social. Não obstante, tais incursões teriam menor resultado se encontrassem maior resistência, ou seja, se não houvesse, entre nossos próprios pares, profissionais que não consideram tais práticas como um perigo de desvirtuamento das profissões.

Esse calcanhar de Aquiles vem nos mostrar, por um lado, que embora o Serviço Social e a Psicologia tenham no bojo a defesa de uma nova forma de sociabilidade, livre de exploração e que permite o surgimento do homem (como categoria ser humano) universal, bem como, no próprio sistema capitalista, a luta por direitos sociais básicos visando à diminuição do sofrimento dos cidadãos, por outro, a formação das profissionais se dá no próprio sistema, estando todas imersas em sua ideologia. Tanto a organização do trabalho, que impõe a sobrecarga, quanto o modo como as relações das equipes são estabelecidas com os magistrados, que acaba por estabelecer relações muitas vezes baseadas no medo, dificultam a organização dos trabalhadores e a organização de enfrentamentos coletivos, enfraquecendo a luta pela garantia da qualidade ética e técnica dos serviços profissionais, que visam ao bom atendimento da população. Nesse sentido,

> A grande responsabilidade atribuída ao Direito em séculos tem sido a de realizar justiça, ou pelo menos tentar aproximar-se de algo parecido ao que se possa denominar justiça. [O Direito] tem por objetivo mor algo não mensurável ou objetivamente explicável, mas que se constituiu em uma ideia, um ideal maior, ou seja, a realização da justiça (Venturelli, 2010, p. 233).

Buscamos o mesmo ideal. Queremos justiça e queremos respeito. Não só para a população diretamente atendida pelo Direito, mas também para a Psicologia e para o Serviço Social, que têm como horizonte ofertar um atendimento que promova a conquista de direitos, a dignidade e autonomia da população atendida.

Referências

BEHRING, E. R.; BOSCHETTI, I. *Política social:* fundamentos e história. 9. ed. São Paulo: Cortez, 2011.

CARTA CAMPINAS. *1% mais rico do mundo detém mais do que o dobro da riqueza de quase toda a população mundial*. Disponível em: https://cartacampinas.com. br/2020/01/1- mais-rico-do-mundo-detem-mais-do-que-o-dobro-da-riqueza--de-quase-toda-a-populacao- mundial/. Acesso em: 28 jul. 2020.

COIMBRA, C. M. B. *PIVETES*: encontros entre a Psicologia e o Judiciário. 2. ed. Curitiba: Juruá, 2010.

CONSELHO FEDERAL DE PSICOLOGIA (CFP). *Resolução CFP 10/2010*. Institui a regulamentação da Escuta Psicológica de Crianças e Adolescentes envolvidos em situação de violência, na Rede de Proteção. Brasília: CFP, 2010.

CONSELHO FEDERAL DE PSICOLOGIA (CFP). *Resolução CFP 11/2018*. Regulamenta a prestação de serviços psicológicos por meio de TICs. Brasília: CFP, 2018.

CONSELHO FEDERAL DE PSICOLOGIA (CFP). *Resolução 04 de 16 de março de 2020*. Brasília: CFP, 2020a.

CONSELHO FEDERAL DE PSICOLOGIA (CFP). *Ofício-circular n. 63/2020/GTec/ CG-CFP. Recomendações do CFP sobre a elaboração de documentos psicológicos para o Poder Judiciário no contexto da pandemia do novo coronavírus*. Brasília: CFP, 2020b.

CONSELHO FEDERAL DE SERVIÇO SOCIAL (CFESS). *Resolução CFESS 554/2009*. Dispõe sobre o não reconhecimento da inquirição das crianças vítimas e adolescentes em processo judicial, sob a Metodologia do Depoimento Sem Dano/DSD, como sendo atribuição ou competência do profissional assistente social. Brasília: CFESS, 2009.

CONSELHO FEDERAL DE SERVIÇO SOCIAL (CFESS). *Nota do CFESS sobre a suspensão da Resolução 554/2009 pela Justiça Federal*. Brasília: CFESS, 2013.

CONSELHO FEDERAL DE SERVIÇO SOCIAL (CFESS). *Orientações sobre o exercício profissional diante da pandemia do coronavírus (Covid-19)*. Brasília: CFESS, 2020.

CONSELHO NACIONAL DE JUSTIÇA (CNJ). *Resolução 227 de 15 de junho de 2016*. Brasília: CNJ, 2016.

CONSELHO REGIONAL DE PSICOLOGIA DE SÃO PAULO (CRP) (org.). *Exposição 50 anos da Psicologia no Brasil*: a história da Psicologia no Brasil. São Paulo: CRPSP, 2011.

CONSELHO REGIONAL DE PSICOLOGIA DE SÃO PAULO (CRP). *Nota técnica de orientação a profissionais de Psicologia que atuam direta ou indiretamente no Poder Judiciário*. São Paulo: CRPSP, 2020.

CONSELHO REGIONAL DE SERVIÇO SOCIAL (CRESS). *Novas orientações do CRESS-SP para assistentes sociais sobre o trabalho profissional diante da pandemia do coronavírus/Covid-19*. São Paulo: CRESS, 2020.

CORREGEDORIA GERAL DE JUSTIÇA DO ESTADO DE SÃO PAULO (CGJ). Parecer 173/2020. *Diário da Justiça Eletrônico*, São Paulo, ed. 3041, 12 maio 2020, p. 14-15, 2020a.

CORREGEDORIA GERAL DE JUSTIÇA DO ESTADO DE SÃO PAULO (CGJ). Parecer sobre ofício do Núcleo de Apoio Profissional de Serviço Social e Psicologia. *Diário da Justiça Eletrônico*, São Paulo, ed. 3081, 10 jul. 2020, p. 25-30, 2020b.

FACCHINI NETO, E. E o Juiz não é só de Direito... *In*: ZIMERMAN, D.; COLTRO, A. C. M. (org.). *Aspectos psicológicos na prática jurídica*. Campinas: Millennium Editora, 2010. p. 263-274.

IAMAMOTO, M. V. A. *Serviço Social em tempo de capital fetiche*: capital financeiro, trabalho e questão social. 2. ed. São Paulo: Cortez, 2008.

IAMAMOTO, M. V. A.; CARVALHO R. *Relações sociais e Serviço Social no Brasil*: esboço de uma interpretação histórico-metodológica. 17. ed. São Paulo, Cortez, 2005.

JACO-VILELA, A. M.; FERREIRA, A. A. L.; PORTUGAL, F. T. (org.). *História da Psicologia*: rumos e percursos. Rio de Janeiro: Nau, 2005.

MANDEL, E. *O capitalismo tardio*. São Paulo: Nova Cultural, 1985.

MARASCA, A. R. *et al.* Avaliação psicológica online: considerações a partir da pandemia do novo coronavírus (Covid-19) para a prática e o ensino no contexto a distância. *Estudos de Psicologia*, Campinas, v. 37, p. 01-11, 2020.

MARCUSE. H. *Razão e revolução*. São Paulo: Paz e Terra, 1978.

MARX, K; ENGELS, F. *A ideologia alemã*. São Paulo: Boitempo, 2007.

MARX, K. *Crítica do programa de Gotha*. São Paulo: Boitempo, 2012.

MASCARO, A. L. *Filosofia do Direito*. 6. ed. São Paulo: Atlas, 2018a.

MASCARO, A. L. *A noção de Justiça na história da Filosofia*. Escola Paulista de Magistratura do TJSP. De: 21 maio 2018 a 11 jun. 2018b. 20 horas.

MENEZES, C. D. Famílias de crianças e adolescentes no âmbito da justiça: a intersetorialidade como caminho. *In*: PAULO, B. M. (coord.). *Psicologia na prática jurídica*: a criança em foco. São Paulo: Saraiva, 2012. p. 95-113.

NETTO, J. P. *Capitalismo monopolista e Serviço Social*. 8. ed. São Paulo: Cortez, 2011.

ORTIZ, G. A. F. A perícia social nos processos de apuração de ato infracional. *In*: Medeiros, A. M.; Borges, S. de S. M. (org.). *Psicologia e serviço social*: referências para o trabalho no judiciário. Curitiba: Nova Práxis Editorial, 2019. p. 135-160.

OXFAM. *Mais pessoas morrerão de fome no mundo do que de Covid-19 em 2020*. 2020. Disponível em: https://www.oxfam.org.br/noticias/mais-pessoas-morrerao-de--fome-no- mundo-do-que-de-covid-19-em-2020/. Acesso em: 28 jul. 2020.

PACHUKANIS, E. B. *Teoria geral do direito e marxismo*. Trad. Paula Vaz de Almeida. 1. ed. São Paulo, Boitempo, 2017.

PELISOLI, C.; DOBKE, V.; DELL'AGLIO, D. D. Depoimento especial: para além do embate e pela proteção das crianças e adolescentes vítimas de violência sexual. *Temas em Psicologia*, v. 22, n. 1. abr. 2014.

PEREIRA, P. A. P. *Necessidades humanas*: subsídios à crítica dos mínimos sociais. 6. ed. São Paulo: Cortez, 2011.

POULANTZAS. N. *Poder político e classes sociais*. São Paulo: Martins Fontes, 1977.

RIZZINI, I. *O século perdido*: raízes históricas das políticas públicas para a infância no Brasil. 3. ed. São Paulo: Cortez, 2011.

SANTOS, B. S. *Para uma revolução democrática da Justiça*. Coimbra: Almedina, 2015.

SANTOS, E. P. S. As equipes técnicas no Judiciário: que relação é esta? *In*: BRANDÃO, E. P. (org.). *Atualidades em psicologia jurídica*. Rio de Janeiro: Nau, 2016. p. 279-296.

SCHULTZ, D.; SCHULTZ, S. E. *História da psicologia moderna*. 4. ed. São Paulo: Cengage Learning, 2019.

SILVA, A. B.; SILVA, D. T.; SOUZA JUNIOR, L. C. *O Serviço Social no Brasil*: das origens à renovação ou o "fim" do "início". *In*: 4º SIMPÓSIO MINEIRO DE ASSISTENTES SOCIAIS, 4., 2016, Belo Horizonte.

SOUZA, A. P. H.; AUGUSTO, C. R. R. B. Acolhimento institucional de crianças e adolescentes em situação de vulnerabilidade: negligência de quem? *Cadernos da Defensoria Pública do Estado de São Paulo*, São Paulo, v. 3, p. 22-34, 2018.

TRIBUNAL DE JUSTIÇA DO ESTADO DE SÃO PAULO (TJSP). Protocolo CIJ n. 00066030/11. Atendimento não-revitimizante de crianças e adolescentes vítimas de violência, especialmente sexual. *Diário da Justiça Eletrônico*, São Paulo, n. 1, p. 09-18, 30 maio 2011.

TRIBUNAL DE JUSTIÇA DO ESTADO DE SÃO PAULO (TJSP). Atuação dos profissionais de Serviço Social e Psicologia. *Manual de Procedimentos Técnicos*. 2017.

TRIBUNAL REGIONAL FEDERAL DA 2ª REGIÃO (TRF2). Voto no processo CNJ n. 0008692-96.2012.4.05.5101. Decisão de: 17 de out. de 2016. 2016.

VENTURELLI, C. C. S. Simbologia da justiça e acesso ao Poder Judiciário. *In*: ZIMERMAN, D.; COLTRO, A. C. M. (org.) *Aspectos psicológicos na prática jurídica*. 3. ed. Campinas: Millennium Editora, 2010. p. 233-238.

_____ **CAPÍTULO 14** _____

Psicologia e Serviço Social:
o que pode o Setor Técnico no contexto da pandemia?

Cássia Maria Rosato
Denise Fernandes

Introdução

> *É possível que com calma e circunstância o coronavírus faça com que nós deixemos nossas coroas narcísicas de lado e nos tornemos mais humildes diante de forças mais poderosas da natureza.*
>
> **Christian Dunker**
> *A arte da quarentena para principiantes*

No dia 11/03/2020, a Organização Mundial da Saúde (OMS) divulgou que o surto do novo coronavírus, iniciado na China, se caracterizava como uma pandemia[1], anunciando a extensão e a gra-

_____

1. Disponível em: https://www.paho.org/bra/index.php?option=com_content&view=article&id=6120:oms-afirma-que-covid-19-e-agora-caracterizada-como-pandemia&Itemid=812. Acesso em: 15 mar. 2020.

vidade do que estaria por vir. Diversas mudanças foram necessárias, exigindo novas leituras da realidade social, assim como intervenções práticas para lidar com os impactos advindos desse novo surto mundial: a velocidade de disseminação da doença que atravessou países e continentes em poucas semanas; a inexistência de imunidade da população mundial para esse vírus e o desconhecimento de como o corpo humano reage e lida com a doença são apenas alguns dos aspectos desse fenômeno.

Esses elementos conjugados levariam os serviços de saúde rapidamente a uma situação de colapso pela impossibilidade de tratar todas as pessoas, inclusive pacientes com outras morbidades. Diante desse contexto, medidas de isolamento social foram impostas em praticamente quase todos os países, confinando bilhões de pessoas dentro de suas próprias casas.

No Brasil, o primeiro caso confirmado do novo coronavírus ocorreu no dia 26/02/2020, sendo um homem, residente na cidade de São Paulo, que estava na Itália a trabalho no mês de fevereiro[2]. Ele passou a ser monitorado, assim como as pessoas com quem ele teve contato desde que chegou de viagem. Há controvérsias sobre esse ter sido efetivamente o primeiro caso diagnosticado, tendo em vista que, na época, diversos casos suspeitos já estavam sob investigação no país. Existe a possibilidade de o primeiro caso ter ocorrido ainda no mês de janeiro de 2020 no estado de Minas Gerais[3]. Como o objetivo não é traçar uma linha do tempo exata de quando e como o vírus chegou ao país, importa mais reconhecer as dificuldades de produção de informação fidedigna mesmo em tempos tecnológicos e comunicacionais supostamente avançados.

---

2. Disponível em: https://www.paho.org/bra/index.php?option=com_content&view=article&id=6113:brasil-confirma-primeiro-caso-de-infeccao-pelo-novo-coronavirus&Itemid=812. Acesso em: 15 mar. 2020.

3. Disponível em: https://g1.globo.com/bemestar/coronavirus/noticia/2020/04/02/ministerio-da-saude-diz-que-primeiro-caso-de-coronavirus-no-brasil-foi-identificado-no-fim--de-janeiro.ghtml. Acesso em: 10 abr. 2020.

A partir da oficialização do primeiro caso, o alerta foi aceso no Brasil, ensejando o acompanhamento sistemático de vários casos suspeitos que passaram a ser monitorados diariamente por profissionais da saúde, especialmente de pessoas que estiveram em países onde a então epidemia já estaria mais avançada, como era o exemplo da Itália.

No dia 17/03/2020, o Ministério da Saúde foi informado do primeiro óbito no país que aconteceu na cidade de São Paulo. Confirmando o que foi mencionado anteriormente sobre a falta de informações confiáveis, tratou-se de um homem que estava internado num hospital particular na capital paulista e ainda não constava nas estatísticas do governo federal[4]. Nessa mesma semana, diversos outros óbitos ocorreram nessa instituição hospitalar, crescendo a preocupação e evidenciando a rapidez de transmissão do vírus. Tomando como referência o que já estava ocorrendo na região norte da Itália, onde os casos e óbitos explodiram em pouquíssimo tempo, o estado de São Paulo foi ágil e determinou o fechamento do comércio e atividades educacionais em todas as cidades paulistas no final do mês de março de 2020, passando a funcionar apenas os serviços essenciais[5].

Nessa mesma lógica, a maior parte dos demais estados brasileiros também decretou que as atividades comerciais não essenciais e instituições de ensino deixassem de funcionar para evitar aglomerações e a disseminação do novo coronavírus. O chamado "distanciamento social" passou a ser regra no país, recomendando que as pessoas deixassem de circular livremente e proibindo agrupamentos. Todos os eventos coletivos foram adiados ou cancelados.

Do ponto de vista prático, cada pessoa teve seu cotidiano diretamente impactado em todas as suas esferas: trabalho, educação e vida social, para resumir os principais eixos. As instituições tiveram

---

4. Disponível em: https://www.sanarmed.com/linha-do-tempo-do-coronavirus-no-brasil. Acesso em: 25 mar. 2020.

5. Disponível em: https://www.saopaulo.sp.gov.br/ultimas-noticias/ao-vivo-governo-de--sp-anuncia-novas-medidas-para-combate-ao-coronavirus-no-estado/. Acesso em: 25 mar. 2020.

que se adaptar à necessidade de reclusão populacional imposta para diminuir o contágio e o não colapso dos serviços de saúde. *Home office* e aulas *on-line* passaram a ser a rotina de muitas famílias brasileiras, estabelecendo um arranjo familiar nunca visto antes. Nesse sentido, torna-se difícil vislumbrar quais serão as consequências psicossociais dessa nova dinâmica de vida, no entanto, fica fácil perceber que o mundo não será mais o mesmo após essa pandemia.

Os modelos usuais de trabalho, educação, consumo, lazer e meio ambiente já estão sendo repensados nesse período de confinamento mundial, questionando o sistema socioeconômico vigente. Os elementos para se pensar uma organização social distinta da atual já estão se colocando no cenário, possibilitando a adoção de estilos de vida diferentes.

As medidas de isolamento social também foram replicadas pelo Tribunal de Justiça do Estado de São Paulo (TJSP), que deixou de funcionar presencialmente em todas as suas Comarcas, colocando todo o seu capital humano (magistrados/as e servidores/as) para trabalhar remotamente no mês de março de 2020, conforme estabelecido no Provimento CSM n. 2545/2020, de 16 de março. Essa situação inédita trouxe inúmeros desafios para o funcionamento do Tribunal, ensejando a criação de procedimentos de trabalho nunca antes utilizados.

Nesse ínterim, esperava-se que a doença atingisse um pico e, com o distanciamento social, iniciasse o declínio dos novos casos e óbitos, permitindo a retomada das atividades paulatinamente, como se deu em diversos países da Europa. No entanto, essa previsão não se confirmou, no Brasil, permanecendo um crescimento constante do número de casos e mortes, sem possibilidade de inferir como seria o desenho dessa curva no país. Os dados mais atuais[6] informam que ultrapassamos 640 mil óbitos e mais de 28 milhões de casos confirmados em fevereiro de 2022, quando se dá a revisão do presente capítulo.

---

6. Disponível em: covid.saúde.gov.br. Acesso em 21 fev. 2022.

Trata-se de um cenário extremamente preocupante por diversos motivos: o Brasil não é um país que tem feito testes em larga escala, o que indica que o número real de casos é significativamente maior do que o oficial. O Ministério da Saúde completou longos períodos sem ter um responsável à frente da pasta, demonstrando a inexistência de qualquer preocupação por parte do governo federal com o assunto e a ausência de uma política de enfrentamento da pandemia.

Nessa complexa conjuntura, o TJSP determinou o retorno das atividades presenciais a partir do dia 27/07/2020, com exceção das regiões que estavam na fase vermelha do Plano São Paulo do Governo do Estado[7], que permite o funcionamento apenas dos serviços essenciais. É a partir desse contexto que pretendemos problematizar como pode se dar (ou não) o trabalho dos Setores Técnicos, numa perspectiva interdisciplinar, considerando obviamente o que já se sabe sobre o novo coronavírus. E também analisando especialmente as lacunas que estão colocadas diante de uma doença ainda pouco conhecida e os impactos na rotina de trabalho das equipes técnicas de Psicologia e Serviço Social do TJSP.

Impactos da pandemia no TJSP: um olhar foucaultiano

Com o início do trabalho remoto para todos/as servidores/as e magistrados/as, diversas dúvidas surgiram e, em relação aos Setores Técnicos, os desafios se avolumaram, em função das características de trabalho da Psicologia e do Serviço Social. Como a grande maioria das intervenções técnicas envolvem atendimentos presenciais, emerge a primeira questão: como atender remotamente as partes dos inúmeros processos judiciais que chegam em todas as Comarcas do Estado de São Paulo todos os dias?

---

7. Disponível em: https://www.saopaulo.sp.gov.br/planosp/. Acesso em: 14 jul 2020.

Para tentar responder a essa questão e diversas outras decorrentes da pandemia que ensejou a suspensão do trabalho presencial no Tribunal, o Núcleo de Apoio Profissional de Serviço Social e Psicologia da Coordenadoria da Infância e Juventude do TJSP iniciou uma série de diálogos virtuais com as/os assistentes sociais e psicólogos/as da instituição, tendo como objetivo a coleta de informações sobre o trabalho remoto e o atendimento *on-line*. As discussões foram centralizadas em três eixos principais: 1) Condições de trabalho; 2) Relação com as diretrizes estabelecidas pelos conselhos de classe; 3) Questões técnicas e científicas envolvendo o atendimento *on-line*.

Mais do que trazer o que já foi levantado e relatar as situações apontadas nesses debates, gostaríamos de problematizar esses três eixos elencados pelo Núcleo à luz de algumas ferramentas teóricas foucaultianas para analisar o nosso presente. Dessa forma, nossa proposta analítica é "[...] saber de que maneira e até onde seria possível pensar diferentemente em vez de legitimar o que já se sabe" (Foucault, 1984, p. 12). Trata-se de um convite para olhar nossa realidade, afastando o que já está dado, portanto conhecido, para buscar novas chaves de leitura dos acontecimentos atuais.

Para tanto, é interessante trazer alguns elementos relacionados à vida e ao pensamento desse filósofo para que seja possível compreender sua contribuição, no presente texto. Alguns estudiosos foucaultianos[8], considerando sua vasta e heterogênea produção, dividem sua obra em algumas fases. A divisão clássica compreende o pensamento foucaultiano como tendo basicamente três etapas distintas, mas que dialogam entre si, já que apresentam diversos pontos de contato. Seriam como diferentes processos dentro da própria história de Foucault.

O primeiro momento seria o da arqueologia, em que o filósofo "escava" e analisa a loucura, a psiquiatria e suas instituições. Ao mesmo tempo, é quando ele escreve alguns de seus livros mais clássicos, por exemplo, *História da loucura na Idade Clássica* (1961), *O nascimento*

---

8. MUCHAIL, Salma Tannus (2004) e MACHADO, Roberto (2006) são tradutores de diversas obras de Foucault para a língua portuguesa e confirmam essa divisão.

da clínica (1963), *As palavras e as coisas* (1966), *A arqueologia do saber* (1969) e *A ordem do discurso* (1970). Nessa fase, Foucault mergulha na linguagem, na produção discursiva, nos enunciados e na constituição dos saberes. Ele ficou conhecido, nessa fase, como o arqueólogo.

O "segundo" Foucault vai em busca da genealogia das coisas, ou seja, dos elementos e dos aspectos que contribuíram para a construção de determinados valores e crenças. Aqui estão suas principais contri-buições para a compreensão da noção de poder, que o acompanhará praticamente por toda sua vida. Nessa fase, Foucault aprofunda a analítica relacionada a mecanismos de controle e sujeição, sempre articulada à ideia de poder. A inovadora associação entre saber e poder é elaborada, na qual o saber é compreendido como uma forma de exercício de poder. Ele mantém seus estudos sobre a loucura e a psiquiatria, mas também se envereda nas prisões, na lógica judiciária, na sexualidade e na medicina. As obras de referência dessa época são: *O poder psiquiátrico* (1973-74), *Os anormais* (1974-75), *Vigiar e punir* (1975), *História da sexualidade I — A vontade de saber* (1976) e *Microfísica do poder* (1979).

Já na sua terceira e última fase, Foucault focou seu interesse no tema da ética e do cuidado de si, ocasião em que avançou em suas investigações sobre a sexualidade. Esse momento também ficou conhecido como a hermenêutica do sujeito, e os livros básicos desse período são: *Subjetividade e verdade* (1980-81), *A hermenêutica do sujeito* (1981-82), *O governo de si e dos outros* (1983), *História da sexualidade II e III — O uso dos prazeres e O cuidado de si* (1984), respectivamente. Ele também aperfeiçoou a noção de poder, sofisticando-a com a ideia de biopoder.

O conceito de poder passaria a ser analisado e compreendido a partir de outra lógica, segundo a qual a sociedade é entendida como disciplinar. Muito resumidamente, isso significa uma organização social em que os indivíduos são disciplinados através de seus corpos, seja na escola, no trabalho, na prisão ou em outros lugares onde este-jam. A questão do controle e da vigilância são elementos-chave nessa engrenagem, e o poder tradicionalmente conhecido como o poder do soberano passa a ser o poder da norma.

E mais: não são apenas os corpos que estão sujeitos ao controle, mas sim a própria vida, por isso, a ideia de biopoder, ou seja, poder sobre a vida. Os alvos de interesse passam a ser as cidades e as populações; nessa lógica, são pensadas intervenções e políticas para populações, relacionadas principalmente ao controle de epidemias e doenças, além de técnicas de prevenção, dando origem a seu conceito de biopolítica.

Condições de trabalho: a heterogeneidade como potência

Com o objetivo de descrever brevemente as condições de trabalho, podemos afirmar que uma das principais características dos Setores Técnicos do TJSP é exatamente seu caráter heterogêneo. A configuração das equipes, o quantitativo de técnicos/as, a existência de chefia ou não, os espaços físicos de trabalho e, sobretudo, a rotina construída e a dinâmica de atendimento dos casos/processos. Nesse sentido, qualquer tentativa de generalização se tornaria inválida, uma vez que não retrataria a realidade do mundo do trabalho de assistentes sociais e psicólogos/as do Tribunal. Tampouco nos interessa afirmar que essa heterogeneidade significa necessariamente uma dificuldade. Ao contrário, compreendemos que essa diversidade também pode expressar potência.

Nessa lógica, cada Setor Técnico pode olhar para seu entorno e vislumbrar como está colocada sua realidade, identificando limites e possibilidades e, a partir dessa conjuntura, construir suas estratégias de ação e enfrentamento. É o exercício da micropolítica. Obviamente que o contexto macropolítico é de suma importância, ainda mais quando consideramos os diversos impactos da pandemia do novo coronavírus. Porém, se a situação de isolamento social que nos foi imposta já nos afasta do que está próximo, estamos ainda mais distantes do que está posto na esfera estadual e nacional, falando em termos geopolíticos. Em outras palavras, é no nível micropolítico que pequenas mudanças podem ensejar transformações maiores. Reconhecer e atuar em consonância com essa conjuntura local pode ser o primeiro passo para pensar diferente do que já se sabe, como nos ensinou Foucault (1984).

Nesse sentido, entendemos que a noção de poder problematizada pelo filósofo francês pode contribuir para a construção de diferentes análises de conjuntura de como estão constituídos os diferentes Setores Técnicos do TJSP. No difícil cenário que estamos enfrentando, fica mais fácil incorrer no lugar comum de impotência, ou seja, não temos poder e nos colocamos num lugar de nada poder fazer. Pois é exatamente esse tipo de compreensão que o conceito de poder formulado por Foucault (2013) é eficiente em combater. Isso porque as concepções mais clássicas de poder tendem a posicioná-lo no nível de determinadas pessoas, lugares e instituições, não cabendo ao sujeito comum essa possibilidade. O poder acaba se confundindo com o Estado, com a Igreja, e também com as pessoas que, geralmente, ocupam o primeiro escalão nessas instituições.

No entanto, nessa conceituação proposta por Foucault (2013), o poder não está num determinado lugar, numa instituição e/ou num indivíduo. O poder está nas relações entre os sujeitos; ele está em constante exercício e presente em todas as relações humanas. Entretanto, uma ressalva importante a ser feita se refere ao fato de que o exercício do poder é possível para sujeitos ativos e, em alguma medida, livres. Essa noção não caberia, por exemplo, em situações de escravidão ou de violência extrema.

Considerando que o poder se exerce na relação entre as pessoas, também é preciso compreendê-lo como uma força ativa e produtiva, não apenas repressora; o poder cria, é dinâmico e produz ações. Assim, gostaríamos de destacar uma definição que parece resumir bem como o filósofo amarrou esse conceito, já no final de sua obra:

> É um conjunto de ações sobre ações possíveis: ele opera sobre o campo de possibilidades em que se inscreve o comportamento dos sujeitos ativos; ele incita, induz, desvia, facilita ou dificulta, amplia ou limita, torna mais ou menos provável; no limite, coage ou impede absolutamente, mas é sempre um modo de agir sobre um ou vários sujeitos ativos, e o quanto eles agem ou são suscetíveis de agir. Uma ação sobre ações (Foucault, 2013, p. 288).

Ao situar o poder no campo do exercício das condutas e dos modos de agir, Foucault (2013) evidencia uma potência de ação ao sujeito que antes não estava tão claramente colocada. Dessa forma, olhamos para os indivíduos como mais plenamente capazes de exercitar esse poder nas suas interações cotidianas e menos impotentes do que julgam ser. Sendo assim, articulando nossas condições de trabalho no TJSP a essa noção de poder, podemos construir um entendimento mais potente de como estão dadas as relações de força no nível local e então nos posicionar de acordo com as metas e objetivos que desejamos alcançar.

Diretrizes estabelecidas pelos conselhos de classe: autonomia técnica como exercício de poder e liberdade

Já em relação às diretrizes estabelecidas pelos conselhos de classe, temos algumas perspectivas sistematizadas pelos Conselhos Federal de Psicologia (CFP) e Serviço Social (CFESS) e os respectivos conselhos regionais de como atuar no contexto da pandemia do novo coronavírus.

O CFESS emitiu um ofício circular, no dia 30/04/2020, e o Conselho Regional de Serviço Social de São Paulo (CRESS-SP) produziu um documento mais específico no dia 18/05/2020. O CFP, por sua vez, também redigiu um ofício circular no dia 12/05/2020 sobre o assunto, e o Conselho Regional de Psicologia de São Paulo (CRP-SP) emitiu uma nota técnica específica para profissionais que atuam direta ou indiretamente no Poder Judiciário, no dia 1º/06/2020. Os conteúdos desses documentos indicam uma sintonia entre essas áreas do conhecimento pela similaridade dos princípios e diretrizes, corroborando uma visão interdisciplinar e integrativa da Psicologia e do Serviço Social na atuação junto ao Poder Judiciário.

De modo geral, podemos perceber que as orientações são mais genéricas e não adentram nas especificidades do exercício profissional no TJSP. Apenas o CRESS-SP se estende na produção textual e traz uma análise da conjuntura, expondo diversas críticas ao governo federal. Além disso, especifica seu posicionamento diante do trabalho remoto, rodízio de técnicos/as, atividades profissionais realizadas virtualmente e a possibilidade de visitas domiciliares feitas por videochamadas. Sobre esse último item, o CRESS-SP refuta esse tipo de ação, compreendendo não se aplicar ao contexto atual que estamos vivenciando.

Cabe destacar que, nessas diretrizes, os Conselhos Federais e os respectivos regionais buscam reforçar a autonomia técnica dos/as profissionais na análise das demandas apresentadas. Há um entendimento de que cada profissional deve considerar o que está sendo solicitado cuidadosamente e então decidir o melhor instrumental técnico para realizar tal tarefa. Isso só pode ser pensado no caso a caso. Se remotamente não é possível cumprir tal atividade, o/a profissional deve reivindicar equipamentos de proteção e condições sanitárias para realizar o atendimento presencial em consonância com o exigido para não haver contaminação. Ao destacar a autonomia, os conselhos evidenciam a liberdade que cada profissional tem para agir segundo seu conhecimento técnico e sua experiência, depositando nos sujeitos a potência para uma ação ética e responsável.

Ao mesmo tempo, ambos conselhos de classe são categóricos no entendimento de que os atendimentos virtuais não são suficientes para produzir estudos conclusivos. Acrescentam que os contatos *on-line* com as partes podem ser feitos, porém, não devem ser considerados como estudos psicológicos e sociais definitivos. É possível perceber a preocupação dessas entidades em não comprometer a qualidade técnica e científica das intervenções psicológicas e sociais, já que os atendimentos não presenciais envolvem uma série de riscos.

De modo mais explícito, o CFP (2020) afirma:

> Que o uso de tecnologias de informação e comunicação no âmbito do Sistema de Justiça se restrinja aos procedimentos da atuação profissional que não levem a conclusões técnicas ou qualquer outra forma de decisão decorrente dos dados psicológicos, global ou parcialmente (CFP, 2020, p. 2).

Já o CFESS (2020) detalha um pouco mais sua posição institucional diante dos Tribunais de Justiça e enfatiza a importância da discussão coletiva com colegas da mesma categoria profissional:

> Com vistas a unificar a orientação às/aos assistentes sociais, nos posicionamos perante aos TJs: i) não recomendando à realização de estudos sociais por meio de videoconferência ou outros meios virtuais, por assistentes sociais; ii) indicando que a/o assistente social possui autonomia profissional e, portanto, deve decidir quais as ações que podem ser realizadas por trabalho remoto; iii) sugerindo que qualquer normativa que venha a ser elaborada no âmbito institucional, seja discutida com as/os profissionais de serviço social, para que opinem quanto as particularidades do seu trabalho e as implicações decorrentes, na eventualidade da implementação dessa modalidade de atendimento (CFESS, 2020, p. 2).

A partir do momento em que os Conselhos Profissionais de Psicologia e Serviço Social ressaltam a autonomia dos/as profissionais em suas orientações no contexto da pandemia do novo coronavírus, podemos compreender essa indicação à luz da noção de saber-poder de Foucault. Significa dizer que conhecimento implica poder. Nesse caso específico, conhecimentos técnicos do campo da Psicologia e do Serviço Social são exclusivos dos profissionais dessas áreas, circunscrevendo uma determinada área de saber-poder que nos outorga condições e liberdade para tomar as decisões mais adequadas.

Trazendo essa análise para o contexto de trabalho do TJSP, ainda que existam determinações judiciais a respeito do que precisa ser feito, cabe aos profissionais avaliar as condições técnicas, de acordo com seu instrumental de trabalho, para então opinar sobre o melhor encaminhamento do caso. Isso quer dizer que, por mais que existam situações urgentes, há uma série de condições que precisam ser atendidas sob pena de comprometer os estudos técnicos solicitados. Nesse sentido, quanto mais nos apropriamos de determinado conhecimento, mais poder e liberdade temos para falar e atuar de acordo com esse saber, conseguindo escapar da lógica da sujeição.

Questões técnicas e científicas envolvendo o atendimento on-line: mudando as perguntas

E finalmente, no que diz respeito às questões técnicas e científicas envolvendo o atendimento *on-line*, temos os maiores desafios, já que as ações da Psicologia e do Serviço Social majoritariamente envolvem o contato direto com o público atendido. Surge a primeira indagação: como pensar o atendimento das partes por meios virtuais? Diante da necessidade de uma resposta rápida, a tendência é escorregar para a polarização de ter que dizer sim ou não. E sob pressão, numa sociedade que funciona sob uma lógica imediatista que evita a reflexão, há uma propensão a optar pela negativa para não enfrentar o exercício de uma análise mais aprofundada.

Num momento de tantas dificuldades, não objetivamos retomar a lista de entraves que já foi levantada e sistematizada pelo Núcleo de Apoio Profissional de Serviço Social e Psicologia da Coordenadoria da Infância e Juventude do TJSP. Mais do que rever cada uma das dificuldades assinaladas e repetir o que já se sabe, como podemos mudar o questionamento a ser feito? Nessa perspectiva, não se trata de simplesmente recusar e apontar os limites do atendimento *on-line*, mas sim, reformular a pergunta. Em quais condições, um atendimento *on-line* se torna adequado? Como um contato *on-line* deveria ser feito para atender às necessidades técnicas da Psicologia e do Serviço Social? Quais procedimentos e regras, se adotados por ambas as partes (equipe técnica e jurisdicionados/as), poderiam permitir um contato eficaz? Trata-se de um exercício reflexivo como devir e não necessariamente algo que tenha que ser implantado agora.

Ainda que seja de extrema relevância elaborar e consolidar protocolos ágeis para atender casos urgentes, é preciso considerar essas questões de método sobre o "como". Por mais que não se tenha respostas no momento atual, é necessário analisar o presente para pensar o futuro. O isolamento social iniciou, no país, no final do mês de março de 2020, com a crença de que o pico da curva seria atingido em pouco tempo. Tratou-se de um engodo, pois o ano de 2021 tornou-se o ano mais mortífero em relação à pandemia. Com todas as dificuldades que já estamos vivenciando, é importante considerar as medidas de isolamento social não apenas como estratégias pontuais, mas como ações preventivas que devam seguir em uso em longo prazo.

Olhando para uma das especificidades do nosso trabalho, vale destacar, no campo da Psicologia, a diferença do enquadre clínico de um atendimento espontâneo e voluntário em relação a um enquadre pericial. No Poder Judiciário, o sujeito não comparece porque deseja e sim porque é obrigado. Tal diferença é crucial no manejo do caso e revela o grau de conflito a que as partes estão submetidas. Tais situações são características de litígios de Vara de Família e Sucessões, bem como da Vara da Infância e Juventude, considerando apenas os processos da esfera cível.

Entretanto, quando analisamos as demandas que podem ser consideradas espontâneas, no contexto judicial, chegamos até as famílias que querem adotar crianças e/ou adolescentes. Tais solicitações não evidenciam *a priori* um conflito com a Justiça, ainda que sejam pessoas que irão passar por uma avaliação técnica. Desse modo, construindo as condições necessárias para atendimento *on-line* (p. ex., espaço físico adequado, *internet*, sigilo, privacidade etc.), quais seriam os reais entraves impeditivos?

A mesma análise pode ser feita, de modo exemplificativo, com processos nos quais a equipe técnica já teve contato presencial anterior com as partes. Havendo uma consulta prévia acerca do interesse da pessoa ser atendida *on-line,* e sendo o aval positivo, por que não tentar esse atendimento virtualmente? Problemas de comunicação, ruídos e queda de *internet* podem ocorrer em qualquer atendimento, e isso é da ordem da imprevisibilidade, não havendo possibilidade de controle absoluto de tais variáveis. Ao mesmo tempo, tais justificativas não parecem ser razoáveis para impedir um atendimento *on-line*. Em suma, talvez seja o momento oportuno para começar a construir o rol de condições imprescindíveis e quais podem ser flexibilizadas para que novas formas de trabalho sejam construídas, levando em conta a singularidade dos casos.

Vale destacar que não estamos buscando a generalização de regras e/ou procedimentos por mais que seja importante ter alguma uniformidade, especialmente no mundo do trabalho. Nosso objetivo, com essas avaliações, é nos abrirmos para novas perspectivas diante daquilo que se apresenta como caótico. Isso porque estamos numa situação que tem exigido novos olhares diante de novos contextos. É a hora de criação e inovação. Dessa maneira, podemos vislumbrar a pandemia como um convite para sair do lugar comum de crise e perceber esse momento, na perspectiva oriental. Significa afirmar e reconhecer que se trata de uma situação muito difícil, mas que também pode ser compreendida como uma oportunidade. Assim, fica a reflexão: já que fomos obrigados/as a interromper o trabalho presencial, como pensar novas formas de trabalho além do usual?

Conclusões

Diante da pandemia do novo coronavírus, ainda somos um barco à deriva. Como bem colocou a presidente da Fundação Oswaldo Cruz (Fiocruz), Nísia Trindade Lima[9], estamos no mesmo oceano, enfrentando a mesma tempestade. A diferença é que cada um se encontra num meio de transporte diferente: pode ser um transatlântico, um iate, uma lancha, um barco a vela ou mesmo uma canoa. Essa analogia revela as condições de desigualdade às quais as populações estão submetidas e as distintas condições de enfrentamento impostas às pessoas.

O psicanalista Christian Dunker, numa entrevista jornalística[10], ao descrever as reações das pessoas diante da pandemia, compreendeu existir três grandes grupos de pessoas: os "tolos", que negam a situação e seguem sua vida como se nada houvesse; os "desesperados", que ficam refém do contexto e se sentem completamente impotentes, e os "confusos", que oscilam entre os dois primeiros. Talvez seja o momento de construirmos o quarto grupo: aquele que consegue reconhecer a gravidade da conjuntura sem se deixar paralisar e, ao mesmo tempo, é capaz de extrair possibilidades diante de tamanha adversidade.

Para finalizar, trazemos mais uma reflexão de Foucault (2013) para nos ajudar a reorientar nossa bússola diante de uma tempestade que parece não ter fim:

9. Disponível em: https://www.uol.com.br/ecoa/ultimas-noticias/2020/07/06/a-pandemia-nao-e-a-mesma-para-todos-diz-a-presidente-da-fiocruz.htm. Acesso em: 06 jul. 2020.

10. Christian Dunker: a pandemia no divã. Disponível em: https://www.bbc.com/portuguese/geral-52160230. Acesso em: 7 abr. 2020.

Talvez, o objetivo hoje em dia não seja descobrir o que somos, mas recusar o que somos [...]. A conclusão seria que o problema político, ético, social e filosófico de nossos dias não é tentar libertar o indivíduo do Estado nem das instituições do Estado, porém nos libertarmos tanto do Estado quanto do tipo de individualização que a ele se liga. Temos de promover novas formas de subjetividade através da recusa desse tipo de subjetividade que nos foi imposto há vários séculos (Foucault, 2013, p. 283).

Referências

Conselho Federal de Psicologia. *Recomendações do CFP sobre a elaboração de documentos psicológicos para o Poder Judiciário no contexto da pandemia do novo coronavírus.* 12/05/2020. Ofício-Circular n. 63/2020/GTec/CG-CFP. Disponível em: https://site.cfp.org.br/wp-content/uploads/2020/05/SEI_CFP-0221879-Of%C3%ADcio--Circular.pdf. Acesso em: 26 maio 2020.

CONSELHO FEDERAL DE SERVIÇO SOCIAL. *Posicionamento do CFESS junto aos Tribunais de Justiça sobre a realização de estudo social por videoconferência.* 30/04/2020. Ofício Circular CFESS 81/2020. Disponível em: http://www.cress-ro.org.br/images/081.pdf. Acesso em: 15 jun. 2020.

Conselho regional de Psicologia sÃo paulo. *Nota Técnica de orientação a profissionais de Psicologia que atuam direta ou indiretamente no Poder Judiciário.* 01/06/2020. Disponível em: https://www.crpsp.org/noticia/view/2528/nota-tecnica-de-o-rientacao-a-profissionais-de-psicologia-que-atuam-direta-ou-indiretamente-no--poder-judiciario. Acesso em: 15 jun. 2020.

CONSELHO REGIONAL DE SERVIÇO SOCIAL DE SÃO PAULO. *Novas orientações do CRESS-SP para assistentes sociais sobre o trabalho profissional diante da pandemia do coronavírus Covid 19.* 18/05/2020. Disponível em: http://cress-sp.org.br/wp-content/uploads/2020/05/Nota-Nova-Orientacao-do-CRESS-Covid-19-vers%C3%A3o_final.pdf. Acesso em 26 maio 2020.

DUNKER, Christian Ingo Lenz. *A arte da quarentena para principiantes.* São Paulo: Boitempo, 2020.

FOUCAULT, Michel. *História da sexualidade 2* — o uso dos prazeres. 8. ed. Rio de Janeiro: Graal, 1984.

FOUCAULT, Michel. O sujeito e o poder. *In*: DREYFUS, Hubert; RABINOW, Paul. *Michel Foucault:* uma trajetória filosófica — para além do estruturalismo e da hermenêutica. 2. ed. Rio de Janeiro: Forense Universitária, 2013. p. 273-295.

MACHADO, Roberto. *Foucault, a ciência e o saber.* 3. ed. São Paulo: Zahar, 2006.

MUCHAIL, Salma Tannus. *Foucault, simplesmente.* São Paulo: Loyola, 2004.

Tribunal de Justiça de São Paulo. *Provimento CSM n. 2545/2020*, de 16 de março. Estabelece o sistema de trabalho remoto em primeiro grau. Disponível em: https://www.tjsp.jus.br/Download/Portal/Coronavirus/Comunicados/Provimento_CSM_20200320.pdf. Acesso em: 16 jun. 2020.

CAPÍTULO 15

Uma memória de histórias:
as transformações do trabalho de assistentes sociais e psicólogos no Centro de Visitações Assistidas do Tribunal de Justiça de São Paulo

Rômulo Marcelo dos Santos Correia
Vanessa Aparecida Gonçalves

Introdução

Publicada originalmente na França, em 1939, a obra *Matéria e memória*, de Henri Bergson, almeja localizar um lugar ou instância que consiga articular duas realidades idealmente distintas: a realidade material e a realidade espiritual. Essa instância seria a memória, responsável pelo reconhecimento dos objetos e da linguagem, e pela capacidade de síntese do passado e do presente, possibilitando uma preparação para as situações futuras (Bergson, 1999).

Já Sigmund Freud, no seu *Projeto para uma Psicologia Científica (1969)*, enfatiza como toda imagem mnêmica, ou seja, imagem da memória, é formada por um complexo de neurônios que, através do tracejo das quantidades de energia neles, vai capacitar o aparato psíquico a distinguir traços e características daquilo que o afeta ao longo do tempo, servindo de base para ações e representações futuras. Quanto mais intensa ou repetitiva for a presença da imagem de um objeto, ou de uma pessoa, mais forte será a vinculação no aparato psíquico e mais importante acaba se tornando na experiência subjetiva (Freud, 1969).

Esses autores mostram como a memória é decisiva na vida humana. As situações vividas e as pessoas com quem se convive não são apenas importantes no momento da interação, mas poderão marcar toda uma existência. Tais experiências, gravadas nisto que se chama memória, são fundamentais tanto na subjetivação, quanto na ação; tanto na formação de uma consciência, como fenômeno psíquico, quanto na própria consciência social; tanto na história individual, quanto na "história da humanidade", como em Marx e Engels (2009).

Tentar construir uma memória das visitas assistidas e das atuações de psicólogos e assistentes sociais do Tribunal de Justiça de São Paulo é valorizar a história de centenas de famílias que usaram esse serviço ao longo de mais de meio século em que ele vem se conformando. É também reconhecer o trabalho de assistentes sociais e psicólogos que, muitas vezes, sem um caminho definido para as mais diversas situações que podem ocorrer, têm sempre de adequar a sua técnica. São sentimentos de alegria, mas também de raiva; de tristeza, mas também de gozo; de carinho, mas também de medo, que se entrelaçam a cada encontro de poucas horas que ocorre após semanas de espera. Encontros que tentam garantir minimamente a convivência familiar.

O Estatuto da Criança e do Adolescente (ECA) traz a convivência familiar como um direito que deve ser assegurado pela família, pela comunidade, pela sociedade e pelo poder público[1]. Assim, as visitas

---

1. Art 19 do ECA: Toda criança e adolescente tem o direito de ser criado e educado no seio de sua família e, excepcionalmente, em família substituta, assegurada a convivência familiar e comunitária em ambiente livre da presença de pessoas dependentes de substâncias entorpecentes (Brasil, 1990).

assistidas podem ser uma alternativa quando essa convivência familiar de crianças e adolescentes está impossibilitada com um de seus genitores e/ou com a família deles. Isso ocorre, geralmente, devido à suspeita de que tal interação pode representar risco a tais crianças e adolescentes. Em muitos casos, a hipótese de risco acaba não sendo comprovada, já que a maioria desses processos são litigiosos, relacionados à separação dos genitores. Ou seja, situações em que acusações e proibição de convivência familiar podem ser utilizadas como instrumentos de ataque ao antigo parceiro.

Nesse contexto que, em prol do direito de crianças e adolescentes à convivência familiar, o Judiciário paulista reestruturou o Centro de Visitação Assistida do Tribunal de Justiça de São Paulo (CEVAT). Ademais, vem fazendo um esforço para melhorar tanto as condições estruturais quanto a metodologia do trabalho. Um serviço que, no presente, tem seu reconhecimento na comunidade judiciária na qual, ainda que seja alvo de opiniões contrárias, é referência para aplicação da medida de visita assistida, as quais são acompanhadas por assistentes sociais e psicólogos.

A gênese do CEVAT data da década de 1960, com a "Sala de Visitas", criada para oferecer um espaço neutro, em que a convivência de crianças e adolescentes com o genitor ou membro familiar ocorre de maneira supervisionada por uma terceira pessoa, no caso, um profissional do Judiciário.

O serviço foi criado antes mesmo de se ter uma legislação que tratava da visita assistida e estava longe do período em que a garantia da convivência familiar era um objetivo a ser alcançado pelo Judiciário, já que o que valia, então, era o Pátrio Poder, em uma época cuja legislação vigente era o Código de Menores[2]. A regulamentação da instituição aconteceu cerca de 30 anos depois, após o advento do Estatuto da Criança e do Adolescente, e só a partir desse período começa a ser sistematizado o trabalho dos profissionais do serviço social e da psicologia.

---

2. O Código de Menores tratava apenas de "menores abandonados" ou "delinquentes", tendo sido substituído em 1990 pelo Estatuto da Criança e do Adolescente.

Em 2006, uma denúncia de sequestro de uma criança dentro do visitário causou repercussão na mídia nacional, levando o Judiciário paulista a fazer uma reestruturação do serviço que passou a se chamar Centro de Visitação Assistida do Tribunal de Justiça de São Paulo — CEVAT. Em 2017, o serviço passou por um novo processo de restruturação, cujo trabalho foi repensado de forma que sua metodologia ganhou um aspecto mais interventivo do que paliativo, e, consequentemente, foi perdendo a fama de má qualidade.

Não há referências legais em nível nacional que tratem tanto do objetivo quanto dos direcionamentos para implementação das visitas assistidas, e a institucionalização não dependeu do processo legislativo, mas de um movimento histórico do sistema de justiça, ainda que sob posicionamentos contrários, legitimou a necessidade de fortalecimento desse espaço, no qual psicólogos e assistentes sociais têm de reinventar suas práticas diante da demanda ética encontrada.

O método do Institucionalismo Histórico

O Institucionalismo Histórico é uma linha teórica de médio alcance, que examina como os processos e eventos temporais influenciam a origem e a transformação das instituições que governam as relações políticas e econômicas. Privilegia as trajetórias, as situações críticas e as consequências imprevistas que afetam e contribuem para o desenvolvimento institucional (Faleti; Sheingate, 2016; Hall; Taylor, 2003).

Nesse sentido, a análise de um serviço por esse método leva em consideração os fatores que contribuíram para emergir a necessidade de atendimento de determinada demanda, somado à correlação de forças daquele período, olhando tanto o contexto histórico da instituição quanto da sociedade. Esse fator é importante para compreender como ocorreu o movimento de mudança institucional do CEVAT e das transformações das práticas de psicólogos e assistentes sociais no serviço.

Ao adotar esse método, levamos em consideração os grandes processos de movimentação lenta, reconhecendo que as políticas são estruturadas no tempo. A literatura aponta cinco mecanismos pelos quais as instituições sustentam as coalizões que dependem sua própria existência: 1. os benefícios que um conjunto de instituições oferece, 2. o nível de incerteza das consequências de uma reforma institucional, 3. o conjunto de mecanismos que distribuem poder nas instituições, 4. os efeitos da coordenação gerados pelas instituições, 5. o potencial de complementariedade institucional. Ainda que o capítulo não tenha a pretensão de apontar todos esses elementos, resgata os momentos específicos que contribuíram para a institucionalização do serviço, que parece ser tão contraditório dentro do sistema de justiça (Pierson, 2016; Fioretto, Sheingate, 2016).

Os profissionais do Serviço Social e Psicologia pouco discutem sobre o CEVAT, apesar de serem os responsáveis por materializar a implementação da medida de Visita Assistida tanto no referido serviço, quanto nas suas comarcas de atuação. Por outro lado, o serviço vem se estruturando e sendo referência em nível nacional. No Tribunal de Justiça de São Paulo, diversos municípios têm lançado o olhar para o CEVAT na expectativa de replicá-lo nas comarcas do interior.

Além disso, ainda que o CEVAT seja referência de visita assistida, a infraestrutura e os recursos humanos disponíveis para esse serviço estão longe de ser uma realidade em nível estadual. Na grande maioria das comarcas, as visitas assistidas acontecem em espaços diversos, com tempo de visita diminuído e compreensões variadas sobre a atuação profissional, o que merece levantamento e debate mais aprofundado no futuro.

O Sistema de Justiça Brasileiro e os litígios de família

O Sistema Judiciário é o *locus* da busca pela verdade que pretende estabelecer justiça pelo convencimento através de provas e argumentos.

Tem como característica principal a hierarquia e o poder de mando que parece impenetrável, cujas relações internas e com a sociedade não deixam de acontecer desvinculadas dos próprios valores e ideologias, que interferirão diretamente nas relações estabelecidas entre as famílias dos julgados. A linguagem, a vestimenta, entre outros signos, são elementos que mantêm o distanciamento e a relação hierárquica com a população que esse sistema atende (Shine, 1997).

Diante da complexidade das relações, própria do processo de evolução da sociedade capitalista, o Judiciário tem sido chamado para atender questões cada vez mais complexas, que perpassam sua capacidade de julgar o culpado e o inocente, o que vem provocando uma sobrecarga excessiva de processos e demandando uma atuação para além da aplicação de uma medida protetiva ou punitiva (Watanabe, *et al.*, 2017).

Não é sem relevância que psicólogos e assistentes sociais do Judiciário têm, durante sua atuação nas visitas assistidas, que ter claro que muito de seu trabalho pode ser dificultado diante desse resquício no imaginário social, sendo preciso lançar mão de estratégias contínuas para que a vinculação necessária para o bom andamento das visitas não se perca ou fique inviabilizada.

Nesse contexto, famílias que vivenciam situações de separação procuram o Poder Judiciário para, além de julgar questões contratuais, também decida questões relacionadas a crianças e adolescentes, legitimando, dessa forma, a interferência da Justiça nas relações privadas.

Visita assistida: para quem e para o quê?

As transformações econômicas e sociais pelas quais a sociedade tem passado afetaram as configurações familiares e fizeram emergir questões próprias do processo de separação e reconfiguração familiar, as quais as políticas sociais não abarcaram e o sistema de justiça, mais especificamente as varas de família, tem investido esforços para atender.

As legislações brasileiras perseguem a manutenção do vínculo afetivo entre os filhos e ambos os genitores, a despeito da ruptura conjugal. No entanto, as questões próprias dessas relações nem sempre são resolvidas apenas com a aplicação de uma medida, devido à complexidade que cada uma delas traz.

Autores que tratam a relação do Sistema de Justiça com os temas próprios da separação conjugal e seu efeito na garantia de convivência familiar das crianças e dos adolescentes têm apontado para necessidade de implementação de serviços e políticas públicas voltadas para as famílias que vivem o divórcio e a reconstrução do núcleo familiar. Contudo, até o momento, essas sugestões não se concretizaram no âmbito do Poder Executivo (Sousa, 2010; Fávero, 2010).

Embora a legislação brasileira tome o modelo da guarda compartilhada entre os genitores como ideal, fomentando uma cultura em que ambos, apesar de separados, detenham as mesmas obrigações com a prole em comum, nem sempre essa medida garante que a convivência não seja rompida. Além disso, a própria decisão do Poder Judiciário pode não permitir essa convivência com um dos genitores e seus respectivos familiares[3], como, por exemplo, no caso em que se entende que tal convivência poderia implicar situação de risco para os filhos. A visita assistida é, justamente, um dos dispositivos criados para garantir a convivência familiar nesses contextos.

A visita assistida está prevista na *Lei de Alienação Parental*[4], promulgada em 2010, sendo o Brasil o único país do mundo que

---

3. Segundo IBGE, levantamento de divórcios não consensuais no estado de São Paulo nos anos de 2015, 2016 e 2017 contam com 24.151, 24.973 e 26.885, respectivamente. Observa-se um aumento de 3% em relação aos dois primeiros anos, e de 8% em relação aos dois últimos anos. Fonte: https://www.ibge.gov.br/estatisticas-novoportal/sociais/populacao/9110-estatisticas doregistrocivil.html?edicao=22856&t=resultados. Acesso em: nov. 2018.

4. O psiquiatra infantil estadunidense definiu o conceito de Síndrome de Alienação Parental como um distúrbio que surge no contexto das disputas de guarda e custódia de crianças cuja a manifestação preliminar é a "[...] campanha denegritória contra um do genitor nos contextos

adotou uma legislação específica que parte do conceito de Alienação Parental. A legislação aponta que essa medida pode ser determinada em caso de comprovado ato de alienação parental, sendo realizada sob acompanhamento de profissional, eventualmente, designado pelo juiz. Contudo, até o momento, essa medida não foi regularizada em nível nacional, tendo sido implementada de acordo com a realidade de cada região, a depender do entendimento do juiz que a determina. Nesses casos, de modo geral, o juiz leva em consideração as perícias elaboradas por assistentes sociais e psicólogos.

Visitas assistidas no Tribunal de Justiça de São Paulo

Ainda que a proteção à convivência familiar e comunitária esteja prevista na *Tipificação Nacional dos Serviços Socioassistenciais*[5], até o momento a aplicação da medida de visitas assistidas no estado de São Paulo tem sido preocupação exclusiva do Poder Judiciário. Ferrari (2015) aponta para o que ocorreu no município de Vitória/ES, em 2012, onde foi realizada uma ação em conjunto com o Ministério Público, com o Poder Judiciário e com uma associação municipal para a prestação do serviço fora das dependências do sistema de justiça. No entanto, o programa não teve sucesso, visto que, logo em seguida, a equipe de profissionais de Serviço Social e Psicologia do Ministério Público e do Tribunal de Justiça manifestaram contrariedade em

---

de disputa de custodia de crianças" (Gardner, 2002). Ainda segundo o autor, tal campanha pode levar à implantação de falsas memórias e falsa denúncia de abuso sexual. O termo não foi reconhecido como uma doença, sendo adotado apenas Alienação Parental.

5. SERVIÇO DE PROTEÇÃO E ATENDIMENTO ESPECIALIZADO A FAMÍLIAS E INDIVÍDUOS (PAEFI). Descrição: Serviço de apoio, orientação e acompanhamento a famílias com um ou mais de seus membros em situação de ameaça ou violação de direitos. Compreende atenções e orientações direcionadas para a promoção de direitos, a preservação e o fortalecimento de vínculos familiares, comunitários e sociais e para o fortalecimento da função protetiva das famílias diante do conjunto de condições que as vulnerabilizam e/ou as submetem a situações de risco pessoal e social (Brasil, 2009).

relação ao trabalho que, segundo eles, tinha um caráter policialesco e fiscalizador que não condizia com o código de ética das referidas profissões. Dessa forma, a medida voltou a ser aplicada nas dependências forenses.

O CEVAT, por muito tempo, também foi alvo de questionamentos dessa natureza, o que tem sido motivo de restruturação, especialmente a partir de 2017, resultando em um novo olhar para o serviço. No estado de São Paulo, também não há uma legislação específica que trate da metodologia de visita assistida a nível estadual, sendo a medida aplicada de formas variadas de acordo com os recursos humanos, do entendimento e da infraestrutura de cada comarca. Nesse sentido, a eficiência da medida pode ser ameaçada.

As comarcas centrais situadas no município de São Paulo contam com o Centro de Visitação Assistida do Tribunal de Justiça de São Paulo — CEVAT, um serviço dentro do Judiciário, no qual as visitações assistidas têm objetivos bem delimitados pelo provimento CSM 2403/2017 e pelo Regimento Interno.

O CEVAT tem por função dar cumprimento à decisão que aplicou o instituto da visitação assistida, ofertar um local seguro e um acompanhamento técnico de qualidade apto a permitir a circulação da criança/do adolescente no laço familiar conflituoso, propiciar campo para o restabelecimento ou fortalecimento dos vínculos parentais, priorizando a proteção da criança/do adolescente de situação potencialmente nociva a seu bem-estar e desenvolvimento biopsicossocial, adotando práticas para a prevenção e redução de danos, prestando-se, ainda, como método alternativo à mitigação do conflito (TJSP, 2019).

Atualmente, as visitas assistidas acontecem em um espaço físico estruturado para a aplicação da medida. Os profissionais que lá atuam recebem supervisão e dispõem de um aparato de suporte tanto administrativo quanto de recursos humanos que perseguem a qualidade do serviço. Contudo, nem sempre foi assim.

Da Sala de Visitas ao CEVAT: o processo de institucionalização do serviço

A origem das visitas assistidas no Judiciário paulista apresenta suas primeiras atividades em meados da década de 1960, com caráter disciplinador dos genitores, tendo sido proposta por uma assistente social na época. Nomeada como Sala de Visitas, esse espaço oferecia atendimento para os casos da região central de São Paulo, não contemplando os demais municípios situados no estado (Cordeiro, 2019).

Não foram encontrados documentos que forneçam informações sobre os atendimentos na época, pois não havia registros sobre o público no serviço, nem mesmo especificações sobre a rotina do trabalho. O que se sabe é que as visitas assistidas já pretendiam oferecer um espaço propício à convivência de crianças e adolescentes com suas famílias. Isso é um fato curioso, já que a legislação da época, alicerçada pela ideia de Pátrio Poder, nem sequer vislumbrava essa entrada decisiva do Estado no seio familiar nos casos de divórcio e separação.

Em 1991, foi publicado o Provimento n. 06 da Corregedoria do Tribunal de Justiça de São Paulo. Esse documento foi produzido com a intenção de adaptar as Normas de Serviços da Corregedoria Geral de Justiça para atender às mudanças do Estatuto da Criança e do Adolescente. A seção dois tratou dos plantões dos assistentes sociais que aconteciam aos finais de semanas para acompanhamento de visitas a "menores"[6]. Contemplou, neste momento, também, a metodologia de registros dos atendimentos na então chamada "Sala de Visitações", sendo, a partir de então, feitos em livros, sem muito rigor técnico. Os registros em livros-atas respeitavam uma ordem cronológica, e não havia uma preocupação com a forma de evidenciar cada caso durante

---

6. Ainda que o Estatuto da Criança e do Adolescente tenha substituído o termo menor para crianças (com idade até 11 anos e 11 meses) e adolescente (dos 12 anos aos 17 anos e 11 meses), o provimento 06 de 1991 ainda fazia uso do referido termo.

as visitas, indicando, assim, que o acompanhamento da evolução deles não era o foco do trabalho na época.

A literatura aponta que a Sala de Visitas era alvo de várias críticas, tanto pela metodologia de trabalho utilizada na época, que não privilegiava o acompanhamento dos casos e que não tinha um formato técnico bem definido, quanto pela infraestrutura, que não era adequada à proposta do serviço (Shine, 1996).

As plantonistas assistentes sociais que atuavam no visitário, até então, não tinham projeto e suporte de trabalho. Convocadas para acompanhar as visitações em Diário Oficial, elas nem sequer tinham informações prévias sobre os casos que assistiriam em seus plantões. Diante da falta de planejamento das intervenções na Sala de Visitas, em 2006, por ocasião de uma visita assistida, o genitor de uma criança, que deveria apenas visitá-la naquele dia, sequestrou a própria filha. Tal episódio teve uma repercussão bastante negativa na mídia, chegando a ser reportado em rede nacional.

Em resposta ao acontecido, o Provimento n. 1107/2006 do Tribunal de Justiça de São Paulo foi o primeiro documento que regulamentou o Centro de Visitação Assistida na instituição. A formalização das regras desse serviço foi uma medida necessária a ser tomada. Foi por causa desse documento que o Centro de Visitação Assistida de São Paulo acabou sendo oficialmente criado.

Entre os principais pontos estruturantes do CEVAT, o art. 2º do provimento supracitado menciona que o "[...] CEVAT prestará serviços de assistência e monitoramento nas visitas de crianças e adolescentes por seus genitores, decorrentes de ordem dos Juízes das Varas de Família e Sucessões da Comarca da Capital" (TJSP, 2006). Os artigos seguintes tratam de horários de plantões da equipe de plantonistas, de procedimentos para inclusão dos casos no serviço e das normas a serem respeitadas pelos familiares.

Em 2008, o Provimento n. 1557 estipulou o prazo máximo de duração das visitas assistidas, que, até então, não havia sido regularizado.

Os casos seriam acompanhados num período de 180 dias, podendo ser renovados a depender da evolução, bem como do avanço das situações apresentadas. Era comum os casos permanecerem por mais de seis meses sendo atendidos pelo CEVAT, devido à morosidade dos processos nas comarcas de origem, em que a determinação judicial para a mudança de regime de guarda e visitação fica pendente de ser apreciada, mantendo, dessa forma, a medida de visitação assistida.

Em 2013, a Corregedoria Geral da Justiça de São Paulo atualiza as Normas de Serviço dos Ofícios de Justiça, fazendo menção ao CEVAT, nos artigos 362 a 370:

> Art. 363. O "CEVAT" prestará serviços de assistência e monitoramento nas visitas de crianças e adolescentes por seus genitores, decorrentes de ordem dos juízes das Varas de Família e Sucessões da Comarca da Capital (TJSP, 2013).

Ainda assim, a demanda não foi levada para o diálogo com o executivo. Vale ressaltar que o visitário se propôs ser um projeto--piloto, não tendo sido encontrado até o momento outro serviço de referência no país.

Em 2017, o Provimento n. 2403 trouxe mudanças significativas para o CEVAT, apresentando-se neste período como um verdadeiro divisor de águas. A primeira delas é a criação de equipes fixas para o atendimento dos casos, composta de assistente social e psicólogo. Até então, os plantonistas eram escalados para acompanhar as visitas aleatoriamente. Dessa forma, era comum que assistentes sociais e psicólogos não tivessem informações relevantes sobre a família da qual eram responsáveis durante a visita. Isso prejudicava as intervenções, diminuindo possibilidades de avanço do caso e a vinculação dos familiares com os profissionais que as acompanhavam.

Outra importante mudança foi o atendimento prévio das famílias por equipe do CEVAT antes de iniciar a visita, possibilitando, desse modo, entender o contexto familiar e propor alternativas de intervenção com os plantonistas que acompanhariam o caso durante todo o tempo de visita, previsto por seis meses, podendo ser estendido. Além disso, a normativa prevê supervisões da equipe de plantonistas, o que tem contribuído significativamente para a discussão dos casos atendidos pelos psicólogos e assistentes sociais nas visitas, propiciando avanços técnicos. Passados dois anos, a portaria 02/2019 do Tribunal de Justiça de São Paulo aprova o regimento interno da organização contemplando as mudanças ocorridas a partir de 2017.

No presente, tramita na Câmara dos Deputados o Projeto de Lei n. 9188 de 2017, do Deputado Federal Rafael Motta, que propõe a alteração do Estatuto da Criança e do Adolescente para que a visita assistida seja uma medida a ser determinada ao suposto abusador sexual de uma criança ou adolescente com até 12 anos de idade, ainda que a denúncia de abuso não tenha sido comprovada. Não há referências de aplicação da medida em outros casos. Apesar disso, conforme apontado, a medida tem sido uma alternativa em situações variadas.

Grupos organizados de mães[7] têm levado, para a Câmara e para o Senado, debates em torno da Lei de Alienação Parental defendendo sua revogação, entendendo que ela não protege as crianças e adolescente atendidos. Ao contrário, pune aqueles que denunciam o crime. Diante da pressão desses grupos, foi criado o Projeto de Lei n. 419 de 2018, de autoria da CPI dos Maus-Tratos, que propõe a revogação da Lei de Alienação Parental (Lei 12.318/2010), por considerar que essa tem propiciado o desvirtuamento do propósito protetivo da criança ou adolescente, submetendo-os a abusadores.

Tendo em vista que a referida Lei da Alienação Parental é o único documento legal que, em nível nacional, faz menção à medida de visita assistida, a exclusão dele pode respingar na legitimidade

---

7. Coletivo de Proteção à Infância Voz Materna e o Coletivo de Mães de Luta são grupos que, por meio de rede sociais, têm unido mães para defender a revogação da Lei de Alienação Parental.

da medida, e, consequentemente, na existência do CEVAT. Por outro lado, grupos de pais têm se organizado para defendê-la, assim como a Lei da Guarda Compartilhada decretada em 2017[8].

CEVAT hoje: avanços e desafios

O Tribunal de Justiça de São Paulo é considerado o maior tribunal do mundo em processos, cuja demanda representa 25% do total dos processos da justiça brasileira[9]. Cada município-sede conta com, pelo menos, uma Vara de Família e Sucessões, onde são julgados os processos de divórcio, denúncias de maus-tratos ou violência contra a criança e o adolescente, nos quais a determinação de visita assistida pode ser uma alternativa.

No município de São Paulo, após a determinação na comarca de origem, o caso é encaminhado à coordenação do CEVAT, aguardando por uma vaga. Quando ela surge, convocam-se as partes envolvidas no processo para atendimento inicial. Esse é o primeiro contato de pais e filhos com o serviço.

Após a entrevista inicial e as orientações sobre as normas do serviço, são iniciadas as visitas, previstas por seis meses, podendo ser ampliadas a depender da evolução do caso. Cada caso conta com um plantonista de referência, geralmente um assistente social ou um

---

8. O grupo Pai Herói surgiu da iniciativa isolada de um pai vítima de alienação parental. O grupo, organizado por meio de redes sociais, promove manifestações pela igualdade parental, participação em congressos, visitas ao gabinete do autor da Lei n. 13058/14 e a luta incessante, que segue até os dias de hoje, pela guarda compartilhada fazem parte dessa história. Sem fins lucrativos, o nosso objetivo é tão somente ajudar milhares de pais, mães, avós e crianças que sofram dessa mesma violência (AP).

9. Segundo IBGE, levantamento de divórcios não consensuais no estado de São Paulo nos anos de 2015, 2016 e 2017 contam com 24.151, 24.973 e 26.885, respectivamente. Observa-se um aumento de 3% em relação aos dois primeiros anos, e de 8% em relação aos dois últimos anos. Disponível em: https://www.ibge.gov.br/estatisticas-novoportal/sociais/populacao/9110-estatisticas-do-registrocivil.html?edicao=22856&t=resultados. Acesso em: set. 2019.

psicólogo. Esses registram as visitas e fazem acompanhamento e orientações durante todo o período de visitação. No entanto, ainda que acompanhem o caso, eles não podem fazer sugestão sobre a manutenção ou não das visitas nos autos, já que sua função não é propriamente de acompanhar a medida, o que poderia sobrepujar o papel dos peritos do fórum de origem dos processos, mas sim de contribuir para que as visitas aconteçam com segurança e da melhor forma possível, informando apenas como elas ocorreram *in loco*. Nesse sentido, mostra-se todo um campo de discussão, debatendo se os assistentes sociais e psicólogos que atuam nesse serviço como plantonistas, mesmo que capacitados para oferecer análises mais profundas, talvez não consigam exercer ações mais complexas de competência de suas profissões[10].

Sobre as transformações que o CEVAT vem passando no que se refere à logística dos atendimentos, alguns avanços valem a pena ser destacados. A reinauguração do CEVAT, ocorrida em junho de 2019, deu nova roupagem ao serviço. O espaço que até então contava com poucos recursos para interação entre o visitante e as crianças, passou por um processo de reforma, obtendo um espaço mais acolhedor, ficando mais próximo de um ambiente caseiro, além de mais receptivo, especialmente para as crianças e adolescentes. Isso contribuiu com o trabalho dos assistentes sociais e psicólogos na tentativa de propiciar interações familiares de maneira salutar.

O atendimento dos casos, antes do início da visita assistida, por um psicólogo do serviço, tem contribuído para que a medida deixe de ser aplicada somente de forma paliativa, passando a ter um caráter interventivo. Durante o período de visitas, são discutidas, entre as equipes de plantonistas e supervisores, as intervenções na perspectiva de contribuir para o menor sofrimento possível da criança e do adolescente visitado, na medida de cada caso, a aproximação e fortalecimento dos vínculos familiares fragilizados, na sua maioria das vezes, em decorrência de situações de divórcio litigioso.

---

10. Vale destacar o primoroso trabalho de Cordeiro (2019) sobre a atuação dos assistentes sociais no espaço sócio-ocupacional.

A reforma do espaço físico e o início das supervisões são apenas alguns aspectos dessa mudança. Também houve alterações dos propósitos e da metodologia adotados por psicólogos e assistentes sociais, na tentativa de evitar, ao máximo, o sofrimento da criança e do adolescente em visita. Dessa forma, o trabalho interdisciplinar de psicólogos e assistentes sociais tenta garantir a integralidade de crianças e adolescentes, propiciando um ambiente saudável para aquelas poucas horas em que elas estarão com o genitor ou membro de sua família que passam tanto tempo distanciado delas.

Contudo, mesmo que o CEVAT tenha passado por diversos avanços no seu processo de institucionalização, o qual vem contribuindo significativamente para o atendimento de sua demanda, é possível identificar alguns desafios que merecem atenção. Um deles diz respeito à necessidade de se ter mais clareza no meio Judiciário sobre a autonomia do serviço para decidir pela continuidade do atendimento em cada caso, ou se isso sempre deve ficar a critério dos juízes e auxiliares das respectivas comarcas de origem dos processos. Embora seja possível fazer sugestões de encerramento das visitas por meio do juízo do CEVAT, tal determinação permanece a cargo do juízo da comarca de origem do processo.

Outra dificuldade relevante diz respeito à expectativa em relação à determinação da medida pelo juiz da comarca de origem. Em alguns casos, a medida é determinada para um acompanhamento paliativo sem ter o foco no fortalecimento dos vínculos familiares ou na restauração deles. No entanto, os assistentes sociais e psicólogos que atuam no CEVAT propõem intervenções na perspectiva de superar os motivos que levaram à necessidade de visita assistida. Tais dificuldades podem apontar para a falta de pesquisas e legislação a nível nacional que apresentem objetivos e metodologias para a implementação da medida.

Ademais, é relevante apontar que muitos genitores, afetados pela dificuldade de lidar com a separação, quando procuram o Judiciário para decidir quem terá melhor posição de poder sobre os filhos, nem sempre notam o quanto podem estar colocando a criança em sofrimento. Esse fenômeno tem a ver com questões mais amplas de histórias de vida, além de contextos socioeconômicos e psicológicos que devem ser levados em consideração. Nesse emaranhado de sentimentos, em que o sofrimento da separação e a dificuldade de reconstituição familiar se confundem com a definição de guarda da prole, também surgem casos de falsas denúncias e de abuso físico ou sexual.

Nesse sentido, sem a devida análise mais aprofundada, a busca pelo Judiciário materializada nos autos, aparentemente, é tão e somente pela culpabilização do outro, o que é transmitido para o CEVAT, tornando o trabalho dos assistentes sociais e psicólogos desse serviço ainda mais complexo. O desafio para garantir que as crianças e adolescentes sejam protegidas aparece como pano de fundo da motivação principal pelo qual o sistema de justiça foi acessado.

Ainda que haja um movimento de um sistema de justiça mediador e conciliador, o Judiciário é demandado a julgar a disputa a partir do ponto de vista culpado e inocente, o que é mais inflamado nos casos de visita assistida, dificultando as possibilidades de auxiliar na construção de outro caminho para as famílias atendidas.

Por fim, diante das questões levantadas, parece-nos que a intervenção desses casos por meio de políticas sociais pelo executivo poderia ser o caminho mais adequado. No entanto, para se defender a proposta, são necessários estudos mais aprofundados sobre o tema.

Conclusão

O Sistema Judiciário tem sido chamado para atender às demandas de uma sociedade cada vez mais complexa, numa cultura da Judicialização, na qual tudo é passível de ser contratualizado e, consequentemente, ajuizado. Não escapam desse movimento as relações familiares que, até pouco tempo, eram próprias do âmbito privado como casais em divórcio litigioso, que têm depositado no Judiciário o lugar de resolução de seus conflitos, principalmente aqueles relacionados à disputa de guarda e visitação de seus filhos.

O presente capítulo procurou fazer uma breve análise do processo de institucionalização do CEVAT, desde sua criação até os dias atuais, focando nos episódios que contribuíram para o amadurecimento do serviço e dos atendimentos realizados por assistentes sociais e psicólogos. No contexto em que começou a ser pensado, na década de 1960, o serviço tinha um caráter disciplinador e sua regulamentação só aconteceu trinta anos depois. Em seguida, seu avanço teve outro período de estagnação até 2006, quando um grave episódio forçou um processo de reestruturação.

Não tardou para o serviço voltar a ser alvo de duras críticas pela qualidade do trabalho e estrutura física ofertada, até que, em 2017, iniciou-se um novo período de restruturação, tendo sido reforçado dois anos depois. O trabalho de assistentes sociais e psicólogos do CEVAT também foi reformulado, ganhando mais capacidade técnica e clareza ética: de uma época em que os plantonistas eram convocados aleatoriamente em Diário Oficial para atender casos que desconheciam, até os dias atuais, quando há seleção e construção de equipes fixas de trabalho que passam não só a conhecer a história de vida das pessoas acompanhadas regularmente, mas também garantir minimamente a convivência entre pais e filhos, a fazer parte dessas histórias e de suas memórias.

Contudo, ainda há muito para avançar sobre o conceito de visita assistida e sobre o CEVAT, para, então, repensar sobre novas possibilidades de atuação dos profissionais assistentes sociais e psicólogos nesse serviço. Questões como processos de trabalho, eficácia desse serviço dentro do Judiciário em detrimento de possibilidades de sua implantação no executivo, o limite entre a garantia do convívio familiar e a revitimização de crianças e adolescentes, além da própria função dos assistentes sociais e psicólogos atuantes nesse espaço tão somente na condição de plantonista, o que reduz seu alcance técnico.

Assim, percebe-se que o CEVAT tem sido estruturado a partir de demandas sociais, que partiram de correlação de forças, sendo regulado a posteriori. Consequentemente, a atuação dos profissionais de serviço social e psicologia neste espaço sócio-ocupacional foi diretamente afetada pelos avanços e desafios da instituição no tempo e, embora muito há que se construir nesse campo, é imprescindível reconhecer os avanços importantes, apontar os futuros desafios e, principalmente, provocar o debate sobre um tema que tem sido pouco discutido não só pelo Judiciário, mas também pela sociedade como um todo.

Referências

BATISTA, Thais Tononi. *Judicialização dos conflitos intrafamiliares:* considerações do Serviço Social sobre a Alienação Parental. Dissertação (Mestrado em Serviço Social) — Universidade Federal do Espírito Santo, Vitória, 2016.

BERGSON, Henri. *Matéria e memória:* ensaio sobre a relação do corpo com o espírito. Tradução Paulo Neves. 2. ed. São Paulo: Martins Fontes, 1999.

BRASIL. *Código de Menores de 1927:* Decreto n. 17943, de 12 de outubro de 1927. Rio de Janeiro, 1927.

BRASIL. *Código de Menores de 1979:* Lei n. 6697, de 10 de outubro de 1927. Brasília, DF, 1979.

BRASIL. *Estatuto da Criança e do Adolescente*: Lei n. 8069, de 13 de julho de 1990. Brasília, DF, 1990.

BRASIL. *Lei da Alienação Parental:* Lei n. 12.318, de 26 de agosto de 2010. Brasília, DF, 2010.

BRASIL. *Plano Nacional de Promoção, Proteção e Defesa de Crianças e Adolescentes à Convivência Familiar e Comunitária.* Brasília, DF, 2006. Disponível em: https://www.mds.gov.br/webarquivos/publicacao/assistencia_social/Cadernos/Plano_Defesa_CriancasAdolescentes%20.pdf. Acesso em: nov. 2019.

BRASIL. *Projeto de Lei PL n. 409/2018.* Altera a Lei n. 5.172, de 25 de outubro de 1966, para vedar a adoção de medidas que impeçam o exercício de atividades da vida civil, salvo nos casos expressamente previstos em lei, e dá outras providências. Disponível em: https://www25.senado.leg.br/web/atividade/materias/-/materia/134316. Acesso em: 31 julho 2020.

BRASIL. *Projeto de Lei PL n. 9188/2017*. Acrescenta parágrafo ao art. 130 da Lei n. 8.069, de 13 de julho de 1990 (Estatuto da Criança e do Adolescente), para garantir a proteção da integridade psíquica e física da criança. Disponível em: http://www.camara.gov.br/proposicoesWebprop_mostrarintegra-codteor=1626383&filename=PL+9188/2017. Acesso em: 31 de julho de 2020.

CIERONI, Clara. *Lei da Alienação Parental: problema ou solução?* Entrevista Exame. Disponível em: https://exame.com/brasil/lei-da-alienacao-parental-problema--ou-solucao-debate-esquenta. Acesso em: 20 nov. 2019.

CORDEIRO, Luciana Prates. *O Centro de Visitação Assistida CEVAT-TJSP na perspectiva do trabalho dos assistentes sociais*. Dissertação (Mestrado em Serviço Social) — Pontifícia Universidade Católica de São Paulo, São Paulo, 2019.

FÁVERO, Eunice Teresinha. O Estudo Social — fundamentos e particularidades de sua construção na Área Judiciária. *In*: CONSELHO FEDERAL DE SERVIÇO SOCIAL. *O estudo social em perícias, laudos e pareceres técnicos* — contribuição ao debate no judiciário, penitenciário e na previdência social. 9. ed. São Paulo: Cortez, 2010.

FERRARI, Anne Karoline. *"Quem conta um conto, aumenta um ponto"*: ampliando a discussão das práticas de assistentes sociais e psicólogos nas Varas de Família e Sucessões do Poder Judiciário do Estado do Espírito Santo. Dissertação (Mestrado em Psicologia Institucional) — Universidade Federal do Espírito Santo, Vitória, 2015.

FIORETOS, Orfeo; FALLETI, Tulia; SHEINGATE, Adam. *Historical institutionalism in political science. In:* The Oxford handbook of historical institutionalism, p. 3-30, 2016.

FREUD, Sigmund. Projeto para uma psicologia científica. *In: Edição Standard brasileira das obras psicológicas completas de Sigmund Freud*. Rio de Janeiro: Imago, 1969.

GARDNER, Richard. Parental alienation sindrome vs. parental alienation: which diagnosis should evaluators use in child custody disputes. *The American Journal of Family Therapy*, v. 30, n. 2, p. 93-115, 2002.

GRINOVER, Ada Pellegrini; WATANABE, Kazuo; COSTA, Susana Henriques da (coord.). *O processo para solução de conflitos de interesse público*. Salvador: Juspodivm, 2017.

HALL, Peter; TAYLOR, Rosemary. As três versões do neo-institucionalismo. *Lua Nova: revista de cultura e política*, São Paulo, n. 58, p. 193-223, 2003.

LAGRASTA, Caetano; SIMÃO, José Fernando (org.). *Dicionário de Direito de Família*. São Paulo: Atlas, 2005.

LOTTA, Gabriela. Spanghero; FAVARETO, Arilson da Silva. Desafios da integração nos novos arranjos institucionais de políticas públicas no Brasil. *Revista de Sociologia e Política*, v. 24, n. 57, p. 49-65, 2016.

MARX, Karl; ENGELS, Friedrich. *A ideologia alemã*. Tradução de Álvaro Pina. 1. ed. São Paulo: Expressão Popular, 2009.

PIERSON, Paul. *Power in historical institutionalism*. The Oxford handbook of historical institutionalism, p. 124-141, 2016.

SANTOS, Boaventura de Sousa. *Para uma revolução democrática da justiça*. São Paulo: Cortez, 2007.

SHINE, Sidney. *A ideologia da instituição judiciária*. In: COHEN, Claudio; SEGRE, Marco; FERRAZ, Flávio Carvalho (org.). *Saúde mental, crime e justiça*. São Paulo: Edusp, 1996.

SHINE, Sidney; CASTRO, Lídia Rosalina Folgueira. Uma reflexão sobre o plantão da sala de visitas na cidade de São Paulo. In: *II Congreso Iberoamericano de Psicología Jurídica*, Havana, Cuba, 1997.

SOUSA, Analicia Martins de. *Síndrome da alienação parental:* um novo tema nos juízos de família. São Paulo: Cortez, 2010.

SOUSA, Edna Fernandes da Rocha Lima. *Alienação parental sob o olhar do Serviço Social:* limites e perspectiva da atuação profissional nas varas de família. Tese (Doutorado em Serviço Social) — Pontifícia Universidade Católica de São Paulo, São Paulo, 2016.

TRIBUNAL DE JUSTIÇA DE SÃO PAULO. *Normas de Serviço dos Ofícios de Justiça*. São Paulo, 2013.

TRIBUNAL DE JUSTIÇA DE SÃO PAULO. *Portaria CEVAT 02/2019*, de 17 de setembro de 2019. São Paulo, 2019.

TRIBUNAL DE JUSTIÇA DE SÃO PAULO. *Provimento n. CXVI/1980*, de 12 de abril de 1980, retificado em 05 de agosto de 1980. São Paulo, 1980.

TRIBUNAL DE JUSTIÇA DE SÃO PAULO. *Provimento n. 06/1991*, de 28 de junho de 1991. São Paulo, 1991.

TRIBUNAL DE JUSTIÇA DE SÃO PAULO. *Provimento CG. n. 1107/2006*, de 17 de abril de 2006. Centro de Visitação Assistida de São Paulo — CEVAT. São Paulo, 2006.

TRIBUNAL DE JUSTIÇA DE SÃO PAULO. *Provimento CSM n. 2403/2017*, de 15 de março de 2017. Reformulação do Centro de Visitação Assistida de São Paulo — CEVAT e sobre o aprimoramento do serviço prestado. São Paulo, 2017.

SOBRE AS/OS AUTORAS/ES

ALBERTA EMÍLIA DOLORES DE GÓES | Assistente Social pelas Faculdades Metropolitanas Unidas (FMU); Assistente Social Judiciária atuante na Comarca de Itapecerica da Serra, Vara da Infância e Juventude; doutora e mestra em Serviço Social (PUC-SP); docente em Cursos de Graduação e Pós-Graduação; pesquisadora participante do Núcleo de Estudos e Pesquisas sobre a Criança e o Adolescente (NCA-PUC-SP) e integrante do Movimento pela Proteção Integral de Crianças e Adolescentes.

ALINE LIMA TAVARES | Graduada em Psicologia pela Universidade Federal de Juiz de Fora (UFJF), especialista em Psicanálise e Laço Social pela Universidade Federal Fluminense (UFF) e mestra e doutoranda em Psicanálise pela Universidade Estadual do Rio de Janeiro (UERJ). Participante do Fórum do Campo Lacaniano do Rio de Janeiro. Psicóloga do TJSP.

ANA LUCIA OLIVEIRA RAMOS | Assistente Social Judiciária, Especialista em Serviço Social, Saúde e Violência e mestranda no Programa de Pós-Graduação em Serviço Social e Políticas Sociais na Universidade Federal de São Paulo (Unifesp).

ANA LUÍSA DE MARSILLAC MELSERT | Psicóloga Judiciária e mestra em Educação: Psicologia da Educação pela Pontifícia Universidade Católica de São Paulo (PUC-SP).

ANA PAULA HACHICH DE SOUZA | Psicóloga, atua no Tribunal de Justiça do Estado de São Paulo (TJSP), especialista em Psicologia Jurídica e Psicologia Clínica e mestranda em Serviço Social e Políticas Sociais pela Universidade Federal de São Paulo (Unifesp).

CARLA ALESSANDRA BARBOSA GONÇALVES KOZESINSKI | Doutoranda em Psicologia Clínica do Instituto de Psicologia da Universidade de São Paulo (IPUSP), pós-graduada em Psicanálise na Parentalidade e Perinatalidade pelo Instituto Gerar. Psicóloga Clínica e Psicóloga do Tribunal de Justiça de São Paulo (TJSP).

CARLOS AILTON DOS SANTOS JÚNIOR | Assistente Social. Especialista em Trabalho Social com Famílias (FAPSS). Coordenador do CREAS Vila Maria/Guilherme na Prefeitura de São Paulo.

CARLOS RENATO NAKAMURA | Psicólogo pela Faculdade de Filosofia, Ciências e Letras de Ribeirão Preto (USP), especialista em Psicologia Jurídica pelo Instituto Paulista de Estudos Bioéticos e Jurídicos (IPEBJ), mestrando em Psicologia pela Faculdade de Filosofia, Ciências e Letras de Ribeirão Preto (USP), psicólogo judiciário na Comarca de Américo Brasiliense (SP).

CÁSSIA MARIA ROSATO | Doutora e mestra em Psicologia pela Universidade Federal de Pernambuco (UFPE), mestra em Direitos Humanos pela Universidade de Granada (Espanha). Psicóloga pela Universidade de São Paulo (USP). Professora universitária e consultora autônoma. Atua no Tribunal de Justiça do Estado de São Paulo (TJSP) desde 2018.

CLARISSA MEDEIROS | Psicóloga e doutora em Psicologia Clínica pela Universidade de São Paulo (USP).

CRISTIANE GRILANDA PEREIRA | Assistente Social no TJSP (Fórum Regional X — Ipiranga), especialista em Gestão de Políticas Públicas, Diversidade e Inclusão Social pela Universidade São Francisco (USF).

CRISTINA RODRIGUES ROSA BENTO AUGUSTO | Psicóloga pela Faculdade de Psicologia Mackenzie; psicóloga clínica; psicóloga judiciária atuante na Comarca da Capital (Fórum do Ipiranga X); especialista em Psicoses da Infância pela Unesp; especialista em Psicoterapia Psicanalítica pela Universidade de São Paulo (USP), e integrante do Movimento pela Proteção Integral de Crianças e Adolescentes.

DENISE FERNANDES | Formada em Serviço Social pela pelas Faculdades Metropolitanas Unidas — FMU (1980). Especialista em Serviço Social do Trabalho pela FMU (1981-1982). Experiência de 25 anos em Serviço Social de empresas, tendo trabalhado em multinacionais, bancos e empresas nacionais. Em 2005, ingressou no serviço público (prefeitura de Araras) com a implantação de programas de fortalecimento de vínculos familiares. Prestou serviços como autônoma para a prefeitura de Araras, de 2006 a 2009, desenvolvendo programas de treinamentos voltados à capacitação ao mercado de trabalho para famílias assistidas pelos centros de referência. Servidora do Tribunal de Justiça do Estado de São Paulo (TJSP) desde 2010, atualmente lotada na Comarca de Vinhedo.

EMELINE DUO RIVA | Psicóloga judiciária, lotada na Comarca de Catanduva. Especialização em Psicologia Jurídica: proposta de uma práxis pelo Instituto Sedes Sapientiae. Especialista em Psicologia Jurídica pelo Conselho Federal de Psicologia.

FERNANDA VIEIRA COSTA | Especialista em Direito da Infância e Juventude pelo Centro Universitário Claretiano. Formada em Serviço Social pela Universidade Estadual Paulista "Júlio de Mesquita Filho". Assistente Social Judiciária do Tribunal de Justiça do Estado de São Paulo.

FILADELFIA REGINA FELIX PASSOS | Assistente Social no TJSP (Fórum do Ipiranga X), graduada pela Universidade Estadual do Ceará (UECE), Especialista em Serviço Social, Seguridade Social e Legislação Previdenciária pela Faculdade Ratio.

GERMANNE PATRICIA NOGUEIRA BEZERRA RODRIGUES MATOS | Assistente Social Judiciária em exercício no Serviço Psicossocial Vocacional. Graduada pela Universidade Estadual do Ceará (UECE) e pós-graduada em Tanatologia. Aluna especial do Programa de Pós-Graduação em Gerontologia da Escola de Artes, Ciências e Humanidades da Universidade de São Paulo (EACH/USP).

HELENA CRISTINA DE SOUZA FIGUTI | Graduada em Serviço Social e especialista em Políticas Sociais e Gestão Institucional pela Universidade de Taubaté (Unitau).

HELOÍSA EMY ANGERAMI OZAHATA | Psicóloga do Saica Sentinela, formada pela Universidade São Marcos.

IZAURA BENIGNO DA CRUZ | Formada em Serviço Social pela Universidade Cidade de São Paulo — Unicid (1997). Assistente Social Judiciária no Tribunal de Justiça do Estado de São Paulo (TJSP) desde 2006. Especialização em Família, com Formação em Terapia Familiar pela Universidade Cruzeiro do Sul — Unicsul (2005), especialização em Serviço Social no Sociojurídico e atuação profissional no Sistema de Garantia de Direitos: Fundamentos Teórico-Metodológicos, Assessoria, Perícia e Gestão pela Faculdade São Vicente (2021).

JÉSSICA DOS ANJOS RODRIGUES DE JESUS | Formada em Psicologia pela Universidade Mackenzie (2016). Psicóloga Judiciária no Tribunal de Justiça do Estado de São Paulo (TJSP) desde 2018. Especialização em Psicologia Jurídica pelo Centro Universitário São Camilo (2021).

JÉSSICA MARIA OISHI | Mestra em Psicologia Escolar e do Desenvolvimento Humano pelo Instituto de Psicologia da Universidade de São Paulo (IPUSP) e especialista em Psicologia Jurídica pelo Conselho Regional de Psicologia (CRP). Psicóloga no Tribunal de Justiça do Estado de São Paulo (TJSP).

JULIA PAULA WASHINGTON DIAS | Assistente Social no Tribunal de Justiça do Estado de São Paulo (TJSP) e mestra em Serviço Social pela Universidade do Estado do Rio de Janeiro (UERJ).

LEILA JOSEFINA RODRIGUES VIANNA | Psicóloga Judiciária, lotada no Serviço Psicossocial Vocacional do Tribunal de Justiça de São Paulo. Graduada pela Universidade Paulista (UNIP). Psicodramatista pelo Instituto Sedes Sapientiae.

LEILA ZANELLA | Assistente Social no TJSP (Fórum do Ipiranga X). Cursando pós-graduação em Serviço Social no Sociojurídico e atuação profissional no Sistema de Garantia de Direitos: Fundamentos Teórico--Metodológicos, Assessoria, Perícia e Gestão, pela Unialphaville, São Paulo-SP. Especialista em Saúde da Família pela Faculdade de Medicina do ABC (2014). Especialista em Saúde Pública pela Universidade Federal do Rio Grande do Sul (UFRGS) — Faculdade de Medicina Departamento de Medicina Social, 2011.

LUCIANA ANDRADE PANTUFFI | Psicóloga do Tribunal de Justiça de São Paulo. Graduação em Psicologia pela Universidade de São Paulo — IPUSP (2000). Aperfeiçoamento em Violência Doméstica contra Crianças e Adolescentes pelo Instituto Sedes Sapientiae (2007). Especialização em Psicologia Jurídica pelo Instituto Sedes Sapientiae (2009). Mestrado em Psicologia pela Universidade de São Paulo (2018).

LUIZE PREDEBON | Assistente Social no Tribunal de Justiça de São Paulo (TJSP), graduada e especialista pela Universidade Estadual do Oeste do Paraná (Unioeste).

MARCELA LANÇA DE ANDRADE | Doutora e mestra em Psicologia pela Faculdade de Filosofia, Ciências e Letras de Ribeirão Preto da Universidade de São Paulo. Psicóloga pela Universidade Estadual Paulista "Júlio de Mesquita Filho". Psicóloga Judiciária do Tribunal de Justiça do Estado de São Paulo e docente do curso de Psicologia da Faculdade do Instituto Taquaritinguense de Ensino Superior (ITES).

MARIA COSTANTINI | Psicóloga Judiciário, lotada no Serviço Psicossocial Vocacional do Tribunal de Justiça de São Paulo. Graduada pela Universidade Federal do Paraná (UFPR), pós-graduada em Psicologia e Psiquiatria Fundação do Desenvolvimento Administrativo (Fundap) e especialista em Saúde Pública pela Universidade de São Paulo (USP).

MARIA TERESA GONÇALVES REBELLO | Psicóloga Judiciário e supervisora do Serviço Psicossocial Vocacional do Tribunal de Justiça do Estado de São Paulo. Especialista em Psicologia Jurídica pelo Conselho Regional de Psicologia (CRP-06). Com especialização em Psicanálise pelo Instituto Sedes Sapientiae de São Paulo.

MARTHA REGINA ALBERNAZ | Assistente social com pós-graduação em Saúde pela Faculdade de Medicina da Universidade de São Paulo (FMUSP). Tabalha no Tribunal de Justiça desde 2006. Atuava no Terceiro Setor (Província Franciscana) e depois na saúde na área hospitalar Hospital das Clínicas da Faculdade de Medicina da Universidade de São Paulo (HCFMUSP) e de Clínica (Prefeitura Municipal de São Bernardo do Campo).

MICHELLE CAVALLI | Assistente Social Judiciária e mestra em Serviço Social e Políticas Sociais na Universidade Estadual de Londrina (UEL).

PÂMELA CÂMARA MANTOVANI | Graduada em Serviço Social, especialista em Projetos Sociais e Gestão de Políticas Públicas (Unifai — Centro Universitário Assunção).

RAFAEL MEO MENDES | Psicólogo Social e Musicoterapeuta Social e Comunitário, atuante em Saicas e Serviços Socioassistenciais da cidade de São Paulo desde 2015 e cofundador do Grupo Chama de Musicoterapia.

RITA C. S. OLIVEIRA | Assistente Social, mestra e doutora em Serviço Social pela Pontifícia Universidade Católica de São Paulo (PUC-SP).

RÔMULO MARCELO DOS SANTOS CORREIA | Doutor pela Universidade de São Paulo no Programa de Pós-Graduação em Psicologia Social do Instituto de Psicologia da Universidade de São Paulo (PST/IP/USP). Mestre em Psicologia Social pelo Núcleo de Pós-Graduação e Pesquisa em Psicologia Social da Universidade Federal de Sergipe (UFS). Residência Multiprofissional em Saúde Integral do Adulto e do Idoso — Especialidade Psicologia pela Universidade Federal de Alagoas (UFAL). Especialista em Saúde Mental e Atenção Psicossocial pelo Centro Universitário Estácio de Ribeirão Preto. Bacharel, Licenciado e Formação em Psicologia pela Universidade Federal de Alagoas (UFAL).

ROSÂNGELA CRISTINA ALVES | Assistente Social judiciária, lotada na Comarca de Tabapuã.

ROSELI RIBEIRO DE CAMARGO SANTANA | Psicóloga formada pelo Instituto Metodista de Ensino Superior, especialista em Psicologia Jurídica, especialista em Violência Doméstica pela COGEA/PUC, pós-graduada em Coaching. Psicóloga Judiciária chefe da Seção Técnica de Psicologia da Vara da Infância e Juventude do Fórum do Ipiranga X.

SABRINA RENATA DE ANDRADE | Assistente Social pela Universidade Estadual Paulista "Júlio de Mesquita Filho" — Faculdade de Ciências Humanas e Sociais — Campus de Franca, especialista em Políticas Públicas e Sociais da Criança e do Adolescente pelo Centro Universitário de Araraquara, especialização em Serviço Social no Sociojurídico e atuação profissional no Sistema de Garantia de Direitos: Fundamentos Teórico-Metodológicos, Assessoria, Perícia e Gestão pela UniAlphaville, assistente social judiciária na Comarca de São Carlos.

SALVADOR L. REBELO JR | Psicólogo Judiciário do TJSP (Fórum do Ipiranga X), especialista em Psicologia Clínica pela Universidade de São Paulo (USP) e Aprimorando em Educação em Direitos Humanos pela Universidade Federal do ABC.

SILVIA MARIA CREVATIN | Assistente Social Judiciária, Chefe de Seção Técnica Judiciária do Serviço Psicossocial Vocacional do Tribunal de Justiça de São Paulo. Graduada pela Pontifícia Universidade Católica de São Paulo (PUC-SP), pós-graduada em Relações Sociais e Processo de Trabalho pela AVM Faculdades Integradas.

SIMONE TREVISAN DE GÓES | Psicóloga graduada pela Pontifícia Universidade Católica de São Paulo (PUC-SP), especialista em Psicologia Social pelo Conselho Regional de Psicologia (CRP). Psicóloga no Tribunal de Justiça do Estado de São Paulo (TJSP) e Coordenadora do Grupo de Estudos em Adoção no TJSP de 2010 a 2019.

THAIS PEINADO BERBERIAN | Assistente Social do Tribunal de Justiça de São Paulo. Graduação em Serviço Social pela Pontifícia Universidade Católica de São Paulo — PUC-SP (2007). Mestrado em Serviço Social pela Pontifícia Universidade Católica de São Paulo (2013).

VANESSA APARECIDA GONÇALVES | Mestranda em Políticas Públicas pela Universidade Federal do ABC. Especialização em Gestão de Política Pública de Assistência Social pela PUC-SP (2012). Graduada em Serviço Social pela Universidade Católica de Santos (2007). Assistente Social no Tribunal de Justiça do Estado de São Paulo na Comarca de São Bernardo do Campo.

VIVIANE SOUZA DA SILVA | Graduada em Serviço Social pela Universidade do Vale do Paraíba (Univap) e especialista em Políticas Sociais e Trabalho Social com Famílias pela Universidade de Taubaté (Unitau).

ADOLESCENTE, ATO INFRACIONAL E SERVIÇO SOCIAL NO JUDICIÁRIO trabalho e resistências

Cilene Terra
Fernanda Azevedo

1ª edição (2018) ❤ 160 páginas ❤ ISBN 978-85-249-2704-1 ❤ Coleção Temas Sociojurídicos

A presente obra discute o trabalho das(os) Assistentes Sociais no Fórum das Varas Especiais da Infância e Juventude do Tribunal de Justiça do Estado de São Paulo. Problematiza de forma crítica a função do direito na sociedade capitalista, que é reafirmada pelo Judiciário na sua relação com o Legislativo e com o Executivo a partir do atendimento às expressões da Questão Social, no que se refere à juventude e à violência na cidade de São Paulo.

O SERVIÇO SOCIAL E A PSICOLOGIA NO JUDICIÁRIO

construindo saberes, conquistando direitos
Eunice Teresinha Fávero
Magda Jorge Ribeiro Melão
Maria Rachel Tolosa Jorge (Orgs.)

5ª edição (2017) ❤ 280 páginas ❤ ISBN 978-85-249-2321-0

Fruto de pesquisa inédita e reveladora do perfil desses profissionais, e também das demandas que lhes chegam no cotidiano de trabalho, sobretudo nas Varas da Infância e Juventude, e de Família e Sucessões, essa obra coloca-se como leitura obrigatória para todos aqueles que acreditam ser possível um exercício profissional baseado na luta pelo acesso a direitos, e fundado no compromisso com a implementação de um projeto profissional que aponte para a transformação real da sociedade em que vivem.

GRÁFICA PAYM
Tel. [11] 4392-3344
paym@graficapaym.com.br